Nueva Historia del Flamenco

JUAN VERGILLOS

Nueva Historia del Flamenco

ALMUZARA

Primera edición: febrero de 202

COLECCIÓN FLAMENCO
EDITORIAL ALMUZARA

Director editorial: Antonio E. Cuesta López
Edición al cuidado de Rosa García Perea

www.editorialalmuzara.com
pedidos@almuzaralibros.com — info@almuzaralibros.com

Imprime: Gráficas La Paz
ISBN: 978-84-18578-34-2
Depósito Legal: CO-1397-2020

Hecho e impreso en España — *Made and printed in Spain*

Para Francisco Bergillos Chamorro, in memóriam,
y Dolores Gómez del Moral

Para Yuka Yoshida y Blas Bergillos Yoshida

ÍNDICE

NOTA DEL AUTOR

Este trabajo no hubiese sido posible sin el esfuerzo, dedicación y cariño que en él han puesto José Manuel Rico García y Juan Montero Delgado. Rico García me ha hecho provechosas sugerencias bibliográficas y de forma, y ha aportado numerosos comentarios al manuscrito que lo han enriquecido y clarificado. Las indicaciones y comentarios de Juan Montero Delgado han hecho mucho mejor este trabajo, aportando sugerencias muy provechosas y abundante información de primera mano. Conste aquí mi deuda con ambos: este trabajo sería otro sin ellos. Esta investigación se ha ido fraguando en los últimos diez años y a ella han contribuido en no poca medida las aportaciones de mis alumnos, mayoritariamente alumnas, de los cursos y conferencias sobre historia del flamenco que he desarrollado en este tiempo en universidades, escuelas, festivales e instituciones de todo el mundo. Quiero nombrar a algunas de mis alumnas y colaboradores en representación de todos aquellos que me hicieron algún comentario que enriqueció la labor. Todos son artistas de primera fila: Camila Monte de São Paulo, que fue una de las primeras personas que creyó en mí y en el desarrollo de mi faceta pedagógica y divulgativa. Todavía somos colaboradores. Juliana Prestes y Daniele Zill de Porto Alegre. Con Juliana fue un flechazo a primera vista que aún sigue y Dani me quiso primero a distancia. Todavía somos colaboradores. El cantaor Luis de Córdoba, que me dio el primer espaldarazo como investigador y siguió contando conmigo para la Universidad de Córdoba; la familia Encinias de la University of New Mexico; Yuka Yoshida de Tokio; Naishin Ko de Taipei; Ana Chiu de Shanghái; Beatriz Carrazza y Ale Kalaf de São Paulo. Paco Perujo confió en mí como profesor en el pionero Máster de Investigación y Análisis del Flamenco de la Universidad de Cádiz. Sharon Sapienza, *in memóriam*. También al *Diario de Sevilla*, y a su sección de cultura, Charo Ramos, Braulio Ortiz y Paco Camero, por permitirme publicar en un medio generalista algunos de los resultados de investigaciones tan particulares. A Fernando Iwasaki, Isabel Román y Sergio Fernández por sus muchas y provechas sugerencias. Al maestro Ortiz Nuevo. Y, por supuesto, a Yuka Yoshida y a Blas Bergillos Yoshida por esta irrupción de los bailes de palillos en vuestras vidas. Gracias.

INTRODUCCIÓN: UN NUEVO ENFOQUE PARA LA HISTORIA DEL FLAMENCO

La primera tarea que afronto en esta obra es la de establecer una clara distinción entre los aires nacionales, andaluces o boleros y la Escuela Bolera. Con esta distinción se elimina una traba fundamental para entender, no solo la historia del flamenco sino también la de la danza española. No en vano, en la actualidad no existe ninguna historia solvente de la danza española. Creo que la traba señalada ha contribuido a esta ausencia, ya que la dificultad que ha planeado sobre los historiadores de la danza española era hasta ahora insalvable. Una vez establecida esta distinción hemos podido llevar a cabo nuestro propósito de trazar una historia coherente del flamenco que asumiera las abundantes y variadas investigaciones llevadas a cabo en este terreno en los últimos veinte años. Durante este periodo ha habido muchas y fundamentales contribuciones al mejor esclarecimiento de la historia de este arte. Pero esta es la primera vez que se asume la tarea de disponer las mismas en un discurso histórico global.

Podemos decir que en Europa Occidental encontramos, principalmente, dos manifestaciones dancísticas antes del siglo XX. La que deriva de Marie Taglioni (1804-1884), sus barras, sus puntas y sus tutús, y que hoy denominamos *ballet*. Y la danza española, que en el siglo XVIII y a principios del XIX se llamaba *bailes nacionales* o *de palillos*, precisamente para diferenciarlos de los de influencia francesa, y que desde mediados de esa centuria se empiezan a conocer como *bailes flamencos*, también a consecuencia de una moda francesa: el Romanticismo y el gitanismo. Que en España existieran dos corrientes dancísticas distintas, bolera y flamenca, por no hablar del llamado folclore, al margen de la dominante en Europa, como todavía mantiene la historia oficial, tanto del flamenco como de la danza española, es una tesis difícil de sostener a tenor de los datos que nos ofrece la investigación. Fuera de España se consideran una misma cosa. Y hay que decir que esta visión, que no está sostenida por el prejuicio, resulta la más sensata.

En el flamenco tradicionalista se actualiza, por enésima vez en la historia de la cultura (desde el *Génesis* al nacionalismo), el viejo mito de la pureza, la autenticidad, el paraíso perdido. El paraíso somos nosotros, nuestra infancia, allí donde nuestro cuerpo, nuestro corazón y nuestra mente se encontraban en su estado primigenio, natural, intacto. Fue el contacto con el otro, con los otros, lo que nos corrompió. Este cuento de hadas tiene hoy defensores más o menos hipócritas en casi todos los ámbitos políticos, tanto nacionales como internacionales, confiados acaso en la ingenuidad sus electores. Este mito, que está en el origen de la flamencología tradicionalista, se erigió como baluarte y «razón incorpórea»[1] del inmovilismo jondo más obtuso. Pero se ve cada día refutado por la tozuda realidad de la praxis artística y por los hallazgos de la moderna, menos tendenciosa y más rigurosa en cuanto a sus planteamientos y técnicas, historia del flamenco. Esta parece empeñada en señalar que toda manifestación cultural es el resultado de una mezcla y que el contacto con el otro, lejos de empobrecernos o corrompernos, es el origen de nuestras mayores riquezas. Aunque los otros sean a veces el infierno, está claro que el hombre es un *zóon politikón*, que decía Aristóteles, o sea, un animal social. Si hay alguna posibilidad de entrever el paraíso en esta tierra es a través del contacto, del diálogo con el otro. El flamenco, como toda manifestación artística y cultural en general, ha sido fruto de una síntesis de tradiciones. En el flamenco, donde tanto se ha abusado del concepto de pureza, es perfectamente aplicable lo que señala Mircea Eliade respecto a las prácticas religiosas, que en realidad puede exportarse a cualquier fenómeno cultural:

> «Pero, y esto no se repetirá nunca bastante, no hay ninguna probabilidad de hallar, ya sea en el mundo, ya en la historia, un fenómeno religioso *puro* y perfectamente *originario.* Los documentos paleoetnológicos y prehistóricos de que disponemos no van más allá del Paleolítico, y nada nos permite creer que durante los cientos de miles de años que precedieron a la Edad de Piedra, la humanidad no haya conocido una vida reli-

1 El concepto de *Razón incorpórea* fue acuñado por Antonio Mairena en sus *Confesiones de Antonio Mairena*, editadas por Alberto García Ulecia, Universidad de Sevilla, 1976 pp. 79 y ss.

> giosa tan intensa y variada como la que conoció en épocas ulteriores. Es casi seguro que por lo menos una parte de las creencias mágico-religiosas de la humanidad prelítica se haya conservado en las concepciones religiosas y míticas posteriores. Pero es, de igual modo, harto probable que esa herencia espiritual de la época prelítica no haya dejado de sufrir modificaciones, después de los innumerables contactos culturales entre los pueblos *pre* y *protohistóricos*[2].

El concepto de transculturación acuñado por el antropólogo cubano Fernando Ortiz es perfectamente aplicable al fenómeno flamenco, como vamos a ver a lo largo de esta obra. Malinowski definió este concepto, concebido como digo por Ortiz, como «un proceso en el cual siempre se da algo a cambio de lo que se recibe: es un *toma y daca*, como dicen los castellanos. Es un proceso en el cual ambas partes de la ecuación resultan modificadas. Un proceso en el cual emerge una nueva realidad, compuesta y compleja; una realidad que no es una aglomeración mecánica de caracteres, ni siquiera un mosaico, sino un fenómeno nuevo, original e independiente»[3]. La compleja realidad musical y etnográfica cubana «es tan enmarañada que su penetración habrá de requerir el prolongado esfuerzo de sendos especialistas, avezados a las investigaciones de musicología, de religión, de estética y demás fenómenos sociales, los cuales tendrán que trabajar con métodos científicos sobre transculturaciones seculares muy complejas y difíciles de analizar»[4]. ¿Cómo resistir la tentación de aplicar el término y el método a un fenómeno como el flamenco donde encontramos, entre otros, elementos hispanos, gitanos, negros, americanos, orientales, franceses, italianos… y acaso árabes y judíos? Lo asumimos, por supuesto, como también el matiz que señala el brasileño Hermano Vianna: «lo transcultural no es una combinación de elementos que antes eran puros, esos elementos ya son productos culturales, y nunca, en la historia cultural del

---

2 Mircea Eliade, *El chamanismo y las técnicas arcaicas del éxtasis* [1968], México, Fondo de Cultura Económica, 1996 p. 27.

3 Bronislaw Malinowski, «Introducción», en Fernando Ortiz, *Contrapunteo cubano del tabaco y el azúcar*, Caracas, Biblioteca Ayacucho, 1987, 2ª edición, p. 5.

4 Fernando Ortiz, *La africanía de la música folklórica de Cuba*, La Habana, Editora Universitaria, 1965, 2ª edición, p. IX.

mundo, se puede encontrar un elemento que no haya pasado ya por algún proceso transcultural»[5]. Es decir, todo elemento cultural es transcultural. Cabría preguntarse, como hace el antropólogo francés Marc Augé, por qué, durante tanto tiempo, el ideal de tantos antropólogos (y nacionalistas) fue «que cada etnia, y cada nación, para los nacionalistas, fuese una isla, eventualmente ligadas a otras, pero diferente de todas las otras, y que cada isla fuese el homólogo exacto de sus vecinos»[6].

La Nueva Teoría de la Historia del Flamenco, esa que propone que el flamenco surge de los aires nacionales, de palillos o boleros, fue primero planteada por Luis Lavaur en los años sesenta y setenta del siglo XX y luego ha tenido continuación en la obra de Gerhard Steingress, Faustino Núñez y en nuestra propia contribución. La denominación no la dio Lavaur que, pese a ser consciente de estar aportando una nueva teoría sobre la historia del flamenco, no acuñó término alguno para dicha teoría. La denominación es nuestra y la proponemos aquí por vez primera. Al final de esa obra también veremos una dimensión escénica, al menos parcial, de esta teoría, el espectáculo *Mundanzas boleras*, de 2012. Esta teoría chocó frontalmente con el ensayismo flamenco de su época, que podemos definir como ensayismo flamenco tradicionalista, de ahí que la denominemos como *nueva*, a pesar de que ya tiene unos años: cuarenta y cinco. Como se ve, esta teoría, que por las razones apuntadas fue completamente ignorada, sigue siendo minoritaria, no solo entre la afición flamenca sino, incluso, entre el ensayismo jondo más riguroso. Una crítica estética de la *Flamencología Tradicionalista* ocupaba los primeros capítulos de nuestro ensayo *Libertad o tradición: una especulación en torno a la estética del flamenco*[7]. De hecho, en la presente obra llevamos al campo de la historia y la literatura lo que en aquel ensayo analizábamos desde la óptica de la estética de Benedetto Croce: todo arte es un cruce de caminos, de lenguajes, de tradiciones y rebeldías, y el flamenco no es una excepción. Es un fenómeno sociológico, pero, más que ello, es un fenómeno estético, un lenguaje, una manera de entender, o intuir, el mundo, que diría Croce[8]. Que

5 Hermano Vianna, *O misterio do samba*, Río de Janeiro, Jorge Zahar, 2012, p. 172.

6 Marc Augé, *Non-lieux*, Paris, Seuil, 1992, p. 66.

7 Juan Vergillos Gómez, *Libertad o tradición: una especulación en torno a la estética del flamenco*, Cornellà de Llobregat, Aquí, 1999.

8 El concepto de *intuición*, que acuñó Benedetto Croce (1866-1952) en su *Estética como ciencia de la expresión y Lingüística general* [1902], ed. de Pedro Aullón de

asienta sus reales en la escena hispana: desde el Renacimiento y el Barroco y sus fandangos y seguidillas hasta los bailes de palillos. Así el flamenco es casticista y cosmopolita, ya que a veces nuestro casticismo nace a la orilla del Sena. Es romántico y académico, porque es individualista, mitifica su pasado, gusta de lo exótico y, sin embargo, nace en las escuelas de baile de Sevilla.

Además de la información concreta que he rastreado en archivos y hemerotecas, aprovecho también el trabajo de campo de otros estudiosos: Luis Lavaur, José Blas Vega, Arcadio Larrea Palacín, José Luis Ortiz Nuevo, Faustino Núñez, José Luis Navarro García, Gerhard Steingress, Laura Hormigón, Ángeles Cruzado, Rocío Plaza Orellana, Antonio Barberán, Guillermo Castro Buendía, Alberto Rodríguez Peñafuerte entre otros, para interpretarlo en relación a la historia de Europa, España y de Andalucía en los siglos XVIII y XIX y a los movimientos sociales y culturales del periodo, singularmente el magismo y el Romanticismo. Hasta ahora la historia del flamenco se estudiaba al margen de la sociedad en la que surgió. Con notables excepciones como Lavaur, Steingress, con una visión marxista o neomarxista de la historia, o Plaza Orellana. Ahora vemos la conexión del flamenco con los movimientos sociales del momento: la guerra de la Independencia, el absolutismo fernandista, el convulso periodo de la regencia y el reinado de Isabel II, la revolución del 68 y la restauración borbónica. También con los movimientos literarios: el teatro breve de Ramón de la Cruz y Juan Ignacio González del Castillo; el romanticismo de Borrow, Mérimée, Dumas, Bretón de los Herreros y Bécquer; el costumbrismo de Mesonero Romanos, Estébanez Calderón y Théophile Gautier; el realismo de Galdós, etc., y otros muchos autores considerados menores por la historia oficial de la literatura. Es decir que no trato tanto de ofrecer nueva información —que alguna va, desde luego, y de importancia según mi punto de vista—, como de interpretar la que tenemos hoy, muy abundante por suerte, darle un sentido, una lógica, o el señalamiento de la falta de la misma, en una narración, coherente en ocasiones e incoherente en otras, pero siempre respetuosa con los mencionados datos y comprometida con una visión de la realidad pasada y presente. Lo que somos se conforma de lo que fuimos. Desde que «España decide ser España», es decir, «desde el siglo XVIII» (en expresión del his-

Haro y Jesús García Gabaldón , Málaga, Ágora, 1997, expresa el carácter no conceptual de la capacidad expresiva (de conocimiento) del arte.

toriador José Enrique Ruiz-Doménech[9]) en el que surgen los *aires nacionales, españoles, del país.* Creo que la labor del historiador es cuestionarse cosas que se dan por supuestas y, desde esta óptica, me parece que el trabajo que ofrezco a continuación cuestiona la misma esencia la historia del flamenco y de la danza española que aún hoy se da por sentada.

Lo que he hecho es trabajar la nueva perspectiva, la Nueva Teoría de la Historia del Flamenco (en el último capítulo he documentado el nacimiento y evolución de esta nueva visión), con la materia prima de los datos que hoy por hoy tenemos respecto a la historia y prehistoria del flamenco. Para eso hemos analizado la bibliografía reciente sobre lo jondo y sobre la danza española, en profundidad. Es decir que ofrecemos un análisis histórico —y, en el último capítulo, como digo, también historiográfico—, cuya extensión temporal va desde la irrupción de los llamados *aires nacionales, de palillos, del país, andaluces, españoles, boleros,* etc., a finales del siglo XVIII, hasta la definitiva implantación, para estos mismos bailes y cantos, de la nueva denominación de *flamencos*, que hace su aparición hacia mitad del siglo XIX y que empieza a ser hegemónica unos sesenta años más tarde. En realidad, la implantación definitiva de la denominación de *flamenco* no sucede hasta bien entrado el siglo XX, tras la Guerra Civil española y la Segunda Guerra Mundial. Pero, como decimos, hacia 1905 esta denominación está fuertemente consolidada hasta el punto de imponerse a las demás, aunque todavía deba convivir con las otras unas décadas. En ese año de 1905 encontramos además los primeros testimonios fidedignos del flamenco, las primeras ocasiones en las que se filman danzas flamencas completas: se trata, por tanto, de las primeras referencias directas de este arte, que es ante todo un arte sonoro y coreográfico. El año de 1905 marca, pues, el punto en el que suspendemos el análisis de nuestra historia del flamenco, por las razones expresadas, a la espera de una eventual continuación de la labor.

No obstante, además de una nueva visión sobre la información que tenemos disponible hoy, ofrezco también no pocos datos inéditos que en muchos casos resultan de una mirada atenta a dicha información, de un poner en cuestión las hechos y datos que se daban hasta ahora como incuestionables, y enfrentar estos hechos y datos con otros. Numerosos informes y fechas que arrojan nueva luz sobre

9 El País, 8-12-2018, suplemento *Ideas*, p. 5.

lugares comunes del flamenco y la danza española, que pongo en cuestión con el sencillo método de ir al origen de lo que nos cuentan o nos han contado. Arrojando nueva luz sobre caminos mil veces trillados como las *Escenas andaluzas* de Estébanez Calderón, con el método nietzscheano de ponerlo todo en cuestión. Indagando en las grietas hemos descubierto que detrás de los muros hay un enorme prado de hierba fresca. El arte es mezcla, diálogo, caminos que se cruzan, palabras que se dicen, se susurran o se gritan. Hasta en las tribus amazónicas apreciamos la inexistencia de una cultura pura, incontaminada, solitaria, autárquica, ensimismada, racista, excluyente. La cultura por definición es inclusión. No existe la «apropiación cultural» porque la cultura no es un patrimonio personal o familiar o de un colectivo, a menos que incluyamos en el mismo a todos los habitantes del planeta Tierra, habidos y por haber. Al menos el arte no lo es, que trabaja, también, con los conceptos y con lo material y kinestésico, pero, sobre todo, con lo emocional universal: alegría, ira, melancolía, miedo. ¿Quién en el planeta Tierra tiene el patrimonio de esas emociones? Ni siquiera el ser humano en su conjunto puede arrogarse esa exclusividad. Especialmente en el capítulo *«Diferenciación entre los bailes de palillos, también llamados boleros, y la Escuela Bolera»*, que estimo, al margen de las informaciones particulares novedosas que ofrezco, como la contribución mayor de este libro, porque no es una información sino una nueva manera de repensarlo todo. Y una nueva manera que, dejando lugares en sombra, porque la historia no es matemática, arroja más luz sobre nuestro pasado, quiénes somos, y despeja no pocas nieblas que nos dificultaban el progreso hacia nuevos horizontes. Toda historia y toda estética es política, en el sentido más amplio y puro, esta vez sí, del término. La virtud es desintencionada, como saben. Al menos desde Paco de Lucía y Camarón lo sabemos. Cuando le preguntaron al de Algeciras las razones de su falta de militancia, en su juventud, en el arte político jondo del momento, objetó que un solo *quejío* de Camarón corrompía el sistema dictatorial en una medida mayor que todos los manifiestos y voceos. El pasado tiene un sentido de presente, incluso la arqueología. Particularmente la arqueología, dirán algunos. Porque en los huesos está también nuestro futuro, la calavera que seremos. Porque el pasado es hoy, más allá de un ejercicio nostálgico, un arma arrojadiza o un narcótico. Devolvamos la vida al pasado y vivamos hoy. De la ignorancia del camino que nos impone hoy la velocidad deriva el desconcierto de no saber dónde estamos, quiénes somos. Detengámonos en esta estación. Toda aproximación a la verdad es un gesto político y de presente puro.

Como digo, muchas zonas en sombra quedan iluminadas cuando consideramos que el flamenco es, precisamente, la danza española. Por supuesto, hablamos de sombras intramuros, ya que fuera de España, donde los prejuicios racistas son otros, se considera todo lo mismo. Señalamos más adelante que lo que nos proponemos con este trabajo no es desgitanizar el flamenco, como nos han achacado algunos, sino gitanizar la danza española, como no podía ser menos: hasta la propia Taglioni hubo de ajustarse las castañuelas y salir a escena como *La Gitana* en el Bolshoi de San Petersburgo en 1838.

En los últimos veinte años la investigación en torno a la historia del flamenco le ha dado la vuelta al concepto de historia del flamenco que nos legó la flamencología del siglo XX. Gracias a las investigaciones de José Luis Ortiz Nuevo[10], José Manuel Gamboa[11], Faustino Núñez[12], Gerhard Steingress[13], Antonio y David Hurtado Torres[14] y José Miguel Hernández-Jaramillo[15], entre otros, tenemos hoy una

10 José Luis Ortiz Nuevo y Faustino Núñez, *La rabia del placer*, Sevilla, Diputación de Sevilla, 1999; José Luis Ortiz Nuevo, *¿Se sabe algo?* [1990], Sevilla, Libros con Duende, 2013; José Luis Ortiz Nuevo, *Coraje*, Sevilla, Libros con Duende, 2012; José Luis Ortiz Nuevo, *Tremendo asombro*, Sevilla, Libros con Duende, 2012; José Luis Ortiz Nuevo, *De las danzas y andanzas de Enrique el Cojo* [1984], Sevilla, Athenaica, 2017; José Luis Ortiz Nuevo, Ángeles Cruzado, y Kiko Mora, *La Valiente. Trinidad Huertas «La Cuenca»*, Sevilla, Libros con Duende, 2016.

11 José Manuel Gamboa, *Una historia del flamenco*, Madrid, Espasa Calpe, 2005 y José Manuel Gamboa, *En er mundo*, Sevilla, Athenaica, 2015, vol. 1.

12 Faustino Núñez, «Cuba en la música española y andaluza», en Jesús Raúl Navarro García (ed.), *Cuba y Andalucía entre las dos orillas*, Madrid, Consejo Superior de Investigaciones Científicas, 2002, pp. 261- 302; Faustino Núñez, *Guía comentada de música y baile preflamencos (1750-1808)*, Barcelona, Carena, 2008; Faustino Núñez, *Cádiz y lo flamenco en torno a 1812*, Cádiz, El Boletín, 2012; Faustino Núñez, «Breve historia musical de la cultura jonda», en Teo Sánchez y David Calzado (eds.), *Patrimonio flamenco. La historia de la cultura jonda en la BNE*, Madrid, Biblioteca Nacional de España, 2017, pp. 27-53.

13 Gerhard Steingress, *Sociología del cante flamenco*, Jerez, Centro Andaluz de Flamenco, 1993; Gerhard Steingress, *...y Carmen se fue a París*, Córdoba, Almuzara, 2006; Gerhard Steingress, *Flamenco postmoderno*, Sevilla, Signatura, 2007.

14 Antonio y David Hurtado Torres, *La llave de la música flamenca*, Sevilla, Signatura, 2009.

15 José Miguel Hernández Jaramillo, *La música preflamenca: aproximación a la formación y evolución musical de los diferentes estilos del flamenco a través de la documentación musical escrita*, Sevilla, Bienal de Flamenco, 2002; José Miguel Hernández Jaramillo y Lénica Reyes Zuñiga, «El baile de la petenera española del siglo XX desde una perspectiva etnomusicológica,» en Idoia Murga Castro, Fuensanta Ros Abellón, J. Arturo Rubio Arostegui y J. Ignacio Sanjuán Astigarraga (eds.), *Líneas*

visión más rigurosa y veraz de la historia de este arte. El cambio de paradigma fundamental en este tiempo, y con el que se alinea mi tesis, es que el flamenco es ante todo un arte escénico, a diferencia de lo que proponía la flamencología tradicional, que lo consideraba principalmente un arte de no profesionales y consideraba más relevante el ámbito íntimo y familiar que el ámbito público. Mi contribución a esta nueva mirada a la historia del flamenco radica, ante todo, en proponer el nacimiento del arte jondo en el marco de las danzas tradicionales españolas. En este sentido, sigo la línea de investigadores como Luis Lavaur[16], Hernández-Jaramillo[17], Steingress[18] y Núñez[19], al proponer que los primeros estilos jondos derivan de forma directa de los aires llamados nacionales, españoles, andaluces, del país, de palillos o también boleros. Todos los autores consultados, excepto Lavaur, señalan de forma más o menos explícita o implícita la existencia de dos géneros de danza y de música, pese a que tengan más o menos relación. Incluso aunque tengan el mismo repertorio, siguen considerando que se trata de dos géneros diferentes. Mi propuesta, que sigue a Lavaur, es que se trata del mismo género. Lo que cambia no es tanto el género —que lo hace mínimamente— como la denominación: de hablar de bailes y cantos nacionales, andaluces, de palillos y boleros pasamos a hablar de bailes y cantes gitanos o flamencos. Asimismo, he establecido una novedosa distinción, entre los conceptos *aires boleros* o *bailes boleros* y *Escuela Bolera*, lo que me permite dar el paso definitivo hacia un cambio radical del punto de vista —radical por contrapuesto a la flamencología del siglo XX—. Esto supone una revisión de la historia del flamenco y una nueva visión de los orígenes de este arte que afecta a toda la historia de este fenómeno musical y coreográfico, desde las danzas del Renacimiento y el Barroco —seguidillas, fandangos, jácaras, etc.— hasta la visión general que hoy se tiene del flamenco, marcada por un desconocimiento de su historia remota y una canonización de sus valores más recientes, los que se derivan de las condiciones materiales y estéticas de la posguerra española y mundial

---

actuales de investigación en danza española, Madrid, Fundación Nebrija, 2012, pp. 225-240.

16 Luis Lavaur, *Teoría romántica del cante flamenco*, [1976] Sevilla, Signatura, 1999.

17 José Miguel Hernández Jaramillo, *La música preflamenca*, cit.

18 Gerhard Steingress, *...Y Carmen se fue a París*, cit.

19 Faustino Núñez, *Guía comentada de música y baile preflamencos. (1750-1808)*, cit.; Faustino Núñez, *Cádiz y lo flamenco en torno a 1812*, cit.; Faustino Núñez, «Breve historia musical de la cultura jonda», cit.

de los años cuarenta y cincuenta del siglo XX. Así pues, esta que llamamos Nueva Teoría de la Historia del Flamenco —aunque, como digo, no es tan nueva— arroja una mirada diferente sobre la historia global de lo jondo, enmarcando, por vez primera, la historia del arte flamenco en la historia del arte y de la música, la danza y la literatura españolas, así como de los demás condicionamientos sociales de su momento (políticos, económicos, bélicos, etc.). De hecho, la mayoría de los investigadores actuales, incluso los más rigurosos, consideran lo bolero y lo flamenco dos géneros musicales y coreográficos distintos, entre los que se da algún tipo de influencia, más o menos epidérmica. Por supuesto que esta Nueva Teoría de la Historia del Flamenco no ha calado entre la profesión flamenca y mucho menos en la afición.

1. ANTECEDENTES

1. 1. ANTECEDENTES REMOTOS E INMEDIATOS

De los datos de que disponemos actualmente podemos deducir que el flamenco tiene su origen, en su mayor parte, en las danzas tradicionales españolas, que conocemos desde el Renacimiento y el Barroco. Es decir, casi desde los orígenes mismos de España como concepto y nación encontramos danzas que podemos relacionar con lo jondo. Naturalmente, estos bailes, a los que acompañan unas músicas y unas poesías para cantarse, hunden sus raíces en la poesía tradicional española, particularmente en los romances y en la lírica de tipo popular. El flamenco es una cultura netamente española que, como toda manifestación cultural, se origina en un cruce de influencias de distinto tipo.

— Influencia árabe: podemos suponer que la danza y la música española del Renacimiento y el Barroco, que con el tiempo darían lugar al flamenco, tienen influencias de las danzas y músicas árabes, que a su vez remiten a la Grecia clásica. No obstante, esta suposición, aunque no se puede obviar, es hoy difícil de demostrar por la falta de registros escritos musicales y coreográficos[20].

20 El máximo defensor del origen árabe del flamenco fue Blas Infante en *Orígenes del flamenco y secreto del cante jondo* [1929-1933], ed. a cargo de Manuel Barrios, Sevilla, Junta de Andalucía, 2010., pp. 163-167. Propone como etimología de la palabra flamenco el supuesto árabe «felah-mengu», que traduce como «labrador huido», p. 166.

— Influencia judía: quizá el romancero sefardí influyó en algunos elementos, como analizaremos más adelante[21].
— Influencia gitana: las primeras oleadas de inmigrantes gitanos a España se dan a finales del siglo XV y en seguida los gitanos españoles toman el baile y el canto españoles como señas de identidad[22].
— Influencia negra: veremos que muchos estilos flamencos (fandango, tango, etc.) tienen elementos negros[23].
— Influencia americana: muchos estilos del flamenco son fruto del cruce de culturas que se da en la relación de los bailes y las músicas europeas, españolas, con otras tradiciones culturales, en América. Parte de la influencia negra que señalamos más arriba llega a España a través del Caribe y de América[24].
— Influencia francesa: sobre todo patente a partir del siglo XVIII, a raíz de la crisis política y militar española y la preponderancia de la cultura francesa en Europa. Llega especialmente a través del ballet[25].
— Influencia italiana: el *bel canto* va a tener una influencia en el primer cante flamenco[26].
— Influencia oriental: en la forma de los llamados *complementos* del baile flamenco: el mantón de Manila, que tiene su origen en China, y el abanico de varillas, cuya paternidad se disputan

21 El máximo defensor del origen judío del flamenco fue Rafael Cansinos Assens en *La copla andaluza* [1933], ed. de Abelardo Linares, Granada, EAUSA, 1985, pp. 165-171.

22 Uno de los máximos defensores del origen estrictamente gitano del flamenco, que sigue siendo la teoría dominante en el campo jondo hoy, tanto a nivel de aficionados como de profesionales, fue Antonio Machado Álvarez en su *Colección de cantes flamencos* [1881], ed. de Enrique Baltanás, Sevilla, Signatura, 2004, al que siguieron, logrando un gran nivel de aceptación, Ricardo Molina y Antonio Mairena en *Mundo y formas del cante flamenco*, Madrid, Revista de Occidente, 1963.

23 José Luis Navarro García dedicó todo un volumen al tema, *Semillas de ébano. El elemento negro y afroamericano en el baile flamenco*, Sevilla, Portada, 1998.

24 Más adelante comentaremos pormenorizadamente, entre otros, *Flamenco de ida y vuelta* de Romualdo Molina y Miguel Espín, Sevilla, Guadalquivir/Bienal de Flamenco, 1992 y «Cuba en la música española y andaluza», de Faustino Núñez, en Jesús Raúl Navarro García (coord.), *Cuba y Andalucía en las dos orillas*, Madrid, CSIC, 2002.

25 Este es uno de los elementos menos estudiados en la bibliografía flamenca y fundamental en nuestro trabajo.

26 Luis Lavaur lo estudió pormenorizadamente en *Teoría romántica del cante flamenco* [1976], Sevilla, Signatura, pp. 33-49.

China, Corea y Japón, se convierten en señas de identidad del baile español en el siglo XVIII[27].

1.2. DANZAS RENACENTISTAS Y BARROCAS

Una de las ideas fundamentales de nuestra tesis, que contrasta totalmente con la flamencología del siglo XX, es que el baile flamenco no es una danza popular sino de profesionales. En las danzas renacentistas y barrocas encontramos los antecedentes remotos del flamenco, ya que en estas épocas se practican danzas que aún hoy forman parte del flamenco, como las seguidillas y el fandango. U otras que, aunque no forman hoy parte del repertorio jondo, han influido en los estilos flamencos actuales como las folías, la chacona, las romanescas, las jácaras, los canarios o las zarabandas. Todas ellas tienen una doble vertiente de danza popular y danza de profesionales. En esta época no hoy una separación estricta entre lo popular y lo culto. Esta separación se consolida en el Romanticismo, cuando el artista deja de ser un artesano, al servicio de un rey, un noble, un mecenas o la Iglesia, para convertirse en un profesional que aspira a la independencia. Nos ocuparemos de las danzas que tienen una conexión más evidente con el arte jondo actual.

Nuestra intención en este capítulo es demostrar que existe una continuidad en el ejercicio dancístico popular hispano y que las actuales danzas flamencas tienen sus orígenes en los bailes del Renacimiento y el Barroco. De hecho, el propio Estébanez Calderón, considerado por la flamencología del siglo XX como el primer autor

---

27 Para el mantón de Manila véase Mercedes Rodríguez Collado, *La pieza del mes ... Mantón de Manila, 1850-1860*, Madrid, Museo del Romanticismo, 2012; también, http://lacomodaencantada.blogspot.com.es/2013/10/el-manton-de-manila-y-la-ruta-de-la-seda.html (consultado el 19-9-2017); y https://filipinassite.wordpress.com/tag/manton-de-manila/ (consultado el 19-9-2017). En relación con el abanico véase María Teresa Ruiz Alcón «Abanicos», en Antonio Bonet Correa (coord.), *Historia de las artes aplicadas e industriales en España*, Madrid, Cátedra, 1982, pp. 621-630; también María Josefa Pastor Cerezo «El abanico hasta el siglo XIX» en Isabel Tuda Rodríguez y María Josefa Pastor Cerezo, *Abanicos. La colección del Museo Municipal de Madrid*, Madrid, Ayuntamiento de Madrid, 2002, pp. 51-65; también, http://www.mhn.gob.cl/618/articles-9734_archivo_01.pdf (consultado el9-10-2012); y http://www.espanolsinfronteras.com/CulturaEspanola02ElAbanico.htm#Historia_del_Abanico (consultado el 25-1-2013).

en interesarse por el fenómeno flamenco, alude en su obra a estas danzas como orígenes de las que comenta, aunque estas alusiones fueran silenciadas por la flamencología del siglo XX porque no encajaban con su narración, ficticia pero coherente, de la historia del flamenco como arte estrictamente gitano y al margen del resto de la sociedad española entre los siglos XV al XIX, en la llamada por la flamencología del siglo XX *etapa hermética* de la historia del flamenco. Vamos a ver que no hay hermetismo en absoluto, ni en lo que a la danza se refiere, pero tampoco a las manifestaciones de baile a cargo de intérpretes gitanos que están asociados a estas danzas hispanas prácticamente desde la llegada de los primeros gitanos a la península ibérica. Algunos de estos bailes que vamos a ver se conocen actualmente por el *Códice Saldívar*, un manuscrito con danzas del Barroco español encontrado en 1943 por el musicólogo mexicano Gabriel Saldívar en un anticuario de la ciudad de León, en el estado de Guanajuato, México. Así, tanto el fandango como los canarios de Santiago de Murzia (*Códice Saldívar IV*, circa 1732)[28], son dos de los más reputados ejemplos de estas danzas.

La primera de estas danzas españolas que más tarde pasarán a formar parte del repertorio que llamamos flamenco la encontramos en el *Cancionero de Palacio*[29], una recopilación de músicas y danzas de finales del siglo XV y principios del XVI[30]. Se trata de la seguidilla[31], que hoy tiene su forma flamenca más característica bajo la denominación de sevillana[32]. También encontramos en el flamenco la seguidilla serrana, hoy llamada serrana, la seguidilla liviana, hoy llamada liviana, y la seguidilla gitana, hoy llamada seguiriya.

---

28 Hay edición actual y trascripción del mismo en Craig H. Russell, *Santiago de Murcia's Códice Saldivar nº 4*, Chicago, University of Illinois, 1995.

29 La referencia de esta primera seguidilla musical la tomamos de Josep Crivillé y Bargalló, *El folklore musical. Historia de la música española*, vol. 7, Madrid, Alianza, 1988, p. 216.

30 Es el manuscrito II-1335 de la Real Biblioteca, también conocido como *Cancionero musical de Palacio* o *Cancionero Barbieri*. Hay edición moderna a cargo de Higinio Anglés, *La música en la corte de los Reyes Católicos*, II, III, Polifonía profana: Cancionero Musical de Palacio (siglos XV-XVI), 2 vols. Monumentos de la Música Española, nos 5 y 10, Barcelona, C.S.I.C. e Instituto Español de Musicología, 1947 y 1951.

31 Se trata de una composición a tres voces de un tal Alonso titulada, *Pero Gonçalez*. Véase Miguel Querol Gavalda, *La música en la obra de Cervantes*, Madrid, Centro de Estudios Cervantinos, 2005, p. 154; y Josep Crivillé y Bargalló, *El folklore musical*, cit., pp. 216-221.

32 Josep Crivillé y Bargalló, *El folklore musical*, cit., p. 219.

Seguidillas, como estrofa y como música, también encontramos en otros estilos, como las cantiñas, concretamente en los llamados juguetillos y otros estilos del flamenco actual. En el teatro barroco la seguidilla se usaba como parte de los entremeses, piezas cortas de teatro breve de tipo popular, habitualmente de carácter cómico, que son los precedentes inmediatos de los sainetes del siglo XVIII[33]. De hecho, a finales del siglo XVIII y comienzos del siglo XIX la seguidilla va a tener un renacimiento como danza española absolutamente espectacular[34].

En el Barroco encontramos varias danzas que tienen relación con el flamenco. Las danzas del Renacimiento tienen un ritmo ternario muy claro, como corresponde a la estética de la época, pero en el Barroco nacen en España danzas de ritmos más complejos, en concreto, el uso de la hemiolia o hemiola[35], característico de lo jondo,

---

33 Margit Frenk considera que la expansión de la moda de la seguidilla literaria moderna se produce en el último lustro del siglo XVI, documentándolo con numerosos testimonios: «De lo que no cabe duda es de que la moda seguidillesca brota y se expande en los años inmediatamente anteriores a 1597, quizá hacia 1595» («De la seguidilla antigua a la moderna», en *Estudios sobre lírica antigua*, Madrid, Castalia, 1978, p. 254; trabajo publicado originalmente *en Collected Studies in honnour of Américo Castro's eightieth year*, Oxford, 1965, pp. 97-107). Gonzalo Correas, el primero que se ocupa de definir la historia y las características de esta forma en su versión literaria, en su *Arte de la lengua española castellana*, manuscrito preparado para la imprenta en 1625, señalaba el año de 1600 como el del comienzo de su auge: «Mas desde el año de mil seiszientos a esta parte an rrebivido i an sido tan usadas i se an hecho con tanta eleganzia i primor, que eszeden a los epigramas i dísticos en zeñir en dos versillos (en dos las escriven muchos) una mui graziosa i aguda sentenzia: i se les a dado tanta perfezión, sighiendo siempre una conformidad que pareze poesía nueva» (Gonzalo Correas, *Arte de la lengua española castellana*, ed. Emilio Alarcos García, Madrid, CSIC, 1954, p. 444). Sobre la seguidilla como género literario véase también Carmen Agulló Vives, «La seguidilla en la tradición literaria española», en *Angélica: revista de literatura*, 11 (2002-2003), pp. 277-293; y María de Lourdes Pastor Pérez, «La seguidilla: trayectoria histórica de una forma poética popular», en Pedro Piñero Ramírez (coord.), *Lírica popular, lírica tradicional: lecciones en homenaje a Don Emilio García Gómez*, Sevilla, Universidad de Sevilla, 1998, pp. 257-274.

34 Véase Fernando Antón, «La seguidilla y la guitarra en el estandarte de la españolidad: la conformación de una identidad sonora nacional a comienzos del siglo XIX», en Javier Marín López, Germán Gan Quesada, Elena Torres Clemete y Pilar Ramos López (coords.), *Musicología global, musicología local*, Madrid, Sociedad Española de Musicología, 2013, pp. 1291-1304; y F. Núñez, *Guía comentada de música y baile preflamencos*, cit.

35 El uso de la hemiolia o hemiola consta de dos compases de tres tiempos (como el compás de 3/4, por ejemplo) ejecutados como si fuesen tres compases de dos tiempos (como el de 2/4). Al ejecutarlos alternadamente da como resultado el patrón rítmico de **1**-2-3, 1-2-3, **1**-2, 1-2, 1-2, etc. Otra manera de analizarlo es como la

data de esta época. También encontramos en esta etapa otros elementos característicos del flamenco:

- — El uso de elementos y recursos armónicos que anticipan, en una gran medida, los que son característicos del flamenco[36].
- — El uso de la guitarra para acompañar el baile y el canto[37].
- — En la guitarra, el uso del rasgueado para marcar el ritmo, otra de las señas de identidad del flamenco. Todas las músicas que usan el rasgueado tienen su origen en un baile o, al menos, están vinculados a la danza[38].
- — En la guitarra, el uso de los golpes en la tapa del instrumento[39].
- — La sucesión, en las danzas barrocas, de ruedas de acordes y variaciones instrumentales, variaciones llamadas en el flamenco falsetas[40].

La primera de estas danzas es el fandango, origen tanto del fandango actual y su familia como de la soleá[41], ambos estilos fundamentales del flamenco[42]. En la primera anotación musical que

---

alternancia entre un compás de 6/8 (**1**-2-3, 1-2-3) y un compás de 3/4 (**1**-2, 1-2, 1-2) Véase Julián Rushton, «Hemiola [hemiolia]», en Stanley Sadie (ed.), *New Grove Dictionary of Music and Musicians*, London, MacMillan, 2001.

36 A. y D. Hurtado Torres, *La llave de la música flamenca*, cit., p. 95.

37 Norberto Torres, *El estilo rasgueado de la guitarra barroca y su influencia en la guitarra flamenca: fuentes escritas y musicales, siglo XVII*, Murcia, Universidad de Murcia, Revista la Madrugá, nº6 (2012). Disponible online https://digitum.um.es/xmlui/bitstream/10201/36595/1/155261-577951-1-PB.pdf, p. 4 (consultado el 9-10-2017), y Antonio y David Hurtado, *La llave de la música flamenca*, cit., p. 109.

38 Norberto Torres, *Historia de la guitarra flamenca*, Córdoba, Almuzara, 2005, p. 13; Antonio y David Hurtado, *La llave de la música flamenca*, cit., p. 109; y Romualdo Molina y Miguel Espín, *Flamenco de ida y vuelta*, Sevilla, Guadalquivir/Bienal de Sevilla, 1992, p. 23.

39 A. y D. Hurtado Torres, *La llave de la música flamenca*, cit., p. 109.

40 Norberto Torres y Carles Trepat, *Barcelona y la configuración de la guitarra clásico-flamenca*, cit., p. 22.

41 A. y D. Hurtado Torres, *La llave de la música flamenca*, cit., p. 105.

42 José Luis Navarro García cita como primera referencia al fandango, como toque y baile, el año 1680, en concreto el entremés *Alcalde nuevo* (José Luis Navarro García, *Historia del Baile Flamenco*, vol. I, cit. p. 119). En la edición de esta obra, efectivamente de 1680, aparece un baile, con gitanos, cit., pero no hay constancia de que sea un fandango el baile mencionado. Cfr. *Floresta de entremeses y rasgos del ocio, a diferentes assumtos de bayles y mojigangas*, Madrid, Viuda de Ioseph Fernández y Buendía, 1680, p. 46. Emilio Cotalero considera a Antonio de Zamora (1675-1727) el autor de la obra *Alcalde nuevo*, para la que propone una fecha de redacción bastante posterior a esa impresión, la de 1719. Si el autor es Antonio de Zamora, la fecha de impresión de 1680 se nos antoja muy temprana, ya que el autor contaría apenas con 15 años. Véase Emilio Cotalero *Colección de entremeses, loas, bailes, jácaras y mojigangas, desde fines del siglo XVI a mediados del XVIII*, Madrid, Bailly-

encontramos del fandango en España, en 1705[43], se le llama *yndiano*, es decir, que viene de las Indias Occidentales. El primer *Diccionario de Autoridades* (1732) lo define como «baile introducido por los que han estado en los Reinos de las Indias, que se hace al són de un tañido mui alegre y festivo»[44]. Su nombre apunta a un más que probable origen negro a través del sufijo *-ngo*[45]. Pues bien, en América, lógicamente, puesto que en las primeras noticas sobre el fandango en España se dice que es de procedencia americana, encontramos referencias anteriores. El investigador Antonio García de León señala el uso habitual de la palabra *fandango* a comienzos del siglo XVII en México y documenta composiciones de fandangos orquestales, del mismo tipo que encontramos al principio del siglo XVIII en España, a finales del XVII en México, por autores como Gaspar Fernández, Zumaya o Aguirre, maestros de capilla de las catedrales de México, Puebla y Oaxaca. De hecho, García León señala que la palabra fandango podría derivar del bantú *fanda*, que significa *fiesta*. Señala García León en este sentido la fuerte presencia de esclavos negros bantús, del Congo y Angola, en el México de esa época[46].

La segunda de esas danzas es la zarabanda, que sería el precedente, o uno de los precedentes, del estilo flamenco llamado guajira y también de las chuflas y bulerías en tono mayor. La primera referencia escrita a la zarabanda, como baile, en España, es de 1583, año en el que se prohíbe por su «extraordinaria obscenidad»[47], pero

Baillière, 1911, p. CXXIII. En todo caso, como decimos, no encontramos referencia a un género de baile concreto, fandango u otra cosa, en el texto mencionado.

43 *Libro de diferentes cifras de gitarra escojidas de los mejores autores*, Manuscrito171, Biblioteca Nacional, p. 157.

44 *Diccionario de Autoridades*, Tomo III, 1732. Disponible online http://web.frl.es/DA.html (consultado el 9-10-2017).

45 Faustino Núñez señala su posible origen bantú en «Cuba en la música española y andaluza», en Jesús Raúl Navarro García (coord.), *Cuba y Andalucía en las dos orillas*, Madrid, Consejo Superior de Investigaciones Científicas, 2002, p. 277.

46 En el prólogo a la obra *Tablados y fandangos … algo sobre los bailes de tarima y el son jarocho* de Claudia Cao-Romero, México, Consejo Nacional para la Cultura y las Artes, 2003. Citado por Castro Buendía, *Génesis musical del cante flamenco*, cit., p. 189.

47 Stanley Sadie (ed.), *New Grove Dictionary of Music and Musicians*, vol. XVI, MacMillan Publishers Limited, London, 2001, p. 489. Aunque muchos autores dan, y nosotros mismos lo hemos hecho en ocasiones anteriores, como primera referencia a la zarabanda, siguiendo precisamente este artículo del New Groove, el texto de un poema de Fernando Guzmán Mexía supuestamente fechado en 1539 en Panamá, Rosa Navarro Durán cuestiona tanto la fecha como el lugar. Véase Rosa Navarro Durán, «Nuevos datos sobre el Poeta Fernando de Guzmán», en *Home-*

encontramos referencias anteriores en México, de 1566[48], 1569[49] y 1579[50]. En 1609 el Padre Mariana vuelve a clamar por su prohibición[51]. Dicha zarabanda, aunque nacida en América, tiene elementos musicales peninsulares[52]. Su nombre parece que tiene resonancias africanas y según algunos autores tiene que ver con el culto a *Oggun* de la santería cubana[53]. Esta es la evolución de la zarabanda que proponemos, con información tanto de los hermanos Hurtado[54] como de Romualdo Molina y Miguel Espín[55]: Cantos hispanos - Cultos africanos de Oggun - Zarabanda - Tirana de la zarandilla - Punto cubano - Guajira. Relacionada con la zarabanda está otra danza en tono mayor: la chacona. Procedente, según algunos autores, de la región americana del Chaco, es una danza en ritmo ternario que se hizo popular en el siglo XVII. La primera mención aparece en el largo poema *Sátira hecha por Mateo Rosas de las cosas que pasan en el Pirú, año de 1598*[56].

Otras danzas barrocas que tienen relación con el flamenco actual son los canarios y las jácaras. En los canarios parece que está el origen del zapateado. Mariemma afirma en 1976[57] que son el origen

---

natge a Antoni Comas, Barcelona, Universidad de Barcelona, 1985, pp. 143-145. Véase también Samuel Máynez Champion, «La zarandeada zarabanda», disponible online https://www.proceso.com.mx/426708/la-zarandeada-zarabanda (consultado el 10-11-2017).

48 Samuel Máynez Champion, «La zarandaeada zarabanda», disponible online https://www.proceso.com.mx/426708/la-zarandeada-zarabanda (consultado el 10-11-2017).

49 Ibídem.

50 En Diego Durán, *Historia de las Indias de Nueva España*, Madrid, Biblioteca Nacional de España, Manuscrito Vitr/26/11. Cfr. Stanley Sadie (ed.), *New Grove Dictionary of Music and Musicians*, Vol. XVI, MacMillan Publishers Limited, London, 2001, p. 489.

51 Citado por Aurelio Capmany, «El baile y la danza», en *Folklore y costumbres de España*, Barcelona, Martín, 1931, vol. II, pp. 127.

52 En las llamadas «tonadas españolas». Véase R. Molina y M. Espín, *Flamenco de ida y vuelta*, cit., p. 8, 25 y 47.

53 Jesús Fuentes Guerra y Armin Schwegler, *Lengua y ritos del Palo Monte Mayombe*, Madrid, Vervuert, 2005, p. 197.

54 A. y D. Hurtado Torres, *La llave de la música flamenca*, cit., p. 105.

55 R. Molina y M. Espín, *Flamenco de ida y vuelta*, cit., p. 25

56 José Quezada Machiavello, *El legado musical del Cusco barroco: estudio y catálogo de los manuscritos de música del seminario San Antonio Abad Del Cusco*, Congreso del Perú, 2004, p. 131.

57 En el programa *Culturas y Razas* de la serie, dirigida por Mario Gómez, *Rito y geografía del baile*, vol. 12. Alga Editores, s/f., emitido por Televisión Española el 9-12-1976. Véase Kristen Bachmann, *Flamenco(tanz): zur Instrumentalisierung eines Mythos in der Franco-Ära*, Berlín, Logos Verlag, 2009, pp. 192 y 196-197.

de los tanguillos y también del resto de danzas flamenca que usan la hemiolia. Los Hurtado[58] siguen a Mariemma. Castro Buendía [59] afirma que están en el origen de la guajira. Parece ser que los canarios son una danza oriunda de las islas Canarias que se conoce en España y Europa desde el siglo XVI y en cuyo baile encontramos precisamente la técnica del taconeo o zapateado[60]. Diego Talavera afirma que «desde entrado el siglo XVI hasta comienzos del XVIII los tratados de danzas de las cortes europeas siguieron respetando la forma original del baile que nos describen los cronistas, es decir, la pareja enfrentada que se une y se separa con saltitos y taconeo»[61]. Es decir, el zapateado es una seña de identidad del baile español desde, al menos, el siglo XVI[62]. Luego, en la época de los bailes de palillos, y como señala Casiano Pellicer (1775-1806)[63], los canarios se trasformaron en una danza llamada *zapateado*, que es hoy parte del flamenco.

La jácara es un estilo que tiene que ver con el personaje del jaque que aparece en el teatro breve de esta época: un tipo duro, un matón, de espada rápida, que es el precedente del majo y del flamenco. Como señalan Álvarez Barrientos, Andioc, Coulon, Chaves y De la Flor «literatura sobre jaques hay en España desde el siglo XVI, aunque sea en el XVII cuando esta figura ocupa un papel central, dando incluso origen a un género literario como era la jácara»[64]. También da lugar a una forma musical y dancística característica, como señala Álvaro Torrente[65], que los Hurtado consideran el precedente de la seguiriya y de la bulería[66]. Castro Buendía considera a la jácara el precedente de los bailes y can-

58 Antonio y David Hurtado Torres, *La llave de la música flamenca*, cit., p. 111.

59 G. Castro Buendía, *Génesis musical del cante flamenco*, cit., pp. 165-166.

60 A. Crivillé y Bargalló, *El folklore musical*, cit., p. 264.

61 Diego Talavera, *Canarias, Folklore y canción*, Madrid, J. B., Biblioteca Popular Canaria, 1978, pp. 22-23.

62 Véase Emilio Casares Rodicio, *Diccionario de la música española e iberoamericana*, Madrid, SGAE, 1999-2002, vol. II, p. 2016

63 Antonio Cairón, *Compendio de las principales reglas del baile*, Madrid, Repullés, 1820, p. 114.

64 Joaquín Álvarez Barrientos, René Andioc, Mireille Coulon, Teresa Chaves y Fernando R. de la Flor, «El teatro del siglo XVIII (I)», en Guillermo Carnero (coord.), *Historia de la literatura española: siglo XVIII (I)*, Madrid, Espasa Calpe, 1995, p. 360.

65 Álvaro Torrente, «¿Cómo se cantaba el tono de jácara?», en Luisa Lobato y Alain Bègue (coords.), *Literatura y música del hampa en los Siglos de Oro*, Madrid, Visor, 2014, pp. 157-177.

66 A. y D. Hurtado Torres, *La llave de la música flamenca*, cit., p. 105.

tos de jaleos[67]. Caro Baroja señaló la relación entre el jaque y el majo[68]. Es decir que la influencia de las danzas y el teatro costumbrista barroco va más allá de lo puramente coreográfico y musical, ya que el tipo del jaque anticipará el majo andaluz que a su vez es el precedente inmediato del flamenco como personaje[69]. Torrente señala el uso de la *hemiola*, que va a ser característico del flamenco, en la jácara[70]. Y especifica, asimismo, la relación entre la jácara como música y danza y el jaque como tipo teatral: así el tono de jácara caracterizaba al personaje como un rufián, «aunque no haya rasgos de germanía en su lenguaje», es decir, como un jaque[71]. Se refiere a Clarín, el personaje de la obra *Celos, aún del aire matan*, de Pedro Calderón de la Barca (1600-1681), en concreto al monólogo *Noble en Tinacria naciste*, cuya música, en tono de jácara, compuso Juan Hidalgo de Polanco (c. a. 1614-1685)[72]. Las jácaras se cantaban, al parecer, «con indecencia, desgarro [y] acción poco modesta»[73], razón por las que fueron prohibidas por

---

67 G. Castro Buendía, *Génesis musical del cante flamenco*, cit., p. 412.

68 Julio Caro Baroja, «Los majos», en *Cuadernos Hispanoamericanos*, 299 (1975), pp. 334 y 346. Véase también J. Caro Baroja, *De etnología andaluza*, Málaga, Diputación de Málaga, 1993, p. 352; y J. Caro Baroja, *Ensayo sobre la literatura de cordel*, Madrid, Itsmo, 1990, pp. 249-260.

69 La conexión del magismo y el flamenco la señaló Faustino Núñez (F. Núñez, *Guía comentada de música y bailes preflamencos*, cit., p. 30) siguiendo a Estébanez Calderón (*Escenas andaluzas*, 1985, pp. 288 y 290) y a Cristóval de Pascual (*Elina o Sevilla por dentro*, Sevilla, Gómez, 1846, II, pp. 203 y 205), y al teatro musical gitanesco del que nos ocuparemos más adelante. Caro Baroja («Los majos», cit., p. 335 y 346, 1993, p. 352, y *Ensayo de literatura de cordel*, cit., p 249-260) señaló la conexión de los jaques con los majos como analizaremos detalladamente. La relación de los bailes de palillos con los majos está presente en la obra de González del Castillo (Ignacio González del Castillo, *Obras completas*, Madrid, Librería de los sucesores de Hernando-Real Academia Española, 1914, I, pp. 114 y 129), en la *Crotalogía o ciencia de las castañuelas* (Madrid, Imprenta Real, 1792) de Juan Fernández de Rojas (pp. 5, 21 y 41) y sus secuelas; la *Bolerología* de Rodríguez Calderón (Philadelphia, Imprenta Zacharías Poulfon, 1807, p. 44), entre otros textos de la época, y la han señalado también autores actuales como Carmen Martín Gaite (*Usos amoros del dieciocho en España*, Barcelona, Anagrama, 1987, pp. 98 y 100) o J. Sala Valldaura («El majismo andaluz en los sainetes de González del Castillo», *popular, arte y literatura en la España del siglo XVIII*, Amsterdam, Rodopi, 1998, pp. 147, 148 y 159).

70 Álvaro Torrente, «¿Cómo se cantaba el tono de jácara?», cit., pp. 160 y 164 y 174.

71 Ibídem, p. 167.

72 Ibídem, p. 165.

73 Ibídem, p. 175.

el Consejo de Castilla[74], elementos que la aproximan al flamenco de hoy. Otros estilos barrocos que podrían tener relación con el flamenco, tal vez no tan directa como el fandango, la chacona, la zarabanda, los canarios y la jácara, son el *cumbé* y el *zarambeque*, estos dos últimos de claras resonancias negro-americanas. Estas danzas, como ocurrirá en la etapa siguiente, y como ocurría también en la anterior, se desarrollaron, musical y coreográficamente, en los corrales de comedias, es decir, en el teatro de tipo popular, siendo los actores y las actrices las que las interpretaban, tanto para cantarlas como para bailarlas, como parte de la obra mayor, como parte de las obras menores, o como intermedios o final[75]. Muchos de estos actores, y actrices, eran célebres precisamente por sus habilidades musicales o coreográficas[76], además de las puramente dramáticas.

En este esquema vemos la evolución de las danzas barrocas a las danzas boleras y flamencas según los autores más importantes que se han ocupado de este tema desde la óptica flamenca:

EVOLUCIÓN DE LAS DANZAS BARROCAS A LOS BAILES BOLEROS Y FLAMENCOS

	Bailes del Renacimiento y Barroco	**Bailes de palillos**	**Bailes flamencos**
Según Faustino Núñez[77]	Jácara-Fandango	Tirana-Jaleo	Soleá
Según Antonio y David Hurtado I[78]	Folía-Fandango	Jaleo	Soleá
Según Antonio y David Hurtado II	Folía-Jácara	Polo antiguo-Petenera	Seguiriya-Bulerías

74 Ibídem.
75 Ibídem, p. 165.
76 Ibídem, p. 166.
77 En F. Núñez, *Guía comentada de música y bailes preflamencos*, cit., p. 199.
78 En A. y D. Hurtado Torres, *La llave de la música flamenca*, cit., p. 105.

En resumen, en las danzas del Barroco ya encontramos estos elementos que podemos relacionar con los orígenes del flamenco:

— Fandango: usa la hemiola[79] en algunos pasajes y, en algunos pasajes también, secuencias armónicas cercanas a la cadencia andaluza[80]. También la sucesión de ruedas de acordes y variaciones melódicas y los rasgueados para marcar el ritmo. Es el origen de la soleá[81] y su familia, por un lado, y del fandango y su familia por el otro.
— Jácara: usa la hemiola[82] y una secuencia armónica que anticipa la cadencia andaluza[83]. También la sucesión de ruedas de acordes y variaciones melódicas y los rasgueados para marcar el ritmo. Es el origen de la seguiriya, la petenera y la bulería[84].
— Zarabanda: usa la hemiola[85]. También la sucesión de ruedas de acordes y variaciones melódicas y los rasgueados para marcar el ritmo. En modo mayor. Es el origen de la guajira[86].
— Canarios: uso de la hemiola[87]. También la sucesión de ruedas de acordes y variaciones melódicas y los rasgueados para marcar el ritmo. Está en modo mayor. Es el origen del zapateado y los tanguillos.

Estos son solo algunos ejemplos de estas danzas que nos han llegado hasta hoy, manuscritas o impresas:

— *Jácara* de Antonio de Santa Cruz (1633-40)[88].
— Río de mi Sevilla (seguidilla), Anónimo s. XVI, Cancionero de Turín. [y en la nota al pie correspondiente La oreja de Zurbarán, Huelgas Ensemble y Paul Van Nevel, Cypres Records, 2014.]
— No me case mi madre (seguidillas) de Luis de Briceño (1626). [y en la nota correspondiente: Luis de Briceño, sus sones y

79 A. y D. Hurtado Torres, *La llave de la música flamenca*, cit., p. 114.
80 Ibídem
81 Ibídem, p. 115.
82 Álvaro Torrente, «¿Cómo se cantaba el tono de jácara?», cit., p. 160 y 164.
83 Ibídem, p. 164.
84 A. y D. Hurtado Torres, *La llave de la música flamenca*, cit., pp. 113.
85 Ibídem, p. 110.
86 Ibídem.
87 A. y D. Hurtado Torres, *La llave de la música flamenca*, cit., p. 112.
88 En *Zarambeques* de Armoniosi Concerti, Harmonía Mundi, 2003.

sus canciones, La Sonorosa y Edwin García. La mà de guido, 2019.]

— De tu vista celoso (seguidillas en eco, danza cantada), Anónimo s. XVII, Cancionero de Sablonara. [Y en la nota correspondiente: En El Nuevo Mundo-Folías criollas, Hespèrion XXI, Le Concert Des Nations, La Capella Reial de Catalunya, Montserrat Figueras y Jordi Savall, Alia Vox, 2010.]

— Bolava la palomica (folía gallega) de Luis de Briceño (1626). [y en la nota correspondiente: Luis de Briceño, sus sones y sus canciones, La Sonorosa y Edwin García. La mà de guido, 2019.]

— *Fandango* de Santiago de Murzia (1732)[89].

— *Zarabanda* de Gaspar Sanz (1674)[90].

— Ándado çaravanda y Como te pones amores (saravanda española) de Luis de Briceño (1626). [y en la nota correspondiente: Luis de Briceño, sus sones y sus canciones, La Sonorosa y Edwin García. La mà de guido, 2019.]

— *Un sarao de la chacona (Chacona: A la vita buona)* de Juan de Arañés (1624)[91].

— Vida, vida. Vida Bona (Gran chacona en cifra) de Luis de Briceño (1626). [y en la nota correspondiente: Luis de Briceño, sus sones y sus canciones, La Sonorosa y Edwin García. La mà de guido, 2019.]

— *Canarios* de Santiago de Murzia (1732)[92].

— Canarios (No piense Menguilla) de José Marín (1618-1699). [Y en la nota correspondiente: En Ludi Musici- The spirit of dance, Hespèrion XXI, Le Concert Des Nations, La Capella Reial de Catalunya, Montserrat Figueras y Jordi Savall, Alia Vox, 2007.]

— *Variaciones del fandango* y *Minuet afandangado*[93] de Félix Máximo López (1742-1821).

89 Ibídem.

90 En *Instrucción de música para la guitarra española*, José Miguel Moreno-Orphénica Lyra, Glossa, 2008.

91 En *Villancicos y danzas criollas*, Jordi Savall y Hespèrion XXI, Alia Vox, 2003.

92 En *Zarambeques* de Armoniosi Concerti, Harmonía Mundi, 2003.

93 *Variaciones al minué afandangado* Félix Máximo López y Charles François Dumochau, Santo Domingo de la Calzada, Fundación Gustavo Bueno, 2013.

— *Fandango* en *Ritirata di Madrid*[94] de Luigi Boccherini (1743-1805).

Hay otras muchas obras de la época en las que se usa la cadencia andaluza, firmadas por Domenico Scarlatti, el padre Soler, Tadeo Murguía, Fernando Sor[95] y un largo etcétera.

De todas estas músicas, que se editaron o circularon en manuscritos en su momento y de las que hay también ediciones contemporáneas, podemos encontrar muestras discográficas.

Todas estas danzas del Renacimiento y del Barroco que aquí consideramos como antecedentes directos o indirectos de los bailes y cantes flamencos, tienen diferentes versiones instrumentales y vocales, a veces con la denominación de «danza cantada»[96], y esto afecta tanto a las danzas del Renacimiento y del Barroco como a los bailes de palillos. De hecho, el cante flamenco puede definirse, sin forzar demasiado el significado de la expresión, como un repertorio de danzas cantadas. Además, muchas de estas danzas, tienen un carácter erótico[97], razón por la cual se prohíben en ocasiones, y ello conecta de nuevo, a su vez, con los bailes de palillos y cantos boleros y con algunos bailes y cantes flamencos.

---

94 En *Boccherini: The Guitar Quintets*, Pepe Romero y Academy of St. Martin in the Fields Chamber Ensemble, Philips, 1993.

95 Algunas de ellas se pueden escuchar, por ejemplo, en *Fandango. Scarlatti in Iberia*, Sophie Yats, Chandos, 1998.

96 Véase José Juan Rey, *Danzas cantadas del Renacimiento español*, Madrid, Sociedad Española de Musicología, 1978, para la folía y danzas del Renacimiento - también en relación al carácter teatral de estas danzas-; Luis de Briceño *Método mui facilissimo para aprender a tañer la guitarra a lo español*, París, Pedro Ballard, 1626, para la chacona, la seguidilla y las folías; *Cancionero de Sablonara*, disponible online en https://daten.digitale-sammlungen.de/0004/bsb00041096/images/index.html, [p. 28], para las seguidillas en eco; *De la retórica a la cognitiva. Un estudio intersemiótico de los tonos humanos* de José Marín de Rubén López Cano, Universidad de Valladolid, tesis doctoral, 2004, p. 84, para la jácara y los canarios; *Arcadia de entremeses escritos por los ingenios más clásicos de España*, Madrid, Imprenta de Ángel Pascual Rubio, 1723, p. 88, para el fandango; *Teatro de Lope de Vega y lírica tradicional* de Francisco Javier Díez de Revenga, Universidad de Murcia, 1983, p. 302, para la seguidilla; Álvaro Torrente, «¿Cómo se cantaba el tono de jácara?», en Luisa Lobato y Alain Bègue (coords.), *Literatura y música del hampa en los Siglos de Oro*, Madrid, Visor, 2014, pp. 157-177, para la jácara; José Luis Navarro García, *De Telethusa a la Macarrona*, cit., pp. 60-61 para la zarabanda, y en el mismo lugar, pp. 63-64 para la chacona, etc.

97 José Luis Navarro García, *De Telethusa a La Macarrona*, cit., pp. 60-61 y 63-64

2. LOS BAILES DE PALILLOS

La etapa que sigue al Barroco en la historia del arte europeo y español es el Neoclasicismo. En lo musical y coreográfico supone una vuelta a estilos más simples rítmica y armónicamente lo que significó, en la danza española, una vuelta a la seguidilla. También se trata de una etapa en la que España, que había sido la nación hegemónica en los planos militar y político en la etapa anterior, pierde su influencia en favor de Francia en lo cultural y de Inglaterra en lo militar. De ahí la llegada a España del *Ballet d'Action*, entre otras manifestaciones estéticas francesas. Se da un proceso de afrancesamiento, pero también el contrario: un movimiento de afirmación de lo español que tiene su equivalencia política en la Guerra de la Independencia y a nivel cultural en el fenómeno llamado *magismo*, que podemos apreciar en los cuadros de Goya, Bayeu y Marcos Téllez y en las obras literarias de Ramón de la Cruz (Madrid) y Juan Ignacio González del Castillo (Cádiz), entre otras. El majo es una especie de bohemio nacionalista que viste a la española, se peina a la española y canta y baila a la española. Es decir, canta y baila seguidillas, que además es un estilo de ritmo claro, sencillo. El majo es un descendiente directo del jaque de la etapa anterior, como en su momento señaló Caro Baroja. En la misma línea Álvarez Barrientos, Andioc, Coulon, Chaves y De la Flor señalan que «es patente el parentesco entre el majo y el tipo del valiente»[98].

98 Joaquín Álvarez Barrientos, René Andioc, Mireille Coulon, Teresa Chaves y Fernando R. de la Flor, «El teatro del siglo XVIII (I)», cit., p. 340.

Bolero. Pierre de Machy. h. 1790.

2.1. EL VÍNCULO DEL MAGISMO CON LOS BAILES DE PALILLOS

En *Los majos*[99] de Caro Baroja encontramos algunos elementos a partir de los cuales podemos relacionar el movimiento cultural llamado *magismo* con lo que más tarde se llamará flamenco. El estudio de Caro Baroja es esencial desde su primera publicación para entender qué fenómeno cultural es este del *magismo*, aunque consideremos también aquí algunas aportaciones posteriores. Pero todas ellas han discurrido por la línea emprendida por Caro Baroja en 1975, fecha de la primera publicación de este estudio.

Lo que más nos interesa del estudio de Caro Baroja es la relación que establece entre los majos y el baile y la música, singularmente

99 Julio Caro Baroja, «Los majos», en *Cuadernos Hispanoamericanos*, 299 (1975), pp. 281-349.

la seguidilla, por una parte, y la relación del *magismo* con lo agitanado, que va ganando enteros conforme trascurre el siglo XIX. Otro elemento del *magismo* que va a ser fundamental en el flamenco es el gusto por el traje, como seña de identidad de barrio y personal, el acicalamiento. También su sentido nacionalista, popular y de barrio, así como su carácter violento y emocional. Todos estos elementos, algunos de los cuales ya estaban presentes en el tipo del jaque que encontramos en el teatro costumbrista barroco, pasarán al tipo del flamenco que nace en la mitad del siglo XIX.

El vocablo *majo* es de origen incierto y su uso no es anterior al siglo XVIII[100]. Es posible que tenga relación con mayo, «por la costumbre de engalanarse en este mes»[101]. Según el diccionario de Autoridades de 1754 es «el hombre que afecta guapeza y valentía (...) comúnmente vive en los arrabales»[102]. Señala Caro Baroja dos focos del magismo, el madrileño y el andaluz (Sevilla-Cádiz-Jerez), y considera que es una reacción a la influencia de modas foráneas «complicadas y dificultosas de seguir»[103], y hace esta descripción de la moda afrancesada: «pelucas empolvadas, chupas, casacas, espadines, sombreros de tres picos, encajes en puños y corbatas, galones, botonaduras, lazos, sedas, etc.»[104]. Esta moda foránea es «italianizante primero y afrancesada después» y está representada por el petimetre, al que se opone el payo (de payés, rústico). Si el payo es rural y un poco bobalicón, el majo representa una reacción contra lo afrancesado de tipo urbano y *violento.* Sala Valldaura señala que el *magismo* crece por oposición a lo de fuera, a lo extranjero[105]. Y añade que el casticismo es un fenómeno de las clases populares y la aristocracia, frente al racionalismo uniformador que podría suponer la Ilustración.

Los principales datos del magismo proceden, como señala Caro Baroja, del teatro menor de Ramón de la Cruz, en relación con los majos de Madrid, y González del Castillo, los de Andalucía. En España el movimiento neoclásico convive con una reacción nacionalista frente al excesivo afrancesamiento. Nacionalismo y neocla-

---

100 Ibídem, p. 282.
101 Ibídem, p. 283.
102 Ibídem, p. 286.
103 Ibídem, p. 287.
104 Ibídem, p. 288.
105 Josep María Sala Valldaura, «El majismo andaluz en los sainetes de González del Castillo», en Javier Huerta Calvo y Emilio Palacios Fernández (eds.), *Al margen de la Ilustración. Cultura popular, arte y literatura en la España del siglo XVIII*, cit., pp. 145-168, p. 166.

sicismo no son dos manifestaciones opuestas, sino que conviven en muchos de los autores de la época. Algo parecido veremos en relación con la danza, en donde los elementos castizos y los foráneos van a convivir, especialmente en el baile del bolero. Como subrayan Barrientos, Andioc, Coulon, Chaves y De la Flor, la acogida que tuvieron los autores franceses traducidos por Ramón de la Cruz en los teatros madrileños «rebaten las ideas tan difundidas (...) de que el pueblo español rechazaba instintivamente todo lo francés»[106]. De este impulso nacionalista surge un «intento, especialmente en el teatro, de escribir obras inspiradas en temas y sentimientos españoles»[107] en defensa de «la cultura española suscitada por los ataques de que es víctima en el extranjero»[108]: «La reacción contra lo que el neoclasicismo tenía de extranjerizante [...] se produjo sobre todo, en cuanto a literatura se refiere, en el teatro y está representado por dos autores: García de la Huerta y Ramón de la Cruz»[109]. En este momento el teatro se convierte en una auténtica pasión nacional, con una multiplicación de los escenarios y la inmensa popularidad de los actores y actrices, así como un enorme repertorio de producciones y formas teatrales. Los bailes de palillos forman parte de este nuevo teatro español, como parte de los entremeses o dentro del teatro musical del momento. La danza, al menos la danza española del momento, no tenía un espacio escénico propio, sino que se insertaba dentro de las representaciones teatrales, como parte de los entremeses o en el teatro musical. Los bailes de palillos formaban parte de los sainetes que se incluían en estas representaciones como intermedios o finales. El sainete «servía de intermedio entre la segunda y la tercera jornada de la obra principal, que en la gran mayoría de los casos era de tres actos; cuando tenía ésta menos de tres actos, se acababa la función con el sainete, que se convertía entonces en fin de fiesta»[110]. Así, las primeras figuras del baile de este periodo son dos actrices: María Antonia Vallejo y Fernández, *La Caramba* (1751-1787) y Antonia Prado (1765-1830)[111]. Carmen Martín Gaite señala la

106 Joaquín Álvarez Barrientos, René Andioc, Mireille Coulon, Teresa Chaves y Fernando R. de la Flor, «El teatro del siglo XVIII (I)», cit., p. 347.

107 Ángel del Rio, *Historia de la literatura española (II)*, Barcelona, Ediciones B, 1996, p. 96.

108 Ibídem, pp. 98 y 100.

109 Ibídem, pp. 97.

110 Joaquín Álvarez Barrientos, René Andioc, Mireille Coulon, Teresa Chaves y Fernando R. de la Flor, «El teatro del siglo XVIII (I)», cit., p. 328.

111 S. Estébanez Calderón, *Escenas andaluzas*, cit., p. 86.

enorme popularidad que tuvieron estas dos junto a otras actrices del mismo periodo, y subraya el hecho de que todas ellas eran de extracción popular, de manera que el pueblo, que las idolatraba, se veía reflejado en ellas. Estas actrices populares se pusieron de moda por el cambio del gusto público de la ópera a la tonadilla, prosigue Martín Gaite[112], que nos aporta otros nombres: María Ignacia Ibáñez, María Ladvenant, Mariana Alcázar, Catalina Pacheco *La Cartuja* y (María del Rosario Fernández) *La Tirana*[113], a las que podemos añadir los nombres de Mariana Márquez, Brianda[114], María Teresa Palomino *La Pichona* o María Mayor Ordóñez *La Mayora*[115], entre otras.

La Caramba. Manuel de la Cruz. 1788.

112 Carmen Martín Gaite, *Usos amorosos del dieciocho en España*, Barcelona, Anagrama, 1987, pp. 100-101.

113 Carmen Martín Gaite, *Usos amorosos del dieciocho en España*, cit., pp. 101-103.

114 S. Estébanez Calderón, *Escenas andaluzas*, cit., pp. 86-87.

115 Manuel Gómez García, *Diccionario Akal de teatro*, Tres Cantos, Akal, 1997, p. 14.

Retrato de Mariana Márquez bailando el zorongo.
Lorenzo Barrutia. h. 1795. Biblioteca Nacional.

El teatro musical hispano del momento, zarzuelas o tonadillas incluye «bailes que acompañaban a los números cantados, siendo esta una de sus principales características»[116]. Se trata de «canciones bailadas o danzas cantadas»[117]:

116 Ibídem, p. 393.
117 Ibídem.

«Al igual que durante el siglo XVII los entremeses y bailes, jácaras y mojigangas habían acompañado al espectáculo principal, durante el siglo XVIII existía la costumbre de intercalar en las óperas y zarzuelas representadas en Palacio —y en los teatros públicos— sainetes y tonadillas, sustituyendo las seguidillas y las tiranas a la chacona y la zarabanda. Los sainetes, en algunas ocasiones musicados, componían el intermedio y el fin de fiesta, mientras que la tonadilla los remataba»[118].

El imprescindible trabajo de Faustino Núñez, *Guía comentada de música y baile preflamencos*, es un buen muestrario de estas tonadillas y de la relación de las músicas y danzas incluidas en las mismas con lo que décadas más tarde empezaría a llamarse flamenco[119].

Majo llevando el compás. Francisco de Goya. 1777. Museo del Prado.

118 Ibídem, p. 394.

119 F. Núñez, *Guía comentada de música y baile preflamencos*, cit.

2.1.1. El magismo en Ramón de la Cruz e Ignacio González del Castillo

Ramón de la Cruz (1731-1794) fue el creador del sainete, un género nuevo que «derivaba del entremés, así como del baile»[120]. Es decir, remite al teatro breve de tipo costumbrista y cómico de la etapa anterior. La obra de Ramón de la Cruz presenta una evidente «voluntad de copiar la realidad y reproducirla en todos sus detalles para mayor verosimilitud»[121]. Este carácter realista y testimonial hace que sus sainetes sean una vía privilegiada de acceso a la realidad de la época, especialmente en su caracterización del majo: «(...) uno de los rasgos más característicos del sainete es la estrecha relación que mantiene con el entorno en que vivían los espectadores, con la actualidad, en el sentido más lato de la palabra, de la época»[122]. El sainete es un «cuadro de costumbres»[123], antecedente por tanto del costumbrismo del siglo XIX. Respecto al carácter autentico de los majos de Ramón de la Cruz, señalan Álvarez Barrientos, Andioc, Coulon, Chaves y De la Flor que «puede comprobarse en los documentos de la época. En (...) las señales que recogen los informes de los alcaldes encargados de mantener el orden»[124].

Los testimonios de Ramón de la Cruz van de los años sesenta a los noventa del siglo XVIII. Entre otras cosas señala De la Cruz el gusto de los majos por el baile, como refleja *El fandango del Candil* (1768), que así se titula una de sus obras más conocidas[125]. Señala Caro Baroja, interpretando las obras de Ramón de la Cruz, que los majos son suburbanos, esto es, de barrio, y orgullosos de serlo: Maravillas,

120 Joaquín Álvarez Barrientos, René Andioc, Mireille Coulon, Teresa Chaves y Fernando R. de la Flor, «El teatro del siglo XVIII (I)», cit., p. 328.

121 Ibídem, p. 346

122 Ibídem, p. 332.

123 Ibídem, p. 333.

124 Ibídem, p. 339.

125 *Sainetes de don Ramón de la Cruz: en su mayoría inéditos*, colección ordenada por Emilio Cotarelo y Mori, Madrid, Bailly Baillière, I, pp. 442 y ss. Este sainete ha hecho que la historia del baile flamenco acuda a la expresión *Bailes de candil* para hablar de su prehistoria... en una etapa precrítica. La primera en usarla en la bibliografía reciente fue Teresa Martínez de la Peña y la expresión tuvo tanta fortuna, en esta etapa de la historiografía del flamenco en la que nada cierto se sabía y todo eran elucubraciones, que se ha repetido hasta la saciedad, y es todavía muy popular. Cfr. Teresa Martínez de la Peña, *Teoría y práctica del baile flamenco*, Madrid, Aguilar, 1969, pp. 25 y ss.

el Rastro, Chamberí .... y, en Sevilla, Triana[126]. La seña de identidad del majo, según Caro Baroja, la da el barrio y el oficio[127], que se hereda de padres a hijos. Son menestrales, es decir, obreros o artesanos que trabajan con las manos. El oficio se hereda y también la condición de majo. Aunque muchos majos no tienen trabajo o viven al margen de la sociedad: son delincuentes e, incluso, proxenetas[128]. Hay muchos tipos de majos: desde los majos *decentes* a los majos *crúos*, incluso majos petimetres y majos tunos o delincuentes. Los manolos madrileños son también majos. En todo caso los majos son seres ideales, admirados por los jóvenes, como gente particular que vive libremente. Y que ama también libremente.

La gallina ciega. Francisco de Goya. 1788. Museo del Prado.

Otra seña de identidad, quizá la más marcada, es el atuendo, vinculado al porte corporal y también a su querencia por el cante y el baile. El traje es la esencia del majo, anticipando con esto la importancia radical de lo superficial, que va a ser una constante en la cultura fla-

126 Caro Baroja, *Los majos*, cit., p. 294.

127 Ibídem, p. 295.

128 Joaquín Álvarez Barrientos, René Andioc, Mireille Coulon, Teresa Chaves y Fernando R. de la Flor, «El teatro del siglo XVIII (I)», cit., p. 340

menca en el futuro. Caro Baroja da una lista de cuadros, encabezada por obras de Goya y Bayeu, en los que podemos apreciar este vínculo del movimiento *magista* con el atuendo. Ramón de la Cruz nos proporciona en *El majo de repente* (1775) esta descripción del majo *crúo*: «Don Fabricio, ¡qué gracioso/ estaréis puesto de majo,/ con su cofia, su chupita,/ chupetín y calzonazos,/ sus hebillas a la punta/ del pie, su capa arrastrando,/ su rejón en el bolsillo/ y en la boca su cigarro»[129]. Pérez Galdós, por su parte, nos proporciona esta descripción del traje de maja de los días lucidos en *Los Apostólicos* (aunque escrito en 1879, la acción trascurre en 1829): «Para mayor gracia, había tenido el buen acuerdo de vestirse de maja, lo mismo que otras muchas damas que en aquel día clásico adoptaron el traje nacional. Llevaba, pues, falda de alepín inglés color de amaranto con abalorios negros, chaquetilla de terciopelo con muchos botoncitos de filigrana de oro, mantilla de casco de tafetán con gran velo de blonda, y peineta de pico de pato, todo puesto con extraordinaria bizarría»[130].

El majo de la guitarra. Ramón Bayeu y Subías. 1786. Museo del Prado.

129 Ramón de la Cruz, *Sainetes*, Barcelona, Doménech, 1882, II, p, 220.

130 Benito Pérez Galdós, *Los Apostólicos*, Alicante, Biblioteca Virtual Miguel de Cervantes, 2001, párrafo 46.

Una seña de identidad es también, claro, el españolismo frente a la influencia foránea: «Oponiéndose a los petimetres exageradamente adictos a las modas extranjeras, es la encarnación del apego a las tradiciones nacionales»[131]. El magismo es una corriente popular, así que lo genuinamente español debe de residir en el pueblo. En los sainetes de Ramón de la Cruz vemos bien a las claras dichas señas de identidad: españolismo, rechazo de lo de fuera y gusto por el cante y el baile, en este caso la seguidilla y el fandango. Así en el titulado *El deseo de las seguidillas* encontramos estas dos referencias a estos bailes:

> «Dígole a usted que no quiero;/ que estoy de arias y cabriolas/ atestado hasta los sesos,/ y me he empeñado en oír/ a una muchacha de trueno /cantar unas seguidillas/ manchegas con el pandero,/ y verlas bailar con toda/ el alma y con todo el cuerpo»[132];
>
> »(...) que los mismos extranjeros/ y paisanos que nos culpan/ y hacen ascos, en oyendo/ unas buenas seguidillas/ se levantan del asiento,/ y al ver bailar el fandango,/ les da convulsión de nervios»[133].

Y en *El majo de repente,* esta:

> «(...) ni la divierte lo agudo,/ ni de lo rico hace caso:/ diciendo que solo es hombre/ aquel que sabe en llegando/ la ocasión, bailar encima/ de los hombres el fandango»[134].

Señala Caro Baroja el erotismo como una de las señas de identidad del magismo, relacionado a su vez con el casticismo: ser español es, por supuesto, ser un buen amante. Eso tiene vínculos con el baile, qué duda cabe, como señala el propio Caro[135]. A veces es un erotismo violento:

> «Vale más un cachete/ de cualquier maja/ que todos los halagos/ de las madamas./ Porque se arguye/ que todo

131 Joaquín Álvarez Barrientos, René Andioc, Mireille Coulon, Teresa Chaves y Fernando R. de la Flor, «El teatro del siglo XVIII (I)», cit., p. 341.

132 *Sainetes de don Ramón de la Cruz: en su mayoría inéditos*, colección ordenada por Emilio Cotarelo y Mori, Madrid, Bailly Baillière, 1928, II, p. 22.

133 *Sainetes de don Ramón de la Cruz: en su mayoría inéditos*, cit., II, p. 23

134 Ramón de la Cruz, *Sainetes*, Barcelona, Doménech, 1882, II, pp. 218-219.

135 Caro incluso relaciona el erotismo y la indumentaria, esto es, el fetichismo. Cfr. J. Caro Baroja, *Los majos*, cit., p. 306.

esto es cariño/, lo otro embuste"[136]; "El mejor aire para/ las andaluzas/ es el aire de un majo/ que las sacuda. ¡Dios os otorgue/ uno que os abanique/ con el garrote!»[137] .

En la misma línea se expresa Sala Valldaura a propósito de los majos andaluces: el majo es un tipo auténtico, por español y también en lo erótico, por expresar sus deseos con elocuencia agresiva mientras que el cortejo del petimetre, el afrancesado, se considera inmoral; y por masculino, frente a lo afeminado y cobarde[138]. El elemento erótico está atestiguado en las danzas de palillos, tanto por las descripciones que tenemos de las mismas como por las prohibiciones que a menudo pesaban sobre ellas, lo que acentúa el vínculo entre estas danzas y el magismo[139]. Sala Valldaura afirma que en el movimiento del magismo predomina lo material frente a lo intelectual, de ahí la riqueza del lenguaje corporal[140], que tiene, obviamente, connotaciones dancísticas. Y eróticas[141].

En este magismo madrileño de Ramón de la Cruz encontramos elementos de andalucismo[142] y gitanismo que serán más acusados, lógicamente, en la obra de González del Castillo. En *La pradera de San Isidro* ya habla Ramón de la Cruz de las «seguidillas gitanas»[143]. Hay seguidillas de muchos tipos, como señala Caro Baroja. Algunas de estas variedades se pueden ver en una famosa antología contemporánea, firmada por Juan Antonio de Iza Zamácola, alias don Preciso, *Colección de seguidillas, tiranas y polos* (1799). En la introducción de su obra justifica Iza Zamácola la edición de esta en unos términos que bien podría firmar cualquier majo: «el deseo (...) de restablecer en España la música nacional, y de apartar quanto sea posible de nuestra vista la italiana, que no puede producir otro efecto que el de debilitar y afeminar nuestro carácter»[144].

136 *Sainetes de don Ramón de la Cruz: en su mayoría inéditos*, cit., p. 282.

137 *Sainetes de don Ramón de la Cruz: en su mayoría inéditos*, cit., p. 114.

138 J. Sala Valldaura, «El majismo andaluz en los sainetes de González del Castillo», cit., p. 148.

139 Navarro García, *De Telethusa a La Macarrona*, Portada, Sevilla, 2002, pp. 130, 138, 160.

140 J. Sala Valldaura, «El majismo andaluz en los sainetes de González del Castillo», cit. pp. 149 y 157.

141 Ibídem, 156.

142 J. Caro Baroja, *Los majos*, cit., p. 303.

143 *Sainetes de don Ramón de la Cruz: en su mayoría inéditos*, cit., I, p. 312.

144 Juan Antonio Iza Zamácola (Don Preciso), *Colección de las mejores seguidillas, tiranas y polos* [1799], Madrid, Repullés, 1816, p. LXI.

Un pasar de las seguidillas boleras.
Marcos Téllez. h. 1790. Biblioteca Nacional de España.

Paseo de las seguidillas boleras.
Marcos Téllez. h. 1790. Biblioteca Nacional de España.

Embotados.
Marcos Téllez. h. 1790. Biblioteca Nacional de España.

Atabalillos.
Marcos Téllez. h. 1790. Biblioteca Nacional de España.

2.1.2. *Magismo, andalucismo y gitanismo*

Ya señala Caro Baroja que lo majo madrileño se alimenta de la inmigración andaluza y manchega[145]: «El eje Madrid-Sevilla es fundamental para comprender la *vida popular española* en rasgos esenciales»[146]. Sala Valldaura coincide con Caro en señalar el carácter sureño del magismo madrileño[147]. Este autor subraya la veracidad de la obra de Juan Ignacio González del Castillo (1763-1800), cuyos sainetes nos proporcionan una información de primera mano sobre las costumbres, el atuendo, los bailes y las canciones de los majos andaluces, en relación con la realidad de su tiempo[148]. El magismo andaluz se convierte en una moda costumbrista e incluso turística, cuya primera manifestación son los cuadros típicos de pintores como Rodríguez Jiménez, *El Panadero* (1765-1830) o Fernández Cruzado (1781-1859), ambos jerezanos, a los que siguieron los barritos de figuras y multitud de poesías costumbristas.

La relación del magismo con *lo gitanesco* queda manifiesta en una referencia a Cadalso que incluye Caro Baroja en *Los majos*. Se refiere a la famosa, entre la flamencología del siglo XX, «juerga del Tío Gregorio» en la que se muestra como los jóvenes de las clases acomodadas imitan «las costumbres populares, y aún gitanescas, en lo que podían tener de más bravío»[149]. Así, «hablar en caló y otras jergas convencionales estaba al orden del día»[150]. Por cierto, que en la mencionada «juerga del Tío Gregorio» las gitanas bailan el polo con castañuelas[151]. Caro relaciona también en su obra, en al menos dos ocasiones, al majo con el jaque[152]. Hay una referencia en Sala Valldaura, con cita de Jose Antonio Maravall[153], de la relación y asimilación entre lo andaluz y lo gitano[154]. Y, finalmente, entre lo majo y lo gitano («la capa a lo caló»[155]). Habla

145 Caro Baroja, *Los majos*, pp. 325 y 329.
146 Ibídem.
147 Ibídem, p. 151.
148 J. Sala Valldaura, «El majismo andaluz en los sainetes de González del Castillo», cit., p. 168.
149 Ibídem, p. 333.
150 Caro Baroja, 'Los majos', cit.,.
151 Cadalso, *Cartas marruecas*, [1789], Sevilla, Editoriales Andaluzas Unidas, 1986, p. 46.
152 Ibídem" por "Caro Baroja, 'Los majos', cit.,
153 José Antonio Maravall, *Estudios de la historia del pensamiento español (siglo XVIII)*, Madrid, Mondadori, 1991, p 109.
154 J. Sala Valldaura, «El majismo andaluz en los sainetes de González del Castillo», cit., p. 151.
155 Ibídem, p. 152.

también de la conexión del magismo con la «lengua de germanía» y los gitanismos[156]. Subraya «una cierta cercanía del majo *tuno* o *crúo* de González del Castillo al mundo gitano»[157]. Sala Valldaura sigue a Caro Baroja en la reflexión de que en esta época los majos se contraponen a los payos[158], igual que ocurre hoy entre gitanos y payos, lo que subrayaría la relación entre los majos y los gitanos. Y entre el flamenco y los bailes de palillos. Caro Baroja dice en *Los gitanos en chiclé* que «llega un momento que gitanismo y andalucismo llegan a confundirse»[159]. Señala Caro Baroja cómo poco a poco «lo gitanesco cubrirá a lo popular antiguo»[160]. Richard Ford distingue los majos *crúos* de Jerez —directos, salvajes— con los refinados majos *cocíos* de Sevilla[161]. En esta caracterización no debemos olvidarnos de la fuerte presencia del elemento gitano en la ciudad de Jerez. En la tonadilla de Manuel García *La maja y el majo* (1798)[162], compuesta según Andrés Moreno Mengíbar[163] precisamente en Cádiz, el mismo marco de las obras de González del Castillo, ve Caro Baroja la quintaesencia de este andalucismo que al final del siglo XVIII va a caracterizar al magismo[164]. Pero no debemos olvidar que el título original de la pieza, luego tachado y sustituido por el actual en los manuscritos originales, era *La gitana y el majo*[165]. De hecho lo gitano

156 Ibídem, p. 163.

157 Ibídem.

158 Ibídem, p. 153.

159 J. Caro Baroja, *Temas castizos*, Madrid, Itsmo, 1980, p. 133.

160 J. Caro Baroja, *Los majos*, cit., p. 337.

161 Richard Ford, *A handbook for travelers in Spain*, London, Murray, 1845, I, p. 232.

162 Manuel García, *La maja y el majo. La declaración. Quien porfía mucho alcanza. El poeta calculista.* Edición de Juan de Udaeta, Madrid, Instituto Complutense de Ciencias Musicales, 2008.

163 Andrés Moreno Mengíbar, *Los García*, Sevilla, Junta de Andalucía, 2018.

164 J. Caro Baroja, *Los majos*, cit., p. 338.

165 Manuel García, *La maja y el majo. La declaración. Quien porfía mucho alcanza. El poeta calculista*, cit., p. XIV. Por cierto, que en el texto de esta obra encontramos lo que podría ser una cita del famoso estribillo de la chacona, «la vita buona», al que aludíamos páginas atrás (Manuel García, *La maja y el majo. La declaración. Quien porfía mucho alcanza. El poeta calculista*, cit., p. XIX). El primero en señalar esta conexión de la obra de Manuel García con el estribillo más famoso de la chacona fue José Luis Navarro García (Semillas de ébano, cit., pp. 133-134). Este estribillo era muy popular ya antes de la composición de Arañés que mencionábamos y aparece en otras chaconas, como en la de Luis de Briceño (1626), véase su *Método mui facilissimo para aprender a tañer la guitarra a lo español*, París, Pedro Ballard, 1626, p. [25] y el CD *Luis de Briceño, sus sones y sus canciones*, La Sonorosa y Edwin García, La mà de guido, 2019. El estribillo aparece también, entre otras fuentes literarias, en *El amante agradecido* (1618) de Lope de Vega, en donde que se nos habla del origen indiano de la chacona. Véase J. L. Navarro García *De Telethusa a la Macarrona*, cit., pp. 62-63. Esta cita de la chacona incluida en *La maja y el majo* demostraría la estrecha relación existente

y agitanado era a esas alturas un tópico de la tonadilla dieciochesca: Faustino Núñez aporta hasta ciento veintidós referencias, procedentes de los fondos de la Biblioteca Municipal de Madrid, de la presencia de los gitanos en las tonadillas de finales del siglo XVIII incluyendo *El gitano celoso*, *La gitanilla fingida*, *Los gitanos y el hidalgo*, *La gitanilla honrada* (1776) y *El aduar de los gitanos* (1778) de Blas Laserna; *La gitana pobrecita*, *La hermosa gitanilla en el coliseo* (1776), *La gitana afortunada* (1778) y *La gitana y el hospital de incurables* (1782) de José Castel; *Las aventuras del gitano* (1774) y *Los gitanos y los payos* (1776) de Pablo Esteve (1776); *La gitana y el caballero* (1764) de Antonio Guerrero; *El gitano celoso y gitana solitaria* de Diego de la Riba; *La gitanera* de Antonio Rosales; *La gitana pobre y el majo enamorado* (1794) de Remessi; y las anónimas *Las gitanillas*, *El prioste de los gitanos* (1754)[166], *La gitana del capricho* y *Los gitanos*[167]. Esta última está atribuida por Arcadio Larrea Palacín a Diego de la Riba[168]. Larrea Palacín, siguiendo los catálogos editados por Subirá[169], aún aporta otros títulos de tonadillas, óperas y sainetes de temática gitana como *La mora gitana* y *Los gitanos y gallegos* de Remessi; *Una gitana y un payo* y *La boda de los gitanos*, de Antonio Guerrero; *Los gitanos tragedistas* de Blas Laserna; y *Las gitanas* y *Los gitanos* de Antonio Rosales[170].

Caro Baroja vincula al majo andaluz con la guitarra y el baile[171]. Ya hemos visto que el baile está íntimamente unido al movimiento del magismo[172]. En esta misma línea se sitúa Sala Valldaura en su estudio sobre la obra de Juan Ignacio González del Castillo[173], que vincula el magismo con la «jacarandina y hasta con los rufianes, los pícaros y los fanfarrones de la literatura barroca»[174]. He aquí un par de citas de *Los caballeros desairados* de González del Castillo con relación a

---

entre las danzas y cantos del barroco y los de finales del siglo XVIII y principios del XIX, entre la chacona y la seguidilla y el bolero, como subrayará Estébanez Calderón y veremos más adelante, entre el teatro musical barroco y la tonadilla. Entre los jaques y los majos, y más tarde los flamencos, como estamos viendo a lo largo de esta obra.

166 Está atribuida por Subirá a Antonio Guerrero, en José Subirá, *La tonadilla escénica*, Madrid, Tipografía de Archivos, 1928, I, p. 383.

167 F. Núñez, *Guía comentada de música y baile preflamencos*, cit. pp. 41-59.

168 A. Larrea Palacín, *El flamenco en su raíz*, cit., p. 70.

169 José Subirá, *La tonadilla escénica*, Madrid, Tipografía de Archivos, 1928-1932, IV vols.

170 A. Larrea Palacín, *El flamenco en su raíz*, cit., p. 70.

171 J. Caro Baroja, *Los majos*, pp. 335, 336, 338 y 346.

172 Ibídem, p. 346.

173 J. Sala Valldaura, «El majismo andaluz en los sainetes de González del Castillo», cit., pp. 147, 148 y 159.

174 Ibídem, p. 148.

la danza: «ISABEL. Soy muy viva./ Mire usted; ya sé poner/ levantadas las manitas y dar vueltas de este modo. / MARIANO. ¡Viva la gracia! MARQUÉS. Repica esos pies./ ISABEL. ¿De esta manera?/ MARQUÉS ¡Con más salero!»[175]; «Aprende como yo aprendo/ el ole y otras cositas»[176]. Cati León señala la presencia de elementos dancísticos en los sainetes de González del Castillo donde halla referencias al bolero, la contradanza, el fandango y el zorongo[177]. También Carmen Martín Gaite señala este vínculo del magismo con el baile y el canto[178] y da como géneros de los majos fandangos, boleros y seguidillas[179], jota y guaracha[180], que se acompañan con guitarras, bandurrias y castañuelas[181]. Hay un testimonio visual que relaciona bailes como la zarabanda y la mojiganga con el tipo del majo y también con los gitanos: nos referimos al famoso *Avyso: bailes de jitanos* del coleccionista sevillano Antonio Castro Carrasco, incluido en su edición del *Libro de la gitanería de Triana de los años 1740 a 1750 que escribió el Bachiller Revoltoso para que no se imprimiera*[182]. El documento es de 1781. También en la tonadilla *La maja pobre y el majo enamorado o El zorongo* (1794), de Lorenzo Buzzoni, hay una referencia a la relación de los bailes de palillos con los gitanos: «el bailete a lo gitano tocando las castañuelas»[183]. En las tonadillas de finales del siglo XVIII se consideran bailes y cantos gitanos las seguidillas[184], el dengue[185], la tirana[186], el fandango[187], los jaleos[188]. En la tonadilla dieciochesca incluso se habla de unas «seguidillas a lo

175 Juan Ignacio González del Castillo, Juan Ignacio, *Obras completas*, Madrid, Librería de los sucesores de Hernando-Real Academia Española, 1914, I, p. 114.

176 Ibídem, p. 129

177 En http://www.thecult.es/flamencult/el-flamenco-en-los-sainetes-de-gonzalez-del-castillo.html (consultado el 5-12-20017).

178 Carmen Martín Gaite, *Usos amorosos del dieciocho en España*, Barcelona, Anagrama, 1987, pp. 98 y 100.

179 Ibídem, p. 100.

180 Ibídem, p. 103.

181 Ibídem, p. 100.

182 *Libro de la gitanería de Triana escrito por el Bachiller Revoltoso* ed. de Antonio Castro, Sevilla, 1995. Pliego aparte.

183 F. Núñez, *Guía comentada de música y baile preflamencos*, cit. p. 42.

184 Ibídem, pp. 43, 45, 46, 47 y 49.

185 Ibídem, pp. 43, 44, 45 y 57. Navarro García señala que es un baile de origen negro o afroamericano y que, «una vez olvidado, siguió vivo en Cuba, asimilándose a la guaracha». Cfr. J. L. Navarro García, *De Telethusa a la Macarrona*, cit. p. 70.

186 F. Núñez, *Guía comentada de música y baile preflamencos*, cit. p. 47.

187 Ibídem, p. 48.

188 Ibídem, p. 49.

gitano»[189] y de «seguidillas agitanadas»[190], «seguidillitas gitanitas»[191], «seguidillas de los gitanos»[192] y «zeguidillaz gitanas»[193]. Otro baile que se relaciona con los gitanos, según dos documentos de la época, es el *manguindoy*[194], al parecer también de origen afroamericano. En el mencionado *Libro de la gitanería de Triana* ... se nos ofrecen los nombres de algunas de las bailarinas gitanas, o «autoras de danzas» de esta época, como son «la nieta de Balthasar Montes»[195], «Dominga Orellana»[196] y «La Flaca»[197], nómina a la que hemos de sumar la «Andrea la del Pescao» del mencionado *Avyso*[198].

La pradera de San Isidro. Francisco de Goya. 1788. Museo del Prado.

El vínculo del magismo con el baile lo relaciona Caro Baroja con la ciudad de Cádiz y su tradición bailaora y cantaora «preciosista»[199]. Porque el majo andaluz es más preciosista que el madrileño. Caro señala que esta tradición cantaora preciosista se ve entorpecida por

189 Ibídem, p. 46.
190 Ibídem, p. 46.
191 Ibídem, p. 47.
192 Ibídem, p. 48.
193 Ibídem, p. 50.
194 *Libro de la gitanería de Triana escrito por el Bachiller Revoltoso,* cit. p. 22; y Henry Swinburne *Travels through Spain in the years 1775 y 1776*, London, J. Davis, 1787, (2nd edition), p. 354.
195 *Libro de la gitanería de Triana escrito por el Bachiller Revoltoso,* cit. p. 21
196 *Libro de la gitanería de Triana escrito por el Bachiller Revoltoso,* cit. p. 23.
197 Ibídem.
198 *Libro de la gitanería de Triana escrito por el Bachiller Revoltoso,* cit., Pliego aparte.
199 J. Caro Baroja, *Los majos*, cit., p. 338.

el *agitanamiento*, como denuncia Bretón de los Herreros en una obra concluida en 1856, *La desvergüenza, poema jocoserio*[200]. Es decir, lo gitano le quita preciosismo al magismo y lo hace más crudo.

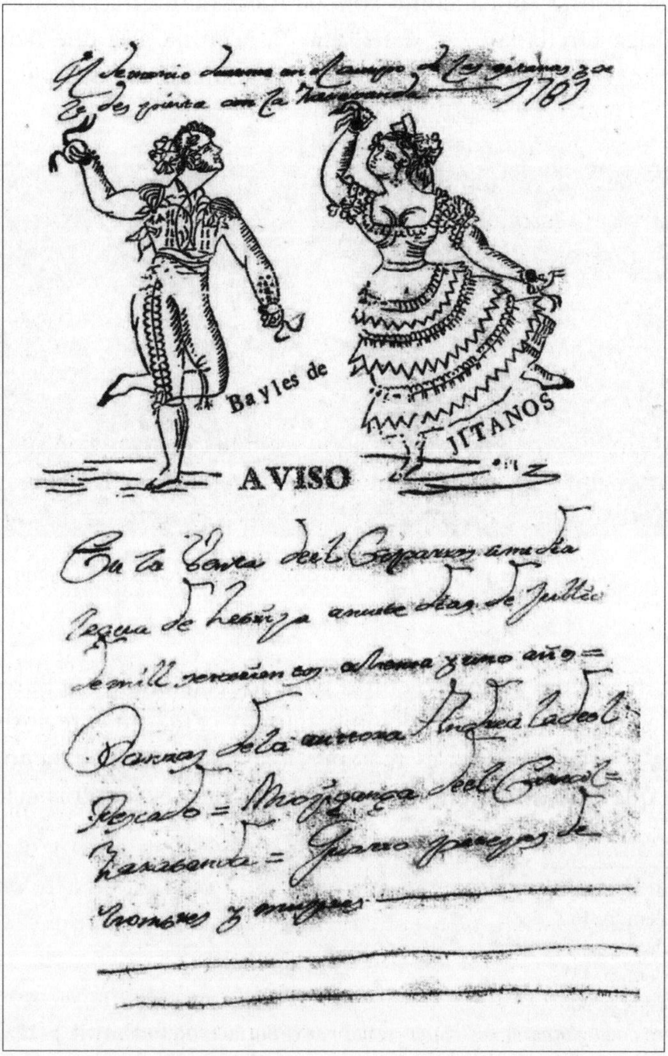

Bayle de jitanos (facsímil del cartel original de 1781).
Biblioteca Nacional de España.

200 Manuel Bretón de los Herreros, *La desvergüenza, poema jocoserio*, Madrid, Mellado, 1856, pp.170-172.

El majo es un personaje intuitivo[201], más que racional, de ahí que anticipe al Romanticismo. Y por eso mismo, en cierto modo, es un barroco: le gusta la moda anterior, es retrógrado, la cuestión de la honra es fundamental para él y le gusta resolver sus diferencias de forma violenta. Es un antiilustrado en el siglo de la Ilustración. Porque es antifrancés. Por eso el traje, el adorno, es toda su vida: así podemos ver su relación con otras tribus urbanas, de otras geografías y otras épocas: anglosajonas, japonesas, etc., y también su relación con el hidalgo barroco español: el honor, que se refleja también en el traje, es más importante que comer. Este potencial romántico que está ya presente en el majo del siglo XVIII y principios del siglo XIX estallará cuando el romanticismo europeo se extienda por España y convierta a los majos, y a los españoles por extensión, en gitanos, toreros y flamencos.

2.1.3. Pintura costumbrista

Como hemos señalado, el magismo andaluz deriva pronto hacia el costumbrismo y hacia el tipismo turístico, en forma de poemas, cuadros, barritos, etc. En este sentido, destaca la obra de dos pintores jerezanos que se sitúan entre el final del magismo dieciochesco y el comienzo del romanticismo. Se trata de Juan Rodríguez Jiménez, *El Panadero* (1765-1830) y Joaquín Fernández Cruzado (1781-1859). Ambos son considerados por Lafuente Ferrari como «precursores de este romanticismo pintoresco»[202]. Rodríguez Jiménez es autor de *El baile del Farol* (circa. 1825), una obra en la que, afirma Caro, «se percibe el cambio de lo dieciochesco a lo decimonónico»[203]. De él dice Lafuente Ferrari que es uno de «los iniciadores del género pintoresco y costumbrista»[204]. Conocido también como El Tahonero, debido al oficio de su padre, Rodríguez Jiménez se inició en su arte en Jerez desde donde pasó a Cádiz, ciudad en la que firma ya algunos trabajos de importancia, y en 1813 se traslada a Sevilla, donde completó su formación. Trabajó también, abundantemente, en Lisboa y Oporto. Su obra gozó de temprana reputación y sus cuadros viajaron a Inglaterra

201 J. Caro Baroja, *Los majos*, cit., p. 348.

202 Enrique Lafuente Ferrari, *Breve historia de la pintura española*, Los Berrocales del Jarama, Akal, 1987, II, p. 448.

203 J. Caro Baroja, *Los majos*, cit., p. 337.

204 E. Lafuente Ferrari, *Breve historia de la pintura española*, cit., II, p. 448.

o a Cuba, donde se encuentran muchos de ellos aún hoy. Trabajó en motivos de escenografía, ejecutando los telones del Teatro Principal de Cádiz; igualmente realizó alguna obra para la Iglesia, pintando la bóveda del presbiterio del convento de San Agustín de Sevilla o el cuadro *El buen pastor*, para la catedral de Jerez. Pero su fama se debe, ante todo, a sus retratos y a sus cuatros de tipo costumbrista, como el mencionado *Baile del Farol*. En esta obra vemos a una pareja con el atuendo tradicional majo bailando con castañuelas, y con acompañamiento de guitarra. Pero la ambientación, el vestuario oscuro y el escenario interiorista, de ahí la iluminación tenebrista del farol que da título a la obra, ya anticipan, como señala Caro Baroja, el gusto romántico de la etapa siguiente. También el tipo de pincelada rápida y caricaturesca va en esta línea. Otras obras de temática dancística son *El baile* y *El bolero*[205]. En realidad, se trata de dos variaciones sobre el mismo tema. En ambos aparece una maja bailando con un sombrero en la mano y acompañamiento de guitarra. Y el ambiente que rodea a la bailaora, nuevamente en interior, es aún más grotesco, con un grupo de espectadores, mayoritariamente masculino, que acosa a la intérprete y, en el caso del segundo de los cuadros, con unas cañas de vino en ristre, en posición casi de agresión. *El baile del Farol* está en el Museo del Romanticismo de Madrid, en tanto que *El baile* está en el Bellas Artes de Cuba, en La Habana, con el nombre de *Baile flamenco*[206]. *El bolero* pertenece a un coleccionista privado. También en el Museo de Bellas Artes de Cuba se encuentra *Escena de venta*[207] que presenta un ambiente muy parecido a *El baile*, con la misma iluminación y un espacio similar. Vemos a un grupo en el que una mujer toca un pandero, otra mujer sostiene una guitarra, sin tañerla, y todo el grupo mira a un tercer hombre que toca las palmas y que, quizá, está bailando o cantando. Este último personaje está de espaldas, pero la posición flexionada de sus piernas, y la actitud del resto de personajes incluidos en la obra, llevan a pensar de que está llevando a cabo alguna de estas actividades artísticas. El museo Carmen Thyssen de Málaga conserva una variación de este cuadro

205 http://www.artnet.com/artists/juan-rodriguez-jimenez/el-bolero-90UH8zXbhTkrs4piZ23Umg2 (consultado el 20-11-2018).

206 http://www.bellasartes.co.cu/obra/juan-rodriguez-jimenez-atribuido-el-panadero-baile-flamenco (consultado el 20-11-2018).

207 http://www.bellasartes.co.cu/obra/juan-rodriguez-jimenez-el-panadero-escena-de-venta (consultado el 20-11-2018).

titulada *Baile en una venta* (1850) que atribuye a Rafael Benjumea (c. 1820/1825-1888). Este segundo es una versión ampliada del primero.

Fernández Cruzado, por su parte, más que en el baile, fijó su atención en el arte del toreo. Se formó en Cádiz, Sevilla y Madrid, donde tuvo como profesores a José Camarón Bonanat y Vicente López y Portaña. Además de escenas costumbristas, que anticipan el romanticismo pictórico, cultivó también el arte religioso, la temática histórica y el retrato, incluyendo en este último género a la familia real: Fernando VII, Isabel II, María Cristina de Borbón, etc. Entre las escenas costumbristas podemos destacar *La salida del toro* (circa 1840) y *El pase de muleta* (circa 1840), ambas en el Museo del Romanticismo de Madrid. Del él afirma Lafuente Ferrari que «cultivó el género pintoresco» y que «sus cuadros son de un desenfado de técnica curioso»[208]. Estos pintores son precedentes de la pintura costumbrista romántica que, a partir de la segunda mitad del siglo XIX, se inundará de temas dancísticos y musicales. En primer lugar, encontramos en este «romanticismo pintoresco» la obra de José María Domínguez Bécquer (Sevilla, 1805-1841), padre como sabemos de Gustavo Adolfo y autor, entre otras obras, de *Majo tocando la guitarra* (1834), *Richard Ford*[209] *vestido de majo* (1832), *La cachucha*, *Una bailaora*, y de las ilustraciones *El bolero*, *Los tocadores de guitarra*, *La feria de Mairena* (1842)[210], etc. A José María Domínguez Bécquer le seguirán Antonio María Esquivel, Antonio Pérez Rubio, Roldán Martínez, Joaquín Domínguez Bécquer, Cabral Bejarano, Valeriano Domínguez Bécquer, Rafael Benjumea, Barrón y Carrillo, Doré, Manet, Lameyer, etc. y, al final del siglo y en el comienzo del siguiente José García Ramos, José Villegas, Sorolla, Zuloaga, Gargallo, Anglada Camarasa, López Mezquita y, por supuesto, Julio Romero de Torres[211], entre otros.

---

208 E. Lafuente Ferrari, *Breve historia de la pintura española*, cit. II, p. 448.

209 Por cierto, que Richard Ford era también dibujante.

210 Jesús Rubio Jiménez, *José María Domínguez Bécquer*, Sevilla, Diputación de Sevilla, 2007, pp. 166-179.

211 Manuel Concha Ruiz, «El flamenco en las artes plásticas», en *Ateneo: Revista cultural del Ateneo de Cádiz*, 9 (2009), pp. 155-162.

El baile del farol. Juan Rodríguez Jiménez *El Panadero* (1765-1830). Museo Nacional del Romanticismo.

El baile. Juan Rodríguez Jiménez *El Panadero* (1765-1830). Museo Nacional de Bellas Artes de Cuba.

Escena de venta. Juan Rodríguez Jiménez «El Panadero» (1765-1830). Museo Nacional de Bellas Artes de Cuba.

Baile en una venta. Rafael Benjumea. 1850. Museo Carmen Thyssen Málaga.

Bailando la cachucha. José Domínguez Bécquer (1805-1841).

Maja. José Domínguez Bécquer, 1837.

Tocadora. José Domínguez Bécquer, 1837. The Andalusian Annual.

Baile en un interior. Joaquín Domínguez Bécquer, 1841. Museo Carmen Thyssen, Málaga.

2.2. REPERTORIO DE BAILES DE PALILLOS

En el capítulo dedicado a la seguidilla de los siglos XVI y XVII ya hablamos de la relación de esta danza, que de nuevo vuelve a ponerse de moda en el siglo XVIII y principios del XIX, con los estilos flamencos: sevillanas, seguiriyas, serranas, livianas, alegrías, etc. La popularidad de las danzas españolas en Europa en el siglo XVIII la atestigua la presencia del fandango en el *Don Juan* de Gluck o en *Las bodas de Fígaro* de Mozart. Y en las memorias de *Casanova*. Aunque en el Romanticismo eclosionó España como lugar exótico, la temática española está presente en la cultura europea desde mucho antes: así los *Don Juan* de Molière, Goldoni, Mozart, etc. Como señala Cabo Aseguinolaza, esta presencia obedece a un proceso de exotización que estallará en el Romanticismo. Este «proceso de exotización que procede de los inicios de la época moderna, al menos desde principios del siglo XVI, se mantuvo luego muy vigoroso a lo largo del siglo XVIII y de todo el XIX y, de manera desvaída, asoma aún en algunas aproximaciones contemporáneas de la cultura española»[212].

En esta época las castañuelas o palillos se asocian indisolublemente a las danzas españolas, como seña de identidad frente a las de procedencia francesa. Ello es fruto de un cambio en la forma de construirlas que afectará a la forma de tocarlas. He aquí un inventario de estos bailes de palillos: seguidilla y sus derivados, como el bolero; fandango y sus derivados, como por ejemplo las malagueñas. Respecto a los jaleos, la literatura del momento se refiere tanto a los jaleos como estilo propiamente dicho, como a *los bailes*[213] *o coplas de jaleo*[214] que incluiría el zorongo, el zapateado (desde 1802[215], aunque la técnica de pies ya existía, al menos, en los canarios y los panaderos), la cachucha, el olé, el vito, el polo, los panaderos y los jaleos propiamente dichos: estos aires españoles tienen en el ritmo ternario su seña de identidad[216]. También forman parte del repertorio de bailes y cantos de pali-

212 Fernando Cabo Aseguinolaza, *El lugar de la literatura española*, Barcelona, Crítica, 2012.

213 J. L. Ortiz Nuevo, *¿Se sabe algo?*, cit., p. 47. Según Miguel Ángel Berlanga, guarachas, zapateado, zorongos, trípili-trápala y otros «eran genéricamente designados como tiranas —cuando se hacía alusión a la música— y como jaleos cuando se hacía alusión al baile» (M. A. Berlanga, *El flamenco, un arte musical y de la danza*, Granada, 2017, Edición de autor, 2017, pp. 151-152.

214 A. Machado Álvarez, *Colección de cantes flamencos*, cit. p. 76.

215 G. Castro Buendía, *Génesis musical del cante flamenco*, cit., p. 1421.

216 G. Castro Buendía, *Génesis musical del cante flamenco*, cit., p. 544.

llos los caracoles[217] (diferentes de los caracoles flamencos), la caña[218] (diferente de la caña flamenca actual), las jotas, las peteneras (desde 1826), la tirana, etc. El origen de los estilos, respecto a la etapa anterior es, muy resumidamente, este: a partir de las seguidillas, surgen las sevillanas y otros; y a partir del fandango (o fandango histórico), los fandangos bailables, las malagueñas bailables y, probablemente, los jaleos[219], tanto como estilo así llamado como los del grupo de bailes o coplas de jaleo. Dentro de estos encontramos una evidente relación de los canarios con el zapateado. También surgen otros estilos nuevos como las jotas y las peteneras, estas últimas de origen americano. A estas danzas se las llama bailes de palillos (sinónimo de castañuelas) porque todas ellas se bailan con palillos, como elemento diferenciador de los bailes españoles, frente a los de influencia francesa.

Podemos encontrar ilustraciones visuales de estos bailes de palillos en las obras del grabador y dibujante Marcos Téllez Villar, en el Museo de Historia de Madrid, tituladas *Seguidillas boleras*, *Un pasar de las seguidillas boleras*, *Atabalillos* y *Embotados*, circa 1790[220]. También en algunos tapices de Goya, como en *Baile a orillas del Manzanares*[221], de 1777, y en la obra de José Camarón Bonanat *El bolero*[222], 1785, ambas en el Museo del Prado. También se conservan muchas músicas de estos estilos. La obra de Faustino Núñez *Guía comentada de música y baile preflamencos* [223] da buena fe de ello. El conjunto de coreográficas que hoy se nombran *Escuela Bolera* se presentan como bailes del siglo XVIII, aunque es una afirmación que ponemos en duda en esta obra.

217 José Gelardo y José Luis Ortiz Nuevo, (coords.), *El eco de la memoria. El flamenco en la prensa malagueña en los siglos XIX y principios del siglo XX*, Málaga, Diputación de Málaga, 2009, p. 99.

218 Así la transcrita por Isidoro Hernández en 1883, A. y D. Hurtado, *La llave de la música flamenca*, cit. p. 305. Estos autores consideran que este modelo es el que cita Estébanez Calderón en su obra: véase S. Estébanez Calderón, cit. pp. 250-251.

219 Faustino Núñez los relaciona con la tirana: F. Núñez, *Escenas andaluzas, Guía comentada de música y bailes preflamencos*, cit., p. 199; Castro Buendía los cree derivados de la jácara: G. Castro Buendía, *Génesis musical del cante flamenco*, cit., p. 412.

220 Se pueden consultar en http://musicadiz1812.es/imagenes.html (consultado el 7-9-2017).

221 https://www.museodelprado.es/coleccion/obra-de-arte/baile-a-orillas-del-manzanares/9a7fd0ca-37d4-40d5-8b1c-8d86394dd729 (consultado el 7-9-2017).

222 https://www.museodelprado.es/aprende/enciclopedia/voz/camaron-bonanat-jose/5b539bdc-b733-4100-9665-d0813f51f34a (consultado el 7-9-2017).

223 F. Núñez, *Guía comentada de música y baile preflamencos*, cit.

El Olé. Museo Nacional del Romanticismo.

Los bailes de palillos se llaman también bailes nacionales o del país, o bailes andaluces, ya que Sevilla era, con Madrid, la capital del magismo. También se les llama boleros o voleros, ya que surgen como respuesta castiza a la influencia del ballet italo-francés, pero incluyen algunas técnicas del ballet, como los saltos hacia arriba. Al incluir los saltos, parecía que los bailarines volaban, de ahí el nombre de *volero* o *bolero*[224]. El bolero es la seguidilla, una seguidilla, más lenta, majestuosa y con esta técnica de saltos *francesa*. Un ejemplo en carne y hueso de esta fusión es la familia Lefebvre[225]: una com-

224 Javier Suárez-Pajares, «El bolero. Síntesis histórica», en Roger Salas (ed.), *La Escuela Bolera*, Madrid, Ministerio de Cultura, 1992, p. 188.

225 Antonio Álvarez Cañibano, «La compañía de la familia Lefebre en Sevilla», en Roger Salas (ed.), *La Escuela Bolera*, Madrid, Ministerio de Cultura, 1992, pp. 63 y ss.

pañía francesa de ballet que se instala en Sevilla durante la ocupación francesa, (1810-1813), y que incorpora artistas españoles a su elenco, de manera que se convierte en una compañía mixta, tanto en el repertorio como respecto a los orígenes de los bailarines. Una vez acabada la ocupación, regresan a París donde ponen de moda el baile español. Este es el origen del gusto europeo por el baile español. Desde 1833 hay una diáspora de artistas españoles, coincidiendo con el comienzo de las guerras carlistas y con una epidemia de fiebres tifoideas: Dolores Serral, Mariano Camprubí fueron los pioneros, a los que siguieron Pepita Oliva, Manuela Perea, Petra Cámara y un largo etcétera. A ello hemos de sumar la influencia del sevillano Alejandro Aguado, Marqués de las Marismas, en el Teatro de la Ópera de París, entidad que financió desde 1831 hasta su muerte, once años después[226].

El Olé gaditano, Gustave Doré. *L'Espagne*, Librairie Hachette, 1874.

226 Rocío Plaza Orellana, *Los bailes españoles en Europa*, Córdoba, Almuzara, 2013, pp. 62 y ss.

En relación con esto está el tema de las artistas extranjeras en el baile español (discípulas de Serral y compañía): la moda del baile español en París impuso que las bailarinas de ballet aprendieran los bailes españoles. Todas las bailarinas importantes de la época, incluyendo a Marie Taglioni, la inventora de las puntas según una tradición, bailaron bailes españoles. Incluso algunas se especializaron en el baile español: Fanny Elssler, Guy Stéphan, Lola Montes... Con hitos como el ballet *El diablo cojuelo* (*Le diable boiteux*, 1836) coreografiado por Eugene Coralli con música de Casimir Gide y estrenado por Fanny Elssler, donde baila la famosa cachucha[227]. Por cierto, que el rol masculino principal de este estreno está interpretado por Joseph Mazilier, que luego coreografiaría *La Gypsy* (1839), interpretada por Fanny Essler, con la inclusión de un Jaleo de Jerez, o *Paquita* (1852). También hay que citar en este lugar *Toreador* (1840) de Aguste Bournonville, con música de Edvard Helsted[228], y *Don Quijote* (1869) de Marius Petipa, con música de Minkus (entre 1786 y 1866 hay hasta diez ballets con este nombre y argumento), que incluye jotas, seguidillas (acto I) y fandangos (acto III).

Dentro de esta amplia nómina de bailarinas de danzas españolas foráneas hemos de destacar la presencia de Marie Guy-Stéphan (1818-1873), puesto que aparece mencionada, de forma indirecta eso sí, en las *Escenas andaluzas* (1847) de Estébanez Calderón, libro considerado por la flamencología del siglo XX como fundacional de la bibliografía flamenca y donde aparecen mencionados El Planeta, El Fillo y otros artistas de la primera etapa de la historia del flamenco. La bailarina francesa bailó en Madrid y ha sido identificada, entre otros, por Arcadio Larrea como la bailarina rubia que aparece en las *Escenas andaluzas*[229]. Volveremos más adelante sobre esta obra de Estébanez Calderón, fundamental testimonio de los primeros bailes, cantes y toques flamencos. Plaza Orellana, en *Los bailes españoles en Europa*, interpreta el éxito de los bailes españoles en la escena europea del siglo XIX a la luz del cambio que en la danza operarían los escritos y actividades de los bailarines y coreógrafos Jean Georges

227 Marina Grut, *The Bolero School*, London, Dance Books, 2002, p. 92.

228 M. Grut, *The Bolero School*, cit., pp. 145-146.

229 Arcadio Larrea Palacín, *El flamenco en su raíz* [1974], Sevilla, Signatura, 2004, p. 157; y Borja Rodríguez Gutiérrez, «La primera edición de las *Escenas andaluzas* (1847) de Serafín Estébanez Calderón, ilustradas por Francisco Lameyer», en Borja Rodríguez Gutiérrez, y Raquel Gutiérrez Sebastián (eds.), *Literatura ilustrada decimonónica. 57 perspectivas*, Santander, Servicio de publicaciones de la Universidad de Cantabria, 2011, p. 748.

Noverre, Hilferding y Angilioni, que darían lugar al nacimiento del *Ballet D'Action*, el cual potenciaba la espontaneidad, la emoción, la narración y la expresión, y que liberaría al arte de la danza de pelucas, máscaras, trajes pesados y tacones. Además, introduciría el gusto por las clases populares, sus músicas, sus bailes, sus vestidos, sus costumbres, y lo exótico en la escena, acorde con los nuevos tiempos románticos[230].

Una romería (*El bolero*). José Camarón Bonanat, 1785. Museo del Prado.

Resulta curioso que los nuevos tiempos posteriores a la Revolución Francesa y propios del Romanticismo dieran la oportunidad de subir a la escena unas danzas que suponían la pervivencia de una forma primitiva, o primitivista, según se mire, de bailar, como eran los bailes nacionales españoles, llamados también de palillos. De hecho, en la mirada de este exotismo había no pocos prejuicios y no pocas artificiales construcciones de la realidad española. Y aunque, tras la pionera María Mercandotti, pisaron las tablas europeas,

230 R. Plaza Orellana, *Los bailes españoles en Europa*, cit., pp. 15 y ss.

sobre todo parisinas, Dolores Serral, Félix García, Manuela Perea, Petra Cámara, Mariano Camprubí y una larga legión de intérpretes españoles[231], lo cierto es que la fama de estos bailarines hispanos fue efímera en París, en tanto que la austriaca Fanny Elssler y sus imitadoras, bailando la cachucha y el bolero, eran reclamadas en todos los teatros del mundo. La Elssler, la Guy-Stéphan o la Duvernay que, a pesar de basar su éxito en los bailes españoles, en su mayor parte jamás sintieron la necesidad de pisar la tierra hispana. Como hoy mismo, dirán ustedes, en que las versiones divulgativas y edulcoradas, domesticadas, alcanzan a veces más difusión que lo genuino. La excepción a esta norma es la Guy-Stéphan.

Dolores Serral. Célestine Biard, h. 1832.

231 Ibídem, pp. 55 y 56.

Dolores Serral y Mariano Camprubí, h. 1834.

La hipótesis de Plaza Orellana en Los *bailes españoles en Europa* es que la importancia de los bailes españoles en París fue fruto de la moda del Romanticismo. De la moda y de la casualidad histórica: el hecho de que, como consecuencia de la Guerra de Independencia, un sevillano afrancesado, Alejandro Aguado, llegase a ser mecenas del Teatro de la Ópera, hecho que luego coincidió con la diáspora de músicos y bailarines españoles que en 1833 huyeron de España, cuyos escenarios estaban cerrados debido a la epidemia de fiebres tifoideas y el luto por la muerte de Fernando VII. El comienzo de la primera guerra carlista —apunta Plaza Orellana— tuvo mucho que ver, probablemente, con esta crisis teatral. En 1834 debutan en París, con unas pésimas condiciones contractuales, Francisco Font como primer bailarín y coreógrafo, Dolores Serral, Manuela Dubiñón y Mariano Camprubí, bailando manchegas, cachucha, corraleras de Sevilla, jota aragonesa, zapateado, fandango, bolero, el polo del contrabandista y otras danzas[232]. De París pasaron rápidamente a Bruselas y Londres, lo que da fe de su éxito inmediato. El constructo sigue operando: pese a tratarse de intérpretes españoles, se les asigna Cádiz y Sevilla como lugar de nacimiento a las bailaoras, sin duda porque resultaba más exótico a un público fascinado por el *Fígaro* de Beaurmarchais-Mozart-Rossini.

232 Ibídem, pp. 55 y ss.

Pepita de Oliva. G. Bartsch, h. 1855.

Fue Fanny Elssler la que popularizó el baile y el atuendo español en París, lo cual es decir lo mismo que en toda Europa, con su papel de Florinda en *El diablo cojuelo*[233]. Su cachucha fue lo más celebrado de este ballet, estrenado en 1836 en la Ópera de París, hasta el punto de que algunas de sus competidoras, como Pauline Duvernay y Marie Guy-Stéphan, interpretan a Florinda en otras representaciones de *El diablo cojuelo* o, directamente, incorporan danzas españolas a su repertorio. ¿Qué relación tenía esta cachucha con España? Hay una tradición que dice que Elssler fue alumna de Dolores Serral[234]. Pero lo cierto es que la coreografía la firmaba Jean Coralli. Afirma Plaza Orellana que desde luego la moda española que Elssler, Duvernay y Guy-Stéphan extendieron por toda Europa, gracias a sus bailes y también a las populares litografías, tiene poco que ver con lo que entonces había en España, al menos en lo que a atuendo se refiere[235]. Cabría decir lo mismo, acaso, respecto a la música y la coreografía.

233 Ibídem, pp. 77-97.

234 Está documentada en Arcadio Larrea Palacín, *El flamenco en su raíz*, cit., p. 297. Cfr. Rocío Plaza Orellana, *Los bailes españoles en Europa*, cit., p. 76.

235 Rocío Plaza Orellana, *Los bailes españoles en Europa*, cit., pp. 96 y 97.

Lola de Valencia y Mariano Camprubí, h. 1862. Charles Weyler. Bibliotèque Nationale de France.

Suponemos, por tanto, que el baile de Florinda era tan español como las canciones de *Fígaro* o la altivez de Carmen más tarde. Asevera Plaza Orellana que el libreto de *El diablo cojuelo* se basó, no en la pieza original del ecijano Vélez de Guevara (1579-1644), sino en la versión que hizo Lesage de la misma[236]. Lo que Lesage hizo con la obra de Vélez de Guevara lo hizo Elssler con la cachucha de Dolores Serral. En este ballet ya encontramos a algunos gitanos como personajes de la obra, lo que evidencia que nos encontramos en pleno Romanticismo y que hay una ola creciente de *gitanismo* en expresión de Caro Baroja, *gitanofilia* o *moda gitanista*, que arrasará en España en poco tiempo. Plaza Orellana da cuenta de algunas de estas andaluzas de pega que pulularon en el París decimonónico. Y no hablo de andaluzas figuradas de papel, de novela o de ópera, como Carmen,

236 Ibídem, p. 85.

sino de mujeres de carne y hueso: entre todas ellas quizá la más entrañable sea la mítica Lola Montes, la amiga de Liszt, Alexandre Dumas padre y George Sand, la amante de Luis I de Baviera, sevillana fingida y apasionada auténtica, nacida en Irlanda, que pisó España apenas un par de tardes, huyendo de sus acreedores rumbo a América, y cuya historia era tan falsa que ni los parisinos de la Ópera se la tragaron[237], aunque sí los californianos de la época.[238] La tesis de Plaza Orellana, en fin, es que los bailes andaluces y españoles sobrevivieron a la muerte del Romanticismo porque tenían una enorme base técnica, social y emocional. Si el ballet europeo hablaba de sílfides y wallis, la danza hispana nos habla de nuestro deseo, de nuestra ira, de nuestra alegría, de nuestra melancolía, de nuestro miedo. Los bailes españoles en París fueron parte de la moda romántica del exotismo. Pero cuando esta moda pasó, lo que quedó fue la verdad que estaba en su base. El sustrato humano. Y es que, para bailar bien, es más necesaria una raíz, incluso, que la técnica.

Estos son los elementos característicos de los bailes de palillos, que luego pasarán al baile flamenco: el braceo a la española, el uso de los contratiempos, los palillos y el bien parao[239], que es el precedente del desplante flamenco. Ana María Moya[240], ofrece este inventario de pasos de la Escuela Bolera presentes en el flamenco (o viceversa, cabría añadir): abrir y cerrar; valoné; bodorneo; caballito; careos; cargado; carrerillas y retiradas; cuatropeados; cuna; destaque; embotados; escobilla; giro en actitud; giro en cupé; giro en passé; giro en tombé; giro en piqué; giro en sexta jerezana; lazo; lisada; llamada de panaderos; llamada de petenera; llamada del Vito; matalaraña; pasada; pas de buré; paso de rondón; paso de sevillana; paso de vasco; piflax; punta y tacón; rastrón; retortillé; rodazán; seasé contra seasé; sostenido; tombé; vuelta normal; vuelta con degagé; vuelta con destaque; vuelta girada; vuelta de pecho; vuelta quebrada; vuelta de vals; vueltas sostenidas; tordín o salto tordo; vueltas encadenadas; vueltas de tornillo; y vuelta y media.

---

237 Ibídem, pp. 134 y ss.

238 Benito Pérez Galdós recoge en sus *Episodios Nacionales* el eco que su vida escandalosa tuvo en España en *Narváez*, Alicante, Biblioteca Virtual Miguel de Cervantes, 2001, párrafo 267. La tragicomedia de Lola Montes sirvió de inspiración para el gran filme de Max Ophüls (1955) que lleva el nombre de la bailarina.

239 Navarro García, *De Telethusa a La Macarrona*, cit., p. 136.

240 Ana María Moya Camarena, *Bases del baile flamenco (la Escuela Bolera)*, Universidad de Sevilla, 2015, tesis, pp. 321 y 322.

El baile español. Édouard Manet, 1862. The Phillips Collection.

Uno de los bailes nuevos que aparecen en esta época de los bailes de palillos, al final de este periodo, es la petenera. La primera vez que encontramos en la literatura española una referencia a la petenera es en 1826 y se refiere al bailaor de palillos gitano Luis Alonso, en Cádiz. Se trata de un anuncio de un espectáculo en el Teatro del Balón publicado en el *Diario Mercantil* de Cádiz, el 21 de diciembre de ese año[241]. En ella se afirma que Alonso y una de sus discípulas «bailarán la petenera nueva americana», lo que da fe del origen ultramarino del estilo. En otros textos posteriores se le llama también «petenera veracruzana»[242], es decir, de la ciudad mexicana de Veracruz. Este es uno de los estilos más importantes del flamenco actual. También existe hoy en día, en México, como cante y baile, entre otras, la petenera jarocha de Veracruz, que algunos intérpretes actuales han grabado con el título de *petenera veracruzana*[243], y la petenera huasteca que tienen la misma melodía que la petenera flamenca. Hay una teoría que hace originario al estilo de la zona del Petén, entre Guatemala y

241 https://cdizflamencoflamencosdecdiz.blogspot.com.es/2012/10/3-luis-alonso-un-bolero-muy-flamenco.html (consultado el 19-9-2017).

242 http://elafinadordenoticias.blogspot.com.es/2010/02/lazaro-quintana-en-cadiz-en-1846.html (consultado el 26-10-2017)

243 La así registrada por L´Arpeggiata en el CD *Los impossibles*, Naïve, 2005, interpretada por Patricio Hidalgo. Castro Buendía señala que esta petenera se publicó a principios del siglo XX por lo que es de suponer que es de finales del siglo XIX (G. Castro Buendía, *Génesis musical de cante flamenco*, cit. p. 774).

México[244]. De hecho, la primera referencia escrita a la petenera está localizada y fechada en el Teatro Coliseo de México en la temporada 1803-1804[245], anterior por tanto a la que encontramos en España. La primera petenera registrada en una partitura es una de estas peteneras mexicanas, concretamente la jarocha, editada en Alemania, en Mainz (1828)[246]. La melodía de la petenera tiene una tradición en la lírica española al margen de la propia petenera, como «canto de boda judeoespañol»[247], en concreto el titulado *A la una nací yo*, y como romance, en el titulado *Romance de la monja*[248].

Marie Guy Stephán en las boleras de Cádiz, James Henry Lynch, h. 1840.

244 R. Molina y M. Espín, *Flamenco de ida y vuelta*, cit. p. 109.

245 Ibídem.

246 *Caecilia, Eine Zeitschrift für die musikalische Welt,* Hefte 25, 26, 27, 28, Mainz, B. Schott Söhne,1828, p. 218.

247 Eleonora-Noga Alberti, *El cancionero tradicional judeoespañol*, Buenos Aires, Universidad Católica Argentina, 1997, tesis doctoral, pp. 207-208.

248 «Romance de la monja», El Negro, *Magna Antología del cante flamenco*, I. Hispavox, 1992.

Fanny Elssler en La Cachucha, 1836.

2.3. HISTORIA DE LOS PALILLOS O CASTAÑUELAS

Los palillos o castañuelas no son solo un complemento, un elemento, un accesorio del baile: son un instrumento de percusión que se toca al tiempo que se baila. Aunque se hacen de diversos materiales, es la madera lo más habitual. Sus orígenes se remontan a la antigüedad[249]. Ya en las cuevas de Altamira se representa a los cazadores con «vari-

249 Teresa Martínez de la Peña, *Teoría y práctica del baile flamenco*, Madrid, Aguilar, 1969, p. 52.

llas de percusión» para mover a sus presas[250]. En las ruinas romanas de Itálica encontramos un mosaico en el que el cazador que hace uso de estas varillas de percusión es nada menos que Hércules[251]. De hecho, en la actualidad se les llama palillos a las castañuelas, lo que remite a estos orígenes. Su antecedente inmediato son los crótalos (del griego krótala, «hago ruido»). Crótalos vemos en vasijas y relieves griegos, egipcios y romanos. Las castañuelas están citadas por Homero y se usaban en las danzas dionisíacas, así que su origen está unido al teatro. La castañuela propiamente dicha, en una versión primitiva, nace en Grecia, según las noticias que tenemos hoy y las vemos representadas en una ilustración de un vaso del año 659 a. C. Un contemporáneo nuestro, el heterodoxo historiador de la filosofía Luciano de Crescenzo, basándose en una cita de la *Poética* de Aristóteles, afirma que el inventor de las castañuelas fue un tal Arquitas de Tarento, matemático y filósofo[252]. El invento de Arquitas de Tarento tenía el objetivo de distraer a los niños para «impedir que rompieran cosas de más valor». Esto, según Teresa Martínez de la Peña, subraya un carácter lúdico del instrumento desde sus mismos orígenes[253]. Hay que señalar también el desprecio que los tratadistas siempre le han prodigado, hasta el punto de que existe toda una literatura irónica sobre el instrumento, la *Crotalogía o ciencia de las castañuelas* de Juan Fernández de Rojas (1792) y sus secuelas[254], el *Libro de moda o ensayo de la historia de los currutacos, pirracas, y madamitas de nuevo cuño* (1796)[255] y *Elementos de la ciencia*

250 Teresa Martínez de la Peña, «Castañuelas», en José Blas Vega y Manuel Ríos Ruiz, *Diccionario Enciclopédico ilustrado del Flamenco*, Madrid, Cinterco, 1988, p. 166.

251 Ibídem.

252 Ibídem.

253 Ibídem.

254 Juan Fernández de Rojas, (con el seudónimo de Licenciado Francisco Agustín Florencio), *Crotalogía o ciencia de las castañuelas*, Madrid, Imprenta Real, 1792. Las secuelas, escritas por el propio Fernández de Rojas con diversos seudónimos, incluyen la *Impugnación literaria a la Crotalogía erudita* (1792), la *Carta de madama Crotalistris sobre la segunda parte de la crotalogía, Ilustración, edición o comentario a la Crotalogía* (1792), *Apología crotalógica por la ciencia de las castañuelas* y *El triunfo de las castañuelas o mi viaje a Crotalópolis* (1792).

255 *Libro de moda ó Ensayo de la historia de los currutacos, pirracas y madamitas de nuevo cuño / escrito por un Filósofo Currutaco, y corregido nuevamente por un señorito Pirracas*, Madrid, Blas Román, 1796 (3ª edición).

Contradanzaria (1796)[256], ambos de Juan Antonio de Iza Zamácola, o *Las Castañuelas. Estudio jocoso* de Asenjo Barbieri (1878)[257].

Se puede hablar de un sustrato griego en el flamenco y de sus vínculos con lo escénico a través de las dionisiacas. Así lo creía Manuel de Falla, cuando afirma que las escalas modales del flamenco eran herederas de los cantos litúrgicos bizantinos, y en última instancia de la música griega, por tanto, huella esta que se difuminó en buena medida en Occidente, primero con la reforma del papa Gregorio I y luego con la temperación del siglo XVIII. La tesis del sustrato griego cobra consistencia si consideramos que en el flamenco existe un estilo para cada estado de ánimo: alegrías, soleares, seguiriyas y cantes de levante. Eso conecta con la llamada *teoría de los afectos* de los griegos, según la cual existe una escala musical, un modo, relacionado con cada uno de los estados de ánimo que queramos provocar, potenciar o reprimir en el oyente. Así el flamenco sería un genuino representante contemporáneo de la cultura griega, no solo en lo que se refiere a sus escalas musicales, sino también por el uso de las castañuelas. Esa genuina sofisticación cultural, que no rompe, sino que prolonga el vínculo con lo natural fue la seña de identidad de la civilización griega y es la razón de que esta cultura no haya llegado a extinguirse jamás. Naturaleza y civilización no eran enemigos irreconciliables en la cultura griega, sino que la segunda era una continuación de la primera. Pues bien, como vemos, esta genuina sofisticación cultural de la que hablo está plenamente vigente en lo jondo. El flamenco es el arte más instintivo del panorama occidental, el menos intelectual, el menos conceptual, el que nos da de bruces con nuestra condición animal, mamífera, es decir, con nuestras emociones básicas, que es la vía mejor para reconciliarnos con nosotros mismos, para sanarnos, para vivir una vida plena. Por eso el flamenco atrapa a tantos seres humanos en tantas latitudes, porque lo jondo conlleva siempre la promesa, cierta, de felicidad.

El poeta Marcial, según nos cuenta el artesano, coleccionista, estudioso y constructor de castañuelas sevillano Manuel Vela, *Filigrana*[258], afirma que fueron las bailarinas de la Bética, famosas

---

256 Don Preciso, *Elementos de la ciencia contradanzaria: para que los currutacos, pirracas, y madamitas del nuevo cuño puedan aprender por principios á baylar las contradanzas por sí solos, ó con las sillas de su casa,* Madrid, Fermín Villalpando, 1796 (2ª edición).

257 Francisco Asenjo Barbieri, *Las castañuelas. Estudio jocoso*, Madrid, Aribau, 1878.

258 Manuel Vela (Filigrana), *Historia y poemas de la castañuela: método,* Sevilla, Gráfica Salesiana, 1970.

en la Antigüedad, las que introdujeron las castañuelas en Roma. Aunque lo cierto es que el Mediterráneo todo, incluyendo la Bética, era Grecia. Como hoy: todos somos Grecia. El cambio radical en el instrumento de la castañuela, según Martínez de la Peña, ocurre en el siglo XVIII, cuando se convierten en parte fundamental de los bailes nacionales o boleros, que en este momento empiezan a denominarse, hasta hoy, también como bailes de palillos. El cambio, afirma Martínez de la Peña, es debido a que el cordón pasa al dedo pulgar, con lo que los cuatro dedos restantes «quedan libres para pulsar»[259] el instrumento. También se perfecciona la técnica de construcción y aparece la diferencia macho-hembra. El macho, tocado con la mano izquierda, es grave y de acompañamiento rítmico. La castañuela derecha, la hembra, es aguda y sirve para el repique y para hacer escalas, es decir, la melodía.

Como elemento fundamental de los bailes boleros, podemos decir que la castañuela está en el flamenco desde sus orígenes, o que los orígenes del flamenco son indisolubles de la castañuela. En este sentido, mi opinión se aleja de la visión de la maestra Pilar López, que afirmaba que fueron las bailarinas de clásico español las que introdujeron la castañuela en el flamenco. Quizá esto sea cierto para el siglo XX, pero en el siglo XIX, esa es la realidad, baile bolero y baile flamenco eran la misma cosa: las mismas técnicas, el mismo repertorio, los mismos intérpretes: Petra Cámara, la Campanera, Luis Alonso, etc. La denominación de flamenco se introdujo cuando la estética del magismo, que dio origen a los bailes boleros, viró hacia el gitanismo. Esa es la hipótesis que quiero introducir aquí: los bailes boleros y los bailes flamencos eran el mismo fenómeno artístico. Esa cosa académica, escolástica, maravillosa y rígida, que hoy llamamos Escuela Bolera, es una creación reciente, de comienzos del siglo XX (y, respecto a algunas coreografías concretas, bastante posterior), que trataba de rescatar y/o reconstruir algunos de los estilos boleros que habían desaparecido con el cambio estético del magismo al gitanismo. Con castañuelas se bailó la seguidilla y el fandango, que hoy se interpreta con este instrumento incluso en sus versiones orquestales o académicas, como el que compuso Boccherini para sus quintetos de cuerda y guitarra. Con castañuelas se bailaron los aires boleros: la cachucha, el jaleo, el olé, los panaderos, las malagueñas, la petenera, el polo,

259 T. Martínez de la Peña, «Castañuelas», cit., p. 168.

la tirana. Hay documentos que muestran los bailes del zorongo[260] y el zapateado[261] interpretados con castañuelas. Sin embargo, el tango no las usó jamás. Con alguna excepción, léase Antonia Mercé o, ya en nuestro tiempo, Jesús Carmona. Eso tiene que ver con el origen negroantillano del baile del tango: las castañuelas estaban reservadas para los bailes andaluces. En el siglo XX todos los estilos, excepto tangos y bulerías, se bailan con castañuelas, incluyendo la seguiriya.

A comienzos del siglo XIX, en 1813, Fernanda Lefebvre las lleva por vez primera a París[262]. La castañuela pronto conquista toda Europa como símbolo de la gracia y el salero andaluz. Dolores Serral bailó al son de sus castañuelas, con Mariano Camprubí, en el Teatro de la Ópera de la capital francesa en 1834. Fanny Elssler aprendió en París el toque de castañuelas de Dolores Serral y se presentó de esta guisa, armada de sus palillos, ante el público parisino, en su interpretación de Florinda para el ballet *El diablo cojuelo*, en 1836. Conocida también como *La Gitana*, Fanny Elssler fue la más popular de toda una pléyade de *gitanas falsas* y *españolas falsas*, tocadoras de castañuelas entre las que hay que citar también a Pauline Duvernay, Lucille Grahn, Lola Montes, Guy Sthepan, la mismísima María Taglioni, etc. Pues bien, la única de esas estilistas de las castañuelas que pisó tierras españolas fue la Guy Stéphan, como sabemos. Théophile Gautier en su obra *Bellezas de la ópera* (1845) describía de esta manera el baile de Fanny Elssler:

> «Se adelanta luciendo una basquiña de satén rosa, adornada con amplios volantes de encaje negro, la falda, pesada en el borde, se ajusta a las caderas; su esbelta figura se arquea atrevidamente y hace brillar el recamado de brillantes de su corpiño; sus piernas, suaves como el mármol, relucen a través del delicado enrejado de sus medias de seda; y la quietud de su pequeño pie no parece sino esperar la señal de la música. 133Qué encantadora está con su peineta, la rosa detrás de la oreja, sus ojos brillantes y su chispeante sonrisa! Entre sus rosa-

260 Así en *Retrato de Mariana Márquez bailando el zorongo* de Lorenzo Barrutía, 1795, http://bdh-rd.bne.es/viewer.vm?id=0000031414 (consultado el 17-9-2017).

261 José Luis Ortiz Nuevo, *Tremendo asombro al peso*, Sevilla, Libros con Duende, 2012, I, p. 189.

262 Antonio Álvarez Cañibano, «La compañía de la familia Lefebre en Sevilla», en Roger Salas (ed.), *La Escuela Bolera*, Madrid, Ministerio de Cultura, 1992, pp. 63-67.

dos dedos aletean unas castañuelas de ébano. Ahora se precipita hacia delante; las castañuelas comienzan su sonoro repiqueteo. Con las manos parece esparcir enormes racimos de ritmo. ¡Cómo se retuerce, cómo se inclina! ¡Qué fuego! ¡Qué voluptuosidad! ¡Qué precisión! Sus desvanecidos brazos ondean alrededor de la cabeza inclinada, el cuerpo se curva hacia atrás, los blancos hombros casi rozan el suelo. ¡Qué gesto tan hechizante! Se diría que con esa mano que parece tocar la deslumbradora barrera de las candilejas, recoge todos los deseos y todos los entusiasmos de los espectadores. Hemos visto a Rosita Díez, Lola y las mejores bailarinas de Madrid, Sevilla, Cádiz, Granada; hemos visto gitanas en Albaycin; ¡Pero nada se acerca a esta cachucha bailada por Elssler!»[263]

Baile español, *Códice de Trajes*, siglo XVI, BNE.

263 Théophile Gautier, «Le diable boiteux», en *Les beautés de l'opera ou chefs d'ouvres lyriques*, París, Soulié, 1845, pp. 20-21.

En 1905 encontramos a Amalia Molina ejecutando sus cuplés con el acompañamiento de palillos. La castañuela es parte fundamental del Ballet Español: Pastora Imperio, La Argentina, La Argentinita... La Argentina fue acaso la que más lejos llevó al instrumento, tanto al nivel técnico como escénico, al incorporarlo a sus ballets, pues fue ella la verdadera creadora del ballet flamenco. Pilar López, que inventó auténticos diálogos entre diferentes tipos de castañuelas, con diferentes voces, introdujo la castañuela en la seguiriya; Vicente Escudero, que las tocaba metálicas: hierro, bronce y aluminio; Lucero Tena, que se hizo concertista. En el pasado y en la actualidad son, como dije, de madera (boj, palo santo, nogal, ébano o granadillo) ...y hoy las hay también de tela prensada y fibra de vidrio.

Para terminar esta pequeña historia de la castañuela hemos de salirnos del marco temporal estricto de esta obra para referirnos a la bailaora que más lejos ha llevado la castañuela en la historia del flamenco y de la danza española. Me refiero a Antonia Mercé, *La Argentina*. Lo haremos a través de dos citas, la primera de John Martin, el crítico de danza del *New York Times*, que en diciembre de 1928 escribió:

> «Uno se maravilla de su destreza técnica, tanto física como mental. Ha conseguido unir de tal manera los objetivos que se marca en su trabajo que su cuerpo refleja la atmósfera de cada baile desde la punta del pelo a la planta de sus pies. Se ha hablado mucho de la calidad de su manejo de las castañuelas, pero por mucho que se hable, no se puede revelar nada de su verdadero encanto. Ocasionalmente reproduce el esquema rítmico de la música, pero más frecuentemente proporciona un ritmo complementario de una complejidad inimaginable, en el que establece contrapuntos entre los pies y los palillos. Aparte de estos aspectos musicales, Mme. Argentina emplea las castañuelas como medios de expresión. Sus pensamientos son trasmitidos con más claridad, aunque de una forma menos explícita, mediante estos trozos de madera que parecen crecer de la punta de sus dedos, que si recurriese a las palabras[264].»

264 John Martin «Marvelous dancer is la Argentina», *The New York Times* (November 10, 1928).

La segunda es de Alfons Puig:

> «Del repicar seco y monocorde de los gitanos y de las bailaoras en serie, a la matizada musicalidad que hacía brotar de unas cazoletas de madera, como si fueran un instrumento musical perfecto, había la misma diferencia que entre oír una pianola eléctrica o una eminencia pianística. Sus castañuelas hablaban, reían, lloraban o acariciaban como arrullos de pájaro fenómeno.[265]»

Ha habido, y hay, concertistas de castañuelas. Aunque la gracia mayor de este instrumento es cuando se interpreta en el desarrollo de la danza. Aunque sea una obviedad decirlo, lo digo: es muy difícil bailar bien tocando las castañuelas. Saltar, girar, bracear y tocar al tiempo este instrumento, dando además matices musicales al toque de castañuelas, es de una dificultad enorme.

265 Alfonso Puig Claramunt, *Ballet y baile español*, Barcelona, Montaner y Simón, 1951 [2ª edición], p. 274. La primera edición es de 1944.

3. DIFERENCIACIÓN ENTRE LOS BAILES DE PALILLOS, TAMBIÉN LLAMADOS BOLEROS, Y LA ESCUELA BOLERA

Este capítulo resulta central para la tesis que exponemos, y esta aportación fue completamente novedosa en el campo de los estudios del flamenco y de la danza española cuando la formulé por vez primera: es la constatación de que los bailes de palillos, también llamados nacionales, más tarde andaluces y boleros, son algo muy diferente de lo que hoy se conoce como Escuela Bolera. Aunque en la historia de la danza española y a nivel institucional se considera que la Escuela Bolera es un repertorio que se mantiene, tanto en los bailes como en la técnica de interpretarlos, desde el siglo XVIII[266], vamos a demostrar aquí que esto no es cierto.

La primera mención documentada que encontramos de la llamada Escuela Bolera es de 1942. Al menos esta es la fecha que aporta la historiadora de la danza y crítica Marta Carrasco[267]. La mención se refiere al libro-folleto de los Pericet, que es una obra didáctica para uso meramente privado, que no llegó a publicarse. El libro se titularía *Técnicas, pasos y aprendizaje de la Escuela Bolera Andaluza*, según Marina Grut, que dice que se escribió en 1943[268]. Aquí vamos a señalar algunas diferencias que encontramos entre los bailes de palillos del siglo XVIII y esta Escuela Bolera para la que no nos podemos remontar a una fecha anterior a 1942. En realidad, el repertorio que hoy se denomina baile de palillos va más allá del baile, pese a que es la danza la que lleva el papel principal en esta historia. Se

266 https://www.juntadeandalucia.es/cultura/flamenco/content/expediente-t%C3%A9cnico-sobre-la-escuela-bolera. En el expediente se habla explícitamente de «la escuela bolera del siglo XVIII», pp. 41 y 42.

267 Marta Carrasco, *La Escuela Bolera sevillana. Familia Pericet*, Sevilla, Junta de Andalucía, 2013, p. 53.

268 M. Grut, *The bolero school*, cit., p. 167.

trata también de un repertorio de cantes y toques. Eso sí, asociados a la danza. Son los estilos que debemos de llamar aires nacionales, andaluces, del país o de palillos, denominación que, como veremos, seguirá vigente hasta bien entrado el siglo XIX, cuando empieza a convivir con la de flamenco. El propio Silverio Franconetti, que «ha creado el género flamenco»[269] en palabras de Machado Álvarez, jamás usó para sí mismo la denominación de flamenco prefiriendo autodenominarse como «cantador andaluz».[270]

3.1. EL CARÁCTER SEXUAL DE LOS BAILES DE PALILLOS

Buena parte de estos bailes de palillos tiene un carácter sexual: el fandango, el jaleo, la cachucha[271], la tirana[272], y en ocasiones los representantes de la buena sociedad piden su prohibición[273] e, incluso, llegan a conseguir que se prohíba bailarlos en los teatros, como en el caso del olé, según Dumas[274]. En este sentido son dignos herederos de bailes anteriores como la zarabanda o la chacona. Casanova, en sus memorias, afirma del fandango que en su ejecución incluye «ciertas actitudes de lascivia que no admiten comparación con nada. Las del hombre indicaban visiblemente las del acto del amor satisfecho, las de la mujer el consentimiento, el arrobo, el éxtasis del placer. Ninguna mujer puede negar nada a un hombre con el que ha bailado el fandango. El placer que sentía al verlo me hacía dar gritos de alegría»

269 Antonio Machado y Álvarez, *Colección de cantes flamencos* [1881], Sevilla, Signatura, 2004, p. 257.

270 J. Blas Vega, *50 años de flamencología*, cit., p. 303; y A. y D. Hurtado Torres, *La llave de la música flamenca*, Signatura, 2009, p. 66.

271 J. L. Navarro García, *De Telhetusa a la Macarrona*, cit., pp. 106-108 respecto al fandango, p. 178 respecto al jaleo, y pp. 190, 191, 196, 197 sobre la cachucha. Théophile Gautier habla en un poema incluido en su obra *España*, de 1845, de «la cachucha lasciva». Véase *Oeubres de Théophile Gautier. Poèsies*, París, Lamerre, 1890, vol. 2, p. 107.

272 Cfr. Juan Antonio de Iza Zamácola y Ocerín (Don Preciso), *Colección de las mejores seguidillas, tiranas y polos*, cit., vol. I, p. XXII.

273 Respecto al fandango, véase la queja del Marqués de Casinas presentada en 1761 en Cádiz, pidiendo que se tomen medidas para corregir los excesos de las representaciones teatrales. Véase J. L. Navarro García, *De Telhetusa a la Macarrona*, cit., p. 108.

274 Alexandre Dumas, *Impressions de Voyage. De París a Cadix* [1847-48], París, Michel Lévy Fréres,1861, II, p. 235.

[275]. Por cierto, que el veneciano afirma en esta obra que contrató a un cómico de Madrid para que le enseñara a bailar el fandango, lo que muestra la relación de esta y otras danzas de palillos, y anteriores, con el teatro[276]. Augusto Bournoville en sus memorias señala «el carácter lascivo del fandango»[277]. Lo mismo subraya Petipa respecto a la bailarina española Pepa Vargas[278]. Dumas considera voluptuosa[279], aunque no lujuriosa, a la «danse nationale»[280], como hemos visto para el olé, pero también el jaleo, el fandango, al que llama, en alguna ocasión, «fandango national»[281] y que es su preferido entre las danzas españolas[282], así como la jota aragonesa, la cachucha y otras danzas. Tan solo en una ocasión usa los adjetivos «licenceuse» y «libertine», en relación con el baile gitano que encontró en Granada, y que tanto le decepcionó[283]. Estébanez Calderón señala que el matalaraña es «una suerte muy picante singularmente en el pie y entre los pies de alguna pecadora a quien no obligue el ayuno»[284]. Fernando Sor nos habla en su artículo del estado de «lubricité» a que llegó el bolero[285]. Estos dos últimos testimonios desmentirían que el carácter sexual de los bailes nacionales fuera una pura proyección del Romanticismo centroeuropeo, como sostiene Lavaur. Aunque, ciertamente, algo hay. El repertorio de la Escuela Bolera, influido por el ballet europeo, es francamente asexuado. El carácter erótico del magismo, que subraya Caro Baroja, se refleja en estos bailes, de lo que hemos dado algunos ejemplos más arriba, y músicas, tanto en su letra, que se conserva, y de lo que hemos dado algunos ejemplos más arriba, como en su coreografía. El carácter erótico de estos bailes se evidencia en un poema compuesto en honor de Marie Guy-Sthépan en el que se describe su jaleo de Jerez: «Cuando

275 Giacomo Casanova, *Historia de mi vida*, trad. de Mauro Armiño, Girona, Atalanta, 2009, p. 2849.

276 Ibídem, p. 2850.

277 Auguste Bournonville, «Memorias (fragmentos)», en Roger Salas (ed.), *La Escuela Bolera*, cit., p. 221.

278 Fragmento de las memorias de Petipa reproducido por Natalia Zozulina en «La temática española en la obra de Marius Petipa», en Roger Salas (ed.), *La Escuela Bolera*, Madrid, Ministerio de Cultura, 1992, p. 156.

279 A. Dumas, *Impressions de Voyage. De París a Cadix*, cit., I, p. 131.

280 A. Dumas, *Impressions de Voyage. De París a Cadix*, cit., II, p. 236.

281 Alexandre Dumas, *Impressions de Voyage. De París a Cadix* [1847-48], París, Michel Lévy Fréres,1861, I, p. 268.

282 A. Dumas, *Impressions de Voyage. De París a Cadix*, cit., II, p. 244

283 A. Dumas, *Impressions de Voyage. De París a Cadix*, cit., I, p. 288.

284 Serafín Estébanez Calderón, *Escenas andaluzas*, Madrid, Cátedra, 1985, p. 84.

285 Fernando Sor, «El bolero», en Adolphe Ledhuy y Henri Bertini (eds.), *Encyclopédie Pittoresque de la Musique*, París, Delloye, 1835, p. 93.

haces la figura,/ de tenerte que doblar,/ por mitad de la cintura,/ a tos nos da la calentura,/ sin poderlo remediar»[286]

3.2. EL CARÁCTER ARREBATADO DE LOS BAILES DE PALILLOS

Encontramos descripciones de la época de estos bailes como «briosos»[287], «disparados y rabiosos»[288], «violentos»[289], «violentos y estrepitosos»[290], y «disparatados»[291], y cuando Estébanez Calderón habla de las vueltas de pecho, invento que atribuye a Eusebio Morales, afirma que «tiene llevada más gente a los cementerios que las pulmonías en Madrid y en Andalucía los tabardillos pintados»[292]. Rodríguez Calderón, dijo que «la mudanza de Morales ha echado al otro mundo más hombres que el terremoto de Lisboa»[293]. Todas estas descripciones están en la línea del carácter violento que Caro Baroja atribuye al movimiento del magismo. Los bailes de palillos no se bailaban con zapatillas por la sencilla razón de que en esta época no se usaban las zapatillas, ni en la danza española ni en la europea[294]. Las medias puntas que hoy encontramos en la Escuela Bolera, debieron introducirse en el repertorio español en los siglos XIX y XX, como consecuencia del ballet romántico y posromántico. En todo caso, en las ilustraciones que tenemos de Marcos Téllez[295],

286 J. L. Ortiz Nuevo, *¿Se sabe algo?*, cit., p 137.

287 Tomás Bretón de los Herreros, «El baile» en *Poesías*, Alicante, Biblioteca Virtual Miguel de Cervantes, Alicante, 2000, [1883] p. 292.

288 Serafín Estébanez Calderón, *Escenas andaluzas*, cit. p. 85.

289 Juan Antonio de Iza Zamácola y Ocerín (Don Preciso), *Colección de las mejores seguidillas, tiranas y polos* Madrid, Repullés, 1816, p. VII.

290 Serafín Estébanez Calderón, *Escenas andaluzas*, cit. p. 85

291 Antonio Cairón, *Compendio de las principales reglas del baile*, Madrid, Repullés, 1820, p. 109.

292 Estébanez Calderón, *Escenas andaluzas*, cit. p. 85.

293 Citado por Navarro García en *De Telhetusa a la Macarrona*, cit., p. 131.

294 Marcela Gelsomino, «Las zapatillas de ballet», en *Creación y producción en diseño y comunicación*, 66 (2014), pp. 53-54.

295 Estampas de 1790 aproximadamente http://bdh.bne.es/bnesearch/biblioteca/T%C3%A9llez%20Villar,%20Marcos;jsessionid=BECD0DD9C5B3D593FC47B1E15F87E65F (consultada el 30-10-18).

Francisco de Goya[296], Camarón Bonanat[297] y otros pintores de estos bailes[298] , siempre aparecen bailados con zapatos con tacón. Las primeras imágenes de las bailarinas españolas con zapatillas tendrán que esperar hasta los años treinta del siglo XIX y las encontramos primero en París, en estampas como las protagonizadas por Dolores Serral y Mariano Camprubí en 1834 y 1837[299]. Luego se sumarán a esta moda Lola de Valencia[300], Pepa Vargas, Petra Cámara, Manuela Perea, La Nena y un largo etcétera.

3.3. LA ESCUELA BOLERA ES UNA MEZCLA DE BAILES DE PALILLOS Y EL BALLET

La Escuela Bolera actual es, a mi entender, una fusión de los bailes españoles del siglo XIX con elementos técnicos y coreográficos del ballet romántico y posromántico que se produjo por la incorporación de los bailes españoles en los ballets europeos, como *El diablo cojuelo*, *Toreadoren* o *Don Quijote*, y que se tuvo que dar a finales del siglo XIX e incluso, bien entrado el siglo XX. De hecho, las filmaciones que tenemos de finales del siglo XIX y principios del XX, en concreto de 1898 y de 1905, de los Bailes Boleros nos muestran a los intérpretes ejecutando su danza con zapatos, no con zapatillas, y los elementos técnicos aún están lejos de la danza clásica. De hecho, muchas de las coreografías actuales de la Escuela Bolera proceden de estos ballets, como señalamos más abajo.

296 *Baile a orillas del Manzanares*, 1777, Museo Nacional del Prado; *Joven bailando al son de una guitarra*, 1796-97, Museo Nacional del Prado.

297 *El bolero*, circa 1795, Museo Nacional del Prado.

298 *Embotados de las seguidillas boleras*, Museo del Teatro de Barcelona.

299 https://picryl.com/media/mr-camprubi-et-melle-serral-dans-la-danse-le-bolero-258659 y https://picryl.com/media/costumes-de-signor-camprubi-et-de-la-signora-dolores-pas-de-la-cachucha-th-e7e3e4 (consultadas el 30-10-2018).

300 Por Édouard Manet, Musée D´Orsay.

El cantante español. Édouard Manet, 1860. The Metropolitan Museum of Art.

3.4. LOS BAILES DE PALILLOS ERAN TAMBIÉN CANTOS

De los bailes de palillos tenemos las músicas, puesto que se conservan las partituras, pero no las coreografías. Las coreografías se trasmitían de manera presencial y por eso la mayoría de estas coreografías, en mi opinión y la de otros, pasaron a llamarse bailes gitanos o flamencos en los años cuarenta y cincuenta del siglo XIX en adelante. Y tenemos también algunas de las letras de los cantos que se interpretaban, generalmente como acompañamiento al baile, que se han conservado. Además de las citadas más arriba de Ramón de la Cruz y González del Castillo, y todas las que incluye Faustino Núñez en *Guía comentada de música y baile preflamencos* en relación con la inclusión de estos bailes y cantos en la tonadilla, vamos a dar algunos ejemplos más de letras boleras en las que podemos ver, de una parte, el carácter de afirmación nacional que tienen estos bailes, y por otro, la naturaleza erótica de muchos de ellos. «Vale más un respingo/ y un taconeo,/ que todas las piruetas/ del minueto»[301];

301 De la tonadilla anónima *La Pescadora* (circa 1780), citado por F. Núñez, *Guía comentada de música y baile preflamencos*, cit., p, 302.

«No hay cosa en el mundo/ como el bolero,/ que en movimiento pone/ todito el cuerpo»[302]; «Vale una seguidilla,/ de las manchegas,/ por veinticinco pares,/ de las boleras»[303]. Por el contrario, la Escuela Bolera actual es casi en su totalidad instrumental, no tiene letras.

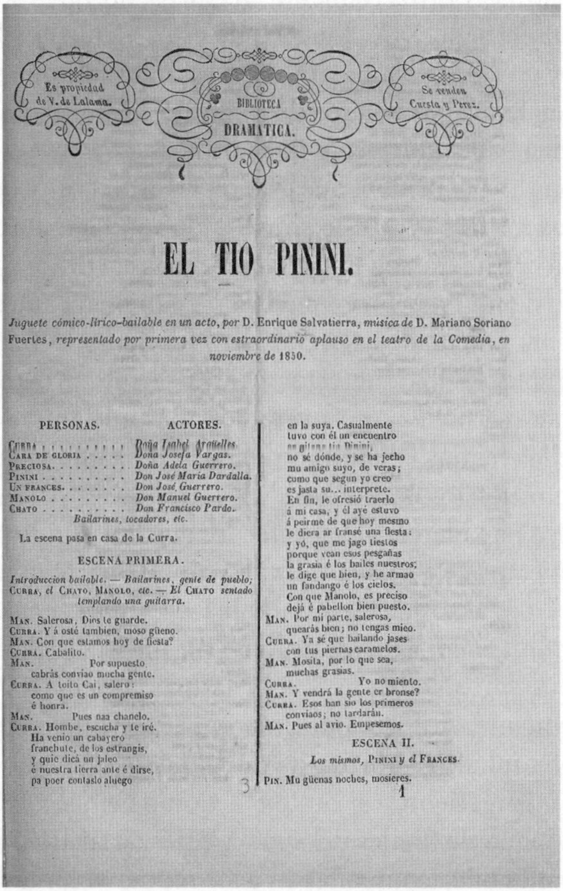

Es propiedad de V. de Lalama. BIBLIOTECA DRAMATICA. Se venden Cuesta y Perez.

EL TIO PININI.

Juguete cómico-lírico-bailable en un acto, por D. Enrique Salvatierra, *música de* D. Mariano Soriano Fuertes, *representado por primera vez con estraordinario aplauso en el teatro de la Comedia, en noviembre de* 1850.

PERSONAS.	ACTORES.
CURRA	*Doña Isabel Argüelles.*
CARA DE GLORIA	*Doña Josefa Vargas.*
PRECIOSA	*Doña Adela Guerrero.*
PININI	*Don José María Dardalla.*
UN FRANCES	*Don José Guerrero.*
MANOLO	*Don Manuel Guerrero.*
CHATO	*Don Francisco Pardo.*

Bailarines, tocadores, etc.

La escena pasa en casa de la Curra.

ESCENA PRIMERA.

Introduccion bailable. — Bailarines, gente de pueblo; CURRA, *el* CHATO, MANOLO, *etc. — El* CHATO *sentado templando una guitarra.*

MAN. Salerosa, Dios te guarde.
CURRA. Y á osté tambien, moso güeno.
MAN. Con que estamos hoy de fiesta?
CURRA. Cabalito.
MAN. Por supuesto
cabrás conviao mucha gente.
CURRA. A toito Cai, salero:
como que es un compremiso
é honra.
MAN. Pues naa chanelo.
CURRA. Hombe, escucha y te iré.
Ha venio un cabayero
franchute, de los estrangis,
y quie dicá un jaleo
é nuestra tierra ante é dirse,
pa poer contaslo aluego
en la suya. Casualmente
tuvo con él un encuentro
er gitano tio Pinini,
no sé dónde, y se ha jecho
mu amigo suyo, de veras;
como que segun yo creo
es jasta su... interprete.
En fin, le ofresió traerlo
á mi casa, y él ayé estuvo
á peirme de que hoy mesmo
le diera ar fransé una fiesta:
y yó, que me jago tiestos
porque vean esos pesgañas
la grasia é los bailes nuestros;
le dige que bien, y he armao
un fandango é los cielos.
Con que Manolo, es preciso
dejá é pabellon bien puesto.
MAN. Por mi parte, salerosa,
quearás bien; no tengas mieo.
CURRA. Ya sé que bailando jases
con tus piernas caramelos.
MAN. Mosita, por lo que sea,
muchas grasias.
CURRA. Yo no miento.
MAN. Y vendrá la gente er bronse?
CURRA. Esos han sio los primeros
conviaos; no tardarán.
MAN. Pues al avio. Empesemos.

ESCENA II.

Los mismos, PININI *y el* FRANCES.

PIN. Mu güenas noches, mosieres.

1

Portada de la obra *El Tío Pinini* de Enrique Salvatierra y Mariano Soriano Fuertes estrenada en 1850, Vicente de Lalama, 1854.

302 Blas de Laserna, *Los caprichos*, citado por F. Núñez, *Guía comentada de música y bailes preflamencos*, cit., p. 178.

303 Ramón de la Cruz, *La Petra y la Juana o El casero prudente*, Alicante, Biblioteca Virtual Miguel de Cervantes, 2002. versos 1 al 4. La copla va a ser tan popular que la encontramos también en el Episodio Nacional *El 19 de marzo y el 2 de mayo* Cfr. Benito Pérez Galdós, *Guerra de la Independencia I: La corte de Carlos IV, El 19 de marzo y el 2 de mayo, Bailén, Napoleón en Chamartín, Zaragoza*, Madrid, Algaba, 2008, p. 298. La copla aparece también en la obra de Carlos Fernández Shaw *La maja de rumbo*, Manuscrito de la Biblioteca Juan March, p. 2.

De hecho, en la época de la que hablamos, finales del siglo XVIII y principios del XIX, el género del ballet está dominado por el *Ballet d'action*, que es un tipo de danza con abundantes elementos de pantomima. Es decir que algunos de los elementos que hoy consideramos fundamentales del ballet clásico, como el uso de zapatillas y otros elementos técnicos, no van a surgir hasta bien entrado el siglo XIX. Muchos de estos elementos los encontramos hoy en la Escuela Bolera, pero es imposible que estuvieran presentes en los bailes boleros del siglo XVIII, puesto que aún no existían en el ballet europeo o italo-francés.

En general, se considera que este repertorio de aires nacionales de los siglos XVIII y XIX está constituido fundamentalmente por bailes. Esta consideración es correcta. Pero repetimos que se trata en realidad de un repertorio que incluye también cantes y toques, generalmente vinculados al baile, pero no siempre. Tenemos más de un ejemplo en los que estos cantes se interpretan independientemente del baile, como veremos más adelante. Y, además, de todos ellos hemos encontrado referencias a que se cantaban e, incluso, como decimos, muchas de las letras de estos. Así, incluso, el bolero, los panaderos y el zapateado, que hoy son instrumentales, en esta etapa se cantaban. En la segunda parte de *La casa de vecindad*, González del Castillo habla de «unas boleras» cantadas por «don Cirilo, abate y cantor» sin presencia de bailarines, es decir, que son solo canto, y nos da una letra de las boleras[304]. Más tardíamente, en 1845, Botkin nos da un ejemplo de un bolero danzado y cantado y afirma, taxativamente, que «aquí todo el baile es al mismo tiempo el canto»[305]. Como hemos visto, el teatro musical hispano de finales del siglo XVIII, zarzuelas o tonadillas, incluye «bailes que acompañaban a los números cantados, siendo esta una de sus principales características»[306]: se trata de «canciones bailadas o danzas cantadas»[307]. El maestro Otero[308] señala

304 J. I. González del Castillo, *Obras completas*, cit., I, p. 175

305 En Vasili Petróvich Botkin, *Cartas sobre España*, [1849] p. 25, edición y traducción de Svetlana Maliavina, obra incluida como anexo de *Vasili Petróvich Botkin y sus Cartas sobre España*, Svetlana Maliavina, Madrid, Universidad Complutense de Madrid, 2015, tesis doctoral. El escritor y viajero ruso nació en 1812 y murió en 1868.

306 Ibídem, p. 393.

307 Ibídem.

308 J. Otero, *Tratado de bailes*, cit., pp. 198-199.

que los panaderos eran también un cante y toque y da algunas de las letras que se interpretaban. En *El Tío Pinini*[309] encontramos un cante por zapateado e, incluso, se reproduce la letra que se cantaba. Aunque todos estos bailes de palillos eran muy populares, también, en su versión puramente instrumental, una tradición que se continua hoy en el zapateado y también en un estilo muy posterior como es la farruca. Y, por supuesto, en casi todo el repertorio de la Escuela Bolera. En realidad, es por la influencia de la Escuela Bolera por lo que tenemos en mente un repertorio de bailes, pero no podemos olvidarnos de la importancia del cante y el toque en este periodo, aunque estrechamente vinculados al baile.

3.5. LOS BAILES FLAMENCOS SÍ SON ERÓTICOS Y VIOLENTOS

Los bailes flamencos, especialmente los del siglo XIX, sí que tienen una relación con estos bailes boleros: su carácter erótico, por ejemplo. Además, en esta primera fase de los bailes flamencos no es tan importante el zapateado, elemento hoy fundamental, y en este periodo no se bailan estilos tan importantes hoy en el flamenco como la seguiriya, los martinetes, la caña, la petenera, el taranto, etc., que son creaciones del siglo XX. Es decir, los bailes flamencos del siglo XIX están más cerca de los bailes boleros, como es obvio, que del flamenco actual. Se trata de un flamenco más suave, menos violento. Y por supuesto, el baile bolero sí que era más violento que la Escuela Bolera actual.

Aunque la hipótesis de que los bailes flamencos proceden de los bailes boleros se planteó en 1976 por Luis Lavaur, no llegó a prosperar ni siquiera en los investigadores flamencos porque el salto que ven en esta teoría la mayoría de los investigadores es el que va de la Escuela Bolera al flamenco actual. Pero si pensamos que los bailes boleros son diferentes de la Escuela Bolera, y tienen algunos elementos que podemos encontrar en el flamenco, como el carácter erótico, espontáneo y violento, y que el flamenco del siglo XIX es diferente del flamenco actual, con menos repertorio y con un estilo más suave, el salto no es tan grande. Nosotros ya sabemos que los gitanos for-

309 Enrique Salvatierra, *El Tío Pinini*, Madrid, Lalanda, 1854, p. 2.

man parte de la danza española desde que llegan a España, pensemos por ejemplo en *La Gitanilla* de Cervantes, en las danzas barrocas y de palillos, como evidencia el famoso *Aviso: bayles de jitanos,* y otros documentos que hemos visto y la constatación de que Luis Alonso era hermano del Planeta, esto es, muy probablemente era de raza gitana. Luis Alonso es un clásico bailarín bolero, según la historia de la danza española, y el Planeta es considerado por la flamencología como uno de los primeros cantaores del género flamenco. Hasta que se supo que eran hermanos, parecían habitantes de universos muy distantes. Pero ahora vemos que pertenecen, muy probablemente, al mismo campo profesional. Visto así, el paso de los bailes boleros a los bailes flamencos parece más fácil de entender.

3.6. LA ESCUELA BOLERA ES UN GÉNERO MUY RECIENTE, POSTERIOR AL GÉNERO FLAMENCO

La Escuela Bolera, según mi punto de vista, es una creación que se produce al final del siglo XIX o principios del siglo XX, una vez que los bailes flamencos se ponen de moda y eso hace que, aunque los bailes flamencos provengan de los bailes boleros, muchos de estos últimos (los panaderos, la cachucha, etc.) pasen de moda. Los viejos maestros que tenían memoria de estos bailes los rescatan del olvido y los coreografían, como digo, con elementos del ballet del momento e inmediatamente anterior, quedando establecido el género de la Escuela Bolera. Que la Escuela Bolera es un artificio arqueológico lo demuestra el hecho de que, desde el momento en el que queda institucionalizada en cuanto a repertorio y recursos, con el trabajo de los Pericet en los años cuarenta, y que culmina con su declaración como Bien de Interés Cultural por parte de la Junta de Andalucía en 2011[310], sus intérpretes se *disfrazan* de majos, utilizan, aún hoy, el atuendo dieciochesco para llevar a cabo sus ejecuciones. Eso demuestra que no es un organismo vivo, en proceso, sino un fósil. Así lo podemos ver, por ejemplo, en el bolero que baila Pacita Tomás

310 Se puede consultar el expediente de la declaración en https://www.juntadeandalucia.es/cultura/redportales/comunidadprofesional/sites/default/files/libroblanco/expediente_de_la_escuela_bolera_para_su_declaracion_como_bien_de_interes_cultural.pdf (consultado el 16-11-2018).

para la película *Duende y misterio del flamenco* (1952) dirigida por Edgar Neville. Además, y esto resulta fundamental para lo que estamos hablando, parte del repertorio actual de la Escuela Bolera se ha hecho a partir de reconstrucciones parciales de ballets románticos y posrománticos. Y es sorprendentemente reciente. Así que poco o nada tiene que ver con las coreografías de palillos originales de los siglos XVIII y XIX. De este modo, por ejemplo, la coreografía y la música de *La cachucha* de la Escuela Bolera pertenece al ballet *El diablo cojuelo* (*Le Diable Boîteux*, 1836) de Jean Coralli. Eso sí, no se trata de la coreografía original sino la reconstruida por Pierre Lacotte y Ann Hutchinson Guest, entre 1966 y 1967 a partir de las anotaciones coreográficas de Friederic Albert Zorn (1887)[311]. Y también las coreografías de un *Jaleo de Jerez* y un *Zapateado* «en el estilo del *Zapateado de María Cristina*»[312] proceden de la obra *El toreador* (*Toreadoren*, 1840) de Augusto Bournonville, y se salvaron del olvido gracias a Flemming Ryberg[313]. La coreografía de *La maja y el torero* actual la vinculan Suárez Pajares y Roger Salas[314] a Marius Petipa y Marie Guy-Stéphan[315], aunque en la investigación llevada a cabo por Laura Hormigón[316] sobre la presencia de estos dos artistas en España no hay referencias a esta obra. La coreografía se ha conservado en la tradición de la danza española y cuenta con tempranas filmaciones, en 1898 y en 1905, que comentaremos más abajo. Según Roger Salas[317] hay constancia de esta coreografía en España en las primeras décadas del siglo XIX. La referencia fidedigna más antigua que encontramos a esta coreografía es de 1847 y se refiere a la pareja formada por la señora Garrido y el señor Ruiz[318]. Aunque Roger Salas piensa que la porcelana que representa, según su punto de vista, a Petipa y Guy-Stéphan bailando este paso a dos es de los años cuarenta del siglo XIX.

311 M. Grut, *The Bolero School*, cit., pp. 91 y 92; y Roger Salas (ed.), *La Escuela Bolera*, cit., p. 261.

312 M. Grut, *The Bolero School*, cit., p. 225.

313 M. Grut, *The Bolero School*, cit., pp. 104-108, 138, 145-146 y 225; y Roger Salas (ed.), *La Escuela Bolera*, cit., p. 261.

314 Roger Salas (ed.), *La Escuela Bolera*, cit., p. 261; y Roger Salas, «Historia de dos porcelanas», en *El País*, 25-8-2015, https://elpais.com/ccaa/2015/08/25/madrid/1440521037_224239.html (consultado el 9-7-2018).

315 Ibídem.

316 L. Hormigón, *Marius Petipa en España*, cit.

317 Roger Salas, «Historia de dos porcelanas» en *El País*, 25-8-2015, https://elpais.com/ccaa/2015/08/25/madrid/1440521037_224239.html (consultado el 9-7-2018).

318 Plaza Orellana, *El flamenco y los románticos*, Sevilla, Bienal de Flamenco, 1999, p. 741.

Fanny Elssler en La Cachucha, 1836.

En todo caso, ¿qué relación tienen estos números firmados por coreógrafos centroeuropeos, y reconstruidos ciento cincuenta años después, con los números originales que se hicieran en esa época, o unas décadas antes, en España, por bailarines españoles? Por otra parte, sería interesante saber cuándo se incorpora la cachucha al repertorio de la Escuela Bolera, ya que no aparece ni en la filmación de la empresa Lumière de 1898 en Sevilla, que comentaremos más abajo, ni en el tratado del maestro Otero (1912), quien lo considera, no un baile sino un paso, el «paseo de cachucha»[319]; ni en *Ballet y*

319 J. Otero, *Tratado de bailes*, cit. p. 168. Este paso no está descrito en ningún otro tratado. Véase Ana María Moya Camarena, *Bases del baile flamenco (la Escuela Bolera)*, Universidad de Sevilla, 2015, p. 317.

baile español (1944) de Alfonso Puig; ni en *La danza española* (1946) de Trini Borrull; ni hay filmaciones de estos bailes (ya que podríamos decir algo parecido del *Jaleo de Jerez*) anteriores a las mencionadas reconstrucciones de los años sesenta y setenta[320]. Grut y Carrasco atribuyen a la familia Pericet el haber conservado coreografías primitivas de estos bailes[321] (y de *La malagueña y el torero* con el nombre de *La maja y el torero*). En todo caso en sus coreografías de la cachucha utilizan la música que Casimir Gide compuso para Fanny Elssler en el estreno de *Le diable boîteux* (1836), en el arreglo que hizo John Lanchbery para la producción *Ballet para todos*[322] en 1966-67. En la notación de Zorn se marcan claramente «golpes de zapateado»[323], aunque hoy se suelen interpretar con zapatillas[324]. Incluso en la versión de los Pericet se baila con zapatillas. En el famoso cuadernillo de la familia Pericet, al menos tal y como aparece, tanto en la reproducción del mismo que incluye en el expediente para la declaración de la Escuela Bolera como Bien de Interés Cultural[325] por parte de la Junta de Andalucía, como en el libro biográfico de Carrasco[326], no hay referencia alguna a estos bailes. Es decir, son bailes pertenecientes a ballets del siglo XIX y que hoy se consideran tradicionales de la Escuela Bolera, aunque cabe la

320 La interpretan Eloy y Carmelita Pericet en 1979 en el programa *The magic of dance* para la BBC. Cfr. M. Grut, *The Bolero School*, cit., p. 97. Margarit Barbieri fue filmada bailándola en 1982, a mediados de los 80 Gabriela Komleva y en 1987 Carla Fracci. Es curioso que antes de la reconstrucción mencionada no haya ninguna grabación y después nos encontremos con cuatro en el trascurso de unos pocos años.

321 M. Grut, *The Bolero School*, cit., pp. 92-93, 145 y 335.

322 La melodía original, que se perdió, quedó esbozada en la anotación de Zorn y también en el arreglo de Johan Strauss padre, en su *Cachucha galopp*. Se puede encontrar más información de esta reconstrucción llevada a cabo por Ann Hutchinson en Dance Notacion Bureau http://dancenotation.org/catalog/EditDanceDetails.aspx?DanceID=158 (consultado el 19-11-2018).

323 Ann Hutchinson Guest, «Notación de la danza española», en Roger Salas (ed.), *La Escuela Bolera*, Madrid, Ministerio de Cultura, 1992, p. 131.

324 M. Grut, *The Bolero School*, cit., pp. 301 y 319.

325 *Expediente de la Escuela Bolera para su declaración como Bien de Interés Cultural*, Sevilla, Junta de Andalucía, 2009, pp. 32-34.

326 M. Carrasco Benítez, *La Escuela Bolera sevillana. Familia Pericet*, cit., p. 53.

La malagueña y el torero. Gustave Doré. *L'Espagne*, Librairie Hachette, 1874.

posibilidad de que se incorporaran a este repertorio en una fecha tan tardía como el final del siglo XX. Y, sin embargo, se presentan como bailes «del siglo XVIII». Nosotros compartimos la afirmación de Ann Hutchinson de que «la primera bailarina que representó la cachucha después de más de cien años fue Virginia Wakelyn bailando para la producción de *Ballet para todos, El mundo de Giselle*»[327], en 1966-1967[328]. En el repertorio de Otero encontramos el *Jaleo de Jerez, La malagueña y el torero* y *la cachucha*[329], eso es cierto. De hecho, La cachucha está en los teatros sevillanos desde 1816[330]. Pero cómo llegaron estos estilos hasta el repertorio actual de la Escuela Bolera es algo que sería muy interesante reconstruir y que se ha hecho solo en el caso indicado de *La cachucha* que, obviamente, procede de la mencionada reconstrucción. En todo caso, vemos que en materia de danza el paso del tiempo influye enormemente en la consideración y en el

327 Ann Hutchinson Guest, «Notación de la danza española», cit., p. 131.
328 Roger Salas (ed.), *La Escuela Bolera*, cit., p. 261.
329 José Luis Ortiz Nuevo, *Coraje*, Sevilla, Libros con Duende, 2012, pp. 21- 22.
330 R. Plaza Orellana, *El flamenco y los románticos*, cit., p. 726.

aspecto de las cosas y resulta muy difícil de creer que alguna cosa del baile español actual sea exactamente igual que lo era en el siglo XVIII, aunque conserve el mismo nombre. La Escuela Bolera es algo mucho, muchísimo más reciente que el baile flamenco, aunque se presente como anterior a este, como un fósil. Y la influencia del llamado ballet clásico europeo en el baile español es también muy reciente.

Fanny Elssler: El jaleo de Jerez. Hewitt & Jaques.

3.7. EL JALEO DE JEREZ

Podemos considerar que la primera referencia literaria al *Jaleo de Jerez* es la que se encuentra en la obra de Richard Ford *A handbook for travellers in Spain* (1845), en donde habla del *majo jerezano* y «his jaleos»[331]. Fanny Essler ya interpreta un Jaleo de Jerez en *La Gypsy* (1839), ballet coreografiado por Mazilier, que ya le había dado la réplica a Essler interpretando el rol masculino en *Le diable boiteux* (*El diablo cojuelo*, 1836). Es de suponer que fueron Mariano Camprubí y Dolores Serral los que llevaron el Jaleo de Jerez a París[332]. La coreo-

331 R. Ford, *A handbook for travellers in Spain*, cit. p. 232

332 J. L. Navarro García, *De Telehtusa a la Macarrona*, cit., p. 182.

grafía del *Jaleo de Jerez* de la obra *El toreador* (*Toreadoren*, 1840) de Augusto Bournonville, se salvó del olvido gracias a Flemming Ryberg en una reconstrucción de 1978, cuando la obra a la que pertenecía ha desaparecido completamente[333]. La música que usó Ryberg para su *Jaleo de Jerez* no es la que firmó Edvard Helsted para Bournonville sino la del compositor y guitarrista Fernando Sor[334]. La música que se usa hoy en el repertorio de la Escuela Bolera para bailar el Jaleo de Jerez es la que el checo Skoczdopole compuso en 1843 para la reposición en Madrid del ballet *El diablo enamorado* (originalmente *Le diable amoureux*, se había estrenado en París en 1840 con Pauline Leroux en el rol principal) a beneficio de Marie Guy-Stéphan, que incluía, como novedad, este número cuya música se conserva en la Biblioteca Nacional de España, aunque la coreografía que para la misma bailarina creó el maestro de bailes español Victorino Vera se ha perdido[335]. Este *Jaleo de Jerez* lo seguía interpretando Guy Stephán en Madrid en 1846, y hubo de repetirlo hasta en tres ocasiones en una representación, según el testimonio de Dumas[336]. Dicha interpretación provocó el poema de parte de un anónimo admirador que citábamos más arriba. Hasta 1849 no lo encontramos en los teatros sevillanos, bailado por la niña Atané[337]. Ese mismo año lo bailan en el Liceo de Barcelona Joan Camprubí y Manuela García[338] a los que sucederían, a lo largo del siglo XIX, María Camprubí, Francesc Font, Manuela Dubiñón, Lise y Felicité Noblet, Lucille Grahn, Petra Cámara, Josefa Vargas, Dolores Montero, la Moreno, la Campanera, Pepita Oliva, Manuel de la Barrera, Mariquita Ramos, Eloísa Pérez, Dolores Cuesta, las Pavías, la Barroso y la señorita Barrios, entre otros[339]. En 1862 Charles Davillier nos habla del «clásico jaleo de Jerez» al hablar de los bailes de los majos jerezanos[340]. Rafael Marín considera en 1902 «el Ole, el Vito y el Jaleo de Jerez» como bailes «mixtos»[341], mitad flamencos, mitad de palillos. En la Escuela Bolera

333 M. Grut, *The Bolero School*, cit., pp. 104-108, 138, 145-146 y 225; y Roger Salas (ed.), *La Escuela Bolera*, cit., p. 261.

334 M. Grut, *The Bolero School*, cit., p. 107.

335 Luis Lavaur, *Teoría romántica del cante flamenco*, cit., pp. 140-142; y Laura Hormigón, *Marius Petipa en España*, Danzarte, 2010, pp. 200-201 y p. 216.

336 Alexandre Dumas, *Impressions de Voyage. De París a Cadix*. París, Michel Lévy Fréres, 1861 [1847-48], vol. I, pp. 130-131.

337 R. Plaza Orellana, *El flamenco y los románticos*, cit., p. 742.

338 J. L. Navarro García, *De Telehtusa a la Macarrona*, cit., p. 180.

339 Ibídem, pp. 180 y 182.

340 Ibídem, p. 282.

341 R. Marín, *Método de guitarra-flamenco*, cit., p. 73.

se conserva hoy el *Jaleo de Jerez*[342], que se baila con zapatillas, y en el repertorio flamenco un cante y baile llamado *jaleo*. Ambos estilos poseen en común el compás ternario.

Es un baile ternario de fuerte acento rítmico. En su forma actual es una composición del músico austriaco Skoczdopole, como decimos. La Asociación Francisco de Goya lo relaciona con las cortes de Cádiz y lo considera una música «de salón»[343]. Navarro García relaciona al jaleo con los romances[344] y el músico Pedrell define el jaleo a finales del siglo XIX como «canción y baile puramente español cuya música es muy movida y animada a pesar de hallarse escrita en el tono menor y con cierto tinte melancólico»[345]. La primera noticia histórica del jaleo aparece en 1815 en un sainete titulado *Los gitanos*[346].

Hoy se interpreta en Extremadura a la forma flamenca un cante denominado *jaleo* o *jaleos*, de ritmo ternario, muy vivo, próximo a la bulería de la que ha recibido la influencia, y con una estrofa de tres versos octosílabos, con rima en los impares. Se puede considerar este cante una forma residual de aquellas primitivas «coplas de jaleo» que trazaron, según Machado Álvarez, el puente entre los jaleos bailables y las primeras soleares. Es uno de los estilos más conocidos de la Escuela Bolera y encierra una de las claves del nacimiento del flamenco: Amparo Álvarez, *la Campanera*, sevillana del treinta y tantos, hija del campanero de la Giralda, bailaba los jaleos y en ocasiones lo hacía *a lo gitano*, en el germen de lo que luego sería el flamenco, como veremos. De ella lo aprendió Ángel Pericet Carmona y, hemos de suponer, esta es la versión que subsiste hoy en el repertorio de la Escuela Bolera, aunque, como decimos, con música de Skoczdopole.

Navarro García ha señalado la influencia de algunos de sus pasos, en concreto las torerías, en el Vito y las alegrías[347].

---

342 M. Grut, *The Bolero School*, cit., p. 335.

343 Asociación Francisco de Goya en el libreto del disco *La Escuela Bolera*, Grupo Musical Francisco de Goya, Several Records, vol. 1, 1994.

344 J. L. Navarro García, *De Telehtusa a la Macarrona*, cit., p. 179.

345 Felipe Pedrell, *Diccionario técnico de la música*, Barcelona, Torres Oriol, s/f, 1894, 2ª edición, p. 239.

346 J. L. Navarro García, *De Telehtusa a la Macarrona*, cit., p. 179.

347 J. L. Navarro García, *De Telehtusa a la Macarrona*, cit., p. 185.

3.8. LOS BAILES DE PALILLOS NO ERAN TAN TÉCNICOS COMO LA ESCUELA BOLERA

Los bailes de palillos o boleros no son un repertorio de la élite ni excesivamente técnico, como será la Escuela Bolera, sino que lo bailan profesionales y también el pueblo llano y se extienden por todas las capas sociales del momento, incluyendo a los majos, naturalmente, que eran chicos y chicas de barrio, pero también la aristocracia, como vemos en las obras de Goya, y hasta los propios gitanos, como hemos señalado. Una de las grandes estrellas de estos bailes era el célebre bolero Luis Alonso, como decimos probablemente de etnia gitana.

En las once películas que la compañía Lumière grabó en 1898 en el Cenador de la Alcoba del Alcázar de Sevilla, que comentaremos más abajo pormenorizadamente (*Danzas españolas*, 1898), podemos deducir cómo eran los bailes boleros hace ciento veintiún años. Incluso teniendo en cuenta el tiempo trascurrido desde la creación de estos bailes hasta la realización de las películas, con la consiguiente evolución y cambios que sin duda se dieron en ellos, vemos lo diferentes que son de lo que ya en pleno siglo XX se llamó Escuela Bolera. La primera diferencia que salta a la vista es que en estos bailes no se usan zapatillas, mientras que en la Escuela Bolera sí las encontramos como elemento básico del baile. Tampoco la técnica está tan cercana al ballet clásico, romántico y postromántico italofrancés, pese a que ya se había dado la fusión de estos dos géneros en ballets como *El diablo cojuelo*, *El toreador* o *Don Quijote* o, incluso, por la labor de la familia Lefebre en Sevilla y de artistas como Dolores Serral, Mariano Camprubí, Petra Cámara, Pepa Vargas, Marie Guy Stenphan, Fanny Elssler, etc., en París. En las películas del Cenador del Alcázar podemos encontrar incluso algunas técnicas que creíamos exclusivas del flamenco, como los golpes con la planta de los pies en el suelo, que vemos que ejecuta el personaje que identificamos como José Otero.

3.9. IDENTIDAD DE BOLEROS Y FLAMENCOS

Que el famoso bolero Luis Alonso sea hermano de uno de los primeros cantaores de flamenco, El Planeta, una noticia que dio Antonio Barberán[348] basándose en una información de Manuel Bohórquez[349], que ya hemos comentado y que es fundamental para esta investigación, muestra que lo bolero y lo flamenco, hasta bien avanzado el siglo XIX, forman una sola entidad y que, por tanto, la espontaneidad de lo bolero de finales del XVIII hasta mediados del XIX está muy lejos del academicismo de la Escuela Bolera. En el *Método de guitarra-flamenco* (1902) de Rafael Marín[350] se dan como sinónimos la palabra flamenco, que comenzaba definitivamente a imponerse, y *Aires andaluces*, con la que aún estaba conviviendo y que nos remite a los bailes de palillos, también llamados bailes nacionales, españoles o andaluces debido a que la andaluza es la presencia más fuerte del movimiento del magismo. Marín incluye bailes de palillos en su método. Afirma que verdaderamente flamencos son solo tres bailes: alegrías, zapateado y tangos. Y que, en sentido estricto, solo lo son las alegrías[351]. Hay que tener en cuenta, además, que el cante para el baile como técnica surge en la posguerra española del siglo XX. Incluso Guillermo Núñez de Prado en su *Cantaores andaluces* (1904) nos ofrece las biografías de Silverio, Chacón, la Trini, el Canario, y otras celebridades jondas del momento, pero no utiliza la palabra flamenco en su libro sino la denominación de «cantaores andaluces»[352] y hasta «jondos»[353]. Pero nunca flamencos.

---

348 https://cdizflamencoflamencosdecdiz.blogspot.com.es/2012/10/1-luis-alonso-un-bolero-muy-flamenco.html (consultado el 8-2-2017).

349 http://manuelbohorquez.com/la-gazapera-flamenca/en-busca-de-el-planeta-perdido-2/ y http://blogs.elcorreoweb.es/lagazapera/2012/03/15/antonio-el-planeta-en-la-boda-de-luis-alonso-su-hermano-el-bolero-gaditano/ (consultados el 8-2-2017).

350 Rafael Marín, *Método de guitarra-flamenco*, Madrid, Dionisio Álvarez, 1902, pp. D, B y portada.

351 Ibídem, p. 177.

352 Guillermo Núñez de Prado, *Cantaores andaluces*, Maucci, Barcelona, 1904. Véase el título y las pp. 56, 64, 120, 168, 184 y 288, entre otras.

353 Ibídem, pp. 20 y 75.

3.10. «EL VITO DE JEREZ»

El Vito es un ejemplo de baile y canto que nació como canto nacional, después fue *gitano* o *flamenco* y que hoy, sin embargo, es parte del repertorio de la Escuela Bolera y no del flamenco. José Miguel Hernández Jaramillo señala que «es muy similar al olé»[354]. Utiliza la cadencia andaluza[355] y el compás de hemiola. Una gacetilla de 1850 considera al Vito como baile «de jaleos»[356]. Alexandre Dumas lo califica de «zapateado ("trepignement")»[357]. Por cierto, que en la descripción de este baile a cargo del escritor francés hay un elemento gitano: el guitarrista que actúa como «única orquesta» es gitano[358]. Estos elementos, musicales y coreográficos, lo aproximan a los actuales estilos del flamenco. Navarro García dice que era baile de mujer sola y que era necesaria la picardía en su interpretación[359]. La primera referencia literaria al Vito es una litografía de Goya, realizada entre 1824 y 1825, así titulada[360]. Estamos hablando de la etapa final de los llamados cantos nacionales, del país y boleros. Más adelante, a finales de los años cuarenta del siglo XIX, lo encontramos agitanado, precisamente en la etapa en la que los bailes españoles, nacionales, del país, de palillos y boleros se ven afectados por la *gitanofilia* o moda *gitanista* del momento, y surge la denominación de flamenco para los mismos: el Vito aparece en 1846 en el folletín *Elina o Sevilla por dentro* de Cristóval de Pascual[361] como un baile que interpreta el personaje de Petra que, dado el realismo de las referencias musicales y coreográficas de esta obra, consideramos que se trata de la bailarina sevillana Petra Cámara. De hecho, encontramos en 1851 a Petra Cámara bailando el Vito en la obra *La Jácara* compuesta por Francisco Asenjo Barbieri[362]. En 1846 Alexandre Dumas lo vio bai-

354 José Miguel Hernández Jaramillo, *La música preflamenca*, Sevilla, Junta de Andalucía, 2002, p. 105.

355 Ibídem.

356 José Luis Ortiz Nuevo, *¿Se sabe algo?*, cit., p. 46.

357 Alexandre Dumas, *Impressions de Voyage. De París a Cadix.* París, Michel Lévy Fréres, 1861 [1847-48], vol. II, p. 239.

358 Ibídem, p. 234.

359 J. L. Navarro García, *De Telehtusa a la Macarrona*, cit., p. 229.

360 Francisco de Goya, *El Vito*, BNE, INVENT/45625 y https://fundaciongoyaenaragon.es/obra/el-vito/972 (consultada el 8-10-2018). Véase David Calzado y Teo Sánchez, (coords.), *Patrimonio flamenco*, cit., pp. 20 y 21.

361 Cristóval de Pascual, *Elina o Sevilla por dentro*, Sevilla, Gómez, 1846, II, p. 214.

362 Emilio Casares Rodicio, *Francisco Asenjo Barbieri, vol. I: El hombre y el creador*, Madrid, Instituto Complutense de Ciencias Musicales, 1994, p. 102.

lar en Sevilla, interpretado por las dos primeras bailarinas del Teatro Principal, Petra Cámara y Anita Garrido[363], esta última encima de una mesa[364]. Este viajero romántico, señala en el Vito la indolencia, la irritación y el delirio femeninos como los tres estados de ánimo sucesivos que evoca la pieza[365]. La primera anotación de su música aparece en un manuscrito del ruso Mijail Glinka (1804-1857) hacia 1846, que lo describe como *Canción de los gitanos*[366]. Es uno de los números estrella de *El Tío Caniyitas o el mundo nuevo de Cádiz* con música de Mariano Soriano Fuertes y texto de José Sanz Pérez, que «en noviembre de 1849 se estrenó en el teatro San Fernando de Sevilla»[367], según nos informa el maestro Otero[368], que afirma que en esta última obra «fue la primera vez que se bailó en escena»[369] el Vito. En noviembre de 1850 la gaditana Josefa Vargas estrena en el Teatro de la Comedia de Madrid *El Tío Pinini*, de Mariano Soriano Fuertes y Enrique Salvatierra, donde se baila, entre otros, «un baile flamenco»[370], que resulta ser el Vito, también cantado, naturalmente. José Otero afirma del Vito que lo cantaba en Sevilla entre 1842 y 1848 un personaje llamado así, el Vito, borracho y natural de Jerez. Otero atribuye esta letra al Vito de Jerez: «Soy el Vito, soy el Vito/ soy el Vito de Jerez,/ yo me llamo don Pepito,/ y me achispo alguna vez»[371].

363 Rocío Plaza Orellana desveló la personalidad de estas dos intérpretes citadas por Dumas en su obra. Véase *El flamenco y los románticos*, Sevilla, Bienal de Sevilla, 1999, p. 622.

364 Alexandre Dumas, *Impressions de Voyage. De París a Cadix*, cit., p. 243. Es muy probable que la tercera de estas bailarinas, con la que Dumas, según narra en su obra, va a tener una relación más estrecha, sea un personaje de ficción.

365 Alexandre Dumas, Impressions *de Voyage. De París a Cadix.* París, Michel Lévy Fréres, 1861 [1847-48], II, p. 239.

366 Antonio Álvarez Cañibano, *Los papeles españoles de Glinka 1845-1847*, Madrid, Consejería de Educación y Cultura de la Comunidad de Madrid, 1996, pp. 194-195.

367 José Sanz Pérez, *El Tío Caniyitas o El mundo nuevo de Cádiz*, Cádiz, Revista Médica, 1850, p. 3; y J. Otero, *Tratado de bailes*, cit., p. 197.

368 Y confirma Andrés Moreno Mengíbar en *La ópera en Sevilla en el siglo XIX*, Sevilla, Universidad de Sevilla, 1998, p. 360.

369 J. Otero, *Tratado de bailes*, cit., p. 197.

370 Enrique Salvatierra, *El Tío Pinini*, Madrid, Vicente de Lalama, 1854, p. 3.

371 J. Otero, *Tratado de bailes*, cit., p. 180.

El vito. Francisco de Goya, h. 1824-1825. Biblioteca Nacional de España.

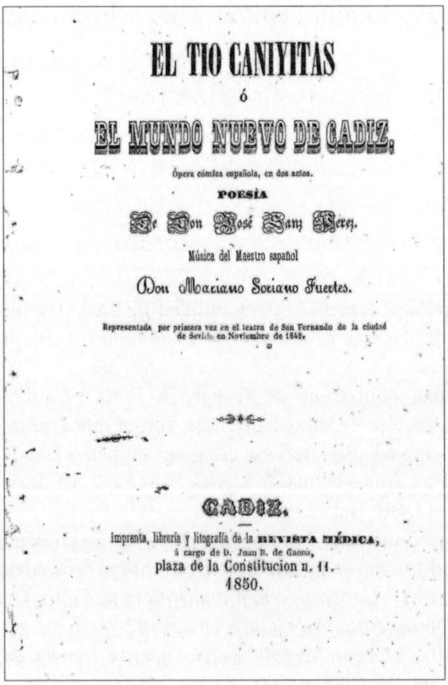

EL TIO CANIYITAS

ó

EL MUNDO NUEVO DE CADIZ,

Ópera cómica española, en dos actos.

POESÍA

De Don José Sanz Perez.

Música del Maestro español

Don Mariano Soriano Fuertes.

Representada por primera vez en el teatro de San Fernando de la ciudad de Sevilla en Noviembre de 1849.

CADIZ.

Imprenta, librería y litografía de la REVISTA MÉDICA,
á cargo de D. Juan B. de Gaona,
plaza de la Constitucion n. 11.
1850.

Portada de la obra *El Tío Caniyitas o el Mundo Nuevo de Cádiz* de José Sanz Pérez y Mariano Soriano Fuertes, estrenada en 1849, Revista Médica, 1850.

Continúa Otero afirmando que en los años setenta del siglo XIX lo bailó en Sevilla una «bailarina callejera» llamada María Cazuela, que era «gitana por los cuatro costados»[372]. En 1862 Davillier lo vio en Sevilla, bailado por Encarnación[373]. Davillier afirma que se ejecutaba sobre una mesa y que incluía un paso consistente en lanzar una caña de vino al aire y recoger el líquido en la boca[374]. El grabado correspondiente a esta nota, firmado por Doré, está titulado en la edición original de la obra de Davillier como *Gitana dansant le vito sevillano*[375]. No obstante, estas referencias, gitanas y flamencas, este número, no forma parte hoy del repertorio flamenco, aunque sí del de la Escuela Bolera[376]. El Vito, una de las músicas más populares de España, hasta el punto de aparecer como la quintaesencia de lo español en determinados contextos[377], ha tenido como vemos al menos tres vidas musicales: como canto nacional o bolero, como baile flamenco y como baile de la Escuela Bolera. No obstante, el vínculo de su ritmo con la actual bulería flamenca salta a la legua. Otras letras asociadas al Vito son: «Salero, salero,/ arrímate acá;/ que viene el torito/ menuda estocá»[378]. «Con el vito, vito, vito/ con el vino de Jerez, no lo digo por ninguno/ que lo digo por usté./ Con el vito, vito, vito,/ con el vito de mi amor,/ no lo digo yo por nadie/ que lo digo por los dos». «En el mar hay un pescao/ que le llaman el inglés/ con un letrero que dice: "Viva el vino de Jerez»[379].

Afirman Marinero y Ruiz que «[d]esde la publicación del libro de Cairón [1820] hasta la aparición en 1912 del *Tratado de bailes* de José Otero Aranda nos encontramos con casi un siglo de vacío documental sobre coreografía de las danzas españolas y dos siglos y medio de silencio sobre descripciones concretas de bailes» [380]. Corresponde este tiempo justamente al paso de lo bolero a lo flamenco.

---

372 J. Otero, *Tratado de bailes*, cit., p. 180.

373 Charles Davillier, *Viaje por España*, vol. III, Madrid, Giner, 1991, pp. 43-44.

374 C. Davillier, *L´Espagne*, París, Hachette, 1874, p. 395.

375 Charles Davillier, *L´Espagne*, París, Hachette, 1874, p. 389.

376 M. Grut, *The bolero School*, cit. p. 129.

377 En el mundo del jazz, es clásica su utilización en el tema *Olé* de John Coltrane incluido en el disco *Olé Coltrane* (Atlantic LP 1373, 1961). También la grabaron, limitándonos al mundo del jazz, Pedro Iturralde en el disco *Flamenco Jazz Pedro Iturralde Quintet - Paco de Lucía*, para el sello Saba (SB 15 143 ST, 1968) y Charlie Haden en el disco *Liberation Music Orchestra* (Impulse! AS-9183, 1970), junto con los temas *Los cuatro muleros* y *Ay Carmela*.

378 J. L. Navarro García, *De Telehtusa a la Macarrona*, cit., p. 230.

379 Julián de Sugasti y Sáenz, *El bandolerismo*, Madrid, Fortanet, 1876, II, pp. 168-169.

380 Cristina Marinero y María José Ruiz, «La Escuela Bolera. Coreología», en Roger Salas (ed.), *La Escuela Bolera*, cit. p. 51.

Gitana bailando el vito sevillano. Gustave Doré, *L'Espagne*, Librairie Hachette, 1874.

En resumen, podemos decir que, para la buena sociedad, el baile bolero se hizo decente en el siglo XX con la denominación de Escuela Bolera, y de esta manera perdió su condición de precedente inmediato del flamenco, para pasar a ser una mera influencia, como señala el expediente para la declaración de la Escuela Bolera como bien de interés cultural por parte de la Junta de Andalucía:

> «(...) el baile flamenco es el resultado del encuentro de dos escuelas de danza: la de las bailarinas boleras y la de los calés andaluces. Un encuentro que se produce, hacia mediados del siglo XIX, sobre las tablas de las academias

de baile que ofrecían funciones o "ensayos" públicos. Un diálogo en el que se fragua una fusión trascendental en la historia de la danza: la de los bailes boleros andaluces y los bailes gitanos. En ellas y en estos ensayos públicos actuaron codo con codo, compartiendo cartel, las más acreditadas boleras de la época y las gitanillas trianeras que también eran ya profesionales de su arte. Allí unas aprendieron de las otras y unas influyeron en las otras. Las gitanas aprenderían el braceo, la técnica, el manejo de los palillos y, sobre todo, la elegancia de las boleras; las boleras la frescura y el temperamento de las gitanas. Y entre todas irían configurando las bases de lo que muy poco después empezó a ser conocido como baile flamenco[381]».

Por el contrario, y como tratamos de mostrar aquí, no hay un baile blanco, bolero, y otro negro, flamenco, sino que muchos «gitanillos y gitanillas» (el diminutivo contiene su carga de profundidad) como el mencionado Luis Alonso, eran reputados maestros de bailes boleros.

EVOLUCIÓN DE LOS BAILES DE PALILLOS, SEGÚN NUESTRA HIPÓTESIS

Siglo XVIII y principios del siglo XIX	Mitad del siglo XIX	Siglo XX
Bailes de palillos	Bailes y cantos gitanos y flamencos	Bailes y cantes flamencos
	Ballet Romántico	Escuela Bolera

La denominación de bailes gitanos o flamencos que empieza a darse a este repertorio, con algunas adiciones al mismo, a mediados del siglo XIX no se va a imponer hasta bien entrado el siglo XX. Se da una convivencia de las dos denominaciones. Así, como hemos seña-

381 *La Escuela Bolera. Expediente para su declaración como Bien de interés cultural*, Junta de Andalucía, 2009, p. 2. Se puede consultar en https://www.juntadeandalucia.es/cultura/redportales/comunidadprofesional/sites/default/files/libroblanco/expediente_de_la_escuela_bolera_para_su_declaracion_como_bien_de_interes_cultural.pdf (consultado el 7-9-2018)

lado, el propio Silverio Franconetti, «creador del género flamenco»[382] según Machado Álvarez, nunca usó la denominación de flamenco. Por su parte, la Escuela Bolera rescata unos bailes que se olvidaron a finales del siglo XIX, como la cachucha o los panaderos, sustituidos por otros de moda como los tangos o las guajiras, que acababan de nacer o de venir de América. Y esos bailes, junto a la influencia del ballet, es lo que hoy se llama Escuela Bolera. Pero en el siglo XIX aún se sigue llamando indistintamente a los flamencos como boleros. Lo volveremos a ver más adelante.

ALGUNAS ILUSTRACIONES AUDIOVISUALES:

Escuela Bolera actual:

— *Bolero*, Pacita Tomás[383].
— *Panaderos*, Ballet de Pilar López[384].
— *El Vito*, Isabel de Madrid[385].
— *Cachucha*, Gabriela Komleva (Ballet Mariinsky)[386].
— *Cachucha*, Margaret Barbieri[387].
— *Cachucha*, Gitanos del Sacromonte[388].
— *Bolero de Medio Paso, Cachucha, Olé de la Curra, Jaleo de*

382 Antonio Machado y Álvarez, *Colección de cantes flamencos* [1881], Sevilla, Signatura, 2004, p. 257.

383 En *Duende y misterio del flamenco* (1952) de Edgar Neville (dir.), Mercury/Sur, 2004.

384 Ibídem.

385 En *Rito y geografía del baile. Bailes de Candil. Milagros. Tomás de Madrid*, de Mario Gómez (dir.). Alga, s/f. El programa *Los bailes de candil* de Televisión Española, se emitió el 4 de noviembre de 1976. Se puede visionar online https://www.youtube.com/watch?v=KVW90frAKXM (consultado el 15-11-2018). Véase Kristen Bachman, *Flamenco(tanz): zur Instrumentalisierung eines Mythos in der Franco-Ära*, Berlín, Logos Verlag, 2009, pp. 192-193.

386 https://www.youtube.com/watch?v=r3A3cvF_DY4&t=9s (consultado el 9-10-2018). Es una filmación de los años 80.

387 https://www.youtube.com/watch?v=FW7ssBCO_dQ y https://www.youtube.com/watch?v=7xfudtM8a4o (consultados el 9-10-2018). La filmación es de 1982.

388 En *Rito y geografía del baile. Bailes de Candil. Milagros. Tomás de Madrid*, de Mario Gómez (dir.). Alga, s/f. El programa *Los bailes de candil* de Televisión Española, se emitió el 4 de noviembre de 1976. Se puede visionar online https://www.youtube.com/watch?v=KVW90frAKXM (consultado el 15-11-2018). Véase Kristen Bach-

Jerez, Zapateado de María Cristina, La maja y el torero, Seguidillas manchegas, Peteneras, Soleares de Arcas, Caracoles, Fandanguillos, Bolero de Alcudia, Olé Andaluza, Seguidillas de Castellón, Jarabe Tapatío[389].

Bailes y cantos de palillos y boleros:

— *Bolero, Seguidillas, Panaderos*, Esteban de Sanlúcar[390].
— *Seguidillas boleras*, Fernando Sor[391].
— *Seguidillas manchegas, Seguidilla y Seguidillas del Requiem aeternam*, Fernando Sor, *Fandango*, Salvador Castro, *Seguidillas aragonesas, Dúo del bolero y la caña*, Manuel García, *El requiebro (canción gitana), Boleras de la bola*, Federico Moretti, *Tirana*, Blas Laserna y *Seguidillas de Fernando VII*[392].
— *Polo del contrabandista* (*El poeta calculista), Tonadillas* (*La maja y el majo, La decisión*) Manuel García[393].
— *La caña*, Isidoro Hernández[394].
— *Petenera veracruzana*[395].
— *Bolero de tres, Tirana del Caramba, Petenera, Seguidillas manchegas, Panaderos, Bolero del candil, Fandango del Candil, Bolero de Carlos III, Boleras de la Cachucha, Tirana del Zarandillo, El Olé, Bolero liso, Jaleo de Jerez, Bolero de Requejo, La Maja y el Torero, Fandango histórico, Zapateado de María Cristina, Bolero del Déjame, Olé de la Curra, Bolero madrileño, Bolero de Sors, Panaderos de la Tertulia, Malagueña, Jaleo de Gitanos, Bolero de Jaén, Olé andaluz, Panaderos de la Flamenca, El Vito, Jaleo de la Macarena, Bolero a dos voces, Pandango, Polo, Tirana nueva, Zapateado, Bolero del Candil,*

---

man, *Flamenco(tanz): zur Instrumentalisierung eines Mythos in der Franco-Ära*, Berlín, Logos Verlag, 2009, pp. 192-193.

389 En el DVD *The Bolero School* de Marina Keet de Grut (dir.), publicado por The Spanish Dance Society, 2005.

390 *Gloria y memoria a Esteban de Sanlúcar*, Flamenco y Universidad, Vol. XII, Marita Ediciones, 2013.

391 En *Goyesca. Seguidillas boleras*, Laberintos Ingeniosos, Zigzag Territoires, 2008.

392 En *La dulce tiranía*, Música Antigua de Aranjuez, MAA, 2005.

393 En *El poeta calculista. Tonadillas*, de Manuel García. Orquesta Ciudad de Granada, Mark Tucker, Empresa Pública de Gestión de Programas Culturales, 2006.

394 En *Razón de son*, Raúl Rodríguez, Fol Música, 2014.

395 En *Los impossibles*, L´Arpeggiata, Naïve, 2005 y *Razón de son*, Raúl Rodríguez, Fol Música, 2014.

Seguidillas del Candil, Los Caracoles, Seguidillas del Caramba y Fandango del Reto[396].

— *Bolero de Villacarrillo, Bolero de Úbeda, Bolero de Bedmar, Bolero de Villargordo, Bolero de Ventas de los Santos*[397].

— *Seguidillas con jota serrana de Segura de la Sierra, Bolero de Jaén, Malagueña de Siles, Malagueña de la Puerta del Segura, Jota de Los Villares, Jota de Siles, Jota de Puente Génave, Fandango de La Iruela, Fandango de Charilla*[398].

— *Seguidillas de Huéscar, Jota de los Villares, Fandango de Jódar*[399].

El Fondo de Música Tradicional del CSIC nos ofrece más de un centenar de filmaciones de seguidillas, fandangos, jotas, boleros, malagueñas, sevillanas, tiranas, etc. en las versiones que la Sección Femenina rescató y reconstruyó con el marchamo de folclóricas[400].

---

396 En *La Escuela Bolera*, Grupo Musical Francisco de Goya, Several Records, 1994, 1998, 2003, 3 vols.

397 En *Cantos y bailes del Santo Reino*, Asociación de Coros y Danzas Lola Torres, Fonoruz, 1992.

398 En *Bodas de oro*, Asociación de Coros y Danzas Lola Torres, Fonoruz, 1993.

399 En *Al grano*, Andaraje, Sonifolk, 1982.

400 Véase Emilio Ros-Fábregas, Ascensión Mazuela-Anguita y Antonio Pardo-Cayuela, «Z1956-1976 NO-DO: CANCIONES Y DANZAS», *Fondo de Música Tradicional IMF-CSIC*, ed. E. Ros-Fábregas (accession date: 22 Mar 2018), https://musicatradicional.eu/source/22040.

4. NACIMIENTO DEL FLAMENCO: LOS BAILES GITANOS O FLAMENCOS

4.1. ROMANTICISMO Y COSTUMBRISMO

Los testimonios literarios que tenemos del género de cante y baile español, nacional, andaluz, que a mediados del siglo XIX empiezan a recibir el nombre de flamenco, son fruto de un fenómeno literario romántico como es el costumbrismo. Este costumbrismo puede hallarse en una forma pura, como en el *Semanario Pintoresco Español*, publicación fundada por Ramón de Mesonero Romanos en Madrid en 1836, así como en la publicación rival *Observatorio pintoresco* (1837) y en *El siglo pintoresco* (1845-1848), en las que colabora Estébanez Calderón, el costumbrista en el que más elementos flamencos y preflamencos podemos hallar. El vínculo de Estébanez Calderón, y el del costumbrismo hispano en general, con un novelista que recoge muchos de los elementos de ese costumbrismo en su obra, pese a su condición de escritor en lengua francesa y para un público francés como Mérimée, ha sido ejemplarmente estudiado por Rodríguez Gordillo[401]. También en el primer volumen del trabajo colectivo *Los españoles pintados por sí mismos* (1841), que es uno de los hitos del costumbrismo hispano, encontramos elementos que configuran la imagen del gitano y de la gitana en el costum-

401 Por ejemplo, en J. M. Rodríguez Gordillo, *Carmen, biografía de un mito*, cit., pp. 46, 65 y 237. El autor señala que es muy posible que el escritor malagueño le diera a conocer la primera parte de *Los españoles pintados por sí mismos* (1843) y que artículos como «El contrabandista», «El bandolero», «La gitana» y «La cigarrera» influyeran en la redacción de *Carmen*.

brismo romántico. Pero encontramos, asimismo, rasgos costumbristas con alusiones a la danza y al canto en el folletín, como en *Elina o Sevilla por dentro* (1846) de Cristóval de Pascual. También en autores de mayor vuelo literario que los mencionados, como Gustavo Adolfo Bécquer en su artículo *La Nena* (1862). Y, por supuesto y, sobre todo, en un fenómeno nuevo del siglo como es el periodismo literario, que alcanza un auge enorme a lo largo de toda la centuria.

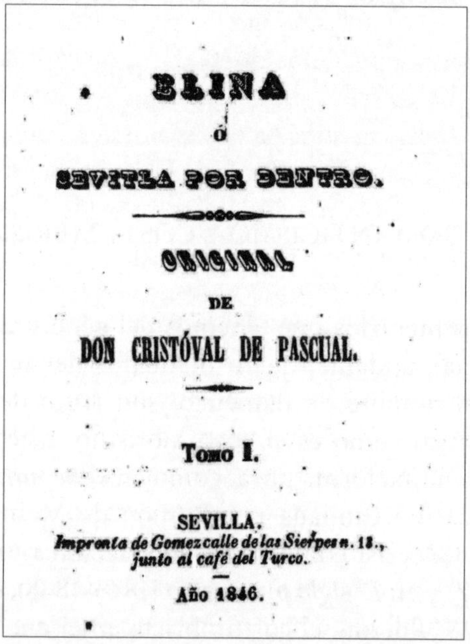

ELINA

Ó

SEVILLA POR DENTRO.

ORIGINAL

DE

DON CRISTÓVAL DE PASCUAL.

Tomo I.

SEVILLA.

Imprenta de Gomez calle de las Sierpes n. 18., junto al café del Turco.

Año 1846.

Portada del libro *Elina o Sevilla por dentro* de Cristóval de Pascual, Gómez,1846.

Ciertamente, al menos desde Cervantes, y en los autores de sainetes de finales del siglo XVIII, el reflejo del género de música y danza nacional, más que en los tratados técnicos, hemos de encontrarlo en el precostumbrismo de estos autores. El costumbrismo romántico va a estar afectado, después de la Guerra de la Independencia, por un marcado carácter antifrancés, que podemos constatar, en lo puramente coreográfico, todavía a las alturas de 1862, en el mencionado artículo de Bécquer. Porque una característica fundamental de este costumbrismo, que todavía hoy marca la percepción del flamenco dentro y fuera de su campo, es la mirada al mismo tiempo castiza y exótica. Mirada hacia lo castizo, lo específicamente español «en vías de extinción», aunque se trate de unas «ruinas fingidas», pero una mirada fascinada por lo exótico. Es lo que González Troyano ha llamado «autoconsciencia de exotismo» que, como decía antes, va a marcar todo el siglo XIX y en buena parte el XX y el XXI. Incluso aunque esta mirada se recubra de cientifismo, adoptando el carácter de «estudios folclóricos». Señala Steingress que estos «estudios folclóricos» son «un reflejo intelectual del costumbrismo decimonónico»[402]. Como estos últimos, los llevados a cabo por Antonio Machado Álvarez y Hugo Schuchardt, han sido suficientemente estudiados[403], nosotros vamos a centrar nuestra mirada en el costumbrismo puro y periodístico. Con ese costumbrismo, sin embargo, podemos intentar reconstruir una *Historia del flamenco* fidedigna en esta etapa. Porque, pese a su mirada romántica y exotista, esta tendencia literaria no deja de ser, como señala Donald L. Shaw, el reflejo de la vida española de la época, la prosa más cercana a la realidad[404]. Con estos literatos costumbristas y románticos, algunos bien conocidos como Estébanez Calderón, Mérimée o Bécquer, y otros casi desconocidos, como los autores del teatro breve y musical del momento o de los textos periodísticos, muchos de ellos anónimos, vamos a tratar de reconstruir la historia de los cantes y bailes en este periodo con la intención de ver cómo esta mirada exotista es la que da origen a la denominación de flamenco. Va a ser precisamente la «moda gitanista», como la llama Steingress, el gitanismo del que habla Caro Baroja o la gitanofilia, la causante de este cambio de denominación de bailes y cantes españoles, andaluces, nacionales y de palillos a flamencos. Porque en este periodo, al menos en determinados ámbitos, gitano y flamenco son sinónimos, como veremos un poco más abajo. Los gitanos y las gitanas van a ser uno de los objetos favoritos en los que se va a posar esta mirada exotista romántica. Y al final va a condicionar la autoconsciencia del propio colectivo. Este gitanismo venía de antes. Pero tiene su eclosión con el costumbrismo romántico del siglo XIX y se va a extender, a lo largo de este siglo, a la poesía, la novela, el drama, la ópera, el ballet, la música sinfónica, etc. La mirada que busca lo exótico está en la interpretación y documentación de estos cantos y bailes, pero no en ellos mismos, que están plenos de vida palpitante. Nadie es exótico en su casa ¿O sí? Todos somos exóticos para alguien. Lo cierto es que, como subraya Cabo Aseguinolaza «hay, por tanto, una pro-

402 G. Steingress, *Sociología del cante flamenco*, cit., p. 89

403 En la obra de Steingress mencionada.

404 Donald L. Shaw, *Historia de la literatura española. El siglo XIX*, Barcelona, Ariel, 1992, p. 83.

funda interrelación entre los discursos gestados desde un marco extrapeninsular y los desarrollados en el contexto restrictivamente español, a veces en forma de reacción y otras de asunción implícita de categorizaciones forjadas desde fuera de la propia construcción nacionalista del pasado de España, también el literario»[405].

Manuela Perea *La Nena*. Victoria & Albert Museum.

Como queda dicho, esta conexión del cante y baile con las señas de identidad hispanas ya existía en el movimiento magista. Pero se acentúa con la Guerra de la Independencia. Y este vínculo de bailes y cantos con el nacionalismo llega hasta hoy, no solo en el nivel institucional, con el Estatuto de Autonomía en donde se declara que «Corresponde (...) a la Comunidad Autónoma [Andaluza] la competencia exclusiva en materia de conocimiento, conservación, investigación, formación, promoción y difusión del flamenco»[406]. También en muchos de los

405 F. Cabo Aseguinolaza, *El lugar de la literatura española*, cit., p. 265.
406 Ley Orgánica 2/2007, de 19 de marzo, de reforma del Estatuto de Autonomía para Andalucía, BOE, 68, 20-3-2007.

autores que defienden la exclusividad del flamenco para el colectivo gitano, así como entre los aficionados en general. Nacionalismo y gitanismo, en nuestros tiempos, a veces entran en contradicción, pero en el pasado se articulaban armoniosamente, como vamos a ver. Esa mirada exótica, tanto a los gitanos como al cante y baile nacional o flamenco, que surge en el Romanticismo, llega hasta hoy, tanto en relación con los aficionados como para el resto de la sociedad española y mundial. De ahí la dificultad que esta Nueva Teoría de la Historia del Flamenco encuentra para su difusión desde sus orígenes y hoy mismo. Un ejemplo de lo dicho es la noticia difundida por la agencia española de información EFE el 29 de julio de 2016 con el titular *Muere José Menese, uno de los más grandes cantaores no gitanos*[407].

Si la conciencia nacional y el rechazo de lo francés[408] estaban ya presentes, como vimos, en los bailes nacionales de los majos, también va a estar presente en el paso de estas danzas al baile flamenco. Y en el surgimiento del cante flamenco, como género independiente, más tarde.

4.2. EL GITANISMO COMO MODA ROMÁNTICA

Con los bailes de palillos, nacionales o del país, también llamados bailes boleros, nos encontramos ya con un repertorio muy cercano al del flamenco actual, como podemos apreciar. Más si pensamos que estilos muy populares hoy del flamenco como la seguiriya, los tarantos, el martinete y alguno más, no se van a bailar hasta bien entrado el siglo XX[409]. Lo único que pasa es que se les llama bailes nacionales, españoles, de palillos o boleros, para diferenciarlos de los de procedencia europea o francesa, y también bailes y cantos andaluces, atendiendo al hecho de que Sevilla, junto con Madrid, era uno de los centros del magismo español. A partir de 1847 se les empieza a llamar bailes flamencos, aunque este nombre tendrá que convivir con las denomina-

407 https://www.rtve.es/noticias/20160730/muere-jose-menese-uno-mas-grandes-cantaores-no-gitanos/1378800.shtml (consultado el 30-7-2016).

408 https://www.rtve.es/noticias/20160730/muere-jose-menese-uno-mas-grandes-cantaores-no-gitanos/1378800.shtml (consultado el 30-7-2016).

409 La seguiriya en 1939, por Vicente Escudero, el taranto probablemente en 1942 por Carmen Amaya y el martinete en 1952 por Antonio Ruiz Soler en la película *Duende y misterio del flamenco,* de Edgar Neville (Mercury/Sur, 2004, DVD).

ciones anteriores hasta principios del siglo XX. ¿Por qué este cambio de denominación? Ya hemos dicho que muchos de los más reputados intérpretes de estas danzas eran gitanos. Coincide la época del inicio del cambio de nombre con otra corriente estética europea y española: el Romanticismo. Durante este periodo se ponen de moda en toda Europa el pasado remoto y los pueblos lejanos, misteriosos, bohemios[410], marginales, *románticos*, entre ellos los árabes, los españoles y los gitanos. Pensemos por ejemplo en el prototipo creado por la *Carmen* de Mérimée[411]. Son unos gitanos que tienen relativamente poco que ver con los gitanos de carne y hueso. Igual que los españoles y los árabes de la literatura europea de la época tenían poco que ver con los españoles de verdad: en las fantasías románticas todos los españoles eran toreros y/o bandoleros y todas las mujeres árabes eran sensuales y bailaban danzas eróticas. Algo parecido pasa con los gitanos. Los gitanos románticos eran también, más que seres humanos de carne y hueso, un mito. Un deseo, un anhelo, un sueño de los escritores, dramaturgos y músicos románticos y su público. Eran gitanos creados por la cultura romántica para un público francés, europeo, que jamás había visto gitanos de carne y hueso, hasta ese momento. Son gitanos románticos los creados por Mérimée, Víctor Hugo, Baudelaire, Verdi, Strauss, etc. Se trata de productos artísticos, no antropológicos ni sociológicos, no hay que olvidarlo. Por muy documentadas que estuvieran estas obras de arte, como es el caso de Mérimée. Cabo Aseguinolaza relaciona este proceso de exotización con «la leyenda negra, que no cesará en la identificación racial de los españoles con esos otros semíticos y orientales (a los que pronto se añadirían los gitanos) pero que tiene también su expresión en la propia textualidad de la literatura española, incluso la más canónica» como veremos en relación con el costumbrismo y el teatro breve de carácter musical[412].

---

410 El termino bohemio, con el significado que recoge el diccionario de la Real Academia de «que se aparta de las normas y convenciones sociales», que es el que usamos en este trabajo, procede del libro de Henri Murger *Escenas de la vida bohemia* (1847), que fue la base argumental de dos óperas tituladas *La bohème*, una firmada por Giacomo Puccini y otra de Ruggiero Leoncavallo. No es casualidad que hasta ese momento el término hiciera referencia a los gitanos.

411 Prosper Mérimée, *Las ánimas del purgatorio. La Venus de Ille. Carmen. Lokis*, Madrid, Gredos, 2003, Introducción, traducción y notas a cargo de María Badiola Dorronsoro.

412 Cabo Aseguinolaza, *El lugar de la literatura española*, cit., p. 266.

Josefa Vargas. Antonio María Esquivel, 1840.

Pues bien, muchos gitanos españoles eran reputados intérpretes de los bailes de palillos. Por eso a estos bailes de palillos se les empieza a llamar bailes flamencos o gitanos. A mediados del siglo XIX flamenco es sinónimo de gitano, al menos en ciertos ámbitos. En *La Gitanilla* de Cervantes ya encontramos un vínculo entre los gitanos y Flandes, en concreto con la guerra de Flandes[413], aunque el autor del *Quijote* no da gitano como sinónimo de flamenco. La primera vez que encontramos en la literatura esta sinonimia de gitano y flamenco (*fleming* en el original), a propósito de la supuesta relación de los gitanos con Flandes, es en la obra George Borrow *The Zincali*[414]. Esta sinonimia y esta relación de los gitanos con Flandes la encontramos también en la *Carmen* de Mérimée, en la única ocasión en la que utiliza el autor francés la palabra *flamenco* (*flamenca* y *flamands*[415]

413 Miguel de Cervantes, *Novelas ejemplares*, ed. de Harry Sieber, Madrid, Cátedra, 1985, p. 87; en la obra hay otra referencia a Flandes, como algo rico y de calidad, en la p. 102.

414 George Borrow, *The Zincali*, London, John Murray, 1841, I, pp. 37 y 38. Aunque el autor considera el uso de la palabra flamenco un error debido a la ignorancia de quienes la usan, que confunden a los flamencos con los alemanes.

415 Prosper Mérimée, *Nouvelles*, París, Michel Levy Freres, 1852, p. 64.

en el original), no como cantes y bailes, sino referido a los gitanos como procedentes de Flandes[416]. Es muy probable que Mérimée la tomara de Borrow, ya que la influencia de este autor inglés en la obra del francés es notable. De hecho, Mérimée utiliza una expresión «Flamenca de Roma», que aparece tal cual en el libro de Borrow[417] en dos ocasiones. Steingress, sin embargo, cuestiona esta sinonimia[418]. El primer escritor estudioso del flamenco donde la encontramos, con la referencia a Flandes, pese a que la considera absurda, es Antonio Machado Álvarez[419]. Schuchardt recoge la hipótesis de la sinonimia entre gitano o agitanado y flamenco y también trata, para rechazarla, esta supuesta relación de los gitanos con Flandes[420]. Considera más bien que «[f]lamenco caracteriza preferentemente a lo semejante a lo gitano, a lo gitanesco»[421]. Benito Más y Prat expresa su acuerdo con Machado Álvarez en 1891[422]. Más tarde, el guitarrista flamenco Rafael Marín, recoge, sin cuestionarla, la teoría que relaciona los gitanos con Flandes[423]. A Marín le seguirían Félix Grande y Andrés Salom[424], entre otros. Por lo que vemos, la relación de los gitanos con Flandes era un tópico, acaso solo entre los intelectuales, al menos desde George Borrow. La influencia de este autor en la visión de los intelectuales españoles, y franceses como Mérimée, sobre los gitanos, es enorme. Es posible que Borrow sea el responsable de que la prensa madrileña primero y sevillana después, llame a los gitanos

416 P. Mérimée, *Las ánimas del purgatorio. La Venus de Ille. Carmen. Lokis*, cit., p. 200. Cfr. José Manuel Rodríguez Gordillo, *Carmen, biografía de un mito*, Sevilla, Fundación Lara, 2012, p. 143.

417 George Borrow, *The Zincali*, London, John Murray, 1841, II, p. 34.

418 G. Steingress, *Sociología del cante flamenco*, cit., p. 251.

419 Antonio Machado y Álvarez, *Colección de cantes flamencos* [1981], cit., p. 73.

420 Hugo Schuchardt, *Los cantes flamencos* [1881], ed. de Gerhard Steingress, Eva Feenstra y Michaela Wolf, Sevilla, Fundación Machado, 1990, pp. 19-20.

421 Ibídem, p. 20.

422 Benito Más y Prat, «Bailes de palillos y flamencos», *Revista de Flamencología*, 3 (1996), p. 71.

423 Rafael Marín, *Método de guitarra-flamenco*, cit., p. 69.

424 Salom, Andrés, *El origen de la palabra flamenco*, Murcia, Universidad de Murcia, disponible en https://www.um.es/campusdigital/Cultural/origen%20flamenco.htm (consultado el 23-11-2018). Salom afirma que la razón de esta sinonimia es la participación de numerosos gitanos en la guerra de Flandes. Salom cita a Félix Grande como autor de esta teoría, pero la referencia no se encuentra en las obras de Grande. Lo que si he encontrado en la obra de Grande es la relación del gitano con Flandes, pero no en relación con la guerra de Flandes sino con la corte de flamencos que acompañó al rey Carlos I a su llegada a España (cfr. Félix Grande, *Memoria del flamenco* [1979], Madrid, Galaxia Gutemberg, 2001, p. 131).

flamencos y de esta manera, involuntariamente, el responsable asimismo del nombre de flamenco, como sinónimo de gitano, aplicado a los cantes y bailes que antes eran llamados nacionales, andaluces boleros o de palillos. Aunque Borrow afirma que esta sinonimia la encontró durante el viaje que hizo a nuestro país en 1836. En *The Zincali* nos habla, respecto a los gitanos, de «el adjetivo de flamencos con el que hoy se les conoce en varias partes de España» [425]. García Matos cree que este sentido de la palabra flamenco como sinónimo de gitano nace a finales del siglo XVIII en el ámbito del hampa, como lenguaje jergal, al asumir el significado de «gracioso, brillante (...) pura llama»[426], de flamenco, aplicado a los gitanos. El primero que explicó de una manera efectiva que quizá el origen de esta sinonimia es una consecuencia de la participación de los gitanos en la guerra de Flandes es Andrés Salom. Manuel Martínez Martínez ha documentado el vínculo de los gitanos con la guerra de Flandes del que nos habla, entre otros, Cervantes. Un vínculo debido a que, desde tiempo atrás, la milicia era uno de los trabajos tradicionales de los gitanos españoles[427]. También Vangehuchten ha contribuido a esta documentación de la presencia de gitanos en Flandes[428]. El problema es el salto temporal que esta teoría exige: la guerra de Flandes acaba en 1648 y el adjetivo flamenco como sinónimo de gitano no se usa hasta las primeras décadas del siglo XIX. No hemos encontrado la palabra flamenco con este significado en la literatura anterior a las primeras décadas del siglo XIX, en concreto 1841, año en el que se publicó *The Zincali*. Ni siquiera en los sainetes y tonadillas del siglo XVIII, que tan apegados estaban a la realidad de su tiempo. Solamente con el significado de navaja en *El soldado fanfarrón* de Ignacio González del Castillo[429] (con este significado aparece en otros lugares). Por ejemplo, veintiún

425 «The title of Flemings, by which at the present day they are known in various parts of Spain, would probably never have been bestowed upon them but from the circumstance of their having been designated or believed to be Germans,—as German and Fleming are considered by the ignorant as synonymous terms» (George Borrow, *The Zincali*, London, John Murray, 1841, I, p. 38).

426 Manuel García Matos, *Artículos y aportaciones breves*, Cáceres, Asociación Cultural Lux Bella 1492, 2012, p. 70.

427 Manuel Martínez Martínez, «Los gitanos españoles en los tercios de Flandes» en *Anatomía de la historia*, http://anatomiadelahistoria.com/2016/06/los-gitanos-espanoles-en-los-tercios-de-flandes/ (consultada el 30-10-2018).

428 Lieve Vangehuchten,(2004), «¿Qué canta y baila, corta y vuela, y viene del norte a la vez? El flamenco: un complejo problema de homonimia/polisemia» en *Disparidades. Revista De Antropología*, 59 (2), p. 131.

429 Juan Ignacio González del Castillo, *Sainetes*, Cádiz, Revista Médica, 1845-1846, I, p. 56.

años antes de la publicación del libro de Borrow, y dieciséis antes del viaje del autor inglés a España, Antonio Cairón no especifica que los flamencos[430] a los que hace referencia en su obra son los habitantes de los Países Bajos, aunque el contexto nos lo hace saber así, y no tiene necesidad alguna de aclarar que no se trata de gitanos. Podemos concluir que después del libro de Borrow la palabra flamenco se puso de moda, o relativamente de actualidad, para denominar a los gitanos. No olvidemos que Borrow marca algunos aspectos de la gitanofilia literaria española, así en relación con los diccionarios de la lengua gitana que se publican en España hacia mediados de los años cincuenta y que son, en su mayor parte, copias directas o derivaciones del que incluye Borrow en *The Zincali*. Respecto a la tonadilla, Faustino Núñez, en su imprescindible trabajo al respecto, señala tres referencias a la palabra *flamenco* en las tonadillas de finales del siglo XVIII. Las dos primeras referencias se presentan con el significado de «natural de Flandes». Y la tercera, con el significado de «chulo, insolente», que aún recoge hoy el *Diccionario de la Lengua Española*[431] de la Real Academia Española, en su sexta acepción, y que potenciaría la tesis de García Matos apuntada. Se trata de la tonadilla del compositor y violinista Pablo del Moral *La discordia*, que Núñez data «en los años noventa del siglo XVIII»[432]. Este significado aproxima, como vemos, la figura del flamenco a la figura del majo. Steingress, por su parte, cree que, en la literatura inspirada en el mundo del hampa de principios del siglo XIX, en la que aparecen recurrentemente estas dos palabras, gitano y flamenco, no se presentan como sinónimos sino que la segunda significa, más bien, «*agitanado*, de habla vulgar, germanesco y gitanesco»[433] y añade que «se empleó con respecto a cierta jeringonza agitanada, o personajes relacionados con el mundo del *lumpen*»[434] pero no significó, en sí misma, gitano.

Hablamos de una moda relativa, ya que, aunque encontramos continuadores de Borrow en el uso de la palabra flamenco como sinónimo

430 Antonio Cairón, *Compendio de las principales reglas del baile*, cit., p. 50.

431 https://dle.rae.es/?id=I2kiw28 (consultado el 10-9-2017).

432 Faustino Núñez, *Guía comentada de música y baile preflamencos*, cit., p. 630.

433 G. Steingress, *Sociología del cante flamenco*, cit. p. 333. En el mismo lugar Steingress aporta como ejemplo un diálogo del sainete *Los gitanos de Cádiz o sea el Tío Conejo*, (1831). Arcadio Larrea Palacín había analizado este mismo ejemplo llegando a las mismas conclusiones de Steingress: la palabra se aplica «para distinguir, no quizá a los gitanos, (…) sino a alguien capaz de hablar como ellos». Cfr. Arcadio Larrea Palacín, *El flamenco en su raíz*, cit., p. 82.

434 G. Steingress, *Sociología del cante flamenco*, cit., p. 251.

de gitano, tanto en Mérimée en 1845 y en Cristóval de Pascual en 1846, su uso no debió de estar tan extendido y desde 1847 el término pasó a denominar, no tanto al colectivo gitano, aunque también, como a los cantes y bailes a ellos asociados, que son, como estamos tratando de mostrar en este trabajo, los cantos y bailes españoles. De Borrow y Mérimée la moda pasa a los literatos que escriben en la prensa, primero en Madrid[435] y luego en Sevilla. Como es una moda que nace en Madrid, cuando no en Londres, la prensa sevillana no se va a hacer eco de esta sinonimia de gitano y flamenco hasta finales de los años cincuenta y principios de los años sesenta del siglo XIX[436]. En resumen, podemos decir que hay algunos autores que dan, desde 1841, las palabras gitano y flamenco como sinónimo, y otros, como Schuchardt, Larrea Palacín y Steingess, que consideran que flamenco, más que gitano, hay que entenderlo como agitanado, incluso aficionado al mundo de los gitanos, un mundo más o menos real, más o menos inventado o imaginado[437]. Los flamencos son lo que Larrea Palacín llama, tomando la expresión del libro de Borrow, «los de la afición»[438], creadores, según él, tanto de la poesía supuestamente gitana como de la poesía agitanada que recogió Borrow en su libro que, al parecer, ni los propios gitanos entendían debido a que, además del carácter híbrido y fingido[439] de estas composiciones, subrayado por Borrow, los gitanos españoles desconocían por lo general el idioma gitano. Santiago Montoto dice que el flamenquismo es una «jerga incomprensible»[440].

---

435 Antonio Barberán nos proporciona en su entrada del 17-4-2013 de su blog *Callejón del Duende*, un ejemplo procedente de la prensa madrileña, en concreto del *Semanario Pintoresco Español* en su edición del 20-9-1846: https://cdizflamencoflamencosdecdiz.blogspot.com/2013/04/el-uso-del-termino-flamenco-ii.html (Consultado el 17-9-2017).

436 J. L. Ortiz Nuevo, *¿Se sabe algo?*, cit., pp. 60-62.

437 Lieve Vangehuchten es de esta misma opinión y considera que la palabra flamenco se aplicaba tanto a los gitanos como a los andaluces, por el hecho de que, tanto unos como otros, a comienzos del siglo XIX portaban un arma de fabricación o inspiración flamenca, de Flandes, así llamada, un flamenco (L. Vangehuchten, «¿Qué canta y baila, corta y vuela, y viene del norte a la vez? El flamenco: un complejo problema de homonimia/polisemia», cit., pp. 136 y 139). Con esta acepción de cuchillo o navaja aparece la palabra flamenco en las Escenas andaluzas de Serafín Estébanez Calderón (S. Estébanez Calderón, *Escenas andaluzas*, cit., p. 60).

438 Arcadio Larrea Palacín, *El flamenco en su raíz*, cit., p. 135; y George Borrow, *The Zincali*, cit., II, p. 58

439 George Borrow, *The Zincali*, cit., II, pp. 54 y 58. El autor distingue entre «gypsy poetry» y «spurious gypsy poetry», en tanto que Larrea Palacín supone que ambos tipos son compuestos por poetas agitanados más que por poetas gitanos.

440 Santiago Montoto, *Andalucismos*, Sevilla, El Correo de Andalucía, 1915, p.10

Como vemos, este tema tan central de la etimología es bastante engorroso y está lejos de resolverse. Como señala Carlos Clavería, las fronteras entre flamenquismo y gitanismo no son muy claras:

> «Todo anda un poco confuso en la conciencia lingüística y en la terminología de los que observan y comprueban el hecho[441].
>
> No hay duda de que los gitanos sedentarios de Andalucía entraron en estrecho contacto con el pueblo y convivieron íntimamente con él. Flamenco se identificó, desde antiguo, con pícaro, y luego, con gitano. Y flamenco es uno de los nombres que viene caracterizando las manifestaciones artísticas populares de Andalucía. La confusión entre los tres términos andaluz, gitano y flamenco persiste, pese a los esfuerzos de algunos en delimitarlos y distinguirlos. El uso los puso en circulación sin discriminar demasiado, tratándose de algo que se impuso como moda, desde fuera, al resto de la Península, y como algo que venía ya mezclado e indefinible de la región de origen[442].»

En todo caso, debido a esta moda romántica por los gitanos, y también debido a una moda, derivada de la primera, respecto a la palabra flamenco como sinónimo de gitano, —entendida acaso como una palabra de las clases populares, quizá sin serlo, como ocurrió con otras en ese momento[443]—, a los bailes de palillos se les empieza a llamar bailes gitanos o flamencos, conviviendo, como digo, con las otras denominaciones hasta finales del siglo XIX. Muchos de estos bailarines eran gitanos y otros no. Aquí ya nos encontramos con los primeros nombres de bailaores famosos como son Luis Alonso, Petra Cámara, la Nena, Josefa Vargas, etc. Muchos de ellos, a raíz de la moda de lo español en Francia, y también debido a la necesidad de emigrar porque España estaba asolada por las guerras civiles y las epidemias, se hicieron famosos en París y en toda Europa. También artistas europeos danzan los bailes españoles como Marie Guy-

441 Carlos Clavería, *Estudios sobre los gitanismos del español* [1951], Sevilla, Athenaica, 2017, p. 248.

442 Carlos Clavería, *Estudios sobre los gitanismos del español*, cit., pp. 33.

443 Lo veremos más adelante a propósito del falso gitanismo *guillabaor* en el que también está implicado Borrow.

Stéphan, Fanny Elssler o Lola Montes. La primera bailó en España, las otras dos, pese a su fama mundial, jamás. Bailarines famosos, que fueron también maestros de academia, fueron Luis Alonso, introductor también de la petenera americana o veracruzana y Amparo la Campanera.

El primer documento en el que se recoge esta denominación de flamenco, para bailes y cantes, es de 1847[444]: es una gacetilla publicada en el diario *El Espectador* que habla de un «cantante flamenco» que resulta ser Lázaro Quintana, sobrino de Luis Alonso precisamente, al que el anónimo autor califica de cantante del «género gitano».

Los flamencos decimonónicos son descendientes directos de los majos, que a su vez son hijos de los jaques, los que cantaban, bailaban y protagonizaban las jácaras del siglo XVII. Esta relación entre los jaques y el magismo ya fue señalada, como vimos, por Caro Baroja[445], y está apuntada por el propio Mérimée en *Carmen*[446]. La conexión del magismo y el flamenco, que ha señalado Faustino Núñez[447], está atestiguada en la obra de Estébanez Calderón[448] y Cristóval de Pascual[449]. Por otra parte, la relación de los bailes de palillos con los majos ha quedado bien probada en el capítulo anterior. Digamos resumidamente que está presente en la obra de González del Castillo[450], así como en el famoso *Avyso: bayles de jitanos*[451], o en la *Crotalogía o ciencia de las castañuelas* (1792), de Juan Fernández de Rojas [452] y sus secuelas, en la *Bolerología* de

---

444 http://elafinadordenoticias.blogspot.com.es/2012/06/lazaro-quintana-con-dolores-la-gitana.html. Consultado el 14-11-2017. El primero en rescatar el documento de la hemeroteca fue Alberto Rodíguez Peñafuerte en su blog. Véase https://www.facebook.com/photo.php?fbid=2956975217860845&set=a.174927354863102&type=3&theater (consultado el 11-9-2019).

445 J. Caro Baroja, *Los majos*, cit., pp. 335 y 346; J. Caro Baroja, *De etnología andaluza*, cit., p. 352; J. Caro Baroja, *Ensayo sobre la literatura de cordel*, cit., pp. 249-260.

446 P. Mérimée, *Las ánimas del purgatorio. La Venus de Ille. Carmen. Lokis*, cit., p. 187, en que se usa la palabra jaque como sinónimo de valiente, bravo, chulo fanfarrón. La palabra flamenco también tenía, y tiene, ese significado.

447 F. Núñez, *Guía comentada de música y baile preflamencos*, cit., p. 30.

448 S. Estébanez Calderón, *Escenas andaluzas*, cit., pp. 288 y 290.

449 C. de Pascual, *Elina o Sevilla por dentro*, cit., pp. 203 y 205.

450 J. I. González del Castillo, *Obras completas*, cit., I, pp. 114 y 129.

451 Jerónimo Alba y Diéguez, (El Bachiller Revoltoso), *Libro de la gitanería de Triana de los años 1740 a 1750 que escribió el Bachiller Revoltoso para que no se imprimiera*, Sevilla, Antonio Castro, 1995, pliego aparte.

452 Juan Fernández de Rojas (Licenciado Francisco Agustín Florencio), *Crotalogía o ciencia de las castañuelas*, cit., pp. 5, 21 y 41.

Rodríguez Calderón[453], entre otros textos de la época, y la han señalado también autores actuales como Carmen Martín Gaite[454], Caro Baroja[455] y Sala Valldaura[456]. También la obra pictórica de Goya, Téllez, Bayeu, etc., abunda en esta relación. La tonadilla es también un reflejo de esta conexión, como hemos dicho[457]. Todos ellos, jaques, majos, gitanos y flamencos, están entre el mito y la realidad literaria, entre el costumbrismo y la fantasía, entre la delincuencia y el casticismo. Caro Baroja afirma que «hay otro hecho, que conviene hacer resaltar y que se da a fines de siglo y hoy, que es el de que el *popularismo* se traduce de modo exclusivo, y con mucha frecuencia, en *andalucismo* y aun *gitanismo*. Lo castellano viejo o nuevo, queda desplazado para muchos por lo específicamente andaluz, por el prestigio y seducción que ejercen las costumbres populares de Andalucía desde el siglo XVIII»[458]. Ya hemos visto en el capítulo anterior el vínculo entre españolismo, andalucismo y gitanismo que se da tanto en los sainetes del siglo XVIII como en la literatura costumbrista anterior al siglo XIX. El propio Caro afirma que este gitanismo, moda gitanista en expresión de Steingress[459] o gitanofilia en la de Cantos Casenave[460], deriva en gran medida de la literatura clásica española[461] y en concreto de *La Gitanilla* de Cervantes, que va a ser el modelo de todos los gitanos —más bien gitanas— de ficción del siglo XIX. Como señala Rodríguez Gordillo, «los gitanos no pasaron desapercibidos para muchos de los viajeros que visitaron España durante el último tercio del siglo XVIII y primera mitad del XIX»[462], subrayando que las características de los gitanos ejercieron un fuerte poder de «seducción entre los viajeros y escritores románticos ansiosos en la búsqueda de vivencias y sensaciones sin-

---

453 Juan Jacinto Rodríguez Calderón, *Bolerología o Cuadro de las Escuelas de baile bolero, tales cuales eran en 1794 y 1795 en la Corte de España*, Philadelphia, Imprenta Zacharías Poulfon, 1807, p. 44.

454 C. Martín Gaite, *Usos amorososos en la España del XVIII*, cit. pp. 98 y 100.

455 J. Caro Baroja, *Los majos*, cit. p. 345.

456 J. M. Sala Valdaura, «El majismo andaluz en los sainetes de González del Castillo», cit., pp. 147, 148 y 159

457 F. Núñez, *Guía comentada de música y baile preflamencos*, cit.

458 J. Caro Baroja, *Ensayo sobre la literatura de cordel*, cit., p. 29.

459 G. Steingress, *Sociología del cante flamenco*, cit., p. 333

460 Marieta Cantos Casenave, «*Gitanofilia*: de algunos rasgos costumbristas del *género andaluz*», en *Romanticismo 6, Actas del VI Congreso. El costumbrismo romántico*, Roma, Bulzoni, 1996, pp. 65-70.

461 J. M. Rodríguez Gordillo, *Carmen, biografía de un mito*, cit., p.121.

462 Ibídem, p. 142.

gulares, extremas, en abierto contraste con el mundo evolucionado de Occidente, uniformado por los avances técnicos de esos años»[463].

En la etapa anterior ya hemos visto el vínculo de los gitanos con los bailes de palillos en algunos documentos. Sin ir más lejos el famoso *Avyso: bayles de gitanos*, varias veces mencionado. También en la figura de Luis Alonso, bailarín bolero de raza gitana. Y en la tonadilla[464]. En el costumbrismo romántico también encontramos este vínculo, ya relacionado con la moda gitanista o gitanofilia, de los gitanos con los bailes de palillos. Así en *La gitana* de Sebastián Herrero[465], texto incluido en el volumen primero del libro colectivo *Los españoles pintados por sí mismos* (1841), la gitana da título al artículo, que, como casi todas las gitanas literarias del siglo XIX, es heredera de *La Gitanilla* de Cervantes, citada por cierto en el texto, en el artículo podemos encontrar abundantes referencias al cante y la guitarra y, por supuesto, al baile y las castañuelas, subrayando el carácter lascivo o triste[466] de estas manifestaciones artísticas. Incluso describe un espectáculo de cante y baile en la Feria de Mairena[467]. El autor incluye asimismo una cuarteta más tarde recogida por Antonio Machado Álvarez en su *Colección de cantes flamencos* (1881)[468] y grabada, entre otros, por Antonio Mairena. El artículo, como señala Rodríguez Gordillo, debió influir sin duda en la *Carmen* de Mérimée. En esta última obra encontramos hasta en seis ocasiones el vínculo de los gitanos con los palillos o castañuelas y con el baile en general[469]. Incluso habla de una danza gitana propia, «la romalis»[470] que, pese al carácter realista que en los aspectos relativos a las costumbres gitanas tiene la obra, no sabemos qué tipo de danza sea esta[471], a no

463 Ibídem, p. 136

464 F. Núñez, *Guía comentada de música y baile preflamencos*, cit., pp. 41-59.

465 *Los españoles pintados por sí mismos*, Madrid, Ignacio Boix, 1841, pp. 289-299.

466 *Los españoles pintados por sí mismos*, cit., pp. 291 y 293 y 296 y 297.

467 Ibídem, p. 296.

468 Ibídem, p. 297 y A. Machado y Álvarez, *Colección de cantes flamencos*, cit., p. 163. La cuarteta fue recogida por Don Preciso en esta forma: «A la puerta de la cárcel/ no me vengas a llorar/ ya que penas no me quitas/ no me las vengas a dar», en Juan Antonio de Iza Zamácola (Don Preciso), *Colección de Colección de las mejores coplas de seguidillas, tiranas y polos que se han compuesto para cantar a la guitarra*, cit., I, p. 186.

469 P. Mérimée, *Las ánimas del purgatorio. La Venus de Ille. Carmen. Lokis*, cit., pp. 192, 198 y 215 y pp. 195, 212 y 225.

470 P. Mérimée, *Nouvelles*, cit., p. 52.

471 La información respecto a la romalis la debió tomar Mérimée, como tantas otras cosas, de Borrow, que la llama romális. Borrow la presenta como una danza relacionada con el ritual de la boda. Cfr. George Borrow, *The Zincali*, London, John Murray, 1841, I, p. 341. Richard Ford, por su parte, considera que se trata del baile

ser que consideremos, como Ford, que se trata del olé. En efecto, Rodríguez Gordillo habla en relación con la obra de Mérimée de «una dimensión de rigor, precisión y sentido de la realidad singulares, muchos de ellos sorprendentes, casi únicos»[472], y que su creación literaria se fundamenta «en detalles concretos de una realidad bien conocida y hondamente sentida, en apuntes rigurosos y precisos surgidos de la investigación concienzuda de nuestro pasado histórico, y en la atmósfera que él alcanzó a conocer y escrutar durante sus primeros viajes a España»[473]. El autor preparó durante años un ensayo sobre la temática gitana que nunca publicó y que desapareció durante un incendio provocado por los incidentes de la Comuna de París (1871), un año después de la muerte del autor[474]. En la temprana fecha de 1846, es decir de la edición definitiva de la obra, ya encontramos, al parecer, una coreografía inspirada en la novela. Se trata de la obra *Carmen y su torero* que, según afirma en sus memorias Marius Petipa, coreografió y presentó en Madrid el día de la boda de Isabel II[475]. Años después, en 1882, ya en Rusia, Petipa hizo también los bailables de la ópera de Bizet, incluyendo un fandango, que luego fueron sustituidos por considerarse poco españoles, aunque el propio Petipa señala que eran estrictamente españoles, ya que los aprendió *in situ* durante su estancia en Madrid y Andalucía entre 1844 y 1847[476]. El propio Alexandre Dumas, que vino a España, como Petipa, con motivo de la boda de Isabel II[477], señaló este vínculo de las castañuelas y los bailes nacionales con los gitanos, pese a la desilusión que un baile gitano supuso para su espíritu romántico, en su visita a Granada[478]. Por cierto, que este baile, aunque no señala de que estilo se trata, sino que se limita a afirmar que «es la misma canción gitana que se oye por todas partes en España»[479], está bailado con la basquiña (*basquine*)[480], esto es, el traje nacional español,

---

del olé: «is called the Ole by Spaniards, the Romalis by their gipsies», en Richard Ford, *Gatherings from Spain*, London, Murray, 1846, p. 328.

472 J. M. Rodríguez Gordillo, *Carmen, biografía de un mito*, cit., p. 17.

473 Ibídem, p. 18.

474 Ibídem, p. 137.

475 L. Hormigón, *Marius Petipa en España*, cit. p. 310.

476 L. Hormigón, *Marius Petipa en España*, cit., pp. 309-310.

477 El viaje tuvo lugar entre octubre y noviembre de 1846. Dumas vino como corresponsal de la corte francesa a las bodas de Isabel II y de su hermana Luisa Fernanda.

478 Alexandre Dumas, *Impressions de Voyage. De París a Cadix*, París, Michel Lévy Fréres, 1861 [1847-48], I, p. 285 y ss.

479 A. Dumas, *Impressions de Voyage. De París a Cadix*, cit. I, pp. 284

480 A. Dumas, *Impressions de Voyage. De París a Cadix*, cit., I, pp. 270.

el mismo vestuario con el que se interpretaban el resto de los bailes nacionales. El traje nacional es el traje de majo, como deducimos de la lectura, también, de Dumas[481]. Años más tarde, en 1878, el músico Francisco Asenjo Barbieri va más allá en relación con este vínculo entre bailes de palillos y gitanos proponiendo una etimología *gitana* para la palabra bolero como baile: «el bolero tomó este nombre de unas gitanas que en Andalucía lo bailaron llevando en sus vestidos unas guarniciones hechas con bolitas de pasamanería, a las cuales llamaron boleras, y de aquí bolero al baile en cuestión»[482]. El texto se desenvuelve entre burlas y veras, pero incorporando en todo caso el tópico del vínculo entre los bailes boleros y los gitanos.

Esta gitanofilia está relacionada con «el *andalucismo*, (...) un género literario, pictórico y musical muy en boga de 1830 a 1860»[483]. Aunque a estas alturas ya nos hemos encontrado con gitanos en la literatura española, desde Cervantes a Cadalso, pasando por González del Castillo,

> «(...) será luego en la centuria siguiente cuando, desde el interés romántico por lo que quedaba fuera, o pugnaba por salirse, del canon establecido, de lo pactado como natural y ordenado, se produjo esa exaltación deliberada por las pautas de comportamiento que suponían cualquier intento de rebelión, de rebeldía [...] por eso, y dada también la afición romántica a lo extraordinario y peregrino, hubo de reavivarse la admiración hacia un mundo tan exótico como el de los gitanos [...]. Es el siglo XIX el siglo en el que lo gitano cobra prestigio como motivo literario. Y así, de ser un elemento periférico o un motivo ancilar en la intriga, pasa a convertirse en tema central[484]».

Así surge un tipo de teatro particular de *costumbres gitanescas*. Este teatro gitanesco nace en el marco concreto del llamado *género andaluz* o teatro cómico de temática andaluza que se va a imponer, con enorme éxito y hasta polémica, hacia la mitad del siglo XIX en la escena española. Señala Romero Tobar que «para menos de una

481 A. Dumas, *Impressions de Voyage. De París a Cadix*, cit., II, pp. 233.

482 F. Asenjo Barbieri, *Las castañuelas. Estudio jocoso*, cit., p. 30.

483 J. Caro Baroja, *Ensayo sobre la literatura de cordel*, cit. pp. 243-244.

484 M. Cantos Casenave, «*Gitanofilia*: de algunos rasgos costumbristas del *género andaluz*», cit., pp. 65-67.

docena de años, he anotado cincuenta y dos obras estrenadas en Madrid, Cádiz, Sevilla o Barcelona, algunas con prolongada permanencia en los escenarios»[485] pertenecientes a este género. Por supuesto que la temática andalucista viene de etapas anteriores, como hemos dicho, singularmente del sainete dieciochesco, que es el precedente inmediato de este *género andaluz*. También el teatro musical anterior[486] es un precedente del este género, ya que el cante y el baile van a ser elementos fundamentales de la puesta en escena[487] en este tipo de obras. Señala Romero Tobar que este teatro de *género andaluz* «fue el puente de unión entre el sainete dieciochesco y las posteriores piezas musicales del género chico»[488], entre las que Romero Ferrer va a poner, incluso, una obra como *El amor brujo*, concebida por Falla para el lucimiento de la bailaora Pastora Imperio[489]. Lo que cambia es el enfoque, debido al Romanticismo. Como señala Romero Ferrer «nos encontramos en realidad dentro de una fuerte tradición que el siglo XIX explota al amparo del Romanticismo». Lo dice en relación con el tema del «bandido bueno», que va a ser, junto al de «la gitana»[490], característico del género andaluz y gitanesco, pero es extensible a todo el género. En el Romanticismo «(...) la marginalidad se veía como uno de los atributos más esenciales, más deícticos, del héroe (...), la búsqueda romántica de la identidad, la interpretación como signo trágico del aplastamiento del individuo, o el derivado interés por la vida no contaminada, encontraban en el caso andaluz un modelo literario muy convincente, y al que determinada realidad no parecía muy ajena»[491]. En esta configuración de lo andaluz y lo gitano resulta fundamental, quizá porque estamos ante un

485 Leonardo Romero Tobar, «Teatralidad y andalucismo en el Madrid de mediados del siglo XIX: el *género andaluz*», en Joaquín Álvarez Barrientos y Alberto Romero Ferrer (eds.), *Costumbrismo andaluz*, Sevilla, Universidad de Sevilla, 1998, p. 157.

486 L. Romero Tobar, «Teatralidad y andalucismo en el Madrid de mediados del siglo XIX: el *género andaluz*», cit., p. 151.

487 Alberto Romero Ferrer, «En torno al costumbrismo del *género andaluz* (1839-1861): cuadros de costumbres, tipos, escenas», en Joaquín Álvarez Barrientos y Alberto Romero Ferrer (eds.), *Costumbrismo andaluz*, Sevilla, Universidad de Sevilla, 1998, p. 139; y L. Rodríguez Tobar, «Teatralidad y andalucismo en el Madrid de mediados del siglo XIX: el género andaluz», cit., p. 156.

488 L. Romero Tobar, «Teatralidad y andalucismo en el Madrid de mediados del siglo XIX: el *género andaluz*», cit., p. 156.

489 A. Romero Ferrer, «En torno al costumbrismo del *género andaluz* (1839-1861): cuadros de costumbres, tipos, escenas», cit., p. 147.

490 Ibídem, p. 138

491 Ibídem, pp. 137-138.

movimiento que nace en el norte de Europa, y en esto se diferencia marcadamente del teatro breve del siglo XVIII, que es su precedente inmediato[492], la mirada foránea: «un escenario más diseñado desde la admiración de la mirada foránea, que desde la observación pormenorizada de esa misma realidad que se dice o se pretende retratar»[493]. Se trata de «una convincente imagen, literaria y musical, de España, de referencias y preferencias claramente vinculadas a la evocación romántica y exótica de la, entonces considerada, *puerta de Oriente*: Andalucía»[494]. Del norte de Europa llega «la producción literaria romántica y su visión de lo español desde el prisma de la maurofilia o a menudo de una exotización mucho más alienadora»[495]. Parece ser que la plástica costumbrista del momento, con autores como Juan de Hermida o Juan Rodríguez Jiménez, *El Panadero*, tienen también su mercado en Europa[496]. Como señala Romero Tobar «el fenómeno deriva tanto de la reacción general contra el furor filarmónico italianista como de la capacidad sugestiva que el arte andaluz desplegaba ante los extranjeros y ante los españoles del norte de la Península»[497].

Como ejemplos de *teatro gitanesco* aporta Cantos Casenave *No fiarse de compadres* (1848), *El parto de los montes* y *El tío Canillitas o el Nuevo Mundo de Cádiz* de José Sanz Pérez (1818-1870)[498]; a las que podemos añadir *Juy, que jembra!!* (1846)[499], dedicada por su autor José Olona a Marie Guy-Stéphan; *Juzgar por las apariencias, Los celos del Tío Macaco* o *El congreso de los gitanos,* también de Sanz Pérez[500]; *Los dos compadres* (1851) de los hermanos Santiago y Tomás Infante; *El tío Pinini* (1850) de Enrique Salvatierra, de la que trataremos más abajo; y, también, otros autores como Sánchez del Arco, autor de *Es la chachi* (1847) o *Los toros del Puerto* (1853), sobre la que volveremos también más adelante cuando hablemos de la

492 Ibídem, pp. 145 y 145

493 Ibídem, p. 144.

494 Ibídem.

495 F. Cabo Aseguinolaza, *El lugar de la literatura española*, cit., p. 207.

496 Ibídem, p. 139

497 L. Romero Tobar, «Teatralidad y andalucismo en el Madrid de mediados del siglo XIX: el *género andaluz*», cit., p. 156.

498 Aunque Cantos Casenave fecha esta obra en 1850, en realidad se estrenó en 1849, con el título *El tío Caniyitas o El mundo nuevo de Cádiz* y se imprimió al año siguiente en Cádiz, Revista Médica, 1850. Como hemos señalado, el maestro Otero afirma que en esta obra «fue la primera vez que se bailó en escena» el Vito. Véase, José Otero, *Tratado de bailes*, cit. p. 197.

499 José de Olona, *Juy, que jembra!!*, Madrid, Lalama, 1846.

500 J. Blas Vega, *El flamenco en Madrid*, cit., p. 89 y 90.

soleá; Rodríguez Rubí o Sánchez Albarrán[501]. Algunas de estas piezas, como *Juzgar por las apariencias* (bailada por Vargas en Madrid en 1850, aunque la obra original se estrenó en Cádiz en 1846)[502] y *El Tío Pinini*[503] serán interpretadas por actrices/bailarinas como Josefa Vargas y La Nena[504], con lo que ya cerramos el círculo gitano en torno a los bailes y cantes andaluces. La noticia fue recuperada por Alberto Rodríguez Peñafuerte[505]. Este vínculo de la danza con el teatro, que viene del teatro breve barroco y se acentúa, como vimos, en la tonadilla escénica, continúa vigente en este periodo. El propio Dumas da cuenta de este, relacionando los «bailes nacionales» con el género teatral del sainete[506]. Y lo encontramos también en otros autores del momento como Estébanez Calderón. Por su parte, Cantos Casenave concluye su trabajo diciendo que «parece un hecho evidente que buena parte de los argumentos de las piezas andaluzas y gitanescas que hemos venido analizando fueron convirtiéndose en un mero pretexto para el cante y el baile, que muchas veces sostenían la función completa»[507]. De hecho «los bailarines de danzas españolas ofrecían su arte en los escenarios de los teatros en formas muy diversas: en números sueltos insertos entre los diversos actos de dramas y comedias, en intervenciones requeridas expresamente por la trama de una pieza extensa, en bailes con argumento y expresamente compuestos como espectáculo autónomo»[508].

La primera noticia de la palabra flamenco, asociada a cantes y bailes, como hemos dicho, publicada en el periódico madrileño *El*

501 Romero Tobar, sin pretensiones de exhaustividad, da una lista de 52 obras de género andaluz y gitanesco, estrenadas entre 1839 y 1850. Véase L. Romero Tobar, «Teatralidad y andalucismo en el Madrid de mediados del siglo XIX: el *género andaluz*», cit., pp. 167-168.

502 José Sanz Pérez, *Juzgar por las apariencias o Una maraña*, Cádiz, Revista Médica, 1846.

503 E. Salvatierra, *El Tío Pinini*, Madrid, Vicente de Lalama, 1854, p. 1. Según consta en esta edición, la obra se estrenó en el Teatro de la Comedia de Madrid en noviembre de 1850.

504 M. Cantos Casenave, «*Gitanofilia*: de algunos rasgos costumbristas del *género andaluz*», cit., p. 69.

505 Véase https://www.facebook.com/photo.php?fbid=2956975217860845&set=a.1749273548631024&type=3&theater (consultado el 11-9-2019).

506 Alexandre Dumas, *Impressions de Voyage. De París a Cadix*. París, Michel Lévy Fréres, 1861 [1847-48], I, p. 294 y II, p. 212.

507 Ibídem, p. 70.

508 Romero Tobar, «Teatralidad y andalucismo en el Madrid de mediados del siglo XIX: el *género andaluz*», cit., p. 152.

Espectador el 6 de junio de 1847[509], va referida a Lázaro Quintana (1802-¿?), hijo de Dolores, sobrino del Planeta (Antonio Alonso Monge Rivero, 1790-1856) y del bailaor bolero Luis Alonso (Cádiz, 1788-1862), *bolero de teatro*[510], y que fue, como vimos, el introductor de la *petenera americana* en España en 1826. Eduardo Alonso, hijo de Luis, también fue bailaor. Se trata, por tanto, de una familia gitana vinculada a los bailes de palillos y al flamenco, la primera que conocemos con nombres y apellidos. Por su parte, El Planeta, mencionado por Serafín Estébanez Calderón en sus *Escenas andaluzas*[511], es considerado por la flamencología del siglo XX, siguiendo a Antonio Machado Álvarez[512], como uno de los primeros cantaores que podemos considerar flamencos. En ratificación de la tesis que sostenemos y que primero propuso Lavaur, vemos unidos, una vez más, el flamenco de El Planeta con los bailes de palillos de su hermano Luis Alonso. Es difícil pensar que fueran miembros de una misma familia, toda ella dedicada al cante y al baile, e interpretaran géneros diferentes. Por el contrario, interpretaban el mismo género que en esta época se llamaba aires nacionales o de palillos y que, poco a poco, empieza a llamárseles gitanos o flamencos. Si la primera noticia la encontramos en un periódico de Madrid, vamos a ver que el término se va a extender también al lugar de origen de este arte, en concreto el marco de las academias de baile y los cafés cantantes de Sevilla.

---

509 http://elafinadordenoticias.blogspot.com.es/2012/06/lazaro-quintana-con-dolores-la-gitana.html. Consultado el 14-11-2017..

510 https://cdizflamencoflamencosdecdiz.blogspot.com/2012/10/3-luis-alonso-un-bolero-muy-flamenco.html (consultado el 10-9-2017). La noticia fue recuperada por Alberto Rodríguez Peñafuerte. Véase https://www.facebook.com/photo.php?fbid=2956975217860845&set=a.1749273548631024&type=3&theater (consultado el 11-9-2019).

511 Serafín Estébanez Calderón, *Escenas andaluzas*, Madrid, Cátedra, 1985. Publicada en 1847, sus capítulos aparecieron como artículos independientes desde 1842. El Planeta aparece en los titulados «Un baile en Triana» y «Asamblea general». En ninguna parte del libro usa el autor la palabra flamenco, aplicada a cantes y bailes, como tampoco aparece en el *Viaje por España* de Charles Davillier (Madrid, Giner, 1991), que es tomada también por la flamencología del siglo XX como punto de partida de sus investigaciones en torno al flamenco. Los artículos que integran esta última obra se publicaron en París entre 1862 y 1874.

512 Antonio Machado y Álvarez, *Colección de cantes flamencos* [1881], Sevilla, Signatura, 2004, p. 286.

CAMBIO DEL MAGISMO AL GITANISMO Y DE LO BOLERO A LO FLAMENCO

Casticismo	Romanticismo
Finales siglo XVIII principios XIX	Mediados del siglo XIX
Magismo	Gitanismo
Bailes y cantos boleros	Bailes y cantes Flamencos
Tonadillas, sainetes	Teatro costumbrista, zarzuela, ópera

Ya hemos hablado de las diferentes referencias a la relación de los gitanos con la música y la danza que encontramos en la literatura española, prácticamente desde que los gitanos llegan a España[513]. Un hito al respecto lo constituyen las *Cartas marruecas* (1789) de José Cadalso, en donde se da una relación de los gitanos con el baile del polo y el uso de las castañuelas, entre otros elementos[514]. También en ese siglo el famoso *Aviso: Bayles de gitanos* que vimos más arriba. Las tonadillas son, como hemos dicho, otro ejemplo. En el siglo XIX y fuera de España, nos encontramos con *Carmen* (1845) de Mérimée:

> «Con ella iban otras dos gitanas, una joven y otra vieja. Siempre hay una vieja para dirigirlas; luego, un viejo con una guitarra, también gitano, para tocar y hacer que bailen. Ya sabe usted que a menudo la gente se divierte llamando a unas gitanas para las fiestas, con el fin de hacerles bailar la romalis, que es su baile, y, a menudo, otra cosa muy distinta[515]
>
> »En algunas grandes ciudades de Andalucía, algunas jóvenes, un poco más agradables que las demás, cuidan más de su persona. Ésas van a bailar por dinero unas

513 Julio Caro Baroja, «Los gitanos en cliché» en *Temas castizos*, Madrid, Itsmo, 1980, pp. 103-140.

514 J. Cadalso, *Cartas marruecas*, cit. p. 46.

515 Prosper Mérimée, *Las ánimas del purgartorio. La Venus de Ille. Carmen. Lokis*, Madrid, Gredos, 2003, Introducción, traducción y notas a cargo de María Badiola Dorronsoro, p. 191. La primera edición original se publicó en París, Revue de Deux Mondes, 1 de octubre de 1845. La definitiva en París, 1846.

danzas que recuerdan mucho a las que se prohíben en nuestros bailes públicos de carnaval[516].»

En estas referencias, lo original de los gitanos no es el repertorio, ya que es el mismo repertorio de bailes de palillos. En *La Gitanilla* (1613), Preciosa canta y baila villancicos, coplas, seguidillas, zarabandas y, sobre todo, romances. En las memorias de Casanova (1725-1786) se vincula uno de estos bailes, el fandango, con los gitanos[517]. En las *Cartas marruecas* (1789), como hemos dicho, se hace referencia al baile del polo realizado por Preciosilla[518]. George Borrow (fundamentalmente en *The Zincali*, 1841) es el escritor que más atención puso sobre las músicas, las poesías y los bailes gitanos desde una perspectiva romántica. Estos gitanos a los que nos estamos refiriendo, como los boleros Luis Alonso y su familia, son gitanos perfectamente asentados en Andalucía e integrados socialmente, incluso con un reconocimiento. De hecho, Luis Alonso, El Planeta y el resto de su familia tenían casas en Sevilla, Cádiz y Málaga e incluso otros lucrativos negocios, más allá del artístico, como las carnicerías, con diversos empleados e incluso criados[519]. Por supuesto que son gitanos de carne y hueso que luchan y resisten contra el tópico romántico, que fue precisamente el causante de que al flamenco —en Madrid— se le empiece a llamar *gitano* o *flamenco*. Y es que los gitanos han llegado a España en diferentes oleadas y fases. La primera de ellas fue, probablemente, a principios del siglo XV, cuyos descendientes serían los que estaban perfectamente integrados socialmente[520]. Probablemente la mayoría de los gitanos que viven hoy en España son descendientes de los que llegaron en los siglos XIX y XX, por lo tanto, es de suponer que había muy marcadas diferencias en el nivel de integración de estos recién llegados y aquellos cuyos antepasados llevaban siglos

516 Ibídem, p. 225.

517 «[...] la máscara que me había llevado allí me dijo que para hacerme una idea justa del fandango había que verlo bailar a gitanas con caballeros que lo hiciesen tan bien como ellas», Giacomo Casanova, *Historia de mi vida*, Girona, Atalanta, 2009, p. 2849. La traducción es de Mauro Armiño.

518 José Cadalso, *Cartas marruecas*, cit. p. 46.

519 https://manuelbohorquez.com/la-gazapera-flamenca/en-busca-de-el-planeta-perdido-2/ (consultado el 9-10-2017) y https://cdizflamencoflamencosdecdiz.blogspot.com/2012/10/3-luis-alonso-un-bolero-muy-flamenco.html (consultado el 9-10-2017).

520 Antonio Zoido, *La Ilustración contra los gitanos*, Sevilla, Signatura, 2009, p. 85.

en suelo hispano[521]. Las persecuciones más feroces que sufrieron los gitanos en España las promovieron gobernantes progresistas como el Marqués de la Ensenada, hechos que ha estudiado en profundidad Antonio Zoido[522]. Este proceso de homogenización ilustrado chocó en España con las clases populares, que no querían renunciar a sus señas de identidad —ser español es una de las pocas cosas gratuitas que había, y hay, en nuestro país—, y con la aristocracia que veía que en la Francia de la diosa *Razón* estaban cortándoles la cabeza a los reyes y nobles. Y, por supuesto, los gitanos se unen a este rechazo del rodillo homogeneizador ilustrado. Como dice Zoido, al fin y al cabo «la Ilustración los había encarcelado»[523]. Este autor recoge en su libro la queja de algunos alcaldes y autoridades ante la Prisión General de los Gitanos de 1749, por el perjuicio que iba a suponer para la economía local prescindir de un porcentaje importante de sus hombres y mujeres jóvenes, ya que estos estaban perfectamente integrados en dichas poblaciones[524]. Como señala Rodríguez Gordillo, la Prisión General «provocaba pérdidas difícilmente superables a corto plazo en distintos sectores económicos en los que los gitanos se hacían imprescindibles […] muchas localidades solicitaron el regreso de algunos encarcelados al ser necesarios para desarrollar determinadas tareas agrícolas […]»[525]. Por otra parte, cuando se sugiere la necesidad de liberar a los gitanos encarcelados, se plantea una problemática asociada y es la de devolver a sus legítimos propietarios los bienes que se les habían intervenido. Estas noticias dan fe de que un porcentaje no pequeño de estos gitanos vivían perfectamente integrados en las sociedades en que estaban insertos. Muchos, señala Zoido, eran «matarifes, vendedores de tripas y de menudo, giferos, tocineros», herreros, cigarreros, pregoneros, enterradores, canasteros, posaderos, venteros, taberneros, etc.[526]. Zoido señala la existencia de otros documentos que certifican esta «integración social»[527].

521 Arcadio Larrea Palacín, *El flamenco en su raíz* [1974], Sevilla, Signatura, 2004, pp. 29 y ss.

522 A. Zoido, *La Ilustración contra los gitanos*, cit. p. 119.

523 Ibídem, p. 17.

524 Ibídem, p. 84.

525 J. M. Rodríguez Gordillo, *Carmen, biografía de un mito*, cit. p. 139.

526 A. Zoido, *La Ilustración contra los gitanos*, cit., p. 84.

527 Ibídem.

El gitanismo o «moda gitanista», como la llama Steingress[528], se mantendrá durante todo el siglo XIX y es palpable en obras literarias, musicales, escénicas, etc., de primera categoría, y no solo en España, como *El Trovador* (1836) de Antonio García Gutiérrez o en *Don Álvaro o la fuerza del sino* (1836) del Duque de Rivas[529]. De hecho es una moda de inspiración cervantina que nace o renace en Europa y que desde allí viene a España, por eso la encontramos, antes que en España, en Europa: en la *Preciosa* (1820-1821) de Weber, con libreto del actor Pius Alexander Wolff, basado en la novela de Cervantes; *La zíngara* de Donizetti (1822), protagonizada por la gitana andaluza Argilla, basada a su vez en *La Petite Bohémienne* (1816) de Louis-Charles Caigniez, que a su vez se basó en el drama *Die Kleine Zigeumerin* (1810) de August von Kotzebue (1761-1813), inspirado en la Preciosa de Cervantes; obra que también inspira a Ruggero Manna y Antonio Smareglia en sus dramas líricos *Preziosa* (1845 y 1879 respectivamente) y a Balfe *The bohemian girl* (1843). La misma temática gitano-cervantina inspira los ballets *La gitana* (1838) de Taglioni, *La Gypsy* (1839) de Joseph Mazilier y Jules-Henri Vernoy de Saint-Georges, y que interpretaría Fanny Elssler, con la inclusión de un Jaleo de Jerez, y *Paquita* (1846) de Joseph Mazilier y Édouard Deldevez, que tendría una elaboración posterior (1881) de Petipa con música de Ludwig Minkus[530]. *Esmeralda* (1844) de Jules Perrot y *Alba Flor, la Pesarosa* (1847) de Jean-Antoine Petipa[531], entre otros, son también ballets con elementos gitanos. Al margen de esto, no hemos de olvidar *La Traviata* con su coro de gitanas y su coro de toreros, e *Il Trovatore*, ambas de 1853, la última, con la gitana española medieval Azucena, tomada de la obra antes citada de García Gutiérrez. Se trata de dos obras maestras de Verdi. Así como la Preziosilla de *La forza del destino* (1862) (basada en la obra del Duque de Rivas), también de Verdi. Tenemos también

528 G. Steingress, *Sociología del cante flamenco*, cit., p. 333.

529 Donde encontramos a la gitana Preciosilla que canta rondeñas y corraleras. Véase Juan Alcina Franch (ed.), *Teatro romántico*, Barcelona, Bruguera, 1984 (3ª edición), pp. 161 y 162.

530 Julián Jesús Pérez Fernández, «*La Gitanilla* y *The bohemian girl*: trayectoria musical de un tema cervantino», *Revista Internacional Digital de Lenguas y Culturas*, 1 (2014), disponible en http://digilec.udc.es/files/articulo3.pdf (consultado el 30-10-2018).

531 L. Hormigón, *Marius Petipa en España*, cit., p. 150.

las *Rapsodias húngaras* de Liszt y su *Chanson bohemienne* (1853) o, más tardíamente, *Carmen* 1875, de Bizet, *El barón gitano* (*Der Zigeunerbaron*, 1885) de Johan Strauss, etc. Del propio Petipa, que citábamos arriba, hemos de anotar el grupo de gitanos que aparece en su *Don Quijote* (1869), ausente por completo del original cervantino. Ya en la temprana fecha de 1838 había probado en Nantes la temática española, sin haber pisado aún tierras hispanas, con una versión propia de *La Gitanilla*[532]. Y en 1846 firmó en Madrid, según el propio coreógrafo, con motivo de las bodas de Isabel II, *Carmen y su torero*, inspirado acaso en la obra de Mérimée[533].

Y, en el campo literario, *Los gitanos* (1824) de Pushkin y, sobre todo, *Nuestra señora de París* (*Notre-Dame de Paris*, 1831) de Víctor Hugo, con la gitana española Esmeralda, acaso la gitana más famosa e influyente de la historia, prototipo de gitana del Romanticismo, inspirada a su vez en *La Gitanilla* de Cervantes, y que influirá en todas las gitanas románticas posteriores, y, en primer lugar, en la *Carmen* (1845) de Mérimée. Encontramos también *El Gitano* (1830) de Eugéne Sue, los *Gitanos en ruta* de *Las flores del mal* (*Les Fleurs du mal*, 1857) de Baudelaire, o el tardío *Makar Chudra* (1892) de Gorki, basado asimismo en la obra de Pushkin, por citar solo los gitanos más conocidos de la literatura europea del periodo. Los dos modelos de los gitanos románticos son *La Gitanilla*, como estamos viendo, y los protagonistas del poema de Pushkin. Aunque de forma indirecta, esta va a ser una obra muy influyente en el siglo XIX, ya que el argumento de la obra de Mérimée sigue fielmente el poema de Pushkin. Más tarde Meilhac y Havély, los autores del libreto de la versión operística incluso tomarían no pocas expresiones literales, extraídas de la versión que el propio Mérimée publicó de la obra de Pushkin, que leyó por vez primera en 1840 y tradujo en 1852. En realidad, los gitanos españoles de Mérimée son más bien rusos. O, más que rusos, hechos a la medida de la imaginación del gran romántico ruso Pushkin, padre de la literatura moderna de su país[534]. Es decir, que

532 Ibídem, p. 416.

533 Ibídem.

534 David A. Lowe, «Pushkin and *Carmen*», en *19th-Century Music*, 20 (1996), pp. 72-76.

la influencia de Pushkin va a ser fundamental en la Carmen de Mérimée, así como el propio conocimiento por parte del francés de España y de Sevilla, su amistad con Estébanez Calderón, su conocimiento del artículo «La gitana» del primer volumen *Los españoles pintados por sí mismos* (1841) y, señala Rodríguez Gordillo, su amistad con François Jaubert de Passa (1785-1856)[535], que también escribió sobre los gitanos[536]. Considera Rodríguez Gordillo que lo más original y perdurable de la obra de Mérimée es el contraste que ofrece entre dos sociedades, la navarra y la gitana, un hombre de clase acomodada frente a una mujer marginal. Contraste que al cabo conducirá a la tragedia. Esta originalidad se pierde, según Rodríguez Gordillo, en la ópera de Bizet, dando lugar a un arquetipo más tópico que originó la «España de charanga y pandereta» extendida en todo el globo, contra la que han luchado algunos intelectuales hispanos desde entonces. En todo caso ese contraste del que habla Rodríguez Gordillo lo encontramos ya en *Los gitanos* de Pushkin. Lo cierto es que Mérimée, por muy documentado que estuviese, tampoco supo sustraerse al tópico, ya que los gitanos y las gitanas de la Sevilla del siglo XIX estaban por lo general bastante integrados en la sociedad de su tiempo. Más aún si hablamos de una gitana empleada en la que por aquel entonces era la primera industria sevillana: la Fábrica de Tabacos. Los gitanos de Pushkin, por el contrario, sí que son nómadas y marginales[537]. Como señala Cabo Aseguinolaza respecto a la maurofilia del Romanticismo europeo «no es tanto una estricta preocupación historiográfica sobre el pasado o un interés para valorar y calificar una literatura sino, más allá de ello, un proceso de fabulación de gran alcance que afecta también, según sabemos, a la creación literaria de autores europeos que adoptan temas españoles con distintos propósitos. Es un proceso intenso de exotización con una importantísima dimensión creativa que, curiosamente,

535 J. M. Rodríguez Gordillo, *Carmen, biografía de un mito*, cit., p. 194.

536 François Jaubert de Passa, «Essai historique sur les Gitanos», en *Nouvelles Annales des Voyages*, 3 (1827), pp. 289-362.

537 Gerhard Steingress nos habla de esta «moda gitanista» parisina de los años treinta y cuarenta que incluye toda una serie de obras escénicas menores y un grupo de gitanos húngaros de carne y hueso que, no obstante, no tienen el éxito esperado, lo que confirma que el público y la crítica se encontraban más cómodos con el prejuicio que con la realidad. Véase G. Steingress, *…Y Carmen se fue a París*, cit., pp. 202 y ss.

acabará por afectar a la propia literatura española»[538]. Las palabras son perfectamente aplicables a la gitanofilia: a los autores no les interesaba tanto la realidad gitana del momento como la proyección de sus propias fantasías sobre lo que los gitanos representan para ellos.

Andreu Miralles habla del «proceso de exotización del pueblo gitano» que se da en el siglo XIX[539]: de ser un pueblo perseguido en el siglo anterior pasa a ser un colectivo exótico. Habla también Miralles de su «propensión hacia una música y un baile más libres, primitivos, próximos a la tierra»[540], aunque no sepamos muy bien qué significa esto. Miralles incluye en su obra varias referencias al vínculo de los gitanos con la música y la danza[541]. «Desde finales del siglo XVIII fueron considerados una raza diferente»[542], aunque ya hemos visto que, por ejemplo, con Cervantes esto venía de antiguo. Pero ciertamente en esta época se produce un cambio. La diferencia es que este concepto de raza es propio del periodo, finales del XVIII y principios del XIX. Es decir, es un concepto romántico. Antes se hablaba de *nación*, en el sentido de *procedencia*.

Miralles sigue a Caro Baroja al señalar la asimilación de lo gitano con lo español. Al principio en Europa, dice, y luego en la propia España[543]. En realidad, el gitanismo empieza a perfilarse en España al final del magismo, es decir, a finales del siglo XVIII y principios del XIX, como señala Caro Baroja[544]. Pero luego llega a los románticos españoles a través de Víctor Hugo, primero, y Mérimée después. Afirma Miralles, siguiendo a Steingress[545] que «[e]l baile *flamenco* se originó así del cruce e influencia mutua entre la percepción romántica europea de los gitanos españoles y las aportaciones de una escuela bolera española en proceso de agitanamiento. Los propios bailarines y bailarinas gitanos contribuyeron a este proceso, en el que encontraron además una salida profesional, como muestran los numerosos testimonios de viajeros románticos que se hacen acompañar hasta un *tablao* en el que un grupo de gitanos les ofrecen presen-

538 F. Cabo Aseguinolaza, *El lugar de la literatura española*, cit., p. 269.

539 Xavier Andreu Miralles, *El descubrimiento de España*, Barcelona, Penguin Random House, 2016, p. 301

540 Ibídem.

541 Ibídem, pp. 301 y 303.

542 Ibídem, p. 301.

543 Ibídem, pp. 299 y 303.

544 J. Caro Baroja, *Los majos*, cit., p. 333.

545 Gerhard Steingress, *...Y Carmen se fue a París*, Córdoba, Almuzara, 2006.

ciar su espectáculo»[546]. Estoy totalmente de acuerdo, aunque con una puntualización. Hay que señalar, en todo caso, que los bailes de palillos de esta época tienen algo que ver con lo que dice Miralles, pero no son exactamente lo mismo que la Escuela Bolera, como hemos señalado antes, y que es uno de los temas centrales de este trabajo[547]. Habría que hablar, en todo caso, más bien de bailes boleros. El repertorio de bailes de este momento es el mismo que el de la etapa anterior de bailes boleros, nacionales o de palillos, pero en este momento se les empieza a llamar *gitanos* y *flamencos* a estos bailes y cantos. Como hemos dicho, gitano y flamenco son sinónimos, al menos en ciertos ámbitos, en esta época, mitad del siglo XIX. Antes se bailaba el *jaleo* y ahora se baila el *jaleo gitano*. Incluso el mismo intérprete, como La Campanera, puede hacer el jaleo y el jaleo gitano.

4.3. NACIMIENTO DEL FLAMENCO EN MADRID

La prensa de mediados del siglo XIX, y otras fuentes literarias, nos ofrecen varios documentos que permiten valorar a Luis Alonso, La Campanera, Manuela Perea, La Nena, Josefa Vargas o Petra Cámara, considerados aún por la historia de la danza española como boleros y no flamencos[548], como intérpretes del baile gitano o flamenco, y en los que se afirma, en general el vínculo entre lo bolero y lo flamenco. A estos nombres debemos añadir los que incluye Estébanez Calderón en la «Asamblea general»[549] de las *Escenas andaluzas* (1847), pese a que no usa la palabra flamenco, pero sí habla de algunos intérpretes gitanos: El Planeta, El Fillo, La Perla, El Jerezano, María de las

546 Ibídem, p. 303.

547 Miralles sigue también a Caro Baraja al afirmar que al mismo tiempo que se da una identificación entre lo español y lo gitano, hay un movimiento que la rechaza como vimos en el poema de Bretón de los Herreros, *La desvergüenza*, de 1857. Cfr. Manuel Bretón de los Herreros, *La desvergüenza, poema joco-serio*, Madrid, Mellado, 1856, pp. 170-172; y A. Miralles, *El descubrimiento de España*, cit., p. 303.

548 *Expediente de la Escuela Bolera para su declaración como bien de interés cultural*, Junta de Andalucía, 2014, pp. 3 y 4.

549 «Asamblea general de los caballeros y damas de Triana y toma de hábito en la Orden de cierta rubia bailadora» en *Semanario pintoresco*, noviembre de 1845. En libro se publicó como sabemos cómo parte de las *Escenas Andaluzas*, en 1847. Véase S. Estébanez Calderón, *Escenas Andaluzas*, Madrid, Cátedra, 1985, pp. 282-308.

Nieves, Dolores La de Cádiz, alias La Gitanilla. Todos ellos tienen vínculos con los cantos y bailes de palillos o boleros, como vamos a ver. Así como Lázaro Quintana, sobrino de Luis Alonso y El Planeta. Y algunos más, como Miracielos, Villegas, Farfán, Juan de Dios, Santa María, Ezpeletilla... Esta es la primera nómina de artistas flamencos que conocemos de la historia. Todos ellos, como digo, tienen vínculos con los cantos y bailes de la época anterior, sea los bailes de palillos o el romancero y los pliegos de cordel de los ciegos[550].

Ya hemos visto a La Nena y Pepa Vargas bailando en la «comedia gitanesca» *Juzgar por las apariencias* (en 1850, aunque la obra se estrenó originalmente en 1846)[551]. En 1850 La Nena, que había bailado poco antes la pieza *Curra la Macarena*, baila un número más específicamente titulado *La Flamenca*, que era el final de «la gitanería escénica *El flamenco magnetizador*»[552]. En la biografía de Josefa Vargas que publicó Basilio Sebastián Castellanos de Losada (1807-1891) con el seudónimo de Santos Bueno del Castillo en Madrid en

550 Véase S. Estébanez Calderón, *Escenas andaluzas*, cit., pp. 82 y 252; y G. Steingress, *Sociología del cante flamenco*, cit., p. 269. Sobre el romancero de ciegos véase J. Caro Baroja *Ensayo de literatura de cordel*, cit.; y la introducción de Pedro M. Piñero al *Romancero*, Madrid, Biblioteca Nueva, pp. 22 y 24. Sobre la influencia del romancero en el flamenco véase Luis Suárez Ávila, «El romancero de los gitanos bajoandaluces. Del romancero a las tonás», en *Dos siglos de flamenco*, Jerez, Fundación Andaluza de Flamenco, 1989, pp. 29-129.

551 M. Cantos Casenave, «*Gitanofilia*: de algunos rasgos costumbristas del *género andaluz*», cit. p. 69.

552 L. Lavaur, *Teoría romántica del cante flamenco*, cit., p. 165. No he conseguido encontrar mucha información sobre esta obra, así que no sé si el flamenco del título se refiere a un gitano o al nuevo género de baile. O a otra cosa. Antonio Barberán en su *Callejón del Duende* aporta un par de noticias sobre la obra: En *La España* del 13-4-1850 se dice que se prepara «para ser puesta en escena en el Teatro de La Comedia, una pieza andaluza en un acto, titulada *El flamenco magnetizado*. El papel del protagonista será confiado al actor Dardalla». En *La Gazeta* del 15-5-1850 hay también una referencia a «*El flamenco magnetizador*, comedia en un acto del género andaluz». https://cdizflamencoflamencosdecdiz.blogspot.com/2013/04/el-uso-del-termino-flamenco-ii.html (consultado el 17-9-2017). José María Dardalla y Gutiérrez (Sevilla, 1821 – Bilbao,1868) mantuvo durante años, una compañía teatral especializada en este «género andaluz» con la que representó, entre otras, *Diego Corrientes, o el bandido generoso; José María, el Tempranillo; También es noble un torero; La hija del bandido; Caparrota o amores de un bandolero; Los siete niños de Écija; Los bandidos de Sierra Morena; El día de toros en Cádiz; Pepa la cigarrera; Pepe-Hillo; El ventorrillo de Alfarache; La perla gitana; De Cádiz al Puerto, Rosío la Guñolera; Manolito Gázquez; No fiarse de compadres; Los celos del tío Macaco; La flor de la canela* y *La cigarrera de Cádiz*. Todas ellas incluían bailes y cantes. Intervino también en *El Tío Pinini*, representando el papel que da título a la obra, en su estreno de 1850. Véase Enrique Salvatierra, *El Tío Pinini*, Madrid, Vicente Lalama, 1854, p. 1.

1850, su autor habla de una obra titulada *Linda Gitana* en la que la Vargas «vestida lindísimamente de gitana de capricho, baila con pandereta»[553], aunque no se nos ofrece la fecha del estreno de dicha obra. En junio de 1850 encontramos a la bailarina ejecutando unas «seguidillas gitanas» en la obra *Las cigarreras de Cádiz*[554]. En una noticia publicada en el periódico conservador madrileño *La Época* el diez del mes siguiente, se afirma que Josefa Vargas, Petra Cámara y Ruiz interpretarán «seguidillas gitanas» para los aficionados al «jaleo andaluz». Y continúa el texto: «Las dos graciosas bailarinas españolas echaron el resto de su gitana gachonería»[555]. En noviembre de ese año Josefa Vargas estrena en el Teatro de la Comedia *El Tío Pinini*, donde baila «El olé»[556], «el jaleo de Cádiz»[557] y «la Araña»[558]. También se baila «un zapateado»[559] y «un baile flamenco»[560], que resulta ser el Vito, también cantado. Este número no ha pasado al repertorio flamenco actual, aunque sí al de la Escuela Bolera[561]. El número procede de una obra anterior, *El Tío Caniyitas o El mundo nuevo de Cádiz*[562], de temática parecida y con música del mismo autor, Mariano Soriano Fuertes, que «en noviembre de 1849 se estrenó en el teatro San Fernando de Sevilla»[563], según nos informa el maestro Otero, que afirma que en esta última obra «fue la primera vez que se bailó en escena»[564] el Vito[565]. Por otra parte, de esta última obra pro-

553 Basilio Sebastián Castellanos de Losada, *Biografía de la graciosa y célebre bailarina gaditana doña Josefa Vargas, primera bailarina del Teatro de la Comedia, por don Santos Bueno del Castillo*, Madrid, Mellado, 1850, p. 26. Se puede consultar en https://babel.hathitrust.org/cgi/pt?id=nyp.33433010142663;view=2up;seq=32;size=200 (consultado el 20-7-2018).

554 *La Época*, 25-6-1950, citado por Ángeles Cruzado en https://www.flamencasporderecho.com/josefa-vargas-iii/ (consultado el 20-7-2018).

555 Este texto lo rescató y publicó Faustino Núñez en su blog *El afinador de noticias*.

556 E. Salvatierra, *El Tío Pinini*, Madrid, cit., p. 3.

557 Ibídem, p. 4.

558 Ibídem, p. 6.

559 Ibídem, p. 3.

560 Ibídem, p. 3

561 M. Grut, *The bolero School*, cit. p. 129.

562 José Sanz Pérez, *El Tío Caniyitas o El mundo nuevo de Cádiz*, Cádiz, Revista Médica, 1850, p. 20.

563 José Sanz Pérez, *El Tío Caniyitas o El mundo nuevo de Cádiz*, cit., p. 3; y José Otero, *Tratado de bailes*, cit., p. 197.

564 José Otero, *Tratado de bailes*, cit., p. 197.

565 Tenemos una referencia anterior a esta obra de este baile, el Vito, en Cristóval de Pascual, *Elina o Sevilla por dentro*, Sevilla, Gómez, II, 1846, p. 214, donde la menciona como un baile que interpreta Petra (hemos de suponer que Cámara). De hecho, encontramos en 1851 a Petra Cámara bailando el Vito en el ballet *La Jácara*

cede el pregón que hoy se canta por el estilo flamenco del mirabrás «Venga usted a mi puesto hermosa»[566], según señaló en su momento Blas Vega[567], lo que viene a reforzar la conexión de este tipo de teatro musical costumbrista agitanado con el flamenco. El éxito de *El Tío Pinini* motivó el estreno unas semanas después de una segunda parte que incluye unas «seguidillas gitanas»[568]. La temática gitana impregna toda la obra que incluye una exaltación racial durante el baile del olé: «Viva lo gitano»[569]. En el mismo lugar encontramos relacionado lo gitano con el magismo[570]. En 1851 encontramos a Petra Cámara[571], que ya había bailado la obra *El rumbo macareno*, bailando en Granada un cuadro titulado, asimismo, *La Flamenca*[572]. El dieciséis de marzo de 1855 *La Época* señala que Petra Cámara interpretará un «baile gitano»[573]. Por supuesto, ninguno de estas tres intérpretes son gitanas y hasta el libro de Lavaur eran consideradas por todos los investigadores de la danza española y el flamenco como estrictamente boleras, no flamencas, desoyendo la denominación de flamencas que en relación con La Nena dio el propio Gustavo Adolfo Bécquer en la prensa de la época[574], en una noticia que no se perdió en el anonimato, como otras que estamos viendo, debido a la nombradía de su autor, pero que tampoco, como digo, fue objeto de atención por parte de la flamencología del siglo XX. En *El Porvenir* de Sevilla encontramos el seis de marzo de 1853 este anuncio que vincula un

---

de Asenjo Barbieri. Véase Emilio Casares Rodicio, *Francisco Asenjo Barbieri. Vol. I: El hombre y el creador*, Madrid, Instituto Complutense de Ciencias Musicales, 1994, p. 102. También encontramos una referencia al mismo en el *Cuaderno de canciones españolas* de Glinka, que lo considera una *canción de gitanos*; véase Antonio Álvarez Cañibano, *Los papeles españoles de Glinka 1845-1847*, Madrid, Consejería de Educación y Cultura de la Comunidad de Madrid, 1996, p. 194-195.

566 José San Pérez, *El Tío Caniyitas o El mundo nuevo de Cádiz*, cit., p. 8.

567 José Blas Vega, *Magna Antología del Cante Flamenco*, Madrid, Hispavox, 1982, p. 51.

568 Ángeles Cruzado, «Josefa Vargas, la Terpsícore gaditana», en el blog *Flamencas por derecho*, https://www.flamencasporderecho.com/josefa-vargas-iii/ (consultado el 9-7-2018).

569 Enrique Salvatierra, *El Tío Pinini*, cit., p. 3.

570 Ibídem.

571 De la popularidad de la bailarina sevillana en Madrid se hace eco el propio Benito Pérez Galdós en el libro correspondiente a ese mismo año de 1851 de sus *Episodios Nacionales*, es decir, *Los duendes de la camarilla* (Alicante, Biblioteca Virtual Miguel de Cervantes, 2001, párrafo 81).

572 L. Lavaur, *Teoría romántica del cante flamenco*, cit., p. 165.

573 Este texto lo rescató y publicó Faustino Núñez en su blog *El afinador de noticias*.

574 Gustavo Adolfo Bécquer, «La Nena», en *Obras completas*, Madrid, Fundación José Antonio de Castro, 1994, II, p. 587-593. El artículo se publicó en *El Contemporáneo* el 30 de marzo de 1862.

baile de palillos, *el jaleo*, con el elemento gitano: «A continuación se bailará el *jaleo jitano*, por Miracielos. Seguirá el zapateado de primera, por Francisco Ruiz el Jerezano, imitando la muerte del toro» [575]. Un baile, el jaleo gitano, que bailó La Campanera en 1868 en el Teatro de Rioja de Sevilla[576]. En 1862 La Nena bailará en Madrid un baile «con apariencias flamencas»[577] según el testimonio de su paisano Bécquer, como hemos dicho.

La denominación de flamenco para estos bailes y cantes parece ser que nació en Madrid, a tenor de la noticia de 1847 que hemos mencionado más arriba, la de Bécquer tres lustros más tarde, que incluye la denominación por partida doble en su artículo, y también otras que aparecieron en fechas intermedias[578]. Así, el dieciocho de febrero de1853 el periódico *La España* publica una gacetilla titulada «Música flamenca»:

575 J. L. Ortiz Nuevo, *¿Se sabe algo?*, cit., p. 140.

576 J. L. Navarro García, *De Telethusa a la Macarrona*, cit., p. 243.

577 G. A. Bécquer, «La Nena», cit., p. 590.

578 A ellas hemos de añadir la fecha de 1850 en que se habló en el Teatro de la Comedia de un *baile flamenco* que es el Vito, como hemos dicho. Véase E. Salvatierra, *El Tío Pinini*, cit., p. 3.

Petra Cámara. Theodore Chasseriau, 1853, Museum of Fine Arts, Budapest.

Fandango en el Teatro San Fernando. Gustave Doré.
L'Espagne, Librairie Hachette, 1874.

María Moreno Martínez de Loreto. Imagen incluida en *Tremendo asombro* (2012) de José Luis Ortiz Nuevo.

Probable retrato de Marie Guy Stephán. h. 1850. Instituto del Patrimonio Cultural de España.

> «(...) la música flamenca que motiva esta gacetilla es la que en la tierra de María Santísima se conoce con ese nombre. Sin perjuicio de hablar más detenidamente en nuestra próxima Revista musical, queremos decir hoy cuatro palabras acerca de la fiesta puramente nacional que se verificó antes de anoche en los salones del señor Vensano, calle del Baño. Los protagonistas fueron los más escogidos entre los flamencos que se hallan actualmente en Madrid. Así es que los aficionados pudieron admirar tres escuelas diferentes a la vez. Ejecutaron en el más admirable y característico primor todo el repertorio andaluz de playeras, cañas, jarabes, rondeñas, seguidillas afandangadas, etc. También hubo algunas señoras, entre ellas una preciosa gitanilla de rumbo y singular salero, que amenizó la fiesta con su baile. La reunión se componía de más de cien personas de todas clases y condiciones: diputados, gobernadores de provincia, literatos, capitalistas y hombres de ciencia. Sentados alrededor de una mesa estaban los artistas con sombrero calañés, cantando y tocando la guitarra, con grande aplauso del entusiasmado concurso[579].»

La crónica del día siguiente, en el mismo periódico, nos confirma la personalidad de estos intérpretes que eran todos artistas andaluces de renombre, concretamente: «Santa María, Villegas, Juan de Dios, Farfán y Luis Alonso»[580]. En ella nos ofrece una nueva versión del repertorio que se cantó en la que se incluyen los tangos[581], detalle que comentaremos más adelante. En la noticia que sobre el mismo acontecimiento nos ofrece el periódico *La Nación* el día diecinueve, el anónimo autor señala que se trató de un «concierto gitanesco» y que todos los artistas eran «gitanos crúos»[582]. Veremos, además, y más adelante, la conexión de este Villegas con la soleá que tenemos por otras fuentes. Fechada en Madrid también, el veintiuno de febrero de 1853, en el diario *La Nación*, volvemos a encontrar la palabra flamenco, asimismo en relación a la fiesta en los Salones Vensano: «Han logrado tal boga esos flamencos, que ya tenemos en campaña un

579 José Blas Vega, *El flamenco en Madrid*, Córdoba, Almuzara, 2006, p. 94.
580 Ibídem.
581 Ibídem, p. 96.
582 Ibídem, p. 95.

empresario deseoso de aprovechar tan buena ocasión. Se trata nada menos que de la próxima venida del Planeta y de María la Borrica, celebridades bien conocidas en el barrio de Triana en Sevilla»[583]. Sin embargo, en Sevilla la palabra flamenco no se documenta hasta 1858, y en relación con las academias de baile hasta 1860, como vamos a ver más adelante. A pesar de que en la primera de estas noticias se afirma que la «música flamenca» a la que alude el titular de esta «es la que en la tierra de María Santísima se conoce con este nombre». No obstante, al hilo de esta afirmación, y hasta ahora, la primera noticia referida a cantes y bailes flamencos en la prensa sevillana la localizamos de la mano de Ortiz Nuevo, en las fechas señaladas. De hecho, la primera de estas bailarinas de bailes de palillos que bailó a lo gitano o con elementos gitanos, concretamente «vestida de gitana»[584], fue la francesa Marie Guy-Stéphan, en abril de 1846 como señala *El Siglo Pintoresco* de Madrid. Por otra parte, la presencia de los gitanos, como gitanos primero y como flamencos más tarde, en las academias de bailes y palillos de Sevilla, en esta época —la primera de estas noticias está fechada en 1856—, está bien documentada en la obra *¿Se sabe algo?* (1990) de José Luis Ortiz Nuevo. En este sentido vemos que la palabra *flamenco*, referida a cantes y bailes, se usó unos años antes en Madrid que en Sevilla. Y siempre en relación con el baile (la de 1847 por ejemplo), o, incluso a las academias de baile: de hecho, los Salones Vensano eran una academia de baile regida, primero por el «profesor don Luis Vensano, que se dedicaba a la enseñanza de bailes de sociedad»[585] y más tarde por el «profesor de baile Enrique Bensano»[586], tal vez «hermano o hijo de don Luis»[587]. Unos meses más tarde, en ese mismo año de 1853, bailaron en estos salones Antonio Campos y Manuela Perea, *La Nena*[588]. Y unos años antes había actuado en ese mismo escenario el famoso guitarrista Trinitario Huerta[589], del que hablaremos más adelante. No cabe por tanto la menor duda del carácter

583 Ibídem, pp. 98 y 99. José Blas Vega cita también la noticia en *Vida y cante de don Antonio Chacón* [1986], Madrid, Cinterco, 1990, p. 41.

584 L. Lavaur, *Teoría romántica del cante flamenco*, cit., p. 147.

585 José Blas Vega, *Los cafés cantantes de Madrid*, Madrid, Guillermo Blázquez, 2006, p. 39.

586 *Repertorio general o índice alfabético de los principales habitantes de Madrid, con sus domicilios*, Madrid, Imp. de J. Martín Alegría, 1851, p. 169, citado por J. Blas Vega, *Los cafés cantantes de Madrid*, cit., p. 39.

587 J. Blas Vega, *Los cafés cantantes de Madrid*, cit., p. 39.

588 Ibídem, p. 44

589 Ibídem, p. 39.

profesional de esta función flamenca en los Salones Vensano, una de las primeras de la historia con este nombre, en la que tomaron parte artistas profesionales, entre ellos el famoso bailarín gaditano Luis Alonso, familiar como hemos dicho del cantaor Lázaro Quintana, protagonista de la primera noticia en la que aparece la palabra flamenco, y del otro famoso cantaor, El Planeta, que también aparece referido en una de las noticias relacionadas con este espectáculo de los Salones Vensano, aunque no tomó parte de la «fiesta nacional» reseñada. Una vez más encontramos unidos el cante flamenco con los bailes de palillos. Además, en las noticias reseñadas se da cuenta de un generoso ambigú que, sin duda, sirvió para que el organizador del evento tuviera unos ingresos, «costumbre que apareció en los salones de baile como pretexto comercial de justificación crematística»[590] y que enlaza directamente con el carácter de los cafés cantantes de la etapa siguiente, en los que lo artístico se mezcla naturalmente con el consumo de bebidas y comida. Al fin y al cabo, los cafés cantantes surgen directamente de las academias de baile. Veremos que el primero de ellos, el de Silverio, se fundó en el Salón del Recreo de Sevilla, academia de baile que fue de Miguel y Manuel de la Barrera y de Luis Botella[591].

Marie Guy-Stéphan, a la que hemos citado ya en varias ocasiones, merece un paréntesis. Porque para algunos será una enorme sorpresa encontrar la presencia de esta bailarina francesa en el libro que muchos consideran como fundacional de los testimonios literarios flamencos, las *Escenas andaluzas* (1847) de Estébanez Calderón. Guy-Stéphan, según señaló Larrea, es ni más ni menos que Virginia, la bailarina rubia que vino de Madrid en la «Asamblea general»[592], capítulo en el que la bailarina comparte protagonismo con celebridades flamencas como El Planeta, El Fillo o Dolores (que debe ser la Dolores la Gitanilla del texto de *El Espectador* de 1847, en el que por primera vez aparece mencionada en prensa la palabra flamenco en relación con el cante y el baile). De hecho, desde 1843, la bailarina vino en varias ocasiones a España y triunfó en los escenarios españo-

590 J. Blas Vega, *Los cafés cantantes de Madrid*, p. 44.

591 J. Blas Vega, *Los cafés cantantes de Sevilla*, Madrid, Cinterco, 1987, pp. 18-20

592 «Asamblea general de los caballeros y damas de Triana y toma de hábito en la Orden de cierta rubia bailadora» en *Semanario pintoresco*, noviembre de 1845. En libro se publicó como parte de las *Escenas Andaluzas*, en 1847, como sabemos. Véase S. Estébanez Calderón, *Escenas andaluzas*, cit., pp. 282-308.

les, como recuerda Lavaur[593] o, más cercano a aquellos tiempos, Pérez Galdós en sus *Episodios nacionales*, en concreto en el titulado *Bodas reales*[594], donde se hace eco de la polémica que suscitó la presencia de la bailarina en el Teatro del Circo de Madrid y también de sus grandes dotes de seductora. Laura Hormigón señala que posiblemente fue amante de José de Salamanca[595], el empresario del Teatro del Circo y uno de los hombres más importantes, poderosos y adinerados de la corte de Isabel II[596]. El propio Mijail Glinka, fundador del nacionalismo musical ruso[597], da fe de la popularidad de la bailarina francesa en el Madrid de los años cuarenta del siglo XIX en sus *Notas*[598]. Guy Stéphan fue amiga, asimismo, de su competidora española Manuela Perea *La Nena*[599]. Compartió escena con bailarines españoles como Alegría Constante y José Gisbert[600]. Alexandre Dumas narra su éxito en el Teatro del Circo donde tuvo que repetir hasta en tres ocasiones su Jaleo de Jerez[601]. Pues bien, aquí tenemos a una bailarina francesa, «vestida de gitana»[602], en los orígenes del flamenco.

Steingress, al comentar las noticias de Ortiz Nuevo, que trataremos en el próximo capítulo, esto es, el nacimiento de la denominación de flamenco para los bailes y cantes en el contexto de las academias sevillanas de palillos, ya da cuenta de que se trata de los mismos bailes de la etapa anterior, es decir, de los bailes de palillos que empiezan a ser denominados gitanos y flamencos. El repertorio es el mismo. Esta constatación supuso en 1993, fecha de la publicación de *Sociología del cante flamenco* un cambio de orientación fundamental en la investigación *jonda*, pese a que autores como Larrea Palacín[603]

593 L. Lavaur, *Teoría romántica del cante flamenco*, cit., pp. 140-160.

594 Benito Pérez Galdós, *Bodas reales*, Alicante, Biblioteca Virtual Miguel de Cervantes, 2001, párrafo 143, p 68 y párrafo 203, p. 97.

595 L. Hormigón, *Marius Petipa en España*, cit., p. 174.

596 Por cierto, que Galdós también cita en sus *Episodios Nacionales* a Estébanez Calderón, del que nos ocuparemos detenidamente a continuación, uno de los grandes amigos españoles de la Guy Sthépan, e íntimo de José Salamanca: Benito Pérez Galdós, *Narváez*, Alicante, Biblioteca Virtual Miguel de Cervantes, 2001, párrafo 169; y *La revolución de julio*, Biblioteca Virtual Miguel de Cervantes, 2001, párrafo 69.

597 Mijaíl Ivánovich Glinka (1804-1857).

598 Véase Antonio Álvarez Cañibano, *Los papeles españoles de Glinka*, cit., p. 34.

599 L. Hormigón, *Marius Petipa en España*, cit. p. 179.

600 Ibídem, p. 183.

601 Alexandre Dumas, *Impressions de Voyage. De París a Cadix*. París, Michel Lévy Fréres, 1861 [1847-48], vol. I, p.p 130-131.

602 L. Lavaur, *Teoría romántica del cante flamenco*, cit., p. 147

603 A. Larrea Palacín, *El flamenco en su raíz*, cit.

o Luis Lavaur[604] se habían expresado décadas atrás en parecidos términos. Sin embargo, Steingress interpreta que, al ser bailados por gitanos, ya estamos ante un género nuevo: «*bolero* y *flamenco*: dos clases de bailes andaluces»[605]. Esta interpretación se deduce, según el autor, de las noticias de prensa de la época. Pienso que noticias como las que hemos visto antes, fechadas en este caso en Madrid, ponen de manifiesto que se trata del mismo género de baile, llámese bolero o flamenco y que, aunque los que los bailan sean reputados intérpretes boleros, ello no les impide llamar a sus bailes, o que la prensa los llame, gitanos o, más adelante, flamencos, en la prensa sevillana en el tal y como podemos leer en el vaciado de las hemerotecas que hizo Ortiz Nuevo. Por mi parte, opino que sin duda se trata del mismo género y que no hay solución de continuidad en la historia de las danzas populares españolas. Lo que cambia es la forma de publicitarlas y venderlas, que tiene que ver con el gitanismo que viene de Europa y que cala también, y muy fuerte, como es lógico, en España. Creo que la interpretación de Steingress, más que por las noticias en prensa de la época de las que habla, está aún condicionada por la visión de la flamencología tradicional del siglo XX, que distingue claramente los dos géneros de baile que aquí consideramos uno, pese a que el investigador austriaco se desmarca críticamente de ella en los primeros capítulos de su *Sociología del cante flamenco*[606]. De hecho, algunos de aquellos intérpretes boleros, antes de denominarse flamencos o gitanos, eran de raza gitana, como el propio Luis Alonso, como hemos visto. Así que, no porque lo bailen los gitanos es un género distinto, ya que los gitanos venían interpretando las danzas españolas casi desde su llegada a España, como atestigua *La Gitanilla* de Cervantes, y otras noticias literarias.

El hecho de que encontremos varias noticias que relacionan el cante y el baile con la palabra flamenco fechadas en Madrid durante la década anterior a las que encontramos en Sevilla, nos induce a pensar que el término nació en Madrid. Lo cual tiene sentido si interpretamos este gitanismo, gitanofilia o «moda gitanista» como fruto del movimiento romántico que viene del centro y el norte de Europa: las modas europeas llegan antes a Madrid que a Sevilla.

Las descripciones que encontramos en la prensa de la época del baile de Petra Cámara, Manuela Perea *La Nena* y, sobre todo, Pepa

604 L. Lavaur, *Teoría romántica del cante flamenco*, cit.
605 G. Steingress, *Sociología del cante flamenco*, cit., p. 351.
606 Ibídem, pp. 87-182.

Vargas, las alejan sustancialmente de la realidad actual de la Escuela Bolera. Por el contrario, la prensa de la época subraya el carácter sexual y violento de sus interpretaciones, que las acercan al flamenco actual y definitivamente las sitúan del lado de la estética del magismo, tal y como la describen Ramón de la Cruz, González del Castillo o los autores de las tonadillas de finales del siglo XVIII. De Josefa Vargas dice la prensa de la época que su baile posee un «atractivo lúbrico» de «formas provocativas y actitudes desenvueltas», calificándolo también de desenfadado y capaz de «trastornar a los franceses con sus quiebros y sus meneos». Salerosa, simpática, macarena, fogosa, sensual, coqueta, voluptuosa, ardiente, seductora, incendiaria, provocativa, natural, picante, espontánea, libre que «roza la borrachera, roza la orgía» son otros adjetivos que recibe su danza[607]. Tanto Vargas como Perea desbordan «gachonería» en su baile. Mucho tiempo después, nada menos que en 1907, recordaba Marius Petipa (1818-1910), en sus memorias, el debut de Pepa Vargas en San Petersburgo (1855): «A unos les entusiasmaba; otros, por el contrario criticaban el excesivo ardor de sus movimientos, la exagerada libertad de sus posturas y el hecho de que al interpretar los bailes populares españoles... no se preocupaba de dotarles de la gracia francesa y una calculada lisura rítmica que nuestro público está acostumbrado a ver en los ballets». No obstante, añade Petipa, «si Pepa Vargas intentase representar los bailes españoles ennobleciendo sus movimientos... no se la podría considerar como la representante de los genuinos bailes españoles»[608].

Este proceso de agitanamiento y aflamencamiento de los bailes boleros se da en Madrid y en Sevilla a mediados del siglo XIX. Seguidamente veremos este proceso en el contexto de las academias de bailes de palillos sevillanas con la guía de la obra de José Luis Ortiz Nuevo *¿Se sabe algo?* (1990)[609]. Pero antes, veámoslo en las *Escenas andaluzas* de Estébanez Calderón, que autores como Molina y Mairena, y en general la flamencología del siglo XX, pusieron en los orígenes de los testimonios flamencos. Aquí volvemos sobre una obra mil y una vez analizada por la flamencología. Pero la miraremos desde otra óptica, la de la Nueva Teoría de la Historia del Flamenco. Es decir, vamos a ver cómo los bailes boleros se fueron agitanando en la obra de Estébanez Calderón.

---

607 https://www.flamencasporderecho.com/josefa-vargas-i/ (consultado el 9-10-2018)

608 Fragmento de las memorias de Petipa reproducido por Natalia Zozulina en «La temática española en la obra de Marius Petipa», en Roger Salas (ed.), *La Escuela Bolera*, Madrid, Ministerio de Cultura, 1992, p. 156.

609 J. L. Ortiz Nuevo, *¿Se sabe algo?* [1990] Sevilla, Libros con Duende, 2013.

4. 4. UN ANDALUZ EN MADRID: ESTÉBANEZ CALDERÓN Y *SUS ESCENAS ANDALUZAS*

Estébanez Calderón nos proporciona un lugar de privilegio desde el que observar la irrupción del gitanismo, gitanofilia o moda gitanista en su obra *Escenas andaluzas* (1847)[610]. Serafín Estébanez Calderón (Málaga, 1799 - Madrid, 1867), que escribía con el seudónimo de *El Solitario*, fue un escritor y político andaluz considerado por muchos el costumbrista más creativo[611] y por otros no tanto como un costumbrista sino como un mero escritor romántico hispano y un diletante[612]. Como erudito y profesor, y también como abogado y político, fue de una precocidad asombrosa, incluyendo un temprano exilio en 1824, con la venida de los Cien Mil Hijos de San Luis en tiempos de Fernando VII, por su mentalidad liberal. Se inició como escritor en 1830 en el *Correo literario y mercantil* de Madrid. Al año siguiente publicó *Poesías* y fundó la revista literaria *Cartas españolas* junto a Ramón Mesonero Romanos. Combatió en la primera guerra carlista, donde obtuvo algunas condecoraciones, y por matrimonio emparentó con el financiero y político del momento, José de Salamanca, por el que tuvo conocimiento de la Guy Stéphan, bailarina francesa que jugará un papel fundamental en las *Escenas andaluzas* y en el nacimiento del flamenco con este nombre. También inició por esta relación con Salamanca su carrera política. Colaboró también en el *Observatorio Pintoresco* (1837) rival del *Semanario Pintoresco Español* (1836-1857) de Mesonero Romanos, y con *El Siglo Pintoresco* (1845-1848). Fue arabista y profesor de esta lengua.

Larrea considera que, pese al carácter artístico de su obra, las noticias que aporta la misma son plenamente fiables, precisamente por la personalidad diletante del autor, señalada por testimonios de amigos como Mérimée o Cánovas del Castillo[613], sobrino y biógrafo de *El Solitario*. Es de reseñar su amistad con Prosper Mérimée, así como su influencia en la redacción de *Carmen*, que ha demostrado Rodríguez Gordillo. Tampoco podemos desdeñar la influencia del

610 Aunque, como señala Alberto González Troyano, «salió de la imprenta a finales de 1846», véase S. Estébanez Calderón, *Escenas andaluzas*, cit., p. 49.

611 Donald L. Shaw, *Historia de la literatura española. El siglo XIX*, cit., p. 86.

612 Borja Rodríguez Gutiérrez, «La primera edición de las *Escenas andaluzas* (1847) de Serafín Estébanez Calderón, ilustradas por Francisco Lameyer», en Borja Rodríguez Gutiérrez, y Raquel Gutiérrez Sebastián (eds.), *Literatura ilustrada decimonónica. 57 perspectivas*, Santander, Universidad de Cantabria, 2011, pp. 741-751.

613 A. Larrea Palacín, *El flamenco en su raíz*, cit., pp. 148 y 149.

francés en Estébanez Calderón. *Escenas andaluzas*, publicado como libro a finales de 1846, con fecha del año siguiente, es una recopilación de los artículos escritos por Estébanez Calderón en las décadas precedentes. En concreto, analizaremos los cinco trabajos que tratan sobre el tema del baile y música españoles que, colocados en su disposición cronológica, que hoy conocemos gracias a Blas Vega, nos permiten asistir al nacimiento del gitanismo, al menos tal y como lo recoge el costumbrista malagueño en su obra[614]. En las tres primeras escenas habla de los bailes nacionales, españoles, y no hay referencia alguna al elemento gitano, aunque sí una filiación de estos bailes con las etapas anteriores, barroca y renacentista. En 1842, en un cuarto artículo, aparece una única referencia al elemento gitano (ya se había publicado «La gitana» en *Los españoles pintados por sí mismos*, un año antes), referencias que estallarán en «Asamblea general» que, pese a tratarse del escrito menos realista, es sin duda el que mayor contenido musical y dancístico posee. Los dos primeros artículos son meros ensayos de erudición, de los que los historiadores de las danzas de palillos y boleras han obtenido abundantes informaciones. En los dos últimos ya aparece el autor como actor de estas, siendo por tanto cuadros más vivos, aunque probablemente ficticios. Vamos a analizar concienzudamente estos cinco en los que aparece la temática de baile y música en el orden cronológico de aparición en la prensa, que no coincide con el de la disposición en el libro. Es curiosa la importancia para lo que nos ocupa del año 1846 en el que apareció la edición completa de *Carmen*, las *Escenas andaluzas* (aunque con la fecha de 1847) y también el folletín *Elina o Sevilla por dentro*, que analizaremos más adelante, tres textos en prosa que, aunque debidos a manos distintas, obedecen al mismo movimiento que conduce desde los bailes de palillos a los bailes de gitanos o gitanos, más tarde flamencos. Es también curioso que en los tres textos aparezca la palabra flamenco, con el significado de gitano, o con un significado próximo a gitano, aunque no referido a una música y danza. Los lugares de impresión de dichos textos fueron: París, Madrid y Sevilla. La moda gitana llegaba a España, y a Andalucía, para quedarse. No olvidemos que, al año siguiente, en 1847, ya encontramos, en Madrid, un primer texto en el que a estos cantos se les llama flamencos, como sinónimo de gitanos.

614 Se trata de «El bolero», «Baile al uso y danza antigua», «La rifa andaluza», «Un baile en Triana» y «Asamblea general».

Portada de *Escenas andaluzas* de Serafín Estébanez Calderón, obra de Francisco Lameyer, Baltasar González, 1847.

Muchos ensayos de flamenco se han ocupado de los artículos de Estébanez Calderón que, naturalmente, se salvaron del olvido gracias a su publicación como volumen independiente. Ya los encontramos en *Mundo y formas del flamenco* (1963) de Molina y Mairena, y los volvemos a encontrar en *El flamenco en su raíz* (1974) de Arcadio Larrea, *Teoría romántica del cante flamenco* (1976) de Lavaur, siendo estos dos textos muy importantes para la Nueva Teoría de la Historia Flamenco porque ambos se ocupan de la personalidad de la bailarina que protagoniza la «Asamblea general». También se analizan las *Escenas andaluzas* en *Sociología del cante flamenco* (1993) de Steingress y *50 años de flamencología* (2007) de Blas Vega, entre otros. Como vamos a ver todas estas visiones están condicionadas, como no podía ser menos, por la teoría previa que maneja cada estudioso. Es la riqueza de la obra de arte, que cada uno puede proyectar en ella lo que desee. No obstante, diremos que todas estas visiones son correctas y complementarias. De hecho, la obra de Estébanez Calderón fue considerada por muchos como el inicio de la reflexión y el primer testimonio escrito del género flamenco, pese a que esta palabra, flamenco, no aparece en el libro, al menos para denominar los cantes y bailes. Digámoslo ya: solo aparece en la escena titulada «Pulpete y Balbeja» refiriéndose a un tipo de navaja llamada flamenco, habla en concreto de «un flamenco de tercia y media, con cabo de blanco»[615].

Marie Guy-Stephán en *Escenas andaluzas*, Francisco Lameyer, Baltasar González, 1847.

Nosotros vamos a hacer una lectura de esos textos desde una nueva perspectiva: la de la Nueva Teoría de la Historia del Flamenco. Con esta nueva luz vamos a ver cosas que los autores precedentes no habían visto en esta obra. Ya en el título completo del escrito de Estébanez Calderón aparece una referencia a la danza y la música: *Escenas andaluzas, bizarrías de la tierra, alardes de toros, rasgos populares, cuadros de costumbres y artículos varios, que de tal y cual*

615 S. Estébanez Calderón, *Escenas andaluzas*, cit., p. 60.

materia, ahora y entonces, aquí y acullá y por diverso son y compás, aunque siempre por lo español y castizo ha dado a la estampa El Solitario, en donde se evidencia el carácter misceláneo y de cosas ya publicadas de que trata el libro. La alusión al «son y compás» es, como señala Larrea, una referencia a los cantes y bailes andaluces. La dedicatoria posee también una referencia al baile y al cante, ya que cuenta con los «cantadores, bailadoras» como parte de su público más natural.

1831. «El bolero» publicado en *Cartas españolas* el 3 de diciembre de 1831. Estébanez Calderón relaciona este baile, el bolero, con las antiguas danzas barrocas y renacentistas: chacona, zarabanda, etc. El paso de la chacona y el paso del bureo pasaron al bolero en tanto que «la jacarandina y la zarabanda son hoy el olé y la tirana»[616]. Chacona y zarabanda a veces se interpretan con «demasiado picante»[617]. Relaciona la zarabanda con los cantares de ciegos. Una referencia contemporánea a esta y a los cantes de ciegos, como cantes antiguos y en vías de extinción, la proporciona también el músico Santiago Masarnau, que la relaciona con la Puerta de Toledo, es decir, con el camino de Andalucía[618]. En el bolero, dice Estébanez Calderón, concurren pasos y mudanzas del fandango, los polos, la tirana. Pero también otros nuevos que se inventaron después: las glisas, el matalaraña, el laberinto o macarena, el pasuré cruzado y sin cruzar, el taconeo, el avance y retirada, el marcial, las puntas, la vuelta de pecho, la vuelta perdida, los trenzados[619], etc. Muchos de estos pasos saltaron al flamenco. Recordemos además la importancia fundamental que para el flamenco va a tener el taconeo. Además, muchos de ellos son calificados por Estébanez Calderón, y por otros antes que él, recogidos en este trabajo, como violentos hasta el punto de costar la vida a muchos de sus intérpretes, consideración que contrasta obviamente con la realidad actual de la Escuela Bolera. Lo mismo podemos decir de los elementos eróticos y «picantes» que señala el autor. Dice Estébanez Calderón que Requejo convirtió este baile violento en un «baile de cuenta y escuela». Esta última afirmación serviría en el siglo XX para acuñar la expresión Escuela Bolera, sin lugar a duda. El zorongo, el fandanguillo de Cádiz, el charandé y el cachi-

616 Ibídem, p. 82 y 83.

617 Ibídem, p. 83.

618 J. Blas Vega, *El flamenco en Madrid*, cit., p. 81.

619 S. Estébanez Calderón, *Escenas andaluzas*, cit., p. 84.

rulo[620] serían danzas andaluzas del tipo violento, como el bolero primitivo, anterior a Requejo. Da Estébanez Calderón una lista de grandes bailarinas boleras de esta época: Antonia Prado (1765-1830), La Caramba (1751-1787), Mariana Márquez[621] y Brianda[622]. Las dos primeras son, como sabemos, actrices, lo que demuestra una vez más la unión de ambos géneros, el de la danza y el de la actuación, ambos por supuesto ejercicios profesionales. Hay una referencia al Teatro del Príncipe que fue, con el de la Cruz y el de los Caños del Peral, «los llamados teatros nacionales y figuraban entre los más antiguos y característicos de Madrid», según Alberto González Troyano[623]. El cuadro se abre con una descripción de un baile bolero en un teatro a cargo de «cierta andaluza»[624], de la que no da el nombre, lo que da fe del carácter primordialmente meridional de este repertorio. También hay una referencia a la relación de este baile con el teatro costumbrista, concretamente con el sainete[625] . En concreto se trata de un sainete de Ramón de la Cruz[626]. Esto subraya la conexión de estos bailes con el teatro costumbrista menor, conexión que vimos en páginas anteriores. A la bailarina la llama *bailadora*[627]. Es decir, usa la nomenclatura flamenca.

La información que contiene esta obra, junto a la del artículo *El bolero* de Fernando Sor (que habla también del estado de «lubricidad» al que llegó el bolero), en la *Encyclopédie Pittoresque de la Musique* (París, 1835), son las fuentes principales de las que ha bebido la investigación a propósito de la Escuela Bolera a finales del siglo XX y principios del XXI, tanto en el Congreso *Escuela Bolera* de 1992[628] como en la documentación para la declaración de la Escuela Bolera como bien de interés cultural que llevó a cabo la Junta de Andalucía en diciembre de 2011[629].

620 Ibídem, pp. 85 y 86.

621 Esta actriz-bailarina aparece en el grabado *Mariana Márquez bailando el zorongo* de Lorenzo Barrutia, ca. 1795, Biblioteca Nacional, IH/5437.

622 S. Estébanez Calderón, *Escenas andaluzas*, cit., p. 86-87.

623 Alberto González Troyano, en S. Estébanez Calderón, *Escenas andaluzas*, cit., p. 86.

624 S. Estébanez Calderón, *Escenas andaluzas*, cit., p. p. 78.

625 Ibídem, p. 81.

626 Ibídem, p. 87.

627 Ibídem, p. 79.

628 Roger Salas (ed.), *La Escuela Bolera*, Madrid, Ministerio de Cultura, 1992.

629 Cuyo expediente se puede consultar en https://www.juntadeandalucia.es/cultura/redportales/comunidadprofesional/sites/default/files/libroblanco/expediente_de_la_escuela_bolera_para_su_declaracion_como_bien_de_interes_cultural.pdf (consultado el 9-9-2018).

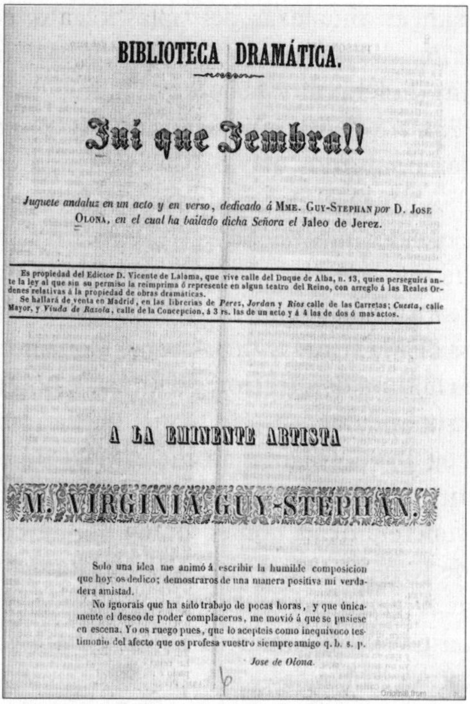

BIBLIOTECA DRAMÁTICA.

Jui que Jembra!!

Juguete andaluz en un acto y en verso, dedicado á MME. GUY-STEPHAN *por* D. JOSE OLONA, *en el cual ha bailado dicha Señora el* Jaleo de Jerez.

Es propiedad del Editor D. Vicente de Lalama, que vive calle del Duque de Alba, n. 13, quien perseguirá ante la ley al que sin su permiso la reimprima ó represente en algun teatro del Reino, con arreglo á las Reales Ordenes relativas á la propiedad de obras dramáticas.

Se hallará de venta en Madrid, en las librerias de *Perez*, *Jordan* y *Rios* calle de las Carretas; *Cuesta*, calle Mayor, y *Viuda de Razola*, calle de la Concepcion, á 3 rs. las de un acto y á 4 las de dos ó mas actos.

A LA EMINENTE ARTISTA

M. VIRGINIA GUY-STEPHAN.

Solo una idea me animó á escribir la humilde composicion que hoy os dedico; demostraros de una manera positiva mi verdadera amistad.

No ignorais que ha sido trabajo de pocas horas, y que únicamente el deseo de poder complaceros, me movió á que se pusiese en escena. Yo os ruego pues, que lo acepteis como inequivoco testimonio del afecto que os profesa vuestro siempre amigo q. b. s. p.

Jose de Olona.

Portada de la obra *Jui que jembra!!* de José Olona, Lalama 1846.

1832. «Baile al uso y danza antigua» publicado en *Cartas españolas* el veintiséis de enero de 1832. El autor describe el ambiente de los bailes que se llevaban a cabo en posadas u hoteles. Son bailes para el público no profesional. Describe la danza de la seguidilla y del fandango. Hay una referencia al libro de memorias de Casanova en relación con el fandango[630], que ya hemos comentado. Dice Estébanez Calderón que las danzas andaluzas son una mezcla de las zambras árabes con las que vinieron de América[631].

1832. «La rifa andaluza», publicada originalmente en *Cartas españolas* el veintitrés de febrero de 1832. Se habla de la reina del festejo como «la bailadora que más gala adquirió en la pasada fiesta»[632]. Y relaciona la danza con las castañuelas o «crótalo de granadillo». Incluye una referencia a la rondeña[633].

630 Estébanez Calderón, *Escenas andaluzas*, cit., p. 314.

631 Ibídem.

632 Ibídem, p. 67.

633 Ibídem, p. 69.

1842. «Un baile en Triana». Según Blas Vega se publicó por vez primera en 1842 en el *Álbum del Imparcial*[634], información que no recoge la edición de González Troyano que hemos manejado. Una vez más Estébanez Calderón relaciona el baile nacional con el teatro[635]. Y repite la información que lo relaciona con los bailes antiguos de la chacona y zarabanda[636], señalando que el bolero conserva la chacona como «una de sus mudanzas más picantes«[637] y que «el olé y la tana son descendientes legítimos de la zarabanda»[638]. Relaciona la zarabanda con «una cuadrilla de gitanos y gitanillas, en algunas ferias de Andalucía»[639]. Esta es la primera alusión a los gitanos que encontramos en la obra de Estébanez Calderón y la única que aparece en la presente escena. La referencia gitana estallará apenas tres años más tarde. Los cantos de los que se habla aquí, que considera todos descendientes de las músicas y bailes árabes, son la caña, «el tronco primitivo de estos cantares»[640], cuyo nombre hace derivar del árabe «gannia», que traduce por canto, de la que derivan a su vez «olés, tiranas, polos y las modernas serranas y tonadas»[641]. Si la caña, habitualmente, no se baila, estos últimos sí, «con crótalos de granadillo o de marfil»[642], esto es, castañuelas. Habla de la compenetración de cante, baile y toque. Otros cantos de este repertorio son la rondeña, la granaína y el romance o corrida que, este sí, naturalmente, no se baila. Estébanez Calderón relaciona estos romances que canta el gitano Planeta con el *Romancero general*[643] y, según Steingress, con los pliegos de cordel y los cantos de los ciegos andaluces[644]. Estébanez Calderón también habla de la rondeña[645] bailable.

Los intérpretes mencionados, «notabilidades, así de canto como de baile», son «El Planeta, veterano cantador»[646], El Fillo, Juan de Dios, María de las Nieves, La Perla y El Jerezano, estos dos últimos

634 José Blas Vega, *50 años de Flamencología*, Madrid, El Flamenco Vive, 2007, p. 12.

635 Estébanez Calderón, *Escenas andaluzas*, cit., p. 248.

636 Ibídem, p. 249.

637 Ibídem, p. 250.

638 Ibídem.

639 Ibídem.

640 Ibídem.

641 Ibídem, p. 251.

642 Ibídem.

643 Ibídem, p. 252.

644 S. Estébanez Calderón, *Escenas andaluzas*, cit., p. 252; y G. Steingress, *Sociología del cante flamenco*, cit. p. 269.

645 Estébanez Calderón, *Escenas andaluzas*, cit., p. 256.

646 Ibídem, p. 253.

artistas del baile. Tocados con «el calañés», se les apoda como guapos, pero en ningún momento gitanos, flamencos o boleros. La orquesta es «la vihuela y dos bandolines»[647]. Entre las técnicas instrumentales de los músicos están los «golpes en el traste»[648]. En la descripción que hace del baile nos encontramos con pasos de los bailes de palillos o boleros como el «matalaraña» y el «bien parado»[649], mientras que, en este caso, no se hace referencia al zapateado. El lugar es una «fiesta»[650].

1845. «Asamblea general (de los caballeros y damas de Triana, y toma de hábito en la orden de cierta rubia bailadora)». Apareció en *El Siglo Pintoresco* en 1845 y en forma de folleto, dedicado a Guy Stéphan en 1846, al parecer como material promocional de una gira andaluza de la bailarina[651]. Observamos un cambio en la apreciación de los bailes españoles y andaluces respecto a los artículos de la década anterior. Aquí gana presencia el elemento gitano, como consecuencia del gitanismo o gitanofilia o moda gitanista que se extiende en Europa y España en esta época. «Asamblea general» posee una importancia fundamental para lo que nos ocupa porque en el texto vamos a ver cómo una bailarina como Guy Stéphan, que se había iniciado como clásica (o lo que hoy llamamos clásica) en Francia pero que por la influencia de los bailes españoles se vuelve bolera o bailarina de palillos en España, donde está desde 1843, se relaciona, en este texto, con los bailes y cantes gitanos de Triana[652]. Por primera vez Estébanez Calderón se refiere a estas danzas y cantos con relación a los gitanos, cosa que no había hecho antes. Hay una referencia en el texto a los sainetes de Ignacio González del Castillo y de Ramón de la Cruz[653], con lo que Estébanez Calderón establece una filiación literaria respecto a su arte.

En primer lugar, vemos que el baile y el cante están relacionados con la comida y la bebida. El tono es más humorísticos, más caricaturesco que en las demás escenas que comentamos, por lo que podemos pensar que es menos realista y que acaso no está inspirado en un hecho real. Sobre todo, si tenemos en cuenta la relación que

647 Ibídem.
648 Ibídem, p. 254.
649 Ibídem, p. 257.
650 Ibídem, p. 253.
651 J. Blas Vega, *50 años de flamencología*, cit., p. 16.
652 S. Estébanez Calderón, *Escenas andaluzas*, cit., pp. 139 y ss.
653 Ibídem, p. 294.

el autor tenía con la bailarina mencionada y que este cuadro está concebido como un homenaje a la misma. De hecho, aparece el autor en la composición, con su seudónimo reconocido, el que encabeza la obra[654]. En esta aparición tenemos una de las claves de quien sea esta, que en el texto primero se llama Virginia y más tarde, al ser «bautizada» como trianera legítima, como Carmela, pero que, según colegimos de la caracterización que incluye esta obra, no se maneja bien con el idioma español, y por eso El Solitario se ofrece a ser su maestro en estas lides, de lo que deducimos que es extranjera[655]. De Virginia pasa a ser, por su condición nueva de «trianera legítima», «la rubilla Carmela»[656], ya que Virginia parece nombre poco castizo. Señala Lavaur a este respecto que en el cuadro se nos muestra como «una Triana alegórica y convencional, soñada por un malagueño enraizado en Madrid se prosterna a los pies de la francesa». Y señala también el autor cómo la flamencología del siglo XX ha pretendido a través de esta obra «dotar de ancestralidad a los orígenes de este arte, haciendo caso omiso de la nacionalidad de la musa inspiradora del ardiente ditirambo»[657]. Encontramos citas de Estébanez Calderón en *Mundo y formas del flamenco*, el libro fundacional de la flamencología gitanófila del siglo XX, conocido en tiempos como *la Biblia del flamenco*[658]. La personalidad de la «bailarina rubia» parece que era *vox populi* en su momento, sobre todo teniendo en cuenta la dedicatoria de la segunda edición, como folleto, de esta obra, así como las ilustraciones, tanto de la segunda edición[659] como de la tercera[660], en

654 Ibídem, p. 302.

655 Ibídem.

656 Ibídem.

657 L. Lavaur, *Teoría romántica del cante flamenco*, cit., p. 144. De la importancia de la bailarina francesa en los orígenes del flamenco encontramos otra referencia, en otro lugar, donde se señala que la Guy Stéphan es la primera en «recogerse el vestido» en su baile, lo cual considera un crítico de la época que «no estilan las andaluzas en sus danzas». Como apunta Lavaur, la novedad tendría continuidad ... hasta hoy mismo. Cfr. Lavaur, *Teoría romántica del cante flamenco*, cit., p. 143

658 Ricardo Molina y Antonio Mairena, *Mundo y formas del flamenco*, 1963, Madrid, Revista de Occidente, 1963, pp. 38, 39, 43, 185, 245

659 La imagen se puede consultar https://1.bp.blogspot.com/_VCGs_11mQM8/TFA-r2ezFjQI/AAAAAAAAA6E/G3h9IjYN50g/s1600-h/18460823_anuncio-1.jpg (consultado el 9-11-2017) para comprobar que no se parece en nada a las dos imágenes siguientes, es decir, que es apócrifa. Lameyer aún no conocía a la bailarina cuando elaboró esta imagen, pero sí cuando hizo la que sigue, la de la tercera edición de «Asamblea general».

660 La imagen se puede consultar en http://www.cervantesvirtual.com/portales/literatura_ilustrada/imagenes_costumbrismo_3/imagen/imagenes_738537_escenas_

que aparece Guy Stephan bailando, pintada por Lameyer en ambos casos. Las dos ilustraciones no se parecen, y la razón es que la primera es apócrifa. Cuando Lameyer hizo la segunda, ya conocía a Guy Stéphan. La segunda se parece a otras imágenes que tenemos de Guy Stéphan, incluido un daguerrotipo que Rocío Plaza Orellana atribuye a la bailaora[661]. Arcadio Larrea ya señala la personalidad de esta bailarina rubia. Era «Guy Stéphan, que tuvo que ver con el marqués de Salamanca, como recordamos protector de El Solitario, y en cuyo honor se compuso la narración»[662]. De hecho, Estébanez Calderón era cuñado del Marqués de Salamanca, como hemos dicho. De la misma opinión es Lavaur, como decimos, y en parecidos términos se expresa Borja Rodríguez Gutiérrez[663]. Steingress, sin embargo, en 1993 considera que la tal Carmela es «una gitana»[664] de Madrid, alineándose con las tesis (o el silencio) de la flamencología del siglo XX, a las que cuestiona críticamente en otro lugar el autor de *Sociología del cante flamenco*. Es opinión que repiten otros autores[665]. Blas Vega, sin embargo, da la identidad de la «bailarina rubia»: la Guy Stéphan[666]. El nombre de Virginia que en este libro se da a la Guy-Stéphan no es ficticio, a tenor de la dedicatoria que el poeta romántico José Olona, nacido en Málaga hacia 1830[667], colaborador como letrista de Asenjo Barbieri[668], le dedica en la edición de su obra *Jui, que jembra!!* en 1846: «a la eminente artista M. Virginia Guy-Stéphan»[669]. Olona era malagueño, como Estébanez Calderón.

---

andaluzas_98_738537_lit_ilustrada_escenas_asamblea_bailarina/ (consultado el 9-11-2017).

661 R. Plaza Orellana, *Los bailes españoles en Europa*, cit., p. 6.

662 A. Larrea Palacín, *El flamenco en su raíz*, cit., p. 157.

663 Borja Rodríguez Gutiérrez, «La primera edición de las *Escenas andaluzas* (1847) de Serafín Estébanez Calderón, ilustradas por Francisco Lameyer», cit., pp. 747 y ss.

664 G. Steingress, *Sociología del cante flamenco*, cit., p. 272.

665 José Blas Vega cita a Margarita Torrione en *50 años de flamencología*, cit., p. 15.

666 J. Blas Vega, *50 años de flamencología*, cit., pp. 14, 15, 16 y 17.

667 Antonio Cruz Casado, «La leyenda de José María el Tempranillo (raíces literarias)», en Rafael Merinero Rodríguez, (ed.), *Actas de las terceras jornadas sobre el bandolerismo en Andalucía*, Lucena, Excmo. Ayuntamiento, 2000, pp. 195-240.

668 E. Casares Rodicio, *Francisco Asenjo Barbieri*, cit., I, p. 47. José Olona fue autor de *Recuerdos de Andalucía. Costumbres, tipos, trajes. Romances* (1852). No confundirlo con su hermano, más conocido que él, Luis Olona y Gaeta (1823-1863), colaborador también, más estrecho aún, de Asenjo Barbieri. Cfr. J. Caro Baroja, *Ensayo de literatura de cordel*, cit., p. 483.

669 Véase José Olona, *Jui, que jembra!!*, Madrid, Lalama, 1846, p. 1.

Imagen apócrifa de El Planeta incluida en *Escenas andaluzas*,
Francisco Lameyer, Baltasar González, 1847.

En la prolija descripción de la indumentaria que nos aporta Estébanez Calderón nos quedamos con el dato de que El Planeta, uno de los protagonistas de la escena, va tocado por un sombrero calañés[670], llamado en otra ocasión castoreño, que parece una seña de identidad de los flamencos de este momento, como vemos en el artículo de prensa de la fiesta en el Salón Vensano[671], y que viene de la etapa anterior, de los bailes y cantos de palillos o boleros. Este sombrero es hoy una seña de identidad de esos bailes, como sabemos. También hay varias referencias a la «majeza»[672], expresión en la que vemos la conexión también con la etapa anterior de los bailes y cantos de palillos en relación con los majos.

670 S. Estébanez Calderón, *Escenas andaluzas*, cit., pp. 287 y 290.
671 J. Blas Vega, *El flamenco en Madrid*, cit., pp. 94 y ss.
672 S. Estébanez Calderón, *Escenas andaluzas*, cit., pp. 288 y 290.

Los instrumentos que acompañan al canto y a la danza son guitarra o vihuela[673], una tiorba, dos bandurrias, un discante de pluma, platillos y tambor[674], panderos y sonajas[675]. Es abundante la nómina de intérpretes que ofrece Estébanez Calderón. Nos quedamos con las figuras del Planeta, que es uno de los protagonistas del cuadro[676], como hemos dicho, y El Fillo, que ha pasado también a la historia del flamenco[677]. Otros intérpretes que aparecen en la obra: María de las Nieves[678], Ezpeletilla o la Dolores, «la estrella de las gitanas»[679]. Esta Dolores, bailaora y cantaora, podemos considerar que acaso sea Dolores la Gitanilla[680], que aparece en el texto de 1847 donde por vez primera salen a relucir estos cantes y bailes como flamencos.

673 Ibídem, pp. 288 y 303.

674 Ibídem, p. 303.

675 Ibídem, p. 305.

676 Ibídem, pp. 289, 293, 296, 303.

677 Ibídem, p. 289. Ambos se consideran hoy día como creadores de cantes por seguiriyas, aunque pongo en duda esta consideración porque no he hallado ningún documento de la época que la respalde. La primera vez que se le atribuye a El Fillo un cante por seguiriyas es en la *Colección de cantes flamencos* de Machado Álvarez (Cfr. A. Machado Álvarez, *Colección de cantes flamencos*, cit., p. 189). Y la primera vez que se le atribuye a El Planeta es en 1958: Pepe Torre grabó ese año un disco con el nombre de *Seguiriyas primitivas* cuya melodía y letra grabaría después Antonio Mairena (1965) y luego otros cantaores. En 1963 Molina y Mairena (*Mundo y formas del flamenco*, cit., pp. 185 y 186) atribuyen este cante a El Planeta. En una conferencia de 1980, Mairena, responsable artístico del disco de Torre, identifica este cante como seguiriya del Planeta. Cfr. Luis Soler Guevara y Ramón Soler Díaz, *Los cantes de Antonio Mairena*, Sevilla, Tartessos, 2004, pp. 290 y 291. Creo que el cante por seguiriyas es posterior a esta fecha de 1845 en que se publicó el texto originariamente. Pienso que es un cante creado o popularizado en los años 70 del siglo XIX. Machado Álvarez (*Colección de cantes flamencos* cit., p. 200) recoge, con algunas variaciones, la letra que cantó Torre en 1958, pero no la relaciona con El Planeta. Las imágenes del Planeta y El Fillo que aparecen en «Asamblea general» son apócrifas, como ha señalado Blas Vega (*50 años de flamencología*, cit., p. 16). Estas imágenes se pueden consultar en http://www.cervantesvirtual.com/portales/literatura_ilustrada/imagenes_costumbrismo_3/imagen/imagenes_738537_escenas_andaluzas_92_738537_lit_ilustrada_escenas_asamblea_guitarrista/ (consultado el 9-10-2017) para El Planeta y en http://www.cervantesvirtual.com/portales/literatura_ilustrada/imagenes_costumbrismo_3/imagen/imagenes_738537_escenas_andaluzas_96_738537_lit_ilustrada_escenas_asamblea/ (consultado el 9-10-2017) para El Planeta y El Fillo.

678 Estébanez Calderón, *Escenas andaluzas*, cit., p. 291.

679 Ibídem, p. 306.

680 ¿Puede ser esta Dolores la Gitanilla la misma Dolores la Gitana que protagoniza un cilindro de cera por malagueñas, hacia 1898 (véase http://catalogo.bne.es/uhtbin/cgisirsi/?ps=jBmmQJ6r7g/BNMADRID/278430535/9, consultado el 9-11-2018)? Entre las noticias que de ella nos hablan en 1847 y esta fecha habrían pasado nada menos que 51 años, pero no es imposible, aunque sea poco probable. Si fuera así,

De ella dice José Manuel Gamboa que pudo ser la creadora de las malagueñas que hoy llamamos del Mellizo, a tenor de la descripción de su cante que encontramos precisamente en «Asamblea general», una malagueña por el estilo de la jabera mezclada con el polo de Tobalo[681]. En este cante señala Larrea Palacín, por su parte, un parentesco con la soleá apolá de Triana[682].

Respecto al repertorio: malagueñas, jaberas, peteneras, los dos polos, incluyendo el de Tobalo, rondeña, zapateado y tana[683]. Como vemos, el repertorio, tanto en esta escena como en «Un baile en Triana», se ajusta estrictamente al de los bailes y cantos de palillos y boleros de la etapa anterior.

Encontramos varias referencias a los gitanos y lo gitano de estos cantes y bailes[684]. Esta bailadora que viene de Madrid, Virginia, «bailadora por alto y por bajo»[685] se la considera como una «de los nuestros»[686], esto es, de los gitanos, y «mujer legítima de la tierra, serrana líquida y trianera apurada»[687]. «Su personilla es la estampa de lo bueno y cortada de molde para la historia de nuestros bailes»[688]. «Serrana líquida y trianera reconocida»[689]. Luego, esto de «por bajo» sería sustituido por «lo jondo», al menos en la prensa sevillana[690]. Es decir que la alusión al flamenco, aunque no con esta palabra, es bastante clara. La Guy-Stéphan es una de los nuestros, una flamenca. La primera bailarina de palillos flamenca, acaso. Una de las primeras, sin lugar a duda. La descripción que hace del baile de esta tal Virginia, la Guy-Stéphan, no deja lugar a dudas: hay dos referencias a lo gitano en su descripción[691], se habla de «golpes»[692] y también de los «disparos y estalles de pies»[693], lo cual alude al zapateado, aun-

sería la artista más antigua de la historia del flamenco en impresionar su arte en una grabación, que nos retrotraería a los mismos orígenes del género.

681 José Manuel Gamboa, *Una historia del flamenco*, Madrid, Espasa Calpe, 2005, pp. 493-494.

682 A. Larrea Palacín, *El flamenco en su raíz*, cit., p. 164.

683 S. Estébanez Calderón, *Escenas andaluzas*, cit., p. 307.

684 Ibídem, pp. 291 y 292.

685 Ibídem, pp. 296 y 297.

686 Ibídem, p. 292.

687 Ibídem, p. 299.

688 Ibídem.

689 Ibídem, p. 300.

690 J. L. Ortiz Nuevo, *¿Se sabe algo?*, cit., p. 303. Véase también José Luis Ortiz Nuevo, *Coraje*, Sevilla, Libros con Duende, 2012, p. 34.

691 Estébanez Calderón, *Escenas andaluzas*, cit., pp. 298 y 299.

692 Ibídem, p. 299.

693 Ibídem, p. 298.

que este no sea aún una seña de identidad del flamenco tan acusada como lo es hoy, siendo no obstante un elemento que vincula el baile de Virginia o Carmela con los bailes de la etapa anterior, los bailes de palillos.

También incluye el texto bastantes referencias a los bailes de palillos[694]. De hecho, el vínculo que nos proporciona Estébanez Calderón de este primer baile «flamenco» con los de la etapa anterior va más lejos de los bailes de palillos, ya que la bailaora mencionada incluye en su baile, no solo pasos de los bailes de palillos como el matalaraña, el bien parado y el capeo[695], esto es, la imitación de las suertes del toreo, que son característicos de la etapa anterior, sino algunos de la época barroca y renacentista como «la chacona, la gambada y la gallarda»[696], de los que trataba Estébanez Calderón en «El bolero». Es decir, el vínculo está plenamente puesto de manifiesto: está hablando de una misma cosa, aunque antes hablaba de bailes estrictamente españoles y ahora el acento se desplaza hacia la consideración de gitanos de los mismos. Pero hay que decir, como vemos, que se trata del mismo repertorio y con los mismos antecedentes. Habla Estébanez, hablamos nosotros, de una continuidad estricta en la historia de los bailes españoles y andaluces, en la que no se puede hablar de un elemento marginal como bailes que fueran exclusivos de los gitanos. Lavaur señala que en 1840 Gautier hizo un intento, infructuoso, de encontrar dichos bailes en España, en Andalucía, en Granada, encontrándose un Sacromonte desolado, como él mismo al no encontrar lo que buscaba, en lo que a bailes y cantos se refiere[697]. Cantos y bailes que buscó infructuosamente en toda la geografía hispana. Dumas sí que encontró en octubre de 1846 un «baile de gitanos» en Granada, pero quedó bastante descontento de lo que vio[698]. Algo parecido le pasó al ruso Vasili Botkin unos meses antes, en octubre de 1845, cuando afirma que los bailarines gitanos «destruyen el encanto pasional de las danzas andaluzas … por su falta de discreción»[699]. Es decir, señala que el repertorio es el mismo

694 Ibídem, pp. 291 y 297.

695 Ibídem, p. 299.

696 Ibídem, p. 299.

697 L. Lavaur, *Teoría romántica del cante flamenco*, cit., pp. 136, 137 y 138.

698 A. Dumas, *Impressions de Voyage. De París a Cadix*, cit., I, p. 288.

699 En Vasili Petróvich Botkin, *Cartas sobre España*, [1849], p. 203, edición y traducción de Svetlana Maliavina, obra incluida como anexo de *Vaisili Petróvich Botkin y sus Cartas sobre España*, Svetlana Maliavina, Madrid, Universidad Complutense de Madrid, 2015, tesis doctoral.

entre los bailarines gitanos y no gitanos. Las zambras de Granada empezaron a funcionar como espectáculos en los años setenta del siglo XIX y su primer escenario no fueron las cuevas del Sacromonte sino la Plaza del Humilladero. Infructuosas han sido también, hasta el momento, las investigaciones que, en otro contexto, erudito, riguroso, disciplinar, han pretendido hallar esta Atlántida perdida. No obstante, aún se sigue hablando de «bailes de gitanos» tanto en los textos de historia de la danza española como en los de historia del flamenco. Eso sí, estos últimos hablan de bailes «gitanos» exclusivos en relación con la seguiriya, el martinete, las alegrías, la soleá o los tangos. Todos estos géneros tienen unos orígenes en los que se mezclan diferentes tradiciones y culturas y ninguno de ellos es exclusivamente gitano. Todos ellos, excepto los tangos, que son de origen negro antillano, proceden de los bailes y cantos de palillos o boleros. Los dos primeros bailes mencionados solo se bailaron en el siglo XX y la primera vez que se interpretaron lo hicieron artistas no gitanos como Vicente Escudero, en el caso de la seguiriya, que presentó en 1939[700], y Antonio Ruiz Soler, para los martinetes, en 1953[701]. Hubo muchos artistas gitanos que fueron excepcionales intérpretes de los bailes y cantos españoles, andaluces, nacionales o del país. Porque de hecho estos intérpretes eran tan españoles, andaluces, nacionales o del país como los demás bailadores o cantaores. O como el rey que trató de extinguirlos en el siglo XVIII.

De la descripción de Estébanez Calderón tomamos, por tanto, los elementos que vinculan estos bailes con los bailes de palillos, aunque enriquecidos con el elemento gitano que es característico del momento, dada la tendencia gitanista que poco a poco se convierte en una moda literaria, coreográfica y musical. Una moda que está basada a su vez en una realidad incontestable: la presencia de artistas gitanos en las danzas de palillos y anteriores. Estébanez Calderón, pese a que en su texto habla de la inclusión de elementos novedosos[702], no es consciente de estar describiendo un género diferente y distinto de los bailes andaluces que había glosado en la década anterior. Es, en efecto, el mismo género. De hecho, el texto habla de la petenera como algo nuevo[703], cuando ya sabemos que este cante y baile estaba en Andalucía desde 1826 (pero veinte años no son nada,

700 J. L. Navarro García, *El ballet flamenco*, cit. p. 124.

701 En la película *Duende y misterio del flamenco*, de Edgar Neville.

702 Estébanez Calderón, *Escenas andaluzas*, cit., p. 307.

703 Ibídem.

o no lo eran en el siglo XIX). Y antes en América, desde donde vino a España. Y fue precisamente un bailarín de palillos y gitano, Luis Alonso, el introductor de la «petenera americana».

4.5. NACIMIENTO DEL CANTE Y EL BAILE FLAMENCO EN LAS ACADEMIAS DE BAILES DE PALILLOS DE SEVILLA

La primera referencia que encontramos respecto a este proceso está en la novela o folletín costumbrista *Elina o Sevilla por dentro*[704] (1946) de Cristóval de Pascual[705]. En «El baile de candil» capítulo con el que culmina la segunda parte, encontramos la descripción, bastante realista, de un espectáculo en una academia de baile de un maestro bolero, de nombre Miguelito, que bien podría ser Miguel de la Barrera[706]. El título y temática de este capítulo proviene de una tradición que inaugura Ramón de la Cruz con el sainete *El fandango del Candil* (1768)[707] y que continúa en el siglo XIX Mesonero Romanos con el artículo de costumbres *La vieja capa y el baile de Candil* (1833). Esta moda del *baile de candil* la continuará Wenceslao Ayguals de Isco en su novela *María, la hija de un jornalero* (1845)[708]. Y la encontramos después en autores como Charles Davillier (1862)[709]. No cabe duda de que Davillier conocía la obra de Estébanez Calderón y, muy posiblemente, la de Cristóval de Pascual, dado los parecidos entre las obras de los españoles y la del francés. Por cierto, que en las

704 Cristóval de Pascual, *Elina o Sevilla por dentro*, Sevilla, Gómez, 1846.

705 Su autor es Cristóbal Pascual y Genís (Valencia, 1823-1881), abogado, político y periodista, diputado a Cortes durante el Sexenio Democrático. Ejerció los cargos de diputado a Cortes, senador, fiscal del Tribunal Supremo y presidente del Ateneo Científico, Literario y Artístico de Valencia. Formó parte del Partido Progresista y, durante el Sexenio, del Partido Radical Progresista. Colaboró en periódicos valencianos como *La Esmeralda* (1844), *El Valenciano*, *El Radical*, *El Eco Literario* (1848), *El Fénix*, *El Libre Comercio* (1849), o *La Nación*, así como en *El Porvenir* de Sevilla (1850) y *El Justicia* (1855). Falleció el 17 de diciembre de 1881. *El Espectador* de Madrid da noticia de la publicación de esta obra en su edición del 24-3-1847. Véase Manuel Ossorio y Bernal, *Ensayo de un catálogo de periodistas españoles del siglo XIX*, Madrid, J. Palacios, 1903, p. 332.

706 Miguel de la Barrera Quintana (1814-1864), véase Apéndice.

707 Ramón de la Cruz, *Sainetes de don Ramón de la Cruz: en su mayoría inéditos*, colección ordenada por Emilio Cotarelo y Mori, Madrid, Bailly Baillière, I, pp. 442 y ss.

708 J. Blas Vega, *El flamenco en Madrid*, cit., p. 83.

709 Charles Davillier, *L´Espagne*, París, Hachette, 1874, p. 384.

Escenas andaluzas encontramos una variación denominada «saraos de candil»[710] que se inserta sin duda en esta tradición. También había sido, y seguiría siendo, una moda pictórica: Rodríguez Jiménez (1830) y Doré (1862) la trataron. La diferencia que encontramos en Cristóval de Pascual respecto de sus antecesores es que en su descripción vamos a toparnos con bailarinas boleras famosas, bien conocidas nuestras: así La Nena[711] o una tal Petra[712], que bien podría ser la sevillana Petra Cámara. El repertorio es de seguidillas, boleros, el Vito, etc. Pero en la misma fiesta concurren también tres cantaores, también viejos conocidos nuestros: El Planeta, Lázaro[713], que probablemente sea Lázaro Quintana, y María, una cantante de color que con casi toda seguridad debe ser María Moreno Martínez de Loreto, acaso la introductora del tango en España y en Europa y que cantó y triunfó en España, Francia e Inglaterra[714]. Tanto Lázaro como María se acompañan en su cante con su propio toque, de guitarra o vihuela. El cante y el baile tienen el mismo repertorio: seguidillas, polos, playeras, machos para el cante[715]; seguidillas, bolero, vito, olé, sevillanas, seguidillas manchegas para el baile[716]. Se describe el tipo de voz de Lázaro como «de barítono», y entera y melodiosa, y la del Planeta como dulce. Y ambas son como «un trino». [717] Los pasos que describe para el baile son típicos de los bailes boleros que luego pasaron al flamenco, como el matalaraña y otros[718]. En la obra no se usa la palabra flamenco en referencia a los cantaores, considerados hoy flamencos por la flamencología tradicional, en realidad desde el siglo XX. Tampoco hay referencia a si son o no son gitanos los artistas. Hay referencias al magismo[719], eso sí, y se les considera «mozos crúos»[720],

710 S. Estébanez Calderón, *Escenas andaluzas*, cit., p. 202.

711 Cristóval de Pascual *Elina o Sevilla por dentro*, Sevilla, Gómez, 1846, II, p. 215. Encontré la referencia a esta novela en el blog *Flamenco de papel* https://flamencodepapel.blogspot.com/2016/04/sevilla-por-dentro-el-planeta-y-lazaro.html (consultado el 9-9-2018)

712 Ibídem, p. 207.

713 Ibídem, p. 212.

714 José Luis Ortiz Nuevo, *Tremendo asombro*, Sevilla, Libros con Duende, 2012, pp. 31-33.

715 Cristóval de Pascual, *Elina o Sevilla por dentro*, cit., II, pp. 204 y 213.

716 Ibídem, pp. 206, 207, 210 y 214.

717 Ibídem, pp. 205 y 212.

718 Ibídem, p. 210.

719 Ibídem, p. 203.

720 Ibídem, p. 205.

es decir, majos. En esta obra encontramos la palabra «flamenco»[721] pero con el significado de sicario, delincuente, asesino. En este mismo contexto se usa la palabra «gitano» en tres ocasiones[722]. Es curioso que, a pesar de poner en la escena dos famosos cantaores que, sabemos hoy, son gitanos, su autor no haga referencia a la etnia de estos. ¿Acaso en este momento este dato aún no se consideraba relevante?

Salón de Oriente. 1871. Imagen incluida en *Los cafés cantantes de Sevilla* de José Blas Vega, Cinterco, 1987.

En ese mismo año de 1846 el músico Mijail Glinka, fundador del nacionalismo musical ruso, permaneció una larga temporada en Sevilla. En sus *Notas*[723] da testimonio de la popularidad del Planeta y de Lázaro (hemos de suponer que Quintana)[724] y de la relación de

721 Ibídem, p. 48.
722 Cristóval de Pascual *Elina o Sevilla por dentro*, Sevilla, Gómez, 1846, II, pp. 47 y 48 y III, p. 146.
723 Antonio Álvarez Cañibano, *Los papeles españoles de Glinka*, cit. p. 39.
724 Ibídem.

estos artistas con «las mejores bailarinas»[725], como una tal Anita, que lo deleita «con los bailes gitanos y con el olé»[726]. Bailarinas y cantantes nacionales coincidían en las «veladas de baile de Félix y Miguel»[727], que bien pudieran tratarse del maestro Félix Moreno[728] y del mencionado Miguel de la Barrera Quintana, famoso maestro de bailes del momento en Sevilla, como hemos dicho. Es decir que el testimonio Glinka da fe de la veracidad de la obra de Cristóval de Pascual y anticipa, como esta última, las noticas que una década después encontramos en la prensa sevillana a propósito de estos saraos de baile en los que se incluye cantaores gitanos, más tarde flamencos, que sacó del olvido el maestro Ortiz Nuevo. Aunque en todos estos testimonios vamos a encontrar el vínculo entre los bailes españoles, nacionales, de palillos, con lo gitano, y en el ámbito de las academias de bailes del país de Sevilla, la palabra flamenco no se va a utilizar en el sur de España, al menos en letra de molde, hasta más adelante, más de una década después de que esta apareciera en Madrid.

La obra de José Luis Ortiz Nuevo *¿Se sabe algo?* (1990) es un rastreo por la prensa sevillana entre 1812 y 1889 en busca de noticias relacionadas con el flamenco. De ella deducimos, aunque no es una consecuencia que saca el autor, que el flamenco, con este nombre, nace en las academias de baile. Las primeras noticias referidas al cante y al baile que incluyen la palabra flamenco se refieren al Salón Oriente, sito en la calle Trajano nº 11, de Sevilla. En ellas se da cuenta de una tendencia que viene de la etapa anterior y es hacer ensayos públicos, con entrada, de los bailes nacionales o de palillos. En ocasiones se empiezan a incluir en tales ensayos, que eran espectáculos, «cantaoras flamencas» o «cantaores flamencos». La primera noticia al respecto habla de «guillabaoras flamencas»[729] y

725 Ibídem.

726 Ibídem.

727 Ibídem.

728 J. L. Ortiz Nuevo, *¿Se sabe algo?*, cit., p. 49.

729 Este supuesto gitanismo aparece en varios diccionarios de mediados del siglo XIX como el *Vocabulario del dialecto gitano* de Enrique Trujillo, Madrid, Trujillo, 1844, p. 42, el anónimo *Vocabulario del dialecto jitano, con otra porción de curiosidades*, Valencia, Jimeno, 1847, p. 109, o la obra de Ramón Campuzano y González *Origen, usos y costumbres de los gitanos y diccionario de su dialecto*, Madrid, M. R. y Fonseca, 1848, p. 94. En estos diccionarios aparece siempre con el significado de «bailador, el que baila». Buzek considera que estos diccionarios copian sin reparos el primero de estos vocabularios que es el que ofrece George Borrow como apéndice en su obra *The Zingali* (1841). No obstante, Borrow da la definición de la entrada «guillabar» como «to sing, cantar», y lo considerada de origen sánscrito (cfr. *The Zincali*, cit., II,

se refiere a un ensayo en el Salón Oriente. Se trata de una gacetilla del veintiocho de septiembre de 1860[730]. Luego encontramos otras noticias referidas al cante flamenco tanto en el Salón Oriente como en el Salón Recreo. Ambos establecimientos fueron fundados por Miguel de la Barrera Quintana (Antequera, 1814 - Sevilla, 1864). El Recreo, situado en la calle Tarifa número 1, fue la academia de baile de Miguel de la Barrera desde 1845. Anteriormente, Miguel de la Barrera tenía su academia, desde 1838, en la calle Jimios, cerca de la catedral sevillana[731]. El Salón Oriente abrió el veintiocho de agosto de 1851, dirigido por el propio Miguel de la Barrera. En 1865, por la muerte de este un año antes, pasa a dirigirla Manuel de la Barrera. Pero la primera vez que se usa la palabra flamenco en la prensa de Sevilla había sido un poco antes, en 1858 y se habla del baile del «jaleo flamenco»[732]. Esta noticia no está relacionada con las academias de bailes de palillos sevillanas, como las que vendrían después, sino con una celebración popular callejera con motivo de la festividad de las cruces de mayo. Como sabemos, los jaleos son un baile de palillos creado en el siglo XVIII, de manera que, en esta primera noticia del flamenco en Sevilla, más de una década después de la primera referencia, fechada en Madrid en 1847, se establece un vínculo entre lo flamenco y los bailes de palillos. Esta otra noticia de la que hablábamos antes, referida al Salón Oriente, sería por tanto la segunda vez que encontramos la palabra flamenco, en relación con cante y baile, en la prensa sevillana. Las primeras veces que en la prensa de Sevilla se usa la palabra flamenco, con la excepción señalada del año 1858, se refieren a actuaciones en el Salón de Oriente y Recreo, es decir, en espacios dirigidos por maestros de bailes nacio-

---

p. *52; e Ivo Buzek «La creatividad léxica documentada en los diccionarios de caló», *Revista de Lexicografía*, 15 (2009), p. 19). Así en el texto de Sebastián Herrero «La gitana» de *Los Españoles pintados por sí mismos*, Madrid, Igancio Boix, 1843, pp. 291 y 296, tiene el significado de cantaor. En la traducción anónima de *Los misterios de París* de Eugène Sue que se publicó en Madrid, Mellado, 1845, (cfr. p. 7 y ss.), aparece con el significado de cantaora, al traducir del francés de argot *goualeuse* del original. Con ese mismo significado se usa en *Fray Tinieblas, Periódico Político Popular Enciclopédico Serio-jocoso Crítico-burlesco*, 23 (1855), p. 2. De hecho, Buzek considera que la palabra guillabaor es una construcción por derivación nominal (Cfr. Ivo Buzek «La creatividad léxica documentada en los diccionarios de caló», cit., p. 23) de los autores de los diccionarios, Así pues, la palabra guillabaor, según Buzek, no es gitana sino más bien «supuestamente gitana» (ibídem, p. 20).

730 J. L. Ortiz Nuevo, *¿Se sabe algo?*, cit., p. 59.

731 J. Blas Vega, *50 años de flamencología*, El Flamenco Vive, 2007, p. 83.

732 J. L. Ortiz Nuevo, *¿Se sabe algo?*, cit., p. 60.

nales o de palillos. De ahí podemos deducir el vínculo entre el flamenco y estos espacios escénicos, las academias o salones de baile. Luego, a partir de 1866, encontramos también la palabra en relación con los cafés cantantes, como cosa esporádica. Y siempre referido al cante, en este momento[733]. Luego también al baile. El baile se sigue llamando, en esta etapa, *del país*. Hasta los años ochenta los cafés cantantes sevillanos no serán principalmente flamencos. Se habla de cante flamenco cuando los que cantan son gitanos, o gitanas, porque en este momento flamenco y gitano son sinónimos. De hecho, las noticias que recoge Ortiz Nuevo hablan primero de gitanos y luego de flamencos. La primera vez que nos encontramos a esos gitanos en los salones de baile, no denominados flamencos sino gitanos, es en una gacetilla de 1856: en realidad se trata de gitanas[734]. El cante en las academias ya estaba atestiguado desde el principio de la década[735], no se especifica en esas fechas que se trate de cantaores gitanos, a no ser que tengamos como tal a Santolio, protagonista de una gacetilla de 1851[736], pero sí de «canciones a la gitana»[737]. Eso sí, bailes gitanos encontramos ya desde 1850 con la inclusión de una «seguidilla gitana»[738]. En los años sucesivos encontramos otras referencias a esta presencia gitana en las academias sevillanas[739], hasta que, a partir de 1860, a raíz de la noticia señalada anteriormente referida a las «guillabaoras flamencas»[740] pasa a denominarse flamencos y flamencas a los que hasta ese momento se les llamaba gitanos y gitanas. Es decir, que nos encontramos en primer lugar un vínculo de los gitanos con los bailes del país, aunque todas las noticias se refieren al cante en relación con estos bailes, y un poco más tarde a estos cantaores se les llama flamencos en vez de gitanos. Luego, cuando se empiece a hablar de bailes flamencos nos encontramos en realidad los mismos bailes del país o de palillos, interpretados por artistas gitanos o agitanados. Esto es una deducción personal, porque Ortiz Nuevo sigue distinguiendo entre bailes de palillos y bailes flamencos como géneros diferentes, como ocurre en la mayoría de los ensayos de historia

733 J. L. Ortiz Nuevo, *¿Se sabe algo?*, cit., p. 69, noticia del 12 de agosto de 1865, p. 60, noticia del 30 de noviembre de ese mismo año, y p. 76.

734 Ibídem, p. 53.

735 Ibídem, p. 45.

736 Ibídem, p. 47.

737 Ibídem, p. 46.

738 Ibídem, p. 46. También la encontramos en 1853, ibídem, p. 50.

739 Ibídem, p. 54 y ss.

740 Ibídem, p. 59.

del flamenco hasta hoy mismo. Pero en su obra encontramos evidencias que van en la línea de esta tesis. Encontramos varias noticias en las que bailes de palillos, bailes gitanos y bailes flamencos se tratan como sinónimos: así, la fechada el diez de diciembre de 1862[741], la fechada el veinticuatro de julio de 1864[742], la fechada el quince de abril de 1869[743] o la fechada en 1871[744]. Encontramos también otra noticia, fechada el veintitrés de julio de 1864, en la que se considera un baile flamenco a los panaderos, que era uno de esos bailes de palillos creado en el siglo XVIII[745] y que son el precedente inmediato de los cantes y bailes por *alegre*, hoy llamados alegrías.

4.6. EL PRIMER CAFÉ CANTANTE FLAMENCO

Ocurrió, según cuenta Blas Vega, en el antiguo Salón del Recreo que, una vez que se marchó Miguel de la Barrera Quintana (1814-1864), en 1854, pasa a dirigirlo otro maestro de bailes como es Manuel de la Barrera Valladares (1808-?), también prestigioso maestro sevillano de bailes de palillos que, la coincidencia del primer apellido, no obstante, no tiene ninguna relación familiar con el anterior. Manuel de la Barrera tenía academia en la calle Pasión, al menos desde 1850, y en la calle Conteros, junto a la Campanera[746], en 1853. La Campanera pasa a dirigir La Aurora, en la calle Plata, número 4, hoy Laraña, en 1854. Más tarde, cuando Manuel de la Barrera se vaya, el Recreo lo dirigirá Luis Botella (1863) que, pasados unos años, lo nombrará Salón Botella. En 1870 el Salón Recreo pasa a ser dirigido por Silverio Franconetti[747](1823-1889), que estuvo al frente del establecimiento

741 Ortiz Nuevo, *¿Se sabe algo?*, cit., pp. 64 y 65.

742 Ibídem, p. 67.

743 Ibídem, p. 75, noticia del 15 de abril de 1869.

744 Ibídem, p. 76.

745 Ibídem, p. 67.

746 Ámparo Álvarez (Sevilla, 1828-1895) que bailó ante Davillier y Doré, entre otros, es un ejemplo de una de esas bailarinas de palillos en tránsito hacia el baile flamenco. En lugar de convertirse en estrella internacional, como sus paisanas La Nena, Petra Cámara o Josefa Vargas, fue una maestra que ofreció la enseñanza de su arte en su ciudad natal. Fue maestra, entre otros, de los maestros Otero y Ángel Pericet Carmona.

747 José Blas Vega, *Los cafés cantantes de Sevilla*, Madrid, Cinterco, 1987, p. 18.

hasta 1880[748]. En esta década pasa a ser conocido, según Blas Vega, como el Café de Silverio[749]. Para demostrarlo ofrece Blas Vega un testimonio de 1878 en el que se alude al local como *Café de Silverio*[750]. Sin embargo, según el propio Blas Vega, hasta 1880 las gacetillas sevillanas se refieren a Silverio como «director de la escuela»[751]. Es decir, que el local debió funcionar al mismo tiempo como academia o escuela de baile y como café cantante. De esta manera asistimos a la creación del primer café cantante de cante flamenco de Sevilla. Y del mundo, lógicamente. En él, según el testimonio mencionado, se ofrece cante, baile y toque flamenco, además de servirse bebidas. Desde 1880, en que entra como socio Manuel Ojeda, alias el Burrero, se le conoce como Café de la Escalerilla[752]. En 1881 Silverio abre su propio Café en la calle Rosario, número 4[753]. En esa fecha el local de la Escalerilla pasa a llamarse Café de Manuel Ojeda, aunque todo el mundo lo conocía como Café del Burrero[754]. La primera referencia a Silverio en Sevilla se refiere a este lugar y es la publicada el 25 de marzo de 1865 y recogida por José Blas Vega:

> «Salón del Recreo, situado en La Campana, calle Tarifa número 1. En la noche de hoy habrá un extraordinario ensayo de bailes nacionales o de palillos, contando para ello con ocho buenas parejas y asistiendo además el afamado cantador Silverio, recién llegado de Cádiz; José Ordóñez, conocido como Juraco[755], y también varias gitanas para los jaleos[756]».

748 Ibídem.

749 Ibídem, p. 19.

750 Ibídem, p. 20. El testimonio es de Olivares de la Peña. Este testimonio ofrece también un vínculo entre el magismo y el flamenco.

751 Ibídem, p. 18.

752 Ibídem, p. 32.

753 Ibídem, p. 35.

754 Ibídem, p. 42.

755 Rafael Pareja (1877-1965) nos da noticia en sus memorias de este cantaor, véase *Memorias del cantaor Rafael Pareja de Triana*, ed. y notas de Juan Rondón Rodríguez, Córdoba, La Posada/ Ayuntamiento de Córdoba, 2001, p. 108. Esta de 2001 es la primera edición de la obra, aunque la redacción data de 1951, como señala el editor en la p. 7.

756 J. Blas Vega, *50 años de flamencología*, cit., p. 300; y J. L. Ortiz Nuevo, *¿Se sabe algo?*, cit., p. 68.

Silverio Franconetti. h. 1865. Manuel Bohórquez propuso que el protagonista de esta imagen era el cantaor sevillano.

Silverio cantó también en diversas ocasiones, hasta 1870, en el Salón Oriente. Silverio está considerado desde el siglo XIX como el que «ha creado el género flamenco», en palabras de Antonio Machado Álvarez en 1881[757]. Así vemos que el nacimiento del flamenco está estrechamente vinculado a las academias de baile de palillos y, en concreto, a los *ensayos* de estos bailes, que eran, naturalmente, espectáculos públicos. Por cierto, aunque el propio Silverio nunca usó la palabra flamenco en sus carteles y textos promocionales, como hemos señalado, vemos en la obra de Ortiz Nuevo que la prensa del momento sí se refiere a él con este nombre de flamenco en varias ocasiones[758]. Quizá recelaba Silverio de esta denominación, no siendo él gitano. Por el contrario, él siempre usó, en relación con su arte, que sepamos, la denominación de «cantador andaluz»[759].

---

757 Antonio Machado y Álvarez, *Colección de cantes flamencos* [1881], Sevilla, Signatura, 2004, p. 257.

758 J. L. Ortiz Nuevo, *¿Se sabe algo?*, cit., p. 71, noticia del 28 de septiembre de 1866 y p. 75, noticia del 15 de abril de 1869.

759 J. Blas Vega, *50 años de flamencología*, cit., p. 303; y A. y D. Hurtado Torres, *La llave de la música flamenca*, Signatura, 2009, p. 66.

En muchas ocasiones encontramos referencias en esta época al flamenco, pero sin usar este término para denominarlo. Se usa «cantos del país» o «cantos andaluces». En las obras de Blas Vega encontramos carteles con esta denominación, como uno referido a un café cantante, llamado también El Recreo, pero de la ciudad de Cádiz[760]. Los artistas mencionados son inequívocamente flamencos, al menos desde la perspectiva actual, pero en la época, finales del siglo XIX, no se emplea esta denominación. En el *Diccionario Enciclopédico del Flamenco* del propio Blas Vega podemos encontrar más ejemplos[761]. Es decir, que en la época de los cafés cantantes todavía persisten las dos denominaciones. No se va a imponer la denominación de flamenco, para el cante, hasta los comienzos del siglo XX. El propio Rafael Marín en el título de su *Método de guitarra*, de 1902, da como sinónimos «aires andaluces» y «flamenco»[762]. Y para el baile, mucho más tarde.

Otro vínculo de los salones de baile con los cafés cantantes lo encontramos en el Salón de Oriente de Sevilla. Ya hemos visto que en este salón se programan cantes flamencos, incluso del propio Silverio. Pues bien, a partir de 1879 las actividades del salón de baile se van a completar con las de un café cantante que nace asociado al mismo, en el local contiguo o ampliación de este, con entrada por Amor de Dios, 23. Es el Salón Filarmónico o Café Filarmónico[763], que por los dos nombres es conocido. También se abrirá en este mismo lugar el café Lope de Rueda[764]. En este mismo sitio se abrirían otros cafés, en diferentes etapas, como el Café de la Flores, el de Juan de Dios, el de la Barrera, el Actualidades, el Variedades y los mencionados de Oriente y Filarmónico. También estuvo aquí, en otra época, el Teatro Lope de Rueda[765]. En el salón Filarmónico o Café cantante Filarmónico tendrá lugar el debut en Sevilla de Antonio Chacón o el de Manuel Torre. En este mismo lugar se instaló el Salón Variedades[766], que verá el debut en Sevilla de Carmen Amaya en septiembre de 1935[767]. El local —que como estamos viendo, sirvió casi siempre para usos escé-

760 José Blas Vega, y Manuel Ríos Ruiz, *Diccionario enciclopédico del flamenco*, Madrid, Cinterco, 1988, p. 238.

761 Ibídem, pp. 139, 192, 266, 293 y 311.

762 Rafael Marín, *Método de guitarra-flamenco*, cit., portada y p. B.

763 J. Blas Vega, *Los cafés cantantes de Sevilla*, cit., p. 54 y ss.

764 Ibídem, p. 30.

765 Ibídem, p. 31.

766 Ibídem, p. 93.

767 Ibídem, pp. 94 y 95.

nicos— se habilitó como cárcel durante la Guerra Civil. Luego fue un cine de arte y ensayo y, en su última etapa, una sala X. El Salón Oriente, por su parte, sigue funcionando a finales del siglo XIX y principios del XX como salón de baile, dirigido por algún maestro de baile de la familia Barrera[768] o, incluso, por el ínclito José Otero[769], y conviviendo, por tanto, con el café cantante anexo.

Los principales maestros de baile sevillano que por entonces trabajan en las academias son los citados Miguel de la Barrera, Manuel de la Barrera, La Campanera, además de Eduardo Vázquez[770], José Segura y el mencionado José Otero, entre otros muchos.

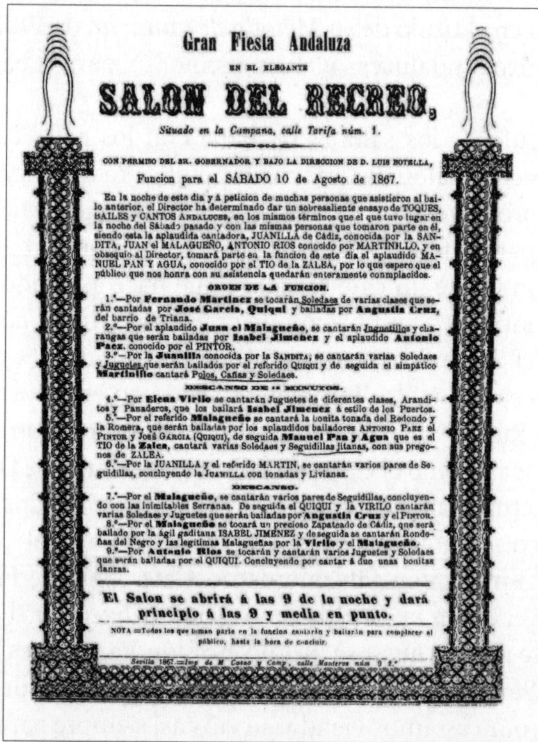

Salón del Recreo, 1867. Incluida en *Los Cafés Cantantes de Sevilla* de José Blas Vega, Cinterco, 1987.

768 Ibídem, p. 92.

769 Ibídem, y Manuel Bohórquez, *El cartel maldito*, Sevilla, Palo Nuevo, 2009, p. 122.

770 J. Blas Vega, *Los cafés cantantes de Sevilla*, cit. p. 63. Teníamos noticia de él por J. Otero, *Manual de bailes*, cit., p. 154; y también las encontramos en J. L. Ortiz Nuevo, *¿Se sabe algo?*, cit., p. 128.

4.7. EL REPERTORIO FLAMENCO

4.7.1. El primer repertorio flamenco

Con el cambio estético motivado por el Romanticismo también surgen estilos nuevos en este primer repertorio flamenco, de la misma manera que otros de la etapa anterior pasan de moda (la cachucha, los panaderos). Probablemente a partir del fandango histórico surge la soleá. A partir del fandanguito de Cádiz, una variante de la jota, y de las seguidillas y panaderos, surgirán los cantos y bailes por *alegre*, conocidos hoy como alegrías. Probablemente a partir de la zarabanda, y pasando por el punto cubano, las guajiras[771]. Todos estos son bailes de palillos. Pero surge también un estilo que no tiene nada que ver con los bailes de palillos y que jamás se baila con palillos. Son los tangos. En principio se le llama tango americano o tango de negros y lo interpretan artistas cubanos negros. Luego empiezan a bailarlo los andaluces y flamencos[772]. Por eso, este estilo casi nunca se baila con palillos, porque su procedencia es negro-americana. Es decir que, salvo en el baile del tango, encontramos una continuidad total entre los bailes de palillos, nacionales, andaluces o boleros y los bailes que empiezan a llamarse gitanos o flamencos. Lo vamos a ver, para cada uno de estos estilos, pormenorizadamente.

Los llamados «juguetillo» o canto por «alegre» en la prensa de la época, son las alegrías. Proceden, según el maestro Otero[773], de los panaderos; y según Faustino Núñez, de la jota, el fandanguito de Cádiz (que en realidad es una jota, a pesar de su nombre), el jaleo y los panaderos gaditanos y las seguidillas[774]. La primera noticia por «alegre» es de 1866, está fechada en Córdoba[775] y relaciona este cante con Paco el Gandul, cantaor sevillano, también conocido por Paco el Sevillano o Paco el Botas, y de nombre Francisco Hidalgo Monge

771 Gerhard Steingress, «La aparición del cante flamenco en el teatro jerezano del siglo XIX» en *Flamenco posmoderno* Sevilla, Signatura, 2007, p. 147. La edición original de este artículo se publicó en *Dos siglos de flamenco. Actas de la Conferencia Internacional de Jerez 21-25 junio 88*, Jerez, Fundación Andaluza de flamenco, 1989.

772 José Luis Navarro García, *Historia del baile flamenco*, vol. I, Signatura 2008, p. 218.

773 J. Otero, *Manual de bailes*, cit., p. 199. El autor hace a los panaderos oriundos de Cádiz, lo que estaría en la línea de lo señalado por Núñez.

774 http://www.flamencopolis.com/archives/8 (consultada el 30 de octubre de 2017).

775 Alberto Rodríguez en https://flamencodepapel.blogspot.com.es/2010/07/la-cordoba-flamenca.html (consulta 5 de abril de 2018).

(n. 1832)[776]. En esta época también se conocen, como decimos, con el nombre de juguetillos. En la misma noticia, que está fechada en Córdoba, se dice que un tal Molero los bailará.

La primera noticia de la soleá está fechada en Málaga en 1850. En ella se habla del baile de la soleá en relación con otros bailes como el fandango o el Vito. La referencia aparece en la obra teatral de costumbres *Tomasa la Trinitaria*[777] (1850) de José Guijarro y Rico. En esta misma obra encontramos relacionados a los «majos y boleras»[778]. La obra refleja el costumbrismo andaluz del momento, pero aún no encontramos el elemento gitano o flamenco que ya se da en otras obras costumbristas estrenadas en esas fechas en Madrid (*El Tío Pinini*, 1850) o Sevilla (*El Tío Caniyitas*, 1849). La siguiente referencia la encontramos en otra obra también mencionada, *Los toros del Puerto* en mayo de 1853[779]. Otra de ese mismo año se refiere a Petra Cámara, en junio de 1853[780] y la sitúa en París. Todas estas noticias hacen referencia a la soleá como baile. Como cante se relaciona en esta primera etapa con Francisco Paredes Villegas, miembro de la compañía de Luis Alonso, en septiembre de 1853[781]. Siguiendo con el baile, encontramos otra noticia que habla de la soleá en relación a

776 Tanto Fernando el de Triana (*Arte y artistas flamencos* [1935], Sevilla, Editoriales Andaluzas Unidas, 1986, p. 19) como Rafael Pareja nos dan noticia de este cantaor sevillano, señalando este último que vivió en Sevilla y en Madrid y que tenía un tronchante sentido del humor; véase *Recuerdos y confesiones de Rafael Pareja de Triana*, cit., p. 48, 108 y 114-115. La fecha de nacimiento la da Manuel Bohórquez en http://elcorreoweb.es/opinion/columnas/que-los-sevillanos-lo-sepan-EG2228107 (consulta 5 de abril de 2018).

777 J. Guijarro y Rico, *Tomasa la Trinitaria*, cit., p. 32. Guillermo Castro Buendía (*Génesis musical del flamenco*, cit., p. 1060) atribuye el hallazgo del dato al investigador Gregorio Valderrama.

778 J. Guijarro y Rico, *Tomasa la Trinitaria*, cit., p. 6.

779 José Gelardo y José Luis Ortiz Nuevo, (coords.), *El eco de la memoria. El flamenco en la prensa malagueña en los siglos XIX y principios del siglo XX*, Málaga, Diputación de Málaga, 2009, p. 31; y José Luis Navarro García, *Flamenco en los cafés cantantes y teatros. Noticias de prensa 1849-1936*, Sevilla, Signatura, 2008, p. 88.

780 Gerhard Steingress, *... Y Carmen se fue a París*, Córdoba, Almuzara, 2006, p. 172. Castro Buendía no considera flamenca esta versión. Cfr. G. Castro Buendía, *Génesis musical del cante flamenco*, cit., p. 1070.

781 J. Gelardo y J. L. Ortiz Nuevo, (coords.), *El eco de la memoria. El flamenco en la prensa malagueña en los siglos XIX y principios del siglo XX*, cit., p. 27, en otros textos se habla de la «soleá de Villegas» (Véase J. L. Navarro García, *De Telhetusa a La Macarrona*, cit., p. 272), referido probablemente a éste cantaor del que hemos hablado ya en relación a las primeras noticias de la palabra flamenco, relacionada con el cante y el baile, en la prensa de Madrid, referidas a la fiesta en los Salones Vensano.

Pepa Vargas en 1854; otra la vincula con la señorita Cejuela, en 1855. En 1862 encontramos otra referencia con relación a Petra Cámara, en este caso acompañada del cante, de un tal Enrique Prado[782]. A partir de esta fecha las referencias son constantes. Muchas de estas noticias hablan de la *soleá granadina*. La partitura de una *Soledad granadina*, quizá esta, se publicó en 1900 y Guillermo Castro pone en duda su carácter flamenco[783]. Así, la primera referencia flamenca en partitura sería de 1857, de Oudrid[784]. Quizá fue Trinidad Huertas *La Cuenca* (Málaga, 1857-La Habana, 1890), la primera en zapatear en la soleá, ya que el maestro Otero (*Tratado de bailes*, 1912) afirma que esa bailaora fue la primera en ejecutar las soleares de Arcas «como zapateado flamenco»[785]. Fernando Quiñones, por su parte, afirma que Rosario Monje *La Mejorana* (Cádiz, 1858-Madrid, 1920), fue «la primera que levantó mucho los brazos en la danza» flamenca, y nosotros creemos que la afirmación puede referirse a su interpretación de la soleá[786]. Además, hay una tradición que dice que esta bailaora fue la primera que bailó con bata de cola, tradición que hemos de referir a la soleá o a los juguetillos[787]. Quiñones señala que La Mejorana fue profesional tan solo tres años (1878-1881)[788], aunque Manuel Bohórquez pone en duda esta afirmación[789]. El granadino maestro Vázquez (Eduardo Vázquez 1839-¿?), discípulo de Petra Cámara, fue el primero en coreografiar el baile por soleá como baile de palillos, según Otero, que describe su coreografía como baile de pareja[790]. Por las noticias dadas por Antonio Machado Álvarez en su *Colección de cantes flamencos* (1881), y otras noticias de la época, podemos considerar que la soleá es una evolución de los bailes y cantes por jaleos[791], que ya existían en la etapa anterior, esto es, la de los bailes de palillos o boleros. Coincide por tanto el nacimiento de este nuevo estilo flamenco con el nacimiento del propio género jondo o flamenco.

782 J. L. Navarro García, *De Telethusa a La Macarrona*, cit., p. 272..

783 G. Castro Buendía, *Génesis musical del cante flamenco*, cit., p. 1067.

784 Ibídem, p. 1088.

785 J. Otero, *Tratado de bailes*, Sevilla, cit., pp. 153-154.

786 Fernando Quiñones, *De Cádiz y sus cantes* [1964], Sevilla, Fundación José Manuel Lara, 2005, p. 195.

787 J. L. Navarro García, *Historia del Baile Flamenco*, vol, I, cit., p. 296; y Fernando el de Triana, *Arte y artistas flamencos*, cit., pp. 134 y ss.

788 Fernando Quiñones, *De Cádiz y sus cantes*, cit., p. 195.

789 http:/elcorreoweb.es/opinion/columnas/secretos-y-misterios-de-la-mejorana-FI1974722 (Consultado el 5-11-2018).

790 J. Otero, *Tratado de bailes*, cit., p. 154.

791 Antonio Machado Álvarez, *Colección de cantes flamencos*, cit., pp. 76 y 77.

La Mejorana, con sus hijos Pastora Imperio y Víctor Rojas. Imagen incluida en la obra *Arte y artistas flamencos* de Fernando el de Triana, 1935.

No obstante su vínculo con los bailes de palillos, la guajira llega a España en el siglo XIX desde América, desde Cuba concretamente. Y por eso tanto su música como su letra, así como su estrofa literaria, la décima, tiene resonancias caribeñas. La palabra guajiro procede del arahuaco antillano y su significado es «campesino»[792]. Steingress ha encontrado lo que podría ser una referencia a una guajira en un teatro jerezano en enero de 1860[793]. Si así fuera, esta sería la primera mención de la guajira en la escena española. Fue el estilo estrella de las primeras grabaciones de los cilindros de cera. Sin embargo, Rafael Marín afirma en 1902 que la guajira, a pesar de algunos intentos en este sentido, no ha llegado a cuajar como un baile porque su ritmo es demasiado lento[794]. En esta línea tenemos la declaración del maestro Otero, que en 1912 dice, al coreografiar las guajiras, que «no recuerdo habérselas visto bailar a nadie», por lo que sería el primero

792 Diccionario de la Real Academia https://dle.rae.es/guajiro?m=form (consultado el 20-11-2018).

793 Gerhard Steingress, *Flamenco postmoderno*, cit., p. 147.

794 Rafael Marín, *Método de guitarra-flamenco*, Madrid, Dionisio Álvarez, 1902, p. 177.

en convertir la guajira en un baile[795]. El origen de este estilo, según Molina y Espín, es una tirana llamada el Zarandillo, Zarandilla o Zarandilleja, del teatro musical del siglo XVIII[796]. Lo característico de esta tirana es su estilo rítmico en hemiola y el uso de décimas para reproducir el diálogo teatral, elementos ambos presentes en la guajira decimonónica y en la actual. El precedente inmediato de la guajira es un estilo cubano llamado *punto*[797]. En estos puntos, que aún se conservan en Cuba y Canarias (con el nombre de *punto cubano*), se aprecia el ritmo y la estrofa del zarandillo y una melodía muy cercana a la guajira flamenca. Algunas de las letras de estos puntos cantaban la memoria de lo español. Es decir que la guajira española no se basa en la guajira cubana[798] sino en el *punto cubano* o *punto guajiro* de Cuba[799]. El punto, por su parte, es un género documentado desde el siglo XVIII[800], aunque algunos remontan su origen a un siglo antes[801], y que pudiera tener relación con los canarios según se deduce de su uso de la técnica del zapateado[802]. Romualdo Molina y Miguel Espín han inventariado alrededor de treinta motivos melódicos por guajiras, a pesar de que hoy en día apenas se usan tres o cuatro. La historia del flamenco se compone no solo de sumas, a veces encontramos también restas.

También llega un estilo al flamenco en este momento directamente de América, sin el paso previo por el repertorio de los bailes de palillos. Es el tango, uno de los estilos más populares del repertorio flamenco desde entonces, y aún hoy. El tango, que viene de América, que es un baile de negros, casi nunca se ha bailado con palillos. Básicamente, es un baile erótico. La primera mención del

795 J. Otero, *Tratado de bailes*, cit., p. 232.

796 Romualdo Molina y Miguel Espín, *Flamenco de ida y vuelta*, Sevilla, Guadalquivir/Bienal de Flamenco, 1992, pp. 8 y 47.

797 Ibídem, p. 25.

798 H. Orovio, *Diccionario de la música cubana*, cit., pp. 194-195.

799 H. Orovio, *Diccionario de la música cubana*, cit., pp. 314-316.

800 Emilio Casares Rodicio (coord.), *Diccionario de música española e hispanoamericana*, Madrid, Fundación Autor, 2002, p. 1017.

801 Helio Orovio, *Diccionario de la música cubana*, La Habana, Letras Cubanas, 1981, p. 314.

802 Emilio Casares Rodicio (coord.), *Diccionario de música española e hispanoamericana*, Madrid, Fundación Autor, 2002, p. 1017.

tango data de 1779 y de la tonadilla de Tomás Abril[803] *La Anónima*[804]: «Los andaluces en sus tangos graciosos sus chistes lucen». Sin embargo, la prensa del siglo XIX[805] dice que nació en 1823 en La Habana y lo llama *Tango americano y Tango de negros*. No obstante este dato, tenemos documentada asimismo la primera anotación de esta música en 1818[806], también en España, en la que se la llama *baile de negros*. Es un estilo de negros que se basa a su vez en la contradanza de origen inglés/francés, un baile binario del siglo XVII[807]. Fernando Ortiz explica así el origen de este baile criollo:

> «La famosa contradanza cubana no fue sino la folclórica *country dance* o *danza del pueblo*, de Normandía, que un día se hizo de gran moda en los saraos cortesanos de Londres y de París, luego fue traída a Cuba por los oficiales ingleses que tomaron La Habana en 1762, y después por los españoles afrancesados de los tiempos de Carlos III, Carlos IV y Fernando VII; y al fin acriollada en la mórbida sensualidad cubana»[808].

Es posible que en Cuba se usara la palabra tango en ámbitos marginales reservándose el de contradanza para los medios escritos. Es la versión de los negros de esta danza. Castro Buendía señala su conexión con los canarios y el zapateado. Es posible que quién popularizara en España estos tangos fuera María Moreno Martínez de Loreto en los años cuarenta y cincuenta del siglo XIX[809]. Una vez que se hace flamenco pierde el apellido de americano o de negros. Tenemos una mención del cantaor Villegas, del que ya hemos hablado en la soleá, en la temprana fecha de 1849[810] que relacionan a este intérprete con

803 «Guitarrista y compositor gaditano que trabajaba en los teatros de la corte con obligación de cantar», en Faustino Núñez, *Guía comentada de música y baile preflamencos*, Barcelona, Carena, 2008, p. 237.

804 Ibídem.

805 *El Regalo de Andalucía*, 15-2-1849. Véase José Luis Ortiz Nuevo, «Tango de negros: Tango americano: Tango», en José Luis Navarro y Miguel Ropero Núñez, *Historia del Flamenco*, Sevilla, Tartessos, 1996, IV, pp. 405-406.

806 Ibídem.

807 Faustino Núñez, «Apéndice B», en R. Molina y M. Espín, *Flamenco de ida y vuelta*, cit., pp. 6 y 18; y en José Luis Ortiz Nuevo y Faustino Núñez, *La rabia del placer*, Sevilla, Diputación de Sevilla, 1999, p. 30.

808 Fernando Ortiz, *La africanía de la música folklórica de Cuba*, cit., p. XIII.

809 José Luis Ortiz Nuevo, *Tremendo asombro*, Sevilla, Libros con Duende, 2012, pp. 32-33.

810 J. Gelardo y J. L. Ortiz Nuevo, (coords.), *El eco de la memoria. El flamenco en la prensa malagueña en los siglos XIX y principios del siglo XX*, cit., p. 26.

el tango. Ya hemos mencionado arriba, también, y que relacionan a este intérprete con el tango, que en el repertorio que se cantó en los Salones Vensano de Madrid en 1853, entre cuyos intérpretes estaba por cierto Villegas, figura el tango[811]. En una gacetilla fechada en 1858 se dice que un tal Enrique Heredia cantará y tocara el «aplaudido tango habanero». Es en Madrid, en el Teatro Lope de Vega, y en la misma función, donde se cantan juguetes andaluces y «tonadas labianas»[812]. Tango significa en su origen *reunión o fiesta de negros.* Pese a su origen cubano, el género no está documentado en Cuba hasta 1841[813]. Una década antes, en 1832, hay una referencia en La Habana a las boleras del tango[814]. Algunos autores afirman que es conocido en Cuba al menos desde el siglo XVIII, pero lo cierto es que no he hallado pruebas documentales anteriores a las aquí señaladas, al menos con ese nombre de tango.[815] Como digo, es posible que el término tango se popularizara cuando la contradanza cruzó el Atlántico de vuelta a España, precisamente para subrayar su carácter negro frente a la contradanza española. En Cuba el término tango debió de ser marginal, al menos en los medios escritos, usándose preferentemente para denominar este baile y canto el de contradanza y habanera[816]. Así pues, en este primer momento de un repertorio que podemos llamar flamenco surgen dos estilos que tienen que ver con América, concretamente con Cuba, aunque de distinta procedencia. Por una parte, la guajira, un estilo de los campesinos blancos[817], y,

811 J. Blas Vega, *El flamenco en Madrid*, cit., p. 96.

812 Alberto Rodríguez, *Flamenco de papel*, https://flamencodepapel.blogspot.com/2009/10/concierto-andaluz-1858.html (consultado el 2 de noviembre de 2018).

813 J. L. Ortiz Nuevo *Tremendo asombro*, cit., p. 83. Se trata de un *Tango de africanos* bailado a lo fino por una «comparsa […] de caballeros y señoritas […] justificando con su finura que también esta danza se puede desempeñar con el decoro que el público ha admirado en la cachucha y en el jaleo jerezano de la Elssler». De la noticia deducimos que ya el público tenía notica de este tipo de *tangos de africanos* bailados con menos «decoro» que la mencionada comparsa.

814 Ibídem, p. 37.

815 G. Castro Buendía, *Génesis musical del cante flamenco*, cit., p. 1447. Helio Orovio no incluye el tango en su *Diccionario de la música cubana*, cit.

816 Véase las entradas *La contradanza criolla* y *La habanera* del *Diccionario de la música cubana* de Helio Orovio, cit., pp. 100-102 y 201.

817 La letra más popular de la guajira, la que Molina y Espín denominan como "guajira central" (R. Molina y M. Espín, *Los cantes de ida y vuelta*, cit., p. 48), parecería desmentir ese origen campesino y español, de los españoles emigrados a Cuba, de la guajira, ya que hace una referencia urbana, en concreto a "la Habana". Sin embargo, si escuchamos la primera grabación de esta letra, impresionada en 1909 por Manuel Escacena (*Un maestro del cante*, Sonifolk, 1998), comprobamos que la

por otra parte, los tangos, un estilo de los negros habaneros. Uno rural y otro urbano, uno blanco y otro negro.

El testimonio de Rafael Marín en su *Método de guitarra-flamenco* de 1902 es que en esa fecha se conceptúan como flamencos solo tres bailes, siendo los demás bailes de palillos que son «los similares del flamenco»[818]. Estos bailes son las alegrías, el zapateado, que es baile exclusivamente de hombre, y el tango, si bien el propio Marín lo considera ajeno al flamenco por ser su origen cubano[819]. El resto de los estilos flamencos son solo cantes, no bailes. Lo cual demuestra la cercanía entre los bailes de palillos y los bailes flamencos y cómo se entrelazan los unos con los otros. De hecho, Marín afirma que:

> «(…) la mujer para que sea buena bailadora, lo que más le adorna es tener buenos brazos, es decir, mover estos con mucha soltura y sin que se vea en ellos agarrotamiento de ninguna especie, y toda su buena figura consiste que de cintura para arriba sean sus movimientos flexibles y que no haya rigidez en los explantes cuando mueva las caderas. La buena bailadora solo mueve éstas, mientras que las demás partes del cuerpo quedan sin movimiento. Una cara picaresca y un cuerpo bonito y flexible hacen que con poco trabajo resulte buen efecto. La bailadora que se propase a efectuar con los pies trabajo que más bien es de hombre, lleva mucho perdido, pues al hacer cuenta con aquellos, pierden el cuerpo y los brazos toda su gracia: ese, se contrae y los brazos se caen a los esfuerzos hechos en un ejercicio que no es adecuado a su sexo[820]».

---

letra original no dice "pasearme por la Habana" ni siquiera "pasear por las Habanas", como a veces se ha transcrito, sino "pasear por la sabana", lo cual subraya el origen rural de dicha letra y, al mismo tiempo, está en consonancia con la otra décima que canta Escacena en la mencionada grabación, donde se hace una descripción de la flora caribeña. La sabana puede referirse a este paisaje bioclimático o también a una región histórica de la actual provincia cubana de Villa Clara, en la que existían varios topónimos que incluían la palabra Sabana y también el Río de la Sabana ("Sabana, una palabra para el centro de Cuba", Wilder Llanes Méndez, Scribd, p. 1,, disponible online en <https://es.scribd.com/doc/211276500/Sabana-Una-Palabra-Para-El-Centro-de-Cuba>, consultado el 30 de junio de 2019).

818 Rafael Marín, *Método de guitarra-flamenco*, cit., pp. 176 y 177.

819 Ibídem, p. 177.

820 Ibídem, p. 179.

Hoy sin embargo el zapateado es elemento fundamental, tanto del baile de hombre como del de mujer. Esta descripción acerca el baile flamenco del momento a los bailes de palillos, una vez más. Pensemos que, en ese momento, en 1902, la soleá, la petenera, los fandangos, las malagueñas, las sevillanas, las jotas y algún otro son bailes de palillos. Las alegrías además vienen de bailes de palillos como los panaderos y las jotas. Y el zapateado también procede de los bailes de palillos, siendo uno de ellos, y además es posible que su origen remoto esté en los canarios, como hemos señalado. Así que solo quedaría como estilo flamenco, sin influencia de los bailes de palillos, los tangos, que según Marín no es flamenco sino cubano. Además, aún no se baila la farruca, el garrotín, la seguiriya, el martinete, los tarantos y la caña, estilos que nacerán, como bailes, en el siglo XX. Y acaso tampoco la guajira, según los testimonios señalados al respecto de Otero y el propio Marín.

Marín sigue en su clasificación la que una década antes (1891) ofrece Benito Más y Prat que afirma que estilos flamencos son (tan solo): «el zapateado, el jaleo, los panaderos». A ellos habría que añadir otros dos, «tangos y jarabillos, últimamente importados»[821]. La relación, como digo, es la misma que ofrece Marín, con la variante de las alegrías de Marín por los panaderos de aquí. Pero, teniendo en cuenta que estos últimos son el origen de las alegrías, la clasificación es prácticamente idéntica. Como dijimos a propósito de la clasificación de Marín, tanto el zapateado como el jaleo y los panaderos eran considerados poco antes como bailes nacionales, boleros o de palillos. Esta última calificación da Davillier, veintinueve años antes, a los panaderos[822]. Por su parte, Más y Prat considera a los fandangos, que hoy se consideran flamencos, como «baile de palillos»[823], en tanto que «el olé, el Vito y el Jaleo de Jerez» serían bailes «mixtos»[824], mitad flamencos, mitad de palillos. Obviamente algo ha cambiado en tan solo unas pocas décadas hasta el punto de considerar distintos dos géneros que poco antes eran el mismo: bailes españoles, nacionales, boleros o de palillos. Sin duda la irrupción de los estudios folklóricos de Antonio Machado Álvarez influyó en la perspectiva de Más y Prat que, desde luego, distingue en su texto claramente entre

821 Benito Más y Prat, «Bailes de palillos y flamencos» en *Revista de flamencología*, 3 (1996), p. 74. Es un capítulo de la obra *La tierra de María Santísima* (1891).

822 Charles Davillier, *L´Espagne*, París, Hachette, 1874, p. 378.

823 Benito Más y Prat, «Bailes de palillos y flamencos», cit., p. 72.

824 Ibídem, p. 73.

bailes flamencos y de palillos, como hace Marín. Más y Prat sigue a Machado Álvarez en la consideración del «carácter doméstico»[825] del flamenco, en este caso del baile flamenco, en parecidos términos a los que Demófilo se refería poco antes al cante. Así que el misterio del flamenco, su carácter doméstico y hermético debe considerarse, en gran medida, una creación de Machado Álvarez, puesto que, en épocas anteriores, como vimos, los gitanos no tenían pudor alguno en mostrar sus bailes y cantos. Afirma Más y Prat que:

> «El flamenco ocultábase, hasta hace poco, en la taberna y el tugurio; pero las desnudeces y liviandades francesas e italianas le han hecho abandonar al fin el clásico jarro y la vacilante mesa de encina para exhibirse, adornado de flores en el salón cantante y el teatro mecánico.[826]»

Más y Prat sigue al pie de la letra lo expuesto por Machado Álvarez respecto a los cantes flamencos:

> «(...) tabernarios en su origen y cuando, a nuestro juicio, estaban en su auge y apogeo, se han convertido hoy en motivo de espectáculos públicos. Los cafés, último baluarte de esta afición, hoy, a nuestro juicio, contra lo que se cree, en decadencia, acabarán por completo con los cantes gitanos, los que andaluzándose, si cabe esta palabra, o haciéndose gachonales, como dicen los cantadores de profesión, irán perdiendo poco a poco su primitivo carácter y originalidad y se convertirán en un género mixto[827].»

En este mismo lugar Machado Álvarez considera que las alegrías son «puramente andaluzas»[828], esto es, no gitanas, ni flamencas. Sin embargo, Marín, como vimos, tan solo veintiún años más tarde, las considera uno de los pocos bailes flamencos genuinos.

825 Ibídem, p. 74.
826 Ibídem, p. 72.
827 Antonio Machado y Álvarez, *Colección de cantes flamencos*, cit., p. 75.
828 Ibídem, p. 76.

4.7.2. El repertorio de los cafés cantantes. Configuración del repertorio flamenco

Unos años más tarde, en la época de Silverio, surgen nuevos estilos flamencos, en este caso solo para cantar, en principio, como son las seguiriyas, las livianas, las serranas, las tonás y martinetes y las saetas. La otra estrella de los cafés cantantes, discípulo de Silverio, fue Antonio Chacón que inventó las malagueñas modernas, los cantes de las minas (junto a otro cantaor llamado El Rojo el Alpargatero), las granaínas modernas, los caracoles, el mirabrás, etc. De Chacón y de otros discípulos de Silverio ya tenemos testimonios sonoros en cilindros de cera y en discos de pizarra más tarde.

La forma actual de la serrana y la liviana está asociada a Silverio, aunque hay serranas ya en el repertorio de Lázaro Quintana y El Planeta[829]. No sabemos si es la misma. La primera alusión a la liviana es de Estébanez Calderón en 1842, referido a la cantaora María de las Nieves. Se trata de la primera versión del cuadro de costumbres «Un baile en Triana». La mención de la liviana se suprimirá en la edición en libro de este artículo[830]. Otros artistas que se mencionan antes de Silverio como cantaores de livianas son el Granadino (1846)[831], Villegas (1853, como «livianos»[832]) o Paco Hidalgo (1858)[833].

829 S. Estébanez Calderón, *Escenas andaluzas*, cit., p. 251.
830 G. Castro Buendía, *Génesis musical del cante flamenco*, cit., p. 684.
831 Ibídem.
832 J. Blas Vega, *El flamenco en Madrid*, cit., p. 96
833 G. Castro Buendía, *Génesis musical del cante flamenco*, cit., p. 684.

Antonio Chacón (1969-1929). Imagen incluida en el *Diccionario Enciclopédico del Flamenco* de José Blas Vega y Manuel Ríos Ruiz, Cinterco, 1988.

Las seguiriyas nacen probablemente como una evolución de una de las múltiples seguidillas gitanas que se dieron en el siglo XIX (muchas de ellas eran alegres y estaban en tono mayor, y eran bailables). Acaso su creador es Silverio. Hay una referencia a sus «seguidillas del sentimiento» en 1867[834]. En la leyenda *La venta de los gatos* de Bécquer (1862) se recoge una letra por seguiriyas, aunque sin nombrar el estilo[835]. Hay una teoría que afirma que proce-

834 A. y D. Hurtado Torres, *La llave de la música flamenca*, cit., p. 66.

835 «El carrito de los muertos/ pasó por aquí,/ como llevaba la manita fuera/ yo la conocí». Publicado originalmente en *El Contemporáneo*, (28 y 29 de noviembre de 1862). En Gustavo Adolfo Bécquer, *Obras completas*, Madrid, Aguilar, 1973, p. 328.

den de otro estilo anterior, llamado *playera*, algunas de cuyas letras coinciden con las de seguiriyas[836]. La playera más antigua localizada hasta ahora es de 1820: «Yo no soy de esta tierra,/ ni en ella nací,/ la fortunilla, rodando, rodando,/ me trajo aquí». La primera referencia musical inequívoca de la seguiriya es de 1880, una edición parisina de trascripciones musicales realizada por M. Félix Mousset y Ramón Sezac[837]. Machado Álvarez ya habla del martinete (1881)[838]. La primera grabación de la que tenemos constancia es de Antonio Chacón (1899)[839], aunque las primeras grabaciones que se conservan son de 1922 (El Tenazas[840] y Manuel Centeno[841]). La caña también se graba por vez primera ese año de 1922[842].

Debido al éxito del nuevo cante, muchos de los grandes cantaores de la época y posteriores componen su propio cante por seguiriyas: Silverio, Perico Piña, Curro Durse, Manuel Molina, el Loco Mateo, Enrique el Mellizo, Cagancho, etc. La seguiriya nace por tanto como cante y toque. No se baila hasta bien entrado el siglo XX. El primero en bailar la seguiriya será Vicente Escudero. Lo mismo que ocurrió con la seguiriya, que registró un buen número de variantes atribuidas a diferentes intérpretes, ocurrió con otros estilos y otros cantaores famosos de los cafés cantantes: La Serneta, Enrique el Mellizo,

836 El estilo viene citado por Galdós en sus *Episodios nacionales* en dos ocasiones. La primera es en *O'Donnell*, quinto volumen de la cuarta serie. La acción trascurre en 1859 y el año de redacción y publicación fue 1904. Véase Benito Pérez Galdós *O'Donnell*, Madrid, Alianza, 2008, p. 199. El personaje que lo interpreta, acompañándose a la guitarra, es un terrateniente sureño vestido con «empaque andaluz de marsellés y calañés» (p. 198). El DRAE define el marsellés como «Chaquetón de paño burdo, con sobrepuestos de pana o pañete» (https://dle.rae.es/marsell%C3%A9s?m=30_2). Respecto al calañés, ya hemos comentado que es una de las señas de identidad de los flamencos de mediados del siglo XIX, prenda que heredaron de la etapa anterior, del majismo. La segunda cita a la playera aparece en *La de los tristes destinos*, el libro que cierra esta cuarta serie. Aunque el volumen se editó en 1907, la acción trascurre al inicio de la Revolución de septiembre de 1868, es decir, en la misma época que Silverio presentó sus *seguidillas del sentimiento*. Véase Benito Pérez Galdós, *La de los tristes destinos*, Alicante, Biblioteca Virtual Miguel de Cervantes, 2001, cap. XXXI, párrafo 327.

837 A. y D. Hurtado Torres, *La llave de la música flamenca*, cit., p. 213.

838 A. Machado y Álvarez, *Colección de cantes flamencos*, cit., p. 81.

839 M. Madridejos Mora, *El flamenco en la Barcelona de la Exposición Internacional*, cit., p. 130.

840 *I Concurso de Cante Jondo. Colección Manuel de Falla*, Sonifolk, 1997. CD.

841 Luis Soler Guevara y Ramón Soler Díaz, *Los cantes de Antonio Mairena*, Sevilla, Tartessos, 2004, p. 118.

842 *I Concurso de Cante Jondo. Colección Manuel de Falla*, Sonifolk, 1997. CD.

Ramón El Ollero y otros para la soleá; Juan Breva, Fosforito, El Mochuelo, Enrique el Mellizo, etc. para las malagueñas.

La Cuenca. Emilio Beauchy Cano. Biblioteca Nacional de España.

Estrellas del baile en los cafés cantantes fueron La Mejorana, que introdujo la bata de cola; La Cuenca, que fue «la primera que bailó las soleares de Arcas (...) como zapateado flamenco», según el Maestro Otero[843]; La Malena, La Macarrona, La Chorrúa, María la Jampona, Gabriela Ortega, Antonio el de Bilbao, Lamparilla, Faíco, el Estampío y un largo etcétera. Rosario Monje *La Mejorana* (Cádiz,

843 J. Otero, *Tratado de bailes*, cit., p. 154.

1858-Madrid, 1920[844]), madre de la futura estrella de la danza Pastora Imperio, fue al parecer la que patentó el baile de muñecas y brazos de la soleá, subiendo los brazos a mayor altura de lo que se hacía en la época. Como hemos dicho, la tradición también atribuye a la Mejorana el ser la primera en bailar con la bata de cola, que era, a finales del siglo XVIII, un atuendo de solemnidad propio de las mujeres de la clase alta andaluza[845]. También se seguía bailando en los teatros y academias y había figuras, como La Cuenca o Carmencita, que fueron más conocidas fuera de España que dentro, como había pasado en la etapa anterior. Carmencita fue la primera mujer de la historia de la humanidad en aparecer en imágenes en movimiento. La escena se grabó en Nueva York en 1894. Esta película la comentamos más adelante. Otros estilos de cante y baile que surgen en esta época son la milonga —de origen argentino e introducida en España por Pepa de Oro[846]—, la farruca[847], creada/arreglada por Faíco, o el garrotín[848], debido también a este intérprete. En las primeras décadas del siglo XX se completa el repertorio flamenco con la bulería, creada por la Niña de los Peines[849]; los fandangos personales y la colombiana[850], creados por Pepe Marchena; las tonás campesinas y algunos estilos más.

---

844 http://elcorreoweb.es/opinion/columnas/secretos-y-misterios-de-la-mejorana-FI1974722 (consultado el 9-9-2018).

845 Pérez Galdós da cuenta de que en 1844 aún se usaba como atuendo de solemnidad en España, *Bodas reales*, Alicante, Biblioteca Virtual Miguel de Cervantes, 2001, párrafo 343.

846 J. Blas Vega y M. Ríos Ruiz, *Diccionario Enciclopédico Ilustrado del Flamenco*, cit., Madrid, p. 554.

847 J. Otero, *Tratado de bailes*, cit., p. 219-220.

848 Ibídem, p. 212.

849 Niña de los Peines «Bulería: canto gitano [Yo nací en Argel]» Zonophone, 1910. En Niña de los Peines *Registros sonoros*, vol. 1, Fonotrón/Centro Andaluz de Flamenco, 2004.

850 Niño de Marchena «Mi colombiana», Gramófono AE 3608, 1931. En Niño de Marchena *Obra Completa en 78 rpm*, vol. X., Fonotrón, 2014.

4.8. EL GALEÓN DE MANILA: EL MANTÓN Y EL ABANICO

Ya hemos visto que la guajira y el tango desembarcan en Europa a mitad del siglo XIX, como antes lo habían hecho el fandango, la zarabanda y la petenera. Pero no son solo los estilos de bailes y sus músicas lo que llega de América. También dos elementos de lo que hoy se conoce como los *complementos del baile flamenco*: el mantón y el abanico. La bata de cola, por su parte, es una influencia francesa. El mantón es un ejemplo característico de la interculturalidad y la globalización antes de que nadie acuñara estos términos: originario de China, pasa, aún hoy, por ser la quintaesencia de lo español en cuanto a atuendo femenino se refiere. Jamás se confeccionó en Manila, a pesar de que el nombre de la capital filipina está asociado a esta típica prenda española. El origen del mantón está en las zonas de Cantón y Fujian, en China. Muchos chinos de Fujian emigraron en los siglos XVI y XVII a Filipinas. Así que el mantón pasaba de China a Filipinas y de aquí, en el Galeón de Manila, a Sevilla, por la vía de México —Acapulco y Veracruz—, en la más extensa ruta marítima comercial de la historia de la humanidad, cuando el sol no se ponía en el imperio de Felipe II, y hasta 1815, poco antes de la independencia de México. Esta ruta se realizaba dos o cuatro veces cada año[851]. Con el mantón, algunos creen que vino de China también el abanico de varillas y, de Veracruz, la petenera; y la guajira y el tango de La Habana. Lo cierto es que la paternidad del abanico plegable o de varillas se la disputan hoy en día China, Corea y Japón, aunque la mayoría de los expertos se decantan por este último país, ya que el primer vestigio arqueológico de este objeto lo encontramos en Japón en el año 877[852]. De esta manera es muy probable que el abanico plegable llegara a España a través de los navegantes portugueses, que fueron los primeros occidentales en mantener relaciones comerciales con Japón. En este país subsiste hoy día una leyenda que atribuye la creación del abanico de varillas a un artesano anónimo que se inspiró en las alas de los mur-

851 Mercedes Rodríguez Collado, *La pieza del mes … Mantón de Manila, 1850-1860*, Madrid, Museo del Romanticismo, 2012; también, http://lacomodaencantada.blogspot.com.es/2013/10/el-manton-de-manila-y-la-ruta-de-la-seda.html (consultado el 19-9-2017); y https://filipinassite.wordpress.com/tag/manton-de-manila/ (consultado el 19-9-2017).

852 María Josefa Pastor Cerezo «El abanico hasta el siglo XIX» en Isabel Tuda Rodríguez y María Josefa Pastor Cerezo, *Abanicos. La colección del Museo Municipal de Madrid*, Madrid, Ayuntamiento de Madrid, 2002, p. 53.

ciélagos. El hecho de que «a los más antiguos abanicos plegables se les conoce como *komori*, palabra que quiere decir murciélago»[853] aporta verosimilitud a la leyenda. En China, de donde procede el abanico rígido que se hizo plegable en Japón, el uso de este estaba limitado a los actos ceremoniales en tanto que «en el Japón cada momento de la vida tenía un abanico especial: para las ceremonias del té, para el Shinto y muy especialmente para el teatro; unos de los más interesantes son los que han de acompañar a la celebración de los dramas Noh»[854]. De esta manera tenemos un antecedente de uso artístico del elemento. Sin duda, fue este abanico japonés el que llegó a España en el siglo XVI, muy probablemente a través de los navegantes portugueses.

Galeón. Juan Vergillos.

853 María Teresa Ruiz Alcón «Abanicos», en Antonio Bonet Correa (coord.), *Historia de las artes aplicadas e industriales en España*, Madrid, Cátedra, 1994, p. 622. En realidad, la palabra que se usaba para nombrar a estos abanicos es *kawahori* que es un nombre antiguo para denominar en japonés al murciélago, que fue después sustituida por *komori*, aunque esta última no se usa para denominar los abanicos. Es una información que me facilita la bailaora japonesa Yuka Yoshida.

854 Ibídem. Para la historia del abanico véase también, http://www.mhn.gob.cl/618/articles-9734_archivo_01.pdf (consultado el 9-10-2012); y http://www.espanolsinfronteras.com/CulturaEspanola02ElAbanico.htm#Historia_del_Abanico (consultado el 25-1-2013).

Lola de Valencia. Édouard Manet, 1962. Museo d'Orsay.

Los escenarios del flamenco en esta época, como hemos visto, son los salones y academias, como los de los sevillanos Miguel de la Barrera y Manuel de la Barrera, locales como El Recreo, El Oriente, La Aurora, etc., ya mencionados, y posteriormente los cafés cantantes. Pero tenemos constancia de que los teatros también seguían siendo espacios escénicos para el baile andaluz y flamenco, como hemos visto sobradamente en relación con Petra Cámara, La Nena, La Campanera y muchas otras. Pero no solo el baile, también el cante se ve y se escucha en los teatros. Ya hemos mencionado la actuación de Curro Durce en el Teatro Principal de Jerez en octubre de 1867. En julio de ese año ya había actuado Silverio Franconetti en ese mismo teatro dentro del programa de abono[855]. En esa sesión había música orquestal, solos de guitarra y piezas de teatro menor de tipo costumbrista y político. No olvidemos que *La Gloriosa* está a punto de venir.

855 A. y D. Hurtado Torres, *La llave de la música flamenca*, cit., p. 66.

4.9. LA GUITARRA FLAMENCA EN EL SIGLO XIX

La distinción entre lo clásico y lo flamenco sigue dificultando, en cierta medida, la comprensión de lo jondo en sus primeros pasos, y no solo en la guitarra, también en el baile, como hemos señalado desde estas páginas en más de una ocasión. La malagueña del granadino Francisco Rodríguez *El Murciano* (1789-1848) está cerca del fandango histórico del que procede, de donde toma la cadencia andaluza, lo que la emparenta con la soleá. Es un toque de sorprendente modernidad. El constructor Antonio de Torres y Jurado (La Cañada de San Urbano, 1817-Almería 1892) es considerado unánimemente como el creador de la guitarra flamenca actual y su trabajo tuvo una estrecha relación con el del guitarrista y compositor Julián Arcas (1832-1882) que, pese a que muchas de sus falsetas aún se mantienen en el toque flamenco contemporáneo, sigue siendo considerado, generalmente, como un guitarrista clásico. Norberto Torres distingue entre «concertistas de escuela» o cultivadores del «género serio», entre los que habría que incluir a Arcas, y «tocaores profesionales», cultivadores del «género andaluz»[856], no obstante, lo cual habla Torres de un «repertorio compartido»[857]. No cuestiono, desde luego, la existencia de dicha distinción en los estudios sobre historia de la guitarra. Lo que cuestiono es su eficacia a la hora de describir la realidad histórica de la que estamos hablando. En todo caso, lo que hoy llamamos flamenco y la carrera como concertista de Arcas, tanto dentro como fuera de España, a la que tan unido está el trabajo de Antonio de Torres, obedecen al mismo impulso. Se trata de un fenómeno romántico: el del interés por las músicas y danzas inequívocamente españolas, esto es, nacionales, tanto a nivel español como europeo. Arcas triunfó en el mismo lugar en el que lo hicieron antes Dolores Serral, Mariano Camprubí y más tarde, casi al mismo tiempo que el guitarrista, Petra Cámara, La Nena y Josefa Vargas a las que, desde mi punto de vista, como defiendo en esta obra, ya podemos considerar flamencas. La denominación de flamenco no se va a imponer sobre la anterior, de aires nacionales o del país, hasta el final del siglo XIX. Así que si Julián Arcas no usó esta denominación de flamenco podemos decir que Silverio Franconetti, el creador del

856 Norberto Torres, *Antonio de Torres y Julián Arcas*, Diputación de Almería, 2018, p. 12.

857 Ibídem.

cante flamenco, tampoco la usó jamás. Y el repertorio de Arcas no deja lugar a dudas: fandango, bolero, cachucha, jaleo, repertorio que comparte con su antecesor y referente Trinitario Huerta (1800-1874), al que añade rondeña, murciana, panaderos, juguetes (que hoy llamaríamos alegrías), punto de la Habana (que hoy llamaríamos guajira), tangos y soleá, algunas de cuyas variaciones, como decimos, usan todavía hoy los guitarristas jondos. Faustino Núñez, máximo defensor del carácter flamenco de Huerta y Arcas, ofreció hace unos años una prueba irrefutable del *jondismo* del toque de estos artistas[858]: una fotografía de la guitarra de Huerta en la que podemos comprobar el uso recurrente de un recurso tenido hoy como exclusivamente flamenco, los golpes en la tapa. Como subraya Norberto Torres, también la técnica jonda del rasgueado, que muestra a las claras el origen bailable de los estilos mencionados, era una seña de identidad tanto de Huerta como de Arcas. Entonces, si comparten un mismo repertorio y comparten también las técnicas, proceso que en el siglo XX se continuará, respecto a lo segundo pero no a lo primero, en las obras respectivas de Miguel Llobet y Ramón Montoya, ¿por qué hablamos de géneros diferentes? Tal vez porque los guitarristas del «género andaluz» llevaban a cabo su arte en espacios más populares, como los cafés cantantes. Más que de técnica o de repertorio, que también en alguna medida, claro está, la diferencia viene marcada por el espacio escénico, y lógicamente el tipo de público. Lo cierto es que Arcas y, sobre todo, Huerta, son hoy ampliamente ignorados por los guitarristas y estudiosos académicos. A muchos guitarristas flamencos les resultaría sorprendente descubrir que muchas falsetas de malagueñas o soleares que ellos tocan como populares son de Arcas.

Los guitarristas populares del «género andaluz» en este periodo son todos de la escuela gaditana:

— El maestro Patiño (José González Patiño, 1829-1902), se le considera el introductor de la cejilla en el flamenco, lo cual resultó muy útil para el acompañamiento al cante. Aunque reconocido como acompañante al cante y el baile, también era solista. Así las «ochenta y dos variaciones» de su zapateado, que aparece en un programa de Silverio[859]. También era bai-

858 En su blog *El afinador de noticias*.

859 J. Blas Vega, *50 años de flamencología*, cit., p. 303.

laor y carnavalero. Faustino Núñez piensa que el introductor de la cejilla en el flamenco fue Paquirri el Guanté (1834-1862), cantaor y guitarrista[860].

— Antonio Pérez (Sevilla, 1839). También acompañó, como Patiño, a Silverio. Fue también bailaor, lo que subraya la importancia del baile en este primer momento de la guitarra flamenca, actor cómico y director artístico de cuadros flamencos en los cafés cantantes.

— Paco el Barbero (Francisco Sánchez Cantero, Sanlúcar de Barrameda, 1840 o 1829-Sevilla 1910), discípulo de Patiño. Acompañó también a Silverio, a Curro Dulce y a Joaquín Lacherna.

— Paco de Lucena (Francisco Díaz Fernández, 1859-1898). Tocó al baile, al cante y como solista. Tuvo amores con una de las Parralas, no se sabe si con Trini la Parrala o Dolores la Parrala.

Julián Arcas (1832-1882). Imagen incluida en https://fuera-deimprenta.files.wordpress.com/2012/08/arcas-1.jpg

860 En el blog *El afinador de noticias*.

Aunque todos estos intérpretes tocaron en los cafés cantantes para el cante y para el baile, todos ellos eran también solistas. La primera guitarra que podemos llamar flamenca, la que representa la generación del maestro Patiño, es directamente heredera de las técnicas populares de acompañamiento al baile de la etapa anterior en la que, habitualmente, el guitarrista ejercía a su vez de cantaor, cuando había cante, con una vinculación jerárquica de su arte respecto al baile[861]. El propio Patiño era bailaor y tañía una guitarra más pequeña de la que en esa época se estaba imponiendo, la que había patentado Antonio de Torres hacia mediados del siglo XIX. Es decir que la guitarra que tocaba Patiño era la que se usaba en la etapa anterior para acompañar al baile: de «sonido más agudo, con menos armonios, más percusivo»[862]. A la generación de Patiño, y un poco antes, pertenecen también dos tocaores de perfil solista que hacen carrera internacional, los mencionados Trinitario Huerta y Julián Arcas. Estas dos tradiciones, la de acompañamiento al baile y al cante y la solista, se funden en la etapa posterior en las figuras de Paco el de Lucena o Paco el Barbero, virtuoso y discípulo de Patiño, aunque sus diferencias nunca llegan a difuminarse del todo. Así, si Patiño y Paco el Barbero acompañaron a Silverio. Entre la nómina de acompañantes de Chacón, discípulo de Silverio, encontramos un perfil de guitarristas más rítmicos que son figuras del acompañamiento y que destacan en las técnicas flamencas clásicas; rasgueado, pulgar y ligados. A este perfil hemos de adscribir a Juan Gandulla *Habichuela* (1871-1925), que fue discípulo directo de Patiño, Javier Molina (1869-1956), discípulo de Paco el Barbero, o Perico el del Lunar (1894-1964), que acompañó a Chacón en sus últimos años. Y otro perfil con un marcado carácter solista, más melódico, que incorpora técnicas de la guitarra académica, arpegios y picados, como podemos comprobar en las figuras de Miguel Borrull (1864?-1929) y Ramón Montoya (1879-1949). Los pertenecientes al primer perfil son naturales de Cádiz y Jerez y los del segundo, respectivamente, de Castellón de la Plana, aunque acabó asentándose en Barcelona, y Madrid. Gandulla y Molina llevaron a cabo su labor, además, prácticamente sin salir de su área natal y ciudades próximas.

Una curiosidad: tanto Borrull como Montoya son gitanos y de más allá de Sierra Morena, mientras que los componentes del otro grupo, el de los guitarristas fundamentalmente acompañantes, no son gita-

861 Norberto Torres, «Consideraciones generales en torno a la guitarra» en Carlos Martín Ballester, *Manuel Torres*, Madrid, Carlos Martín Ballester, 2018, p. 202.

862 Ibídem.

nos y sí andaluces. Hay que añadir también que la consideración de Torres de que los primeros guitarristas y los que se consideraban más clásicos desde el punto de vista del flamenco, estaban vinculados jerárquicamente al baile, va en la línea de nuestra hipótesis de que las danzas tradicionales escénicas españolas son el origen inmediato del flamenco, mediado el siglo XIX. Las técnicas de guitarra que hoy se consideran inequívocamente flamencas, como los rasgueados, remiten directamente a la función de la guitarra de acompañar a las danzas que encontramos, todavía, en la guitarra de la primera mitad del siglo XIX.

Antonio Pérez (1839-1895). Imagen recuperada por Alberto Rodríguez Peñafuerte.

Esta conexión entre el «género serio» y el «género andaluz», que veíamos en la época de Paco el Barbero y Paco el de Lucena, y antes, se consolida en las siguientes generaciones de guitarristas jondos, los guitarristas de Chacón, y románticos y postrománticos: Miguel Borrull padre como discípulo de Tárrega y Ramón Montoya de Miguel Llobet. En su *Diccionario de guitarras, guitarristas y guitarreros* (1934), Domingo Prat define a Miguel Borrull Castellón como «guitarrista del género andaluz»[863]: la entrada no incluye la palabra flamenco. Incluso a

863 Domingo Prat, *Diccionario de guitarristas*, Orphée, Columbus, 1986, p. 62.

estas alturas se seguía utilizando la primitiva denominación. Las obras de Tárrega formaban parte del repertorio de este guitarrista flamenco que escribía partituras. De Borrull tenemos noticias, debidas a Montse Madridejos, que aseguran que grabó «malagueñas, soleares, guajiras y otros estilos»[864] como solista. También hay una tradición oral que asegura que se conservan partituras manuscritas de Borrull. Este tocaor, como digo, que acompañó a Chacón y a otros cantaores a finales del siglo XIX, fue el iniciador de una saga flamenca que llega hasta María Juncal, ganadora del Desplante Minero en el Festival de las Minas de 2006, y que incluye a los guitarristas Lola y Miguel Borrull hijo, y a las bailaoras Julia, Concha, Trini Borrull y la Gitana Blanca. De hecho, la guitarrista Lola Borrull, hija de Miguel, fue alumna directa de Tárrega[865]. Ramón Montoya Salazar, por su parte, es bien conocido por la afición flamenca, como el fundador del toque flamenco contemporáneo. Ambos guitarristas flamencos o «del género andaluz», Borrull y Montoya, son, como decimos, gitanos y de fuera de Andalucía.

Juan Breva (1844-1918) y Paco el de Lucena (1859-1898), h. 1890.
Imagen publicada por Gonzalo Rojo Guerrero *Cantaores malagueños. Pinceladas flamencas*, Ayuntamiento de Benalmádena, 1987.

864 Montse Madridejos, El *flamenco en la Barcelona de la Exposición Internacional 1929-1930*, Barcelona, Bellaterra, p. 2012, p. 130.

865 Trini Borrull, «La saga de los Borrull», en *Revista de Flamencología*, 12, 2000, p. 95.

5. LOS PRIMEROS REGISTROS

En este capítulo vamos a ver que, en los primeros registros sonoros y cinematográficos que tenemos del flamenco, la proximidad con los bailes de palillos es tal, que parecen una misma cosa. De hecho, esa es la tesis que estamos manteniendo aquí.

5.1. REGISTROS SONOROS

Hacia 1897 se realizan los primeros registros de flamenco. Hemos hecho una selección de las grabaciones que restauró el Centro Andaluz de Flamenco y que se editaron en CD en el año 2003. Tres de ellas, peteneras, jotas y sevillanas, se acompañan en estas grabaciones con palillos (son los únicos, de la edición, que presentan este acompañamiento) y los otros dos, la soleá y la malagueña, los incluimos aquí por su evidente relación con los bailes de palillos de la etapa anterior y de ese momento. Otros estilos flamencos que tienen relación con los bailes boleros son, como hemos dicho, el zapateado, el fandango, los jaleos, la cachucha que encontramos hoy en el repertorio de la zambra granadina y los panaderos. El zapateado forma parte del repertorio flamenco, hoy como toque y como baile, en donde cobra especial importancia la técnica de los golpes con el zapato, como su nombre indica. También forma parte del de la Escuela Bolera, curiosamente como baile de zapatillas[866], aunque con unos muy interesantes juegos de pies como el matalaraña o la curiana[867], y en compás de 3x4. El

866 M. Grut, *The Bolero School*, cit., p. 390.

867 Asociación Francisco de Goya «Zapateado de María Cristina» en el cuadernillo del disco *La Escuela Bolera*, vol. 2, Several Records, 1998. Cfr. S. Estébanez Calderón, *Escenas andaluzas*, cit. p. 257.

llamado *Fandango histórico* que, como señalamos, es el precedente tanto de la soleá flamenca como del fandango flamenco, también forma parte hoy del repertorio de la Escuela Bolera[868]. El llamado *Fandango del Candil*[869] tiene que ver con la malagueña. En la Escuela Bolera se conserva hoy el *Jaleo de Jerez*[870], que se baila con zapatillas, y en el repertorio flamenco un cante y baile llamado jaleo. Ambos estilos poseen en común el compás ternario. Aunque la música del *Jaleo de Jerez* fue compuesta por el músico checo Skoczdopole para Marie Guy-Sthépan[871], es posible que ambos jaleos, el de la Escuela Bolera y el flamenco, llamado también jaleo extremeño, tengan un origen común. A principios del siglo XX se registraron otros jaleos flamencos que no pasaron al repertorio actual[872]. Otro jaleo vinculado a la Escuela Bolera es el *Jaleo de la Macarena*[873]. La cachucha actual, como decimos, se conserva en el ritual de la zambra granadina del Sacromonte. En el repertorio de la Escuela Bolera se incluye una cachucha que, como también hemos señalado, es una restauración de la coreografía de Jean Coralli para *El diablo cojuelo* que estrenó Fanny Essler en 1836 y con música de Casimir Gide[874]. La obra fue rescatada por Zorn en 1877, como queda dicho. Encontramos algunas semejanzas entre esta coreografía y la que se conserva en el Sacromonte, aunque el carácter sea muy distinto. Eso acaso indique un común origen de las dos coreografías. También se conservan en el repertorio de la Escuela Bolera unas «boleras de la cachucha»[875], que mezcla estos dos estilos. Finalmente, como hemos dicho, los panaderos gaditanos se integraron en las alegrías. Los panaderos de la Escuela Bolera se interpretan hoy indistintamente con chapines, es decir, zapatos de tacón o zapatillas[876].

---

868 Javier Suárez-Pajares, «El repertorio bolero en la primera mitad del siglo XIX», en Roger Salas (ed.), *La Escuela Bolera*, Madrid, Ministerio de Cultura, 1992, p. 168; y Asociación Francisco de Goya «Fandango histórico» en el cuadernillo del disco *La Escuela Bolera*, vol. 2, Several Records, 1998.

869 M. Grut, *The Bolero School*, cit., p. 14; y Asociación Francisco de Goya «Fandango histórico» en el cuadernillo del disco *La Escuela Bolera*, vol. 1, Several Records, 1994.

870 M. Grut, *The Bolero School*, cit., p. 335.

871 L. Lavaur, *Teoría romántica del cante flamenco*, cit., pp. 151 y ss.

872 «Como si fuera en el campo. Jaleos», en Sebastián el Pena Padre, *Antología de cantaores malagueños* vol. 3, Antequera Records, 2016.

873 M. Carrasco Benítez, *La Escuela Bolera sevillana,. Familia Pericet*, cit., p. 99.

874 M. Grut, *The Bolero School*, cit., p. 92.

875 M. Grut, *The Bolero School*, cit., p. 301.

876 M. Grut, *The Bolero School*, cit., p. 353.

5.1.1. Peteneras (1897). El Mochuelo. Guitarra: Joaquín el Hijo del Ciego

El flamenco es pionero en este campo de los registros sonoros. Tenemos un testimonio muy temprano, de 1880, es decir, nueve años antes de la muerte de Silverio (que no registró su voz en soporte alguno) referido a un registro en Murcia de una petenera, en el Teatro del Liceo, del joven cantaor sevillano El Mochuelo, que contaba entonces con ocho años. Es una grabación informal, en una tira de estaño, destinada a mostrar el nuevo prodigio, el aparato que era capaz de reproducir la voz humana. Todavía está lejos la creación de una industria de la grabación[877]. Esta noticia es el primer testimonio de un registro musical que se hizo en España, aunque fuera de esta manera informal. A finales del siglo se empieza a crear una incipiente industria de la grabación musical con la tecnología de los cilindros de cera. Entre los primeros en comercializarse estuvieron los protagonizados por los cantaores El Mochuelo, Encarnación La Rubia, Paca Aguilera, Manuel el Sevillano, etc., entre grabaciones de zarzuelas y discursos. Había empresas internacionales y españolas, como la localizada en Cartagena de José Navarro, para la que grabaron El Mochuelo y La Rubia[878]. Hasta cuarenta y cuatro de estos registros fueron digitalizados por el Centro Andaluz de Flamenco en el año 2003[879]. Los dos cortes por peteneras que nos muestra esta edición, en la voz del Mochuelo, registrados en 1897[880], con la guitarra de Joaquín el Hijo del Ciego y Manuel López, nos ofrecen este cante como un baile de palillos, con el acompañamiento de las castañuelas, en un ritmo vivo, muy bailable. Es el mismo estilo que bailaban las compañías de bailes de palillos del momento. La petenera sentimental actual es fruto de un proceso de estilización de esta petenera flamenca primera, muy vinculada aún a la petenera veracruzana. Este proceso lo llevaron a cabo Medina el Viejo, Manuel Torre, el Niño Medina y la Niña de los Peines, ya en el siglo XX[881]. Esta petenera sentimental no se va a bailar hasta la posgue-

877 José Gelardo, *El flamenco, otra cultura, otra estética*, Sevilla, Portada, 2003, p. 102; y http://elpais.com/diario/2003/08/23/babelia/1061593575_850215.html (consultado el 20-9-2017).

878 José Gerardo «José Navarro, casa fonográfica» en http://flamencodepapel.blogspot.com.es/2010/08/jose-navarro-casa-fonografica.html (consultado el 20-9-2017).

879 *Cilindros de cera* Fonotrón/Centro Andaluz de Flamenco, 2003. Doble CD.

880 Según deducimos de la base de datos del portal *Flamenco y Universidad* http://flun.cica.es/index.php/grabaciones/base-datos-grabaciones (consultado el 16-11-2017).

881 El primero en grabar esta petenera que podemos denominar como petenera moderna fue Manuel Torre, en 1908. Véase *Manuel Torres* de Carlos Martín Balles-

rra civil española. Quizá fue Rosa Durán la primera en bailarla[882]. Por otra parte, la petenera se conserva en el repertorio de la Escuela Bolera actual como baile en el compás de 3x8, esto es, ligeramente diferente de la versión flamenca. Se interpreta con zapatos de tacón[883].

Antonio Pozo *El Mochuelo* (1868-1937) con Luis Yance. Imagen incluida en el *Diccionario Enciclopédico del Flamenco* de José Blas Vega y Manuel Ríos Ruiz, Cinterco, 1988.

---

ter, cit. Ya sabemos que el cante del jerezano influyó mucho en el de la Niña de los Peines. A pesar de que en la historiografía flamenca no se considera relevante la aportación de Manuel Torre a la petenera moderna, no es descabellado pensar que este cante se lo debemos a Manuel Torre.

882 La primera filmación de un baile por peteneras de este estilo está protagonizada por la jerezana Rosa Durán (1916-1999), se registró en el tablao madrileño Zambra, que fue el primero de este tipo de locales. La película se incluye en la serie de Televisión Española *Tesoros del flamenco* dirigida por Miguel Espín, y se puede consultar online en https://www.youtube.com/watch?v=bgQoxvEoooc (consultado el 7-9-2017).

883 M. Grut, *The Bolero School*, cit., p. 358.

5.1.2. Sevillanas (circa 1897). El Mochuelo
Guitarra: Manuel López

Se interpretan aquí con castañuelas y con baile, según se deduce de los jaleos del cantaor. Las sevillanas son hoy un baile popular, de la Feria de Abril de Sevilla, y se conservan en el repertorio actual de la Escuela Bolera con el nombre de *Sevillanas boleras*, como baile en compás de 3x4, y se bailan con zapatillas[884].

5.1.3. Jota aragonesa (circa 1897). El Mochuelo
Guitarra: Joaquín el Hijo del Ciego

El vínculo con el flamenco ya está explicado al hablar de las alegrías. Aquí las canta un cantaor de flamenco y se acompaña, como en la petenera y las sevillanas, con castañuelas. La cuarta letra que canta el Mochuelo forma parte hoy del patrimonio gaditano de letras por alegrías[885]. También podemos relacionar el estilo con los bailes boleros[886]. Estaba en el repertorio de bailarines de la Escuela Bolera como Juan Camprubí, Manuela García, Rosita Maurí, etc.[887] Hoy la jota es también un estilo popular en toda España.

5.1.4. Soleares (circa 1897). El Mochuelo
Guitarra: Manuel López

Sobre el origen de este cante y baile ya hemos hablado en su momento. El Mochuelo interpreta en esta grabación uno de los primeros registros de soleá de la historia, tres estilos trianeros atribuidos a la Andonda, la Serneta y Cagancho. Encontramos aquí el compás de doce tiempos característicos de este estilo, pero vemos que esta regla no se cumple a lo largo de toda la pieza, por lo que podemos interpretarla también como compases de seis tiempos, lo que lo acercaría, a mi entender, a la versión que se conserva en la Escuela Bolera. En el

884 M. Grut, *The Bolero School*, cit., p. 377.

885 «Aunque pongan en el puente/cañones de artillería/tengo de venir a verte/rabalera de mi vida». Con una ligera variación la canta Pericón de Cádiz por «Alegrías» en *Antología del Cante Flamenco*, Hispavox, [1954] 1988.

886 M. Grut. *The Bolero School*, cit., pp. 9, 18, 27, 32, 47, etc.

887 M. Grut, *The Bolero School*, cit., p. 156.

repertorio de la Escuela Bolera se conserva como baile con el nombre de *Soleares del maestro Arcas* en compás de 3/8, que se interpretan con zapatos de tacón[888].

5.1.5. Malagueñas (circa 1897). Manuel el Sevillano

Este es uno de los primeros registros del estilo en que se conserva su primitivo carácter bailable. Las malagueñas se conservan, con este carácter, en el repertorio actual de la Escuela Bolera, bailadas con zapatillas[889]. También se bailan, popularmente, en Málaga, Granada, Córdoba y Jaén[890].

5.2. REGISTROS FÍLMICOS

5.2.1 Carmencita

La primera mujer en aparecer en imágenes en movimiento de la historia de la humanidad es la bailaora flamenca Carmencita Dauset, cuñada del Rojo el Alpargatero, el patriarca de los cantes mineros. El registro se llevó a cabo en 1894 en Nueva York, en los estudios de Edison. Así consta en la Biblioteca del Congreso de los Estados Unidos[891]. Carmen Dauset (Almería, 1868) fue una bailaora que vivió en Estados Unidos a finales del siglo XIX. Carmencita debutó en 1889 en el Niblo's y hasta 1894 bailó en el Teatro Koster & Bial's, Grand Opera House de Brooklyn, el anfiteatro del Madison Square Garden —ante doce mil personas, según Navarro García y Gelardo[892], aunque Kiko Mora rebaja la cifra a seis mil[893]), el Teatro Broadway y en

888 M. Grut, *The Bolero School*, cit., p. 386.

889 M. Grut. *The Bolero School*, cit., p. 129.

890 https://www.youtube.com/watch?v=0VO31C0d0Fw (consultado el 20-11-2018)

891 https://www.youtube.com/watch?v=-15jwb1ZTMA (consultado el 2-11-2017). La grabación se puede ver en youtube y alcanzaba 114 059 visualizaciones el 16 de noviembre de 2018. Existe otra grabación de Carmencita que se conserva en Estados Unidos y que al parecer se registró en la misma sesión, en parecidos términos en cuanto a extensión, a la que no he podido tener acceso.

892 José Luis Navarro García y José Gelardo Navarro, *Carmencita Dauset*, Sevilla, La Hidra de Lerma, 2011.

893 Mora, Kiko «Carmencita on the road» en http://www.elumiere.net/exclusivo_web/carmencita/carmencita_on_the_road.php (consultado el 20-12-2017).

otras ciudades norteamericanas, como Long Branch (New Jersey), Chicago, Boston, además de una gira que la llevó por la costa oeste. En marzo de 1894 mostró para el kinetoscopio recién inventado por Edison —la primera proyección pública data de mayo de 1893— su baile en movimiento, siendo la primera mujer filmada por Edison, es decir, en la historia del registro del movimiento humano, según el historiador de cine C. Musser[894]. La grabación, que dura veintitrés segundos, está depositada en la Biblioteca del Congreso norteamericano. Las primeras proyecciones públicas de los hermanos Lumière tuvieron lugar en París en diciembre de 1896. Existe una segunda grabación de Carmencita, realizada en la misma sesión, de parecidas características y duración al parecer, a la que no hemos tenido acceso. Durante su estancia norteamericana, Dauset también fue maestra de bailes flamencos para las damas de la alta sociedad. Continuaba de esta manera una fabulosa carrera internacional que se había iniciado en París y que continuaría en Londres. Mantuvo una larga relación profesional con el pintor John Singer Sargent y fue objeto de la pluma del poeta José Martí. De una de sus actuaciones privadas, en el estudio del pintor Beckwith, hay otro excelente documento visual de primera calidad, unas fotografías donde la vemos con sus músicos, en pleno baile, cuando hasta esa fecha todas las fotografías de las artistas flamencas eran de estudio[895]. El baile de Carmen Dauset, tal y como se desprende del testimonio en movimiento, es un prodigio de naturalidad y gracia y atesora las características de lo que más tarde se llamó *Escuela Sevillana*: braceo sensual, punteado elegante, juego de caderas, hombros, cabeza, rostro, brazos y manos, a los que suma una gran agilidad. No estoy en absoluto de acuerdo, por tanto, con la afirmación de que Carmencita sea «de ese tipo de mujer de la época que, con unas mínimas nociones de los bailes españoles, cuerpo voluptuoso y picardía en gesto y maneras, logró triunfar gracias a su exotismo»[896]. Carmencita poseía un cuerpo voluptuoso y picardía, y sin duda su baile resultaba exótico al público norteamericano. Pero, al contrario que Marinero, creo que Carmencita debe considerarse uno de los primeros mitos tangibles del flamenco.

894 https://www.youtube.com/watch?v=-15jwb1ZTMA (consultado el 2-11-2017).

895 Datos extraídos de J. L. Navarro García y J. Gelardo Navarro, *Carmencita Dauset*, cit.

896 Cristina Marinero, «La cámara como coreógrafo o no: apuntes para un análisis sobre la danza española en el cine», en Idoia Murga Castro, Fuensanta Ros Abellón, J. Arturo Rubio Arostegui y J. Ignacio Sanjuán Astigarraga, (eds.), *Líneas actuales de investigación en danza española*, Madrid, Fundación Nebrija, 2012 p. 286.

Carmencita. William Merritt Chase, 1890. The Metropolitan Museum of Arts.

Marinero afirma que el artículo *Carmencita on the road* de Kiko Mora[897] fue el que sacó del anonimato a Carmen Dauset, y que fue Mora, por tanto, el que la identificó como protagonista de esa grabación de Thomas Edison[898]. Un poco antes de la fecha en que Mora dio a conocer la noticia, supimos de la misma por un trabajo de investi-

897 http://www.elumiere.net/exclusivo_web/carmencita/carmencita_on_the_road.php (consultado el 17-11-2017).

898 Véase https://www.elmundo.es/ elmundo/2010/11/08/alicante/1289239476.html; y https://cadaverparaiso. wordpress.com/2017/01/24/the-carmencita-leaks-sobre-deontologia-profesionaly- mala-praxis-en-un-caso-de-investigacion-sobre-sobre-el-flamenco/ (ambos consultados el 16-11-2018)

gación de Rocío Tejedor[899]. La biografía de Carmencita de Navarro y Gelardo[900] está citada por Mora en su artículo precisamente para desmentir, por parte de Mora, que Carmencita fuera de hecho una bailaora de flamenco. Por supuesto que no estamos de acuerdo con esa aseveración. En concreto, señala Mora que «la afirmación de Navarro y Gelardo de que Carmencita es una *bailaora*, haciendo referencia a la filiación de sus bailes dentro del género del flamenco, no parece sostenerse de momento en función de la información de que dispongo»[901]. Por el contrario, creo que Carmencita es una gran bailaora y uno de los grandes mitos de la historia de la danza española y flamenca, y a las pruebas me remito. En primer lugar, a la propia grabación de la que hablamos, en donde vemos unos rodazanes (*rond de jambe*) y giros realmente impresionantes que no creo que pudiera hacer alguien con unas «mínimas nociones de los bailes españoles». Carmencita encandiló con su arte a públicos de todos los teatros norteamericanos varias temporadas seguidas, que no la olvidaron, incluso, años más tarde, a la hora de su falsa muerte en Río de Janeiro, y de la que se hicieron eco varios rotativos norteamericanos... y ninguno en España[902]. Hablaremos de esto un poco más adelante.

Lo cierto es que el baile flamenco de finales del siglo XIX no posee el grado técnico casi inimaginable que tendrá esta danza a partir de 1920, por no hablar de hoy día. Es el caso mismo de otras danzas e incluso otras actividades kinestésicas como la natación o el fútbol. Obviamente, en cuanto a técnica, Carmencita empalidece comparada con cualquiera de las *vedettes* flamencas actuales, de la misma manera que las marcas de Jesse Owen o Johnny Weissmüller son pulverizadas hoy por cualquier atleta o nadador por el mero hecho de ser profesional. Respecto a lo segundo, a que Carmencita no sea flamenca, lo desmiente toda la iconografía y la información de que de ella disponemos. No solo actuó en los cafés cantantes, sino que además lo hizo con mitos del cante y el baile. No en vano fue cuñada de otro mito de lo jondo, el Rojo El Alpargatero, que la acompañó en alguna de sus actuaciones, tanto españolas como norteamericanas, como documentan Navarro y Gelardo en su libro y Mora en

899 En la lectura de su tesina el 22 del septiembre de 2010 en la Universidad de Sevilla.

900 J. L. Navarro García y J. Gelardo Navarro, *Carmencita Dauset*, cit.

901 http://www.elumiere.net/exclusivo_web/carmencita/carmencita_on_the_road.php (consultado el 17-11-2017).

902 Véase Juan Vergillos, «Carmencita en Brasil», en *Diario de Sevilla*, 15-6-2014, p. 51.

su artículo[903]. También formó un dúo de éxito con La Cuenca, la famosa bailaora malagueña, según señalan, una vez más, Navarro y Gelardo. Que se hiciera acompañar de una instrumentación variada puede sorprender a los que creen que el combo flamenco de los años cuarenta y cincuenta del siglo XX es exclusivo de la historia de lo jondo, cuando esto no es así: los flamencos han cantado y bailado con lo que han tenido a su alcance, sea un piano de cola, una orquesta sinfónica o una guitarra. Claro que las más de las veces era la guitarra lo que tenían a mano o lo que los empresarios teatrales y discográficos ponían a su disposición. El cuadro *La Carmencita* de 1890, firmado por John Singer Sargent nos la muestra como una bailaora inequívocamente flamenca, tanto en lo que se refiere al atuendo como en el gesto de la mano y de todo el cuerpo. De hecho, no es del todo imposible que Carmen Dauset sea la protagonista de *El jaleo*, la mítica obra de Sargent de 1882, considerada por muchos el icono más inequívocamente flamenco del siglo XIX, o de la historia[904]. El atuendo de la protagonista de *El jaleo* es prácticamente el mismo de *La Carmencita*. También es muy parecido el marcaje de pies y manos en ambos cuadros. Eso sí, de ser ella, Carmencita tendría 14 años cuando se hizo la obra.

Todos estos elementos identifican a Carmencita como una bailaora de flamenco. Hablamos del flamenco de la época. Una época que aún no sabía nada del ballet flamenco o de lo que más tarde se dio en llamar clásico español, y en la que el repertorio de bailes incluía la jota o el Vito junto a la petenera, los juguetillos, el tango y el zapateado. La seguiriya, la caña o el taranto aún estaban por nacer como danzas jondas. El flamenco había surgido unas décadas antes como evolución natural y agitanada de los bailes boleros. Y si en el baile de Carmencita observamos elementos boleros, esto es así porque unas pocas décadas antes bolero y flamenco eran sinónimos, no lo olvidemos. Y todavía a finales del siglo XIX lo seguían siendo en muchos contextos. Por supuesto que su arte, en Estados Unidos, formaba parte de las variedades, pero es que el negocio del espectáculo era así a finales del siglo XIX y principios del XX. También

903 Ibídem.

904 La obra está en el Museo Isabella Steward Gardner de Boston, y la imagen se puede consultar en https://artsandculture.google.com/asset/el-jaleo/PQHv7QgAV-VL6w?hl=es&ms=%7B%22x%22%3A0.5%2C%22y%22%3A0.5%2C%22z%22%3A9.364785169299827%2C%22size%22%3A%7B%22width%22%3A1.6347103873239435%2C%22height%22%3A1.2375%7D%7D (consultada el 17-9-2017).

en España los bailes flamencos se alternaban con todo tipo de artes escénicas populares, desde el contorsionismo al cinematógrafo. Y, por supuesto, insertos en funciones de vodevil. A pesar de ser almeriense, Carmen Dauset fue conocida artísticamente, al comienzo de su carrera artística, como La Perla de Sevilla. Fue sin duda la bailaora española más conocida a finales del XIX, por su estancia en Estados Unidos, durante la cual actuó en teatros y locales de buena parte de la geografía norteamericana. De Carmencita hallamos hace unos años unos datos biográficos inéditos que expusimos en estos términos en su momento:

Carmencita. Desconocido. The New York Public Library of Performing Arts.

El jaleo. John Singer Sargent, 1882. Museo Isabella Stewart Gardner.

«Estamos en condiciones de asegurar que la bailaora almeriense Carmen Dauset, Carmencita, la primera mujer que apareció en imágenes en movimiento, esto es, en la historia del cine, vivió en Brasil, y no murió en Río de Janeiro en 1902. Conocíamos de la supuesta muerte de Carmencita en esta fecha por las noticias difundidas en el blog de David Pérez Merinero, Papeles Flamencos[905], ya que la biografía de la bailaora, firmada por José Gelardo y José Luis Navarro García, no da noticias del deceso. Pérez Merinero deja una duda, dados los desmentidos y desmentidos de los desmentidos que aparecieron en ese momento, sobre la veracidad de las noticias publicadas en agosto de 1902 en la prensa norteamericana a propósito de la muerte de la, en otro tiempo, famosa bailaora española. En un reciente viaje a Brasil hemos podido documentar información variada, totalmente inédita hasta el momento, de la presencia de la bailaora española en Brasil, al menos desde 1899. El

905 http://www.papelesflamencos.com/2011/12/murio-carmencita-dauset-en-1902.html (consultado el 16-11-2017).

Jornal do Brasil del 3 de octubre de ese año da noticia en su edición de Río de Janeiro de la presencia de nuestra Carmencita en una fiesta en la que intervinieron otras celebridades de la escena brasileña de la época. El hecho de que se trata de la misma Carmen Dauset de nuestros amores flamencos lo corrobora el mismo periódico carioca que el 19 de enero de 1901 anuncia el estreno en el Moulin Rouge de Río de una obra de la "famosa cantora e bailarina hespanhola". Carmencita había llegado a Río unos días antes en el vapor Orissa, según nos informa la *Gazeta de Notícias* del 13 de enero de 1901, donde se informa, asimismo, del inminente estreno. El *Jornal do Brasil* del 14 de enero cuenta el viaje de Carmencita, y nos cuenta que éste dio comienzo en Buenos Aires, añadiendo que se esperaba a la bailaora en Río para el 15, y da noticia del estreno a lo largo del mes de enero, como ya hemos dicho (días 19 y 26), aunque ya lo anuncia en su edición del 11 de enero. El *Jornal do Brasil* del 27 de marzo nos dice que Carmencita ha perdido tres medallas de oro en el teatro, una de ellas con una inscripción dedicada, y ruega al que las encuentre que las devuelva. En ese mismo año, 1901, el mismo periódico narra un intento de asesinato de Carmencita por parte de su amante, un español identificado como F. R. Villar. En 1902 encontramos a Carmencita embarcándose para Recife como tiple cómica y bailarina en una compañía de zarzuelas. Estas y otras noticias de la época culminan en 1902 cuando la misma *Gazeta de Notícias* desmiente la muerte en Río de Carmencita, publicada el 26 de julio en el periódico *Le Gaulois* de París, noticia que reproduce la *Gazeta* en su idioma original, es decir, en francés. El mismo texto afirma, además, que Carmencita llegó a Brasil desde Buenos Aires. La noticia está fechada el 19 de agosto de ese año e incluye la información de que en ese momento Carmencita está de gira por Pernambuco, y de que goza de una salud envidiable. La *Gazeta* acusa a la prensa europea de amarillismo en relación con la fiebre amarilla y Brasil[906]. Lo cierto es que el *Jornal do Brasil* no recoge la noticia ni su desmentido. Por el contrario, el 15 de agosto de 1902 nos la presenta cantando y bailando en Bahía. Más adelante, ese mismo año, dice que Carmencita se ha embarcado rumbo a Vitoria, para cantar y bailar en esta otra ciudad brasileña[907]».

Si Carmencita es considerada una bailaora de Escuela Bolera por algunos investigadores, como Mora o Marinero, es porque trabajan con la consideración de que la Escuela Bolera nació a finales del siglo XVIII. Y también porque creen que el flamenco del siglo XIX es similar al de principios del siglo XXI. Para nosotros, Carmencita es un ejemplo redondo de lo que queremos exponer en esta obra: que el baile andaluz de finales del siglo XIX, llámese flamenco o de palillos, es un compendio de todos los bailes andaluces anteriores. Y el que Carmencita sea flamenca creo que está ya bastante demostrado en los párrafos anteriores. Hernández Jaramillo y Reyes Zúñiga creen que el baile que interpreta Carmencita en esta película es precisamente una petenera[908].

5.2.2. Compañía Sevillana de Bailes[909] (1898)

Se trata de doce películas con estos títulos y número de catalogación en la Filmoteca Nacional, donde se encuentran depositadas tras su restauración: *Danzas españolas* (Sevilla, abril 1898, operador desconocido): 843. *El Vito.* 844. *Estrella de Andalucía.* 845. *La Jota.* 846. *Boleras Robadas.* 847. *Bolero de medio paso.* 848. *Las Peteneras.* 849. *Las Manchegas.* 850. *Boleras robadas.* 851. *La Malagueña y el torero.* 852. *Bolero de medio paso.* 853. *La sal de Andalucía.* 854. *El olé de*

906 Acusaban a la prensa parisina de mentir por sensacionalismo al informar de la supuesta presencia de esta enfermedad en Brasil.

907 Juan Vergillos, «Carmencita en Brasil», en *Diario de Sevilla*, 15-6-2014, p. 51.

908 José Miguel Hernández Jaramillo y Lénica Reyes Zúñiga, «El baile de la petenera española del siglo XX desde una perspectiva etnomusicológica», en Idoia Murga Castro, Fuensanta Ros Abellón, Fuensanta, Arturo J. Rubio Arostegui y J. Ignacio Sanjuán Astigarraga, (eds.), *Líneas actuales de investigación en danza española*, Madrid, Fundación Nebrija 2012, pp. 235 y ss

909 El nombre de la compañía aparece en *El Noticiero Sevillano* del 8 de diciembre de 1896. Véase José Luis Ortiz Nuevo, *Coraje*, cit., pp. 21-22.

la Curra[910]. Se rodaron en el Cenador de la Alcoba del Alcázar de Sevilla. El grupo es la *Compañía Sevillana de Bailes*, que es como se llamaba en esa época el grupo de los maestros Segura y Otero. Kiko Mora identificó a José Segura[911]. Todos los bailes se ejecutan

910 Se incluye en *Films Lumiere rodados en España*. Esta es la catalogación completa que ofrece la Filmoteca Nacional de España: *Films Lumière rodados en España* [Obra audiovisual]. Producción: Francia: Lumière, [entre 1896 y 1900]. Descripción física: Blanco y Negro, Mudo 1:1,33Apertura en paso subestándar; 35mm. Sinopsis: Compilación de 43 títulos correspondientes a Films Lumière rodados en España por Promio, Doublier y otros operadores durante los años 1896 y 1900. En el campo *Nota de contenido* se relacionan los 43 títulos en el idioma en que aparecen en el material conservado. También se incluye el número del Catálogo Lumière con el que están identificados, la localización, año y operador en caso de que figure. Notas: Este título facticio responde a una compilación de 43 títulos de producción Lumière que fueron rodados en España entre 1896 y 1900 por diferentes operadores. Contiene: 34. *Déchargement d'un navire* (Barcelona, 1896). 259. *Arrivée des Toréadors* (Promio. Madrid, 1896). 260. *Puerta del Sol* (Promio, Madrid, 1896). 261. *Porte de Tolède* (*Puerta de Toledo*) (Promio, Madrid, 1896). 262. *Hallebardiers de la Reine* (*Alabarderos de la Reina*) (Promio, Madrid, 1896). 263. *Lanciers de la Reine, charge* (*Lanceros de la Reina*, carga) (Promio, Madrid, 1896). 264. *Lanciers de la Reina, défilé* (*Lanceros de la Reina, desfile*) (Promio, Madrid, 1896). 265. *Défilé du Génie* (Promio, Madrid, 1896). 266. *Danse au bivouac* (Promio, Madrid, 1896). 267. *Artillerie (exercises du tir)* (*Artillería. Ejercicios de tiro*) (Promio, Madrid, 1896). 268. *Cyclistes militaires* (*Ciclistas militares*) (Promio, Madrid, 1896). 269. *Garde descendante du Palais Royal* (Promio, Madrid, 1896). 434. *Espagne: Courses de Taureaux I* (*España: corridas de toros I*) (Sevilla, 1896). 435. *Espagne: Courses de Taureaux II* (*España: corridas de toros II* (Doublier, Barcelona, 1896/1897). 787. *Panorama du port, I* (*Panorama del puerto I*) (Barcelona 1897/1898). 788. *Panorama du port, II* (*Panorama del puerto II*) (Barcelona 1897/98). 789. *Régiment d'artillerie sortant de la messe* (*Regimiento de artillería saliendo de misa*) (Barcelona, 1897/1898). 791. *Artillerie de montagne avec mulets* (Barcelona, 1897/1898). 792. *Hussards: Défilé en tenue d'exercice* (Barcelona 1897/1898). 793. *Hussards: Défilé par quatre*. 795 *Cavalerie* (*Caballería*) (Barcelona, 1897/1898). *Danzas españolas* (Sevilla, abril 1898, operador desconocido): 843. *El Vito*. 844. *Estrella de Andalucía*. 845. *La Jota*. 846. *Boleras Robadas*. 847. *Bolero de medio paso*. 848. *Las Peteneras*. 849. *Las Manchegas*. 850. *Boleras robadas*. 851. *La Malagueña y el torero*. 852. *Bolero de medio paso*. 853. *La sal de Andalucía* 854. *El olé de la Curra. DIVERSOS* (Sevilla, abril 1898, operador desconocido). 855. *Rue à Séville* (*Calle de Sevilla*). 856. *Foire de Séville* (*Feria de Sevilla*). 857. *Procession à Séville I*. 858. *Procession à Séville II*. 859. *Procession à Séville III*. 860. *Transporte de cages*. 861. *Ecole de Tauromachie* (*Escuela de tauromaquia*). 862. *Encierro de toros*. OCTUBRE 1898 O ABRIL 1900. (Lugar y operador desconocido). 1125. *Sortie d'un bal d'enfants costumés en Espagne*. Exteriores: COMUNIDAD DE MADRID/Madrid, CATALUÑA/Barcelona, ANDALUCIA/Sevilla. Nota de versión original: Muda sin rótulos. Films Lumière rodados en España (Título facticio) [entre 1896 y 1900]. Longitud Cortometraje. Género: Documental. Reportaje. Productora/s: Lumière, producción. Agradezco a Clara Marías Martínez las facilidades dadas para acceder a este material.

911 Kiko Mora, «El otro que baila en las películas de Lumiere (Sevilla, 1898)» en https://cadaverparaiso.wordpress.com/2017/07/06/el-otro-que-baila-en-las-peliculas-de-

con zapatos, ninguno con zapatillas como hace la Escuela Bolera. En el Vito, el Olé de la Curra y, en menor medida, en el bolero de medio paso, encontramos un movimiento circular de la punta del pie con la pierna en el aire, un rodazán, que luego vamos a encontrar en los tangos de 1905 que analizamos más abajo. De hecho, es uno de los pasos más populares del flamenco, que se llama en danza clásica «rond de jambe»[912]. *Estrella de Andalucía* presenta unos paseos muy sencillos y parece que hay cante. La jota también es interpretada y grabada por cantaores de flamenco de la época como El Mochuelo[913]. El bolero de medio paso incluye los embotados, un paso que luego, como hemos visto con modificaciones, pasará al flamenco, donde se hacen «sin saltos»[914] y «algunos bailaores acompañan estos movimientos con taconeos»[915]. La petenera sigue el mismo ritmo de las peteneras grabadas en cilindros de cera por El Mochuelo que comentábamos anteriormente. Además, se tocan con castañuelas, de la misma manera que en la grabación mencionada. Al comienzo y al final podemos observar los golpes de José Otero sobre el suelo. Este paso se repite en las manchegas y en *La malagueña y el torero*. El vestuario es exactamente el mismo de las postales de la Colección Romo y Füssel de *Tipos nacionales*, números 533[916] y 528[917], y 550[918], ambas tituladas, significativamente según mi punto de vista, *baile flamenco*. Este es el elenco de la compañía, según la prensa de la época (1896-1897): maestro y director, José Segura[919]; maestro, Otero[920]; bailaoras: Antonia Suárez, La Macarena, Rosario Jiménez, Srta. Raposo

---

lumiere-sevilla-1898/ (consultado el 9-7-2018). En el texto, además de identificar a Segura, afirma Mora que «constituye un patrimonio del conocimiento general en el mundo del flamenco que uno de los integrantes del grupo es el maestro sevillano José Otero Aranda».

912 Eulalia Pablo, y José Luis Navarro, *Figuras pasos y mudanzas. Claves para conocer el baile flamenco*, Córdoba, Almuzara, 2007, p. 74.

913 En el CD *Cilindros de Cera*, Fonotrón/Centro Andaluz de Flamenco, 2003.

914 E. Pablo y J. L. Navarro, José Luis, *Figuras, pasos y mudanzas. Claves para conocer el baile flamenco*, cit., p. 65.

915 Ibídem.

916 Se puede ver en https://www.todocoleccion.net/postales-andalucia/baile-flamenco-coleccion-romo-fussel~x46486844 (consultado el 9-10-2017).

917 Se puede ver en https://www.todocoleccion.net/postales-andalucia/sevilla-romo-fussel-n-528-baile-flamenco~x50855958 (consultado el 9-10-2017).

918 Reproducido por Fátima Franco en *La indumentaria en el baile flamenco*, Sevilla, Giralda, 2007, p. 45

919 *El Noticiero Sevillano*, 8 y 13 de diciembre de 1896; véase J. L. Ortiz Nuevo, *Coraje*, cit., pp. 21-22.

920 J. L. Ortiz Nuevo, *Coraje*, cit., p. 21.

Martínez, Dolores Lave, Amparo García, Resurrección Martínez, Trini de Juan; Rosario Simón, Natalia Delgado y Dolores Leal. Estas tres últimas intervinieron en varias ocasiones como Manola en *La malagueña y el torero*[921]. En otra ocasión, además, Delgado hace el rol masculino, es decir, de torero[922].

Tipos nacionales. Baile Flamenco. Colección Romo y Füssel, nº 533.

921 Ibídem, pp. 21-27.
922 Ibídem, p. 25.

Tipos nacionales. Baile Flamenco. Colección Romo y Füssel, nº 550.

5.2.3. *Les danseuses espagnoles (1900)*

Con el título *Les danseuses espagnoles* encontramos dos filmaciones llevada a cabo en París, en el marco de la Exposición de 1900, el quince de abril y el ocho de julio por la empresa Lumière. Se puede ver en la página web Forum des Images[923]. Los intérpretes, identificados por Kiko Mora, son el Negro Meric, Anita Reguera y Virgilio Arriaza[924]. Los títulos son *Dance espagnole de la Feria, Sevillanos* (sic)

923 http://collections.forumdesimages.fr/CogniTellUI/faces/details.xhtml?id=VDP13353 (consultado el 9-10-2017).

924 Kiko Mora, «Y dale con Otero … Flamencos en la Exposición Universal de París (1900)», en https://cadaverparaiso.wordpress.com/2016/06/03/y-dale-con-otero-flamencos-en-la-exposicion-universal-de-paris-de-1900/; y «Who is who in the Lumière films of Spanish song and dance in the Paris Exposition, 1900», en http://www.grimh.org/index.php?option=com_content&view=article&layout=edit&id=2745&lang=fr#4 (consultados el 9-7-2018). El maestro Otero nos dice que el maestro Arriaza tenía puesta academia en la calle Bancaleros de Sevilla. Véase José Otero, *Tratado de bailes*, cit., p. 181.

y *Dance espagnole de la Feria, Cuadro flamenco*, aunque sin duda están cambiados. Anita Reguera protagoniza los dos títulos y, mientras que en *Cuadro flamenco* le da la réplica el Negro Meric, Virgilio Arriaza es su pareja en las sevillanas con palillos, como señala Mora. El primero se inicia, al parecer, con el cante del Negro, que, según la documentación de la época, era también cantaor y torero[925]. El segundo son lo que hoy se conoce como sevillanas boleras con castañuelas. La expresión corporal de Reguera en una y otra pieza no es diferente, lo que muestra la cercanía de ambos estilos de baile, que a lo largo del siglo XX llegarían a ser géneros bien diferenciados. El estilo de los dos bailaores sí que es notoriamente distinto, ya que Meric, al parecer, no tenía formación académica alguna.

El Mulato Meri. *Sol y sombra, Semanario Taurino Ilustrado*, Año 1, nº 77, 1897, p. 9. Biblioteca Digital de Castilla y León.

925 Kiko Mora, «Y dale con Otero … Flamencos en la Exposición Universal de París (1900)», en https://cadaverparaiso.wordpress.com/2016/06/03/y-dale-con-otero-flamencos-en-la-exposicion-universal-de-paris-de-1900/; y «Who is who in the Lumière films of Spanish song and dance in the Paris Exposition, 1900», en http://www.grimh.org/index.php?option=com_content&view=article&layout=edit&id=2745&lang=fr#4 (consultados el 9-7-2018).

5.2.4. *El tango* y *La malagueña y el torero* (1905)[926]

Se trata de dos películas que la historia del cine atribuye a la directora francesa Alice Guy[927], aunque estoy de acuerdo con Cristina Cruces en que esta atribución es dudosa[928]. Estas dos danzas en concreto se rodaron en la Casa Pilatos de Sevilla en 1905. Los intérpretes son el grupo de José Otero[929], el mismo que veíamos en las grabaciones de 1898, pero unos años más tarde y sin el maestro Segura y como cuadro del maestro Otero[930]. Creo que Otero es el personaje que encontramos dando palmas en *El tango*, a la derecha de la imagen, y bailando en *La malagueña y el torero*. El otro palmero es el sobrino de Otero, Manuel del Castillo Otero. El resto del elenco del Cuadro del maestro Otero, según la prensa de la época es, baile: Conchita Zaldo, Elisa Oller, Presentación Muñoz y Brígida Alba[931] (o Alas[932]); bandurria: Luis Sopeña[933], guitarra: Plácido Arroyo (Sánchez[934]). Presentación Muñoz es, probablemente, la que baila el tango, ya que bailó, en al menos una ocasión, el tango con el maestro[935]. Y Conchita

926 Alice Guy, *Gaumont Treasures (1897-1913)*, vol. I, Nueva York, Kino Internacional, 2009.

927 La francesa Alice Guy (1873–1968) está considerada como la primera directora de cine de la historia y la primera persona en rodar una película de ficción.

928 Cristina Cruces-Roldán, «Presencias flamencas en los Archivos Gaumont. Pathé. Registros callejeros en la Granada de 1905», en José Cenizo Jiménez y Emilio J. Gallardo Saborido (eds.), *Presumes que eres la ciencia. Estudios sobre flamenco*, Sevilla, Libros con Duende, 2015, p. 28.

929 La hipótesis de que el cuadro del maestro Otero fuese el protagonista de *La malagueña y el torero* fue planteada por Cristina Cruces-Roldán en «Bailes boleros y flamencos en los primeros cortometrajes mudos. Narrativas y arquetipos sobre *lo español* en los albores del siglo XX», *Revista de Dialectología y Tradiciones populares*, LXXI, 2, p. 447.

930 *El Liberal*, 15 de agosto de 1906; véase J. L. Ortiz Nuevo, *Coraje*, cit., p. 36.

931 *El Liberal*, 15 de agosto de 1906; véase J. L. Ortiz Nuevo, *Coraje*, cit., pp. 37-38.

932 *El Liberal*, 22 de julio de 1906; Véase J. L. Ortiz Nuevo, *Coraje*, cit., p. 156.

933 Está en la compañía al menos desde 1905. Véase J. L. Ortiz Nuevo, *Coraje*, cit., p. 35. Y va a permanecer en ella durante largo tiempo puesto que pone la música al tratado que publicó Otero en 1912, véase J. Otero, *Tratado de bailes*, cit., pp. 179, 219, 223, 227 y 239. El intérprete es también pianista, como se ve, y trabajará como músico para la academia y el cuadro incluso cuando Manuel Otero Castillo, sobrino de Otero, se haga cargo de los mismos, al menos hasta 1921. Lo que evidencia su juventud a estas alturas de 1905 en que se filmaron estas dos películas, como se aprecia en la imagen. Véase J. L. Ortiz Nuevo, *Coraje*, cit., pp. 72, 75, 87, 142, 163, 180, 184, 185, 186, 190, etc.

934 *El Liberal*, 22 de julio de 1906; Véase J. L. Ortiz Nuevo, *Coraje*, cit., p. 156.

935 *El Liberal*, 15 de agosto de 1906, Véase J. L. Ortiz Nuevo, *Coraje*, cit., p. 37

Zaldo es, acaso, la que baila *La malagueña y el Torero*[936]. Luis Sopeña y Plácido Arroyo también aparecen en las películas mencionadas llevando a cabo la parte instrumental. En el tango ya tenemos filmado un baile flamenco completo, por primera vez, de lo cual ya podemos sacar numerosas conclusiones. En él encontramos el rodazán de que hablábamos antes, además de saltos que son característicos de los bailes boleros y una escasa presencia del zapateado. Esta técnica del zapateado se convirtió en la seña de identidad del flamenco en la posguerra española y mundial, probablemente por el influjo de la cultura norteamericana, el claqué y el gusto del público norteamericano de guerra y posguerra por lo espectacular o efectista. En 1905, como en las danzas boleras, era una técnica casi exclusiva del hombre, como hablamos al considerar a la bailaora La Cuenca. Vemos que el baile flamenco de principios de siglo XX, incluso en uno de sus géneros más directos y eróticos, el tango, está más cerca de la llamada hoy Escuela Sevillana de Baile que del resto del baile flamenco actual. Es más importante el lenguaje corporal completo que los pies. Hay giros de muñecas, característicos del baile flamenco posterior, pero en la mayor parte de la pieza las manos se ocupan en hacer pitos, esto es, en sustituir a las castañuelas. El hecho de tratarse del grupo de Otero va en la línea de nuestra tesis de la cercanía de los dos géneros; o, mejor dicho, la identidad de estos. Otero es, además, como hemos señalado, el torero en la segunda pieza de la serie. Un paso del tango aparece reproducido en una postal de la época del impresor Tomás Sanz con el título de *Sevilla: baile flamenco*, en el que aparece fotografiada la bailaora protagonista de la pieza y los miembros del grupo, incluyendo al maestro Otero[937]. El mismo grupo protagoniza otra postal titulada *Sevilla: Grupo de bailadores flamencos* del editor R. Garzón[938]en el que aparecen los mismos intérpretes, o al menos el mismo formato instrumental. Y también otra titulada *Tipos andaluces —el Tango— Sevilla*[939] de la editora M. Chaparteguy, que circuló en 1913 y 1914. Apreciamos que la coreografía clásica de *La malagueña y el torero,* que data de las primeras décadas del siglo

936 J. L. Ortiz Nuevo, *Coraje*, cit., p. 37 y p. 36

937 Se puede consultar en https://www.todocoleccion.net/postales-andalucia/sevilla-baile-flamenco-tomas-sanz~x30708018 (consulado el 9-10-2017). El número de referencia de la postal es 3. C.

938 Se puede consultar en Fátima Franco, *La indumentaria en el baile flamenco*, cit., p. 101.

939 Se puede consultar en Fátima Franco, *La indumentaria en el baile flamenco*, cit., p. 116.

XIX, según Roger Salas[940], aunque la primera noticia fidedigna que encontramos es más bien de mediados de la década, 1847[941], tiene el mismo acompañamiento instrumental, guitarra y bandurria, que el tango, y se baila igualmente con zapatos. Y podemos decir que son prácticamente los mismos intérpretes en uno y otro caso.

Bailadores andaluces premiados en La Coruña. Con, probablemente, Conchita Zaldo y Presentación Muñoz. Postal. Imagen incluida en *Coraje* de José Luis Ortiz Nuevo, Libros con Duende, 2012.

940 Roger Salas, «Historia de dos porcelanas», en *El País*, 25-8-2015. Se puede consultar en https://elpais.com/ccaa/2015/08/25/madrid/1440521037_224239.html (consultado el 9-7-2018).

941 Plaza Orellana, *El flamenco y los románticos*, Sevilla, Bienal de Sevilla, 1999, p. 741.

Sevilla. Bailes andaluces. El Maestro Otero. Postal.

Sevilla. Baile flamenco. Tomas Sanz. Postal.

Sevilla. Grupo de bailadores flamencos. R. Garzon. Postal.

Tipos andaluces. El Tango. Sevilla. María Chaparteguy, Postal.

Granada: Danza en las cuevas de jitanos, Coleccion granadina nº 8 Francisco Román Fernández-Granada. Postal.1902.

Zambra de los Amaya con La Chata de la Jampona. Imagen incluida en el libro *Zambras de Granada* de Curro Albaicín, Almuzara, 2011.

La Chata de la Zampona (1850-1940). Manuel Torres
Molina. Museo Casa de los Tiros.

María La Jardín (1893-1970). Museo Casa de los Tiros.

5.2.5. *Bailes gitanos (1905)*[942]

La filmación, esta sí sin duda de la autoría de Alice Guy, se llevó a cabo en una calle de Granada, concretamente del Sacromonte. En la edición que hemos manejado llevan la etiqueta de *Bailes gitanos*[943], pese a que se trata de seguidillas, el baile más tradicional de palillos, en concreto sevillanas, y tangos. En la mencionada edición se incluyen en el título genérico *España*[944]. Cristina Cruces nos habla de otros dos bailes rodados en el mismo lugar, a los que no hemos podido tener acceso, porque no están incluidos en la edición que hemos manejado; al parecer no es posible tener acceso dichas grabaciones fuera del archivo parisino de Gaumont, que no hemos podido consultar. Se trata de unas sevillanas en pareja, que bailan dos niñas, y el tango del Merengazo, bailado también en pareja, en este caso por dos adultos que, según podemos deducir de la descripción que hace Cruces, ya que no hemos podido acceder a los archivos, como decimos, han de ser la Chata de la Jampona y, quizá, Pepe Amaya[945]. Respecto a las niñas que protagonizan las sevillanas, intuimos que una de ellas será María la Jardín y la otra, acaso, la Colina[946] o la Faraona[947]. Respecto a las que sí hemos podido ver, Cruces afirma que el solo de la niña que vemos en la calle granadina pueden ser unas alegrías[948]. Nosotros nos encontramos más cerca de la opinión del bailaor Rafael Estévez de que se trata más bien de unos tangos[949]. Respecto a la otra grabación, Cruces sigue el criterio establecido en el archivo original, donde se asegura que se trata de unas sevillanas bailadas de forma individual[950]. Lo cual choca con nuestra visión de las sevillanas, que se bailan en pareja y, sobre todo, choca con lo que vemos, que son una serie de marcajes y llamadas, cuando sabemos

942 Publicado en DVD como *Gaumont Treasures 1897-1913): I Alice Guy*, Nueva York, Kino Internacional, 2009.

943 *Gypsy dances* en la edición en DVD publicada en Estados Unidos, que es la que hemos manejado.

944 *Spain* en la edición en DVD publicada en Estados Unidos, que es la que hemos manejado.

945 Armilla, 1863-Granada, 1919.

946 Granada, 1897-Argentina, años 50.

947 Granada, 1896-1981.

948 C. Cruces-Roldán, «Presencias flamencas en los Archivos Gaumont. Pathé. Registros callejeros en la Granada de 1905», cit., p. 36.

949 Comunicación personal.

950 C. Cruces-Roldán, «Presencias flamencas en los Archivos Gaumont.Pathé. Registros callejeros en la Granada de 1905», cit., p. 38.

que en las sevillanas, probablemente una cachucha, no se hacen llamadas. Sin embargo, otras partes de la pieza sí que corresponden a las sevillanas, claramente. En una comunicación oral posterior a su estudio, Cruces nos informa de otra hipótesis: de que acaso se trate de una cachucha. La propia Cristina Cruces nos informa de la existencia de una hipótesis respecto a los intérpretes, aunque no aporta la información de quién es el autor de dicha hipótesis: la Zambra de la Capitana, que hemos de suponer que es la Zambra de los Amaya, conjunto que en 1919 pasó a llamarse Zambra de La Capitana, ya que tras el fallecimiento de Juan Amaya fue su viuda, La Capitana, quien pasó a dirigir la formación. La hipótesis aparece respaldada por Alice Guy junior en su blog, que relaciona al grupo con Carmen Amaya[951]. Nosotros pensamos que las intérpretes de las dos películas que hemos pedido ver, las sevillanas individuales o la cachucha, y los tangos, son, respectivamente, la Chata de la Jampona[952] y su hija María la Jardín[953], que formaban parte de esta Zambra de los Amaya en 1905[954]. Juan Amaya[955], líder del grupo, es el guitarrista que vemos en ambas piezas: su bigote y sombrero son plenamente identificables según las fotografías que tenemos de él. Incluso el lugar en el que se rodó la película, según Alice Guy, la calle Jesús[956], es plenamente identificable en una postal de la época en la que aparece Juan Amaya y su zambra titulada *Danza en la cueva de los jitanos*, Colección

951 http://benaturalmovie.blogspot.com/ (consultado el 20-7-2018).

952 María Fernández Fernández, la Chata de la Jampona (1850-1940). Compárese la imagen de la película con la fotografía de la bailaora reproducida por Curro Albaicín, *Zambras de Granada y flamencos del Sacromonte*, Córdoba, Almuzara, 2011, p. 149.

953 María Maya Fernández, La Jardín (1893-1970). Compárese la imagen de la película con la fotografía de la bailaora reproducida por C. Albaicín, *Zambras de Granada y flamencos del Sacromonte*, cit., p. 223.

954 C. Albaicín, *Zambras de Granada y flamencos del Sacromonte*, cit., pp. 102, 149 y 223.

955 Juan Amaya Maya (Armilla, 1861-Granada, 1917). Actuó con su grupo en la Exposición de París1900. La zambra, capitaneada por Juan Amaya, actuó en Buenos Aires y a Río de Janeiro en 1913 en un elenco formado por su hermano Pepe Amaya, su mujer La Capitana, sus hijos Pepe y Manolo Amaya además de La Faraona, María la Jardín, el Aznar y la Colina. La zambra de Juan Amaya es la segunda que se fundó en Granada, después de la del Cujón, y la primera que se estableció en el Sacromonte. Se fundó en 1881 precisamente tras la desaparición de la del Cujón, y con algunos de sus miembros, como la Chata. Ver C. Albaicín, *Zambras de Granada y flamencos del Sacromonte*, cit., pp. 74 y 102.

956 Citada por C. Cruces-Roldán, «Presencias flamencas en los Archivos Gaumont. Pathé. Registros callejeros en la Granada de 1905», cit., p. 29.

GRANADINA, nº 8, editada por Francisco Román Fernández, que circuló en 1902[957]. Y en otras fotografías de la Zambra de los Amaya de la época[958] también podemos encontrar la misma localización. En realidad, es el camino del Sacromonte 21, esquina con la cuesta de Montes Claros, aunque esta cuesta ya no existe, ha sido sustituida por edificaciones posteriores[959]. Comparando la fotografía de la postal y la película identificamos a Juan Amaya y algunos de los intérpretes, como la niña que baila los tangos, así como la esquina de la casa y el suelo empedrado. La niña, a nuestro parecer María la Jardín, aparece en la postal con el mismo vestido que en la película: mantón de manila y falda con varias capas y de varios colores. Con el mismo vestuario la encontramos también en otras fotografías de la época en donde aparece también la Chata de la Jampona haciendo compás[960]. Es decir, el grupo era plenamente profesional, y utilizaba vestuario profesional, además de diseños muy avanzados, tanto para llevar a cabo sus bailes como para fotografiarse. Los intérpretes de esta postal son prácticamente los mismos que aparecen identificados en otra imagen, la titulada *Zambra de Juan Amaya*, que aparece en el *Diccionario Enciclopédico Ilustrado del Flamenco*[961]. En el libro de Curro Albaicín se muestra otra fotografía de la Zambra de Juan Amaya en la que aparece la Chata de la Jampona[962]. Debe de ser algo anterior a la fecha en la que se rodó la película porque la bailaora aparece más joven.

---

957 Se puede consultar en https://www.todocoleccion.net/postales-andalucia/granada-danza-cuevas-jitanos-coleccion-granadina-n-8-francisco-roman-fernandez-granada~x13398082 (consultado el 9-11-2018).

958 Algunas se pueden consultar en https://www.gluseum.com/ES/Granada/284202305533486/Cueva-de-Los-Amayas (consultado el 9-11-2018).

959 Todavía hoy se puede apreciar la localización y los restos del edificio original. Véase https://www.google.es/maps/place/Camino+del+Sacromonte,+21,+18010+Granada/@37.1810722,-3.5874233,3a,75y,90t/data=!3m7!1e1!3m5!1s9rF2z6oeQRrSR5KbD3mtJQ!2e0!6s%2F%2Fgeo2.ggpht.com%2Fcbk%3Fpanoid%3D9rF2z6oeQRrSR5KbD3mtJQ%26output%3Dthumbnail%26cb_client%3Dsearch.TACTILE.gps%26thumb%3D2%26w%3D360%26h%3D120%26yaw%3D27.337309%26pitch%3D0%26thumbfov%3D100!7i13312!8i6656!4m5!3m4!1s0xd71fcc998df3027:0x8f3ce1cd95c1770d!8m2!3d37.1811069!4d-3.5874109 (consultado el 9-11-2018).

960 Se puede ver en https://www.gluseum.com/ES/Granada/284202305533486/Cueva-de-Los-Amayas (consultado el 9-11-2018).

961 J. Blas Vega y M. Ríos Ruiz, *Diccionario Enciclopédico Ilustrado del Flamenco*, cit., I, p. 15

962 C. Albaicín, *Zambras de Granada y flamencos del Sacromonte*, cit., p. 70; La Chata de la Jampona es la segunda por la izquierda.

En el baile por tangos de la intérprete más joven encontramos rodazanes y bien paraos, entre otras técnicas. Las supuestas sevillanas se acompañan con palillos. Los dos son bailes completos y apenas, probablemente una cachucha, hay zapateados en ellos, de forma que son aplicables aquí también los comentarios que hicimos a propósito del tango rodado ese mismo año en la Casa de Pilatos de Sevilla. Cuando empecé a divulgar mis dudas sobre el hecho de que el zapateado fuera un elemento tan clave en lo jondo como lo es hoy, algunos me contestaron que eso solo era aplicable a los intérpretes que no eran gitanos. Estamos viendo que no hay diferencias, en estos primeros registros fílmicos del flamenco, entre intérpretes gitanos y no gitanos. No son gitanos Carmencita, de Almería; Anita Reguera, que según Mora era de Mallorca; el Negro Meric, cubano, ni los miembros del cuadro del Maestro Otero. Sí lo son las protagonistas de estas dos películas, que, como digo más arriba, son, a mi parecer, María la Chata de la Jampona y María la Jardín. La Chata de la Jampona estuvo en la zambra del Cujón y luego en la de Juan Amaya. María la Jardín nació en 1893 y murió en 1970. De ambas dice Curro Albaicín que bailaban música clásica[963]. Y de la Chata de la Jampona dice Navarro García que «alcanzó notoriedad interpretando uno de los bailes más flamencos de la Escuela Bolera, las soleares de Arcas»[964]. Como ven, el círculo de los bailes boleros sobre el flamenco se vuelve a cerrar. Y es que en esta época ambos géneros eran uno solo y una bailaora no podía tener en su repertorio solamente el tango, las alegrías y los zapateados, que son los tres únicos bailes, según Rafael Marín, que podemos llamar, con propiedad, flamencos. Esto lo escribe un profesional de la guitarra en 1902, es decir, tres años antes de la filmación que comentamos.

963 Curro Albaicín, *Zambras de Granada y flamencos del Sacromonte*, cit., pp. 149, 223 y 224.

964 J. L. Navarro García, *De Telhetusa a la Macarrona*, cit., p. 348. La misma información, atribuida a Eduardo Molina Fajardo, la encontramos en J. Blas Vega y M. Ríos Ruiz, *Diccionario Enciclopédico Ilustrado del Flamenco*, cit., I, p. 238.

6. LA NUEVA TEORÍA DE LA HISTORIA DEL FLAMENCO

6.1. LA TEORÍA EN LA BIBLIOGRAFÍA: LAVAUR, STEINGRESS Y NÚÑEZ

La tesis de que el flamenco surge de una evolución de los bailes boleros, del país, andaluces o de palillos fue primero propuesta por Luis Lavaur en su *Teoría romántica del cante flamenco* (1976)[965], una obra que, sin embargo, apenas tuvo eco en la flamencología de su tiempo, ni mucho menos en la profesión y la afición jonda. En ella señala que las bailarinas tenidas hasta ese momento, años setenta del siglo XX, por boleras, Petra Cámara y Manuela Perea, *la Nena*, agitanaron su baile, o, por mejor decir, la publicidad de su baile, hacia mitad del siglo XIX y son las primeras a las que podemos aplicar la denominación de *flamencas*, en tanto que usan este nombre para titular algunos de sus bailes y puesto que la prensa del momento, léase al propio Gustavo Adolfo Bécquer[966], aplica el término flamenco a su baile[967]. Más tarde Ortiz Nuevo, Gerhard Steingress y Faustino Núñez, entre otros, desvelarán otras noticias de la prensa de la época en las que se aplica al baile de estas dos intérpretes, y la de otros tenidos hasta ese momento como estrictamente boleros, la denominación de gitano o flamenco.

965 Lavaur, Luis *Teoría romántica del cante flamenco*, cit., p. 168.

966 Gustavo Adolfo Bécquer, «La Nena» en *Obras completas*, Madrid, Fundación José Antonio de Castro, 1994, II, p. 587-593. El artículo se publicó en *El Contemporáneo* el 30 de marzo de 1862.

967 Luis Lavaur, *Teoría romántica del cante flamenco*, cit., pp. 164 y 165.

El autor de esta propuesta es Luis Lavaur Barrutia (San Sebastián, 1917), técnico del Instituto de Estudios Turísticos del Ministerio de Información, que en 1976 la ofreció en su obra *Teoría romántica del cante flamenco*, cuyo contenido había sido en parte adelantado a finales de los años sesenta en la *Revista de ideas estéticas*. Es la primera y más radical formulación de la tesis, ya que, en franca oposición al ambiente intelectual de los años setenta en relación al flamenco, condicionado por el concepto de *cante gitano-andaluz* acuñado por Antonio Mairena y Ricardo Molina en su obra *Mundo y formas del cante flamenco* (1963), Lavaur destierra el elemento gitano de la paternidad del género flamenco. Afirma en su obra el autor que ningún estudioso, ni viajero, ni diletante, ni otro testigo alguno del nacimiento del flamenco, encontró elementos coreográficos o musicales de paternidad gitana, (incluso muy pocos, Dumas es una notable excepción, de práctica gitana), hacia mediados del siglo XIX, la época en la que surge el flamenco.

Lavaur trabajaba en el Ministerio de Información y Turismo y su reflexión sobre el flamenco surge de sus estudios sobre el turismo en el siglo XIX. Fue el primero, y esto constituye un gran hito, en considerar que el nacimiento del flamenco se produjo hacia mediados de ese siglo. Además, puso en relación los datos que halló sobre los cantes y bailes andaluces con la historia de España y Andalucía, lo cual también supuso una novedad en relación con las investigaciones flamencas del periodo. Su legado solo empezó a valorarse con la reedición de su obra en 1999, ya que su teoría chocaba frontalmente con la ideología dominante en la práctica flamenca de su época, tanto al nivel teórico como artístico y administrativo. La repuesta que encontró esta teoría en el momento de su publicación fue el silencio y la ignorancia.

Parte Lavaur del triunfo de los bailes españoles en los teatros de París y Londres en los años treinta del siglo XIX. Pauline Duvernay (1812-1894) y Fanny Elssler (1810-1884) triunfaron con sus *danzas españolas* en las capitales del Romanticismo europeo precisamente gracias a esta corriente estética, que buscaba lo exótico en los cuerpos de las bailarinas españolas, aunque fuera en *españolas fingidas*. Así la dicotomía Taglioni-Essler se interpreta, siguiendo a Gautier, como la oposición ángel-mujer, cielo-tierra, espíritu-carne y técnica frente a corazón[968]. El triunfo de los bailes de la «carne», «sensuales»

968 L. Lavaur, *Teoría romántica del cante flamenco*, cit, p. 113.

o de carácter «sexy» en palabras de Lavaur[969], es decir, de los bailes españoles, es una consecuencia de la *dictadura de la barra*: el triunfo de la espontaneidad *española* es un contrapunto a la dictadura de la disciplina *francesa*. Las puntas contra las pantorrillas. Estamos en el origen de las técnicas actuales del ballet, es la época del nacimiento del tutú y del baile en puntas. La danza, por supuesto, destierra cualquier otro espectáculo escénico en París. Del españolismo la cosa pasó al gitanismo de manera natural. El carácter erótico de las españolas y las gitanas es, en opinión de Lavaur, una creación netamente francesa: nada o poco tiene que ver con el baile y con la realidad de las españolas y las gitanas del momento[970].

Esta guerra de la danza se importó pronto en España, como tensión estética pero también como estrategia comercial. Y como hegemonía de la danza frente a otras manifestaciones escénicas. En principio, en los cuerpos de dos bailarinas foráneas: la francesa Guy-Stéphan, que simboliza la «carne», amante que fue de José de Salamanca, frente a la Fuoco (Sofía Fuoco, 1829-1916)[971]. La primera puso de moda en los teatros de Madrid los bailes nacionales españoles, que habían hecho furor cuarenta o cincuenta años antes pero que en ese momento estaban desterrados de las tablas. Era también una tensión política, ya que la italiana era amiga de Narváez. Es decir, que en este momento la oposición se alinea con las danzas nacionales, mientras que los más conservadores prefieren las delicadezas francesas[972]. De los bailes *nacionales* pasamos a los bailes *andaluces*, *macarenos*[973] y *gitanos*, más adelante *flamencos*. Por supuesto que este cambio es puramente nominal, ya que las danzas seguían siendo las mismas. Afirma Lavaur que «el desuso del término macareno en la prensa periodística coincidió con el debut del adjetivo *flamenco*, a mayor abundamiento, estrechamente emparentados ambos con lazos de sinonimia»[974]. Esto ocurrió hacia los años cincuenta del siglo XIX. Hoy sabemos, gracias a Alberto Rodríguez Peñafuerte, que la primera vez que se empleó el adjetivo en la prensa madrileña fue en 1847.

---

969 Ibídem, p. 119.

970 Ibídem, p. 119.

971 La presencia de la italiana en España está atestiguada por Galdós en sus *Episodios Nacionales*, precisamente en el que dedica al *espadón de Loja*, véase *Narváez*, Alicante, Biblioteca Virtual Miguel de Cervantes, 2001, párrafo 201.

972 L. Lavaur, *Teoría romántica del cante flamenco*, cit. p. 159.

973 Macareno se refiere a un natural o habitante del barrio sevillano de la Macarena, que es uno de los barrios más populares de Sevilla, entonces y aún hoy.

974 Ibídem, p. 164.

La guerra de los bailes va a continuar, ya con «carne» estrictamente hispana, con la «voluptuosa Vargas y la delicada Nena»[975]. Este apogeo del baile gitano hispano se vio acompañado, continua Lavaur, del nacimiento de un teatro agitanado que va a incluir numerosos elementos de danza y canto, y que en muchos casos está protagonizado por las mismas actrices-bailaoras, incluyendo a la Petra Cámara[976]. La teoría se expresa en estos términos: «¿no pudo generar el ballet en Madrid las reacciones precisas para andaluzar y agitanar los *bailes nacionales?*»[977] No encuentra Lavaur en la escena hispana de ese momento rastro del flamenco tal y como se caracterizará posteriormente (seguiriyas, martinetes, tarantas, etc.), así que, antes de esta época, años cincuenta del siglo XIX, lo que había en la escena hispana no era el flamenco que conocemos hoy —como ha creído la flamencología del siglo XX— sino pura y simplemente los llamados bailes nacionales[978] a los que poco a poco se les aplicará la denominación de flamenco. No podemos considerar por tanto que posteriormente, en el marco de las academias sevillanas, se diera una fusión de estos bailes nacionales con bailes flamencos, gitanos, previos, como afirma la historia oficial del flamenco y también la de la danza española.

Gerhard Steingress retoma la teoría en 2006 en estos términos:

> «(…) el flamenco se formó en pasos sucesivos y paralelamente en ambientes distintos (el teatro, los salones, ambientes populares) a partir de una dialéctica entre manifestación íntima (subcultural, de una bohemia agitanada) y construcción social (urbana y suburbana), sintetizada en el creciente papel de los artistas del género español y andaluz -comprendidos como variedades del canto y baile de tipo popular creados, sobre todo, en el marco de la escuela bolera y el teatro menor a partir de las últimas décadas del siglo XVIII, con fuertes acentos costumbristas y folclóricos- y su compromiso con la estética reinante de la danza de la época. […] la apari-

975 Ibídem, p. 162. Se trata de la gaditana Josefa Vargas (1928-¿?) Manuel Chaves Rey, «La Nena», *El Liberal*, 7 de abril de 1904, p. 2, reproducido por José Gelardo Navarro con María Amparo Fernández Darós en *¡Viva la ópera flamenca!: flamenco y Andalucía en la prensa murciana, 1900-1939*, Murcia, Universidad de Murcia, 2014, pp. 69-73 y p. 70. y la sevillana Manuela Perea *la Nena* (1820-»?).

976 Sevilla 1827-?

977 L. Lavaur, *Teoría romántica del cante flamenco*, cit. p. 168.

978 Ibídem, p. 169.

> ción del baile flamenco se llevó a cabo como creación artística ante todo en el marco de la escuela bolera, o, por lo menos, en estrecha relación con ella.[979]»

Matizaba de esta manera su postura expresada en *Sociología del cante flamenco* (1993) dando un paso más allá, ya que en 1993 aún hablaba explícitamente de dos géneros diferentes de arte[980]. Del párrafo que reproducimos más arriba asumimos el vínculo del flamenco con lo bolero, aunque creemos que la relación entre ambos géneros es tal que no se trata de dos géneros sino de uno solo, como hemos demostrado a lo largo de esta obra, gracias a la novedosa distinción entre bailes boleros y Escuela Bolera que acuñamos hace unos años. No explicita el autor a qué se refiere con la expresión «ambientes populares» distintos de los teatros y salones. Tampoco lo hace respecto al significado de «subcultural» ni de «acentos folclóricos». Pensamos que estos conceptos son fruto de la perduración de algunos aspectos de la flamencología del siglo XX en la obra de Steingress. La mirada del autor aún está influida por la flamencología anterior, la del siglo XX, pese a que Steingress se desmarca claramente de ella en las dos obras mencionadas, llamándola en 2006 «flamencología especulativa»[981], «que actúa como superestructura ideológica de la afición al flamenco»[982], frente a la «flamencología científica», que su propia obra representa, a su entender[983]. Es la flamencología del siglo XX la que considera el flamenco como un género subcultural, es decir, una cultura ínfima, menor, de ambientes populares y con acentos folclóricos. Más adelante el pensador austriaco lo explica diciendo que:

> «(...) la popularidad de los emergentes bailes llamados flamencos fue el resultado de una nueva diferenciación de los del grupo de boleros a través de la imposición de la nueva estética del gitanismo (o agitanamiento) y su reciente acentuación, mediante el cante, en la segunda mitad del siglo XIX.[984]»

979 Gerhard Steingress, *...Y Carmen se fue a París*, Córdoba, Almuzara, 2006, pp. 13-14.

980 Gerhard Steingress, *Sociología del cante flamenco*, Jerez, Centro Andaluz de Flamenco, 1993, p. 351.

981 G. Steingress, *...Y Carmen se fue a París*, cit., p. 11.

982 Ibídem, p. 8.

983 Ibídem, p. 15

984 Ibídem, p. 14

Y más adelante lo expresa de esta manera:

> «La escuela bolera, creada e institucionalizada algo después de 1750, aproximadamente, y cuyo prestigio comenzaba a declinar a lo largo de la primera mitad del siglo XIX, buscó nuevas formas expresivas mediante el cada vez más acentuado agitanamiento de su estética, creando de esta manera las bases de la posterior escuela flamenca, cuya existencia está documentada a partir de la década de 1850.[985]»

Afirmación que suscribimos plenamente y que conectamos con el proceso de andalucización y agitanamiento que se da en todo el movimiento cultural conocido como magismo, proceso que afecta a toda la sociedad española en realidad, conforme avanza el siglo XIX, como finamente describió Galdós, ese gran cronista del siglo XIX, en sus *Episodios Nacionales*[986].

Faustino Núñez sostiene en su imprescindible obra *Guía comentada de la música y baile preflamencos(1750-1808)* (2008), en relación con los bailes boleros, la «enorme ligazón con lo que luego vino a llamarse arte flamenco»[987], y que en esta música (fandangos, seguidillas, tiranas, polos, guarachas, etc.) están «las bases sobre las que los cantaores románticos diseñarían mucho de lo que hoy llamamos flamenco» [988], «el majo que, en mi opinión, es el padre del bolero y abuelo del flamenco»[989], «de ahí [las tonadillas] el flamenco escogió lo más apropiado, le dio el tono oriental con las *tonadas y seguidillas de gitanos* para crear un arte nuevo de sólidos cimientos»[990], «en estas seis décadas largas de magismo, podemos reconocer variados antecedentes del flamenco»[991]. Es decir, considera que estamos hablando de dos géneros diferentes, aunque fuertemente emparentados, tesis que sigue manteniendo en 2017 al afirmar que lo bolero y lo flamenco son «dos expresiones andaluzas de diferente talante, pero parientes carnales»[992]. En 2012 afirma Núñez en su obra *Cádiz y lo*

985 Ibídem, p. 16.

986 Benito Pérez Galdós, *Los Ayacuchos*, Biblioteca Virtual Miguel de Cervantes, Alicante, 2001, párrafo 45 y ss. y párrafo 215.

987 F. Núñez, *Guía comentada de la música y baile preflamencos*, cit., p. 27.

988 Ibídem, p. 29.

989 Ibídem, p. 30.

990 Ibídem, p. 30 y p. 32.

991 Ibídem, p. 36.

992 F. Núñez, «Breve historia musical de la cultura jonda», cit., p. 40.

flamenco en torno a 1812 que «el baile flamenco evolucionó desde lo bolero con maneras más raciales, agitanando su acento»[993] y que «los boleros que trabajaban en las compañías de los dos teatros gaditanos [...] muchos de ellos también participaron en la configuración del género flamenco»[994]. Es decir, señala la conexión de los dos géneros, pero sigue manteniendo la distinción entre los mismos. Núñez considera que los elementos catalizadores del género flamenco, sobre sus antecedentes boleros, fueron, entre otros, «romances, tonadas y demás cantos orientales que conservaron los herederos de aquellos gitanos de mil razas»[995]. Pienso que esta influencia oriental, modal, está ya en los cantos y bailes de palillos, del país o boleros e, incluso antes, en el repertorio de danzas españolas barrocas. Mi propuesta es completamente deudora de la de Faustino Núñez, y a su vez de la de Steingress, y es acaso más radical al afirmar que bolero y flamenco son la misma cosa, solo que con denominaciones diferentes debidas a la moda romántica que mitificaba lo gitano y que pone de moda lo gitano. Núñez señala en 2017 que «muchos boleros comenzaron a mutar en flamencos entre 1845 y 1855»[996]. Mi hipótesis, expresada en este libro y, previamente, en diversos trabajos que comentamos más adelante, de 2012 y 2013, es que los boleros no cambiaron la piel, solo el nombre que daban (ellos o los demás, más bien los demás) a su arte, a consecuencia de la moda gitanista que viene de Europa y se impone también en el tardío Romanticismo español, mezclada con el costumbrismo. A pesar de ello, el nombre de flamenco o gitano, flamenco como sinónimo de gitano, aplicado a estas músicas y danzas, no se va a imponer hasta bien entrado el siglo XX. En 1847 nos topamos con la primera noticia, rescatada del olvido por Alberto Rodríguez Peñafuerte, que relaciona la música y la danza con la palabra flamenco, aunque el término no se va a implantar, definitivamente, hasta la postguerra civil española, en la que se impone la denominación de flamenco para buena parte de las manifestaciones musicales y coreográficas del sur de España, y también la visión gitanista del género flamenco, que se creó, o recreó, en buena medida en Estados Unidos durante la II Guerra Mundial. Desde 2012 respaldo mis argumentos con la segunda parte de mi tesis, la que considera que los bailes boleros y la Escuela Bolera son dos cosas muy distintas,

993 F. Núñez, *Cádiz y lo flamenco en torno a 1812*, cit., p. 32.

994 Ibídem. p. 36.

995 Ibídem, p. 30.

996 F. Núñez, «Breve historia musical de la cultura jonda», cit., p. 41.

aunque emparentadas. El cante y el baile flamencos de finales del siglo XIX, así como el toque, están muy lejos del género flamenco actual, o al menos del dominante, en la segunda mitad del siglo XX, marcado, como digo, por esta orientación gitanista. Pero el cante, el toque y el baile flamencos de finales del siglo XIX están casi en las antípodas de lo que hoy llamamos Escuela Bolera. No se trata de un género intermedio entre estas dos manifestaciones artísticas, como afirma la historia oficial de la danza española, situando la Escuela Bolera en el siglo XVIII, los primeros bailes flamencos, influidos por esta escuela, a mediados del siglo XIX y el flamenco actual; sino del género flamenco que en sus orígenes y primeros pasos era muy diferente de lo que fue de mayor. La explicación, una vez más, está en la historia: el tremendo trauma que supuso la Guerra Civil y la II Guerra Mundial. El miedo al otro que se impone al final de esta y el giro étnico que adopta el arte mundial en ese momento, especialmente aquel en el que la presencia de las minorías es grande: el flamenco, el jazz, etc. Algunos han acusado a esa nueva flamencología, incluyendo mi trabajo, de tratar de desgitanizar el flamenco. Por mi parte, repito que lo que trato es de gitanizar los bailes boleros. A esta diferenciación entre bailes boleros y Escuela Bolera, que a mi entender da más profundidad y coherencia a la teoría primeramente propuesta por Lavaur de que el flamenco deriva directamente de lo bolero, hemos dedicado un capítulo completo de este trabajo.

6.2. LA TEORÍA A ESCENA: EL ESPECTÁCULO *MUDANZAS BOLERAS* (2012)

La teoría de que bailes boleros y Escuela Bolera son realidades históricas bien diferenciadas técnica, estética, sociológica y temporalmente la formulé en su momento a raíz de un trabajo práctico: mi participación en el espectáculo *Mudanzas Boleras*, estrenado en el Teatro Cánovas de Málaga el veintiuno de enero de 2012 y que ese mismo año se programó en el Festival de Jerez y la Bienal de Sevilla, entre otros espacios y festivales.

Penélope Sánchez, Elena Miño Yudego y Myriam Manso Izquierdo en *Mudanzas Boleras*. Luis Castilla. Cortesía Compañía Mudanzas Boleras.

Elena Miño Yudego, Fran Velasco, Myriam Manso Izquierdo, Daniel Morillo Barco, Penélope Sánchez y Sergio Bernal en *Mudanzas Boleras*. Luis Castilla. Cortesía Compañía Mudanzas Boleras.

El cambio de paradigma, en mi caso, vino dado por las lecturas de Ortiz Nuevo, Steingress y Núñez. Pero lo que concretó mi perspectiva fue el trabajo que llevé a cabo para este espectáculo. En 2008 recibí la propuesta de hacer labores de documentación y guion «para una obra de Escuela Bolera» de la productora maltesa afincada en Sevilla Sharon Sapienza (1974-2013). En un principio me negué a la misma pensando que este territorio artístico se hallaba muy alejado de mi ámbito natural de investigación y actuación, que era el flamenco. No obstante, afortunadamente Sapienza insistió y yo acepté. Me alegro mucho de haber sucumbido al entusiasmo de mi amiga porque gracias a ello descubrí una nueva manera de entender el flamenco. En principio la Escuela Bolera me parecía un arte frío, asexuado, académico, aburrido. Luego descubrí que los bailes boleros eran una cosa muy distinta. Por otra parte, hoy me encanta la Escuela Bolera. Me di cuenta de que la documentación existente en ese momento sobre Escuela Bolera, que está recogida en la bibliografía, era más bien confusa, indefinida: de su lectura, no podía concluir exactamente qué periodo temporal comprendía ni tampoco el repertorio exacto, por no hablar de los intérpretes. Confusamente se decía que era un repertorio que estaba vigente *desde el siglo XVIII*, lo cual parecía difícilmente asumible si hablamos de un arte que, en buena medida, se trasmitía de manera oral de maestro a discípulo. O, en fin, de cualquier arte. Así que me volví a mi espacio natural y busqué en trabajos de investigación de flamenco que trataran la época inmediatamente anterior al nacimiento del género jondo. De la lectura de los textos de la época que trataban sobre el tema, en buena medida la obra de Núñez *Guía comentada de música y baile preflamencos*[997] y también la de José Luis Navarro García *De Theletusa a la Macarrona*[998], entre otras, deduje que Escuela Bolera y bailes boleros eran dos géneros diferentes y que el verdadero origen de lo flamenco eran los bailes boleros.

A finales del año 2008 nos pusimos a trabajar, junto Sharon Sapienza y su equipo[999], sobre el espectáculo de Escuela Bolera y ya hicimos un primer avance del trabajo. Propuse un título, *Mudanzas boleras*, y pedimos una ayuda a la producción musical, para la banda sonora, creada por Agustín Diassera y Paco Cruzado sobre temas de

997 F. Núñez, *Guía comentada de música baile preflamencos*, cit.

998 J. L. Navarro García, *De Telethusa a la Macarrona*, cit.

999 En ese momento estaban en el equipo Syvie Nys, Rubén Olmo, Rocío Coral, Victoria Betanzos, Pilar Cazares, Agustín Diassera y Paco Cruzado.

dominio público, que no obtuvimos. En 2009 ofrecimos nuestro dossier al Ayuntamiento de Cádiz con vistas a las celebraciones de los 200 años de la Constitución de 2012. Para esta convocatoria alteramos un poco el título con *Mundanzas boleras: la cachucha y otros bailes de viva la Pepa*, pero ni aun así recibimos la ayuda deseada. Finalmente, sí conseguimos para *Mundanzas boleras* una ayuda del departamento de Danza de la Consejería de Cultura de la Junta de Andalucía. Fue en octubre de 2009. En las sucesivas sinopsis del espectáculo mi amiga Sharon Sapienza me indicó que intentara no mencionar el flamenco en las mismas, para así poder recibir ayudas institucionales dedicadas a la danza en general y por su intención de hacer un espectáculo de Escuela Bolera clásica, tal y como se entendía el clasicismo de la Escuela Bolera en ese momento. No obstante, en un mensaje del veintisiete de octubre de 2009 en el que hablábamos de una posible conferencia relacionada con el tema, le indiqué: «El enfoque puede ser *La escuela bolera y el flamenco: conexiones y digresiones*. La idea es aproximarnos a la Escuela Bolera como un estallido de libertad escénica que derivó más tarde, entre otras cosas, en lo que hoy conocemos como flamenco»[1000]. El 2 de septiembre de 2011 registramos el espectáculo en la Agencia del Flamenco (hoy Instituto).

A finales del 2008 ya hice un primer borrador de la obra, cuando todavía estábamos buscando un título, en el que pretendía ofrecer una mirada contemporánea y trasgresora de los bailes boleros, según lo que había averiguado hasta ese momento de estos bailes. Esto chocó con el punto de vista tanto de productora como de las coreógrafas de la parte tradicional del espectáculo, Rocío Coral y Victoria Betanzos. En él ya se incluía un *cuadro flamenco*, considerando de mi parte que lo flamenco era digno heredero actual de lo bolero del pasado. Este era el texto:

> «Título de la obra: *El traje de cuadros o Boleras de cuadros o Figuras de las boleras o Boleras de las figuras o Mudanza de las figuras* (aludiendo a cómo van cambiando o mudando los cuadros) *o Mudanzas boleras.*
> »Una obra en cuadros, cada una con un carácter, una música y un espíritu. Basado en cuadros de Goya, Bayeu y Subías, García Ramos, Doré, Manet, Barrutié, Antonio Pérez u otros pintores costumbristas del XVIII y XIX. El cuadro se proyecta en el fondo y los bailarines parten de la

1000 Comunicación particular, vía email, del 27-10-2009.

misma actitud. La idea es ver lo que pervive de la escuela bolera en el arte escénico actual: flamenco, danza española, etc. El último cuadro es arqueológico. El segundo cuadro es retrógrado. Los demás (3,4,5) son realistas: siglo XXI. El penúltimo es una fantasía: la escuela bolera en el siglo XXII. La idea es que no sea un espectáculo fósil y hacer una obra lo más radical o rompedora posible. Eso sorprendería al espectador, hacer un montaje de la escuela bolera contemporáneo. El último cuadro con las Danzarinas gaditanas es un cuadro erótico-dancístico en mosaicos de Pompeya. Para remontar la tradición bolera a una antigua tradición dancística española y andaluza.

1. Cuadro clásico. Se reproducen no solo actitudes, también vestuario. Coreografía retrógrado-clásica de la escuela bolera.
2. (A partir de este momento los intérpretes solo toman del cuadro la actitud, variando el tipo de vestuario. Ropa contemporánea, estrictamente contemporánea: flamenca, danza española, danza contemporánea).
3. Cuadro flamenco.
4. Cuadro escuela española.
5. Cuadro danza contemporánea.
6. Cuadro de la escuela bolera del futuro (siglo XXII).
7. Cuadro romano Danzarinas gaditanas.»

A finales de 2008 redacté esta sinopsis, ya con el título de *Mudanzas boleras*:

«*Mudanzas boleras: los amores de Andalucía*

Mudanzas boleras es una caja de sorpresas. La escuela bolera, lejos de la imagen fosilizada y arqueológica que ha llegado a nosotros, fue en su tiempo la verdadera vanguardia musical, coreográfica, de moda en el vestir y en el piropear. Era el verdadero caballo de batalla de las distintas influencias escénicas de su tiempo, el sitio en que combatían la caña y la bolera, la seguidilla y el minué. Una respuesta vernácula a la sofisticación de la corte del hijo del Rey Sol. Este espectáculo es una obra dinámica llena de juegos escénicos, batallas figuradas de sexos, modas y mudanzas: afrancesados y manolas, castizos y agitanados, indianos y afrancesados, cómicos italianos, barberos y tunantes, negros, caleseros, moros, compiten, cada uno con sus propias armas, con sus músicas y sus danzas, con sus máscaras y sus requiebros, con sus fandangos, polos, seguidillas, tiranas, zorongos, tangos, jotas, nanas, pregones, villancicos y minués, por la atención y el favor del público. Cada uno con lo suyo: gracia, carnalidad, frescura, elegancia, irreverencia, fuerza. Un espectáculo pleno de ritmo, absolutamente respetuoso con las coreografías, las letras y las músicas originales de la escuela bolera, pero situadas en su contexto, real, de lucha por un espacio escénico llamado Andalucía que siempre ofreció dones y cosechó corazones. Entre burlas y veras, los amores de Andalucía, que son los bailes, el arte de las mudanzas, de las Puellae Gaditanae a Amparo Álvarez La Campanera, de la Gitanilla a Petra Cámara, pasando por Fanny Elssler, La Perla y El Jerezano: toda una forma de bailar y mudar la piel conservando siempre la esencia, la pasión por la danza».

En el proyecto que presentamos en 2009 para la ayuda del departamento de danza de la Agencia Andaluza de Instituciones Culturales de la Consejería de Cultura se incluía este texto firmado por mí como asesor histórico, documentalista y asistente de dirección del espectáculo[1001]:

«La escuela bolera andaluza hoy

En principio, me interesó este proyecto de espectáculo sobre la escuela bolera andaluza, porque en ella se encuentra uno de los arcanos, cada vez menos enigmáticos gracias a los hallazgos de investigadores que desinteresada y graciosamente se han ocupado en ello, del origen de la danza andaluza en general y flamenca

1001 Esta es una primera versión de un texto que luego formaría parte de la *Documentación del Espectáculo Mudanzas Boleras*, de uso interno de la compañía, del que reproduciré algunos pasajes en esta obra.

en particular. Es decir, de aquello que más nos identifica culturalmente en el mundo. Veo una clara continuidad entre la escuela bolera y el flamenco escénico. En personajes como Petra Cámara, Amparo Álvarez La Campanera, El Raspaó, Antonio el Pintor, etc. se cifra el cambio de lo estrictamente bolero a lo flamenco. Estos intérpretes bailaban a la manera bolera o la forma gitana o flamenca, según la demanda del público. Amparo Álvarez La Campanera, por tomar el ejemplo de uno de estos personajes, a vuelapluma (cualquier otro podría ser igualmente paradigmático), fue una sevillana del mil ochocientos treinta y tantos, hija del campanero de la Catedral, de donde procede su nombre artístico. Su jaleo gitano es el origen de los bailes y cantes, por soleares y bulerías, en los que Machado Álvarez cifra el origen del arte jondo. El jaleo flamenco ya se anuncia en 1858, pero tenemos noticia de otros jaleos anteriores, los que se interpretaban en la escuela bolera, muchos de los cuales se ejecutaban, según nos dicen las crónicas de la época "a la manera gitana o flamenca". La soleá se anuncia por vez primera en un periódico sevillano de 1855[1002], mientras que de la guajira tenemos probables noticias de su existencia, debidas a Gerhard Steingress, en el Jerez de 1860. Así pues, en el breve intervalo de estas fechas, finales de los cincuenta y principios de los sesenta del siglo XIX, surge el flamenco como tal, en principio como baile o bailes, y con un repertorio limitado: alegrías, zapateados y soleares. Estos primeros intérpretes flamencos son bailarines de la escuela bolera que interpretan estos bailes tradicionales a la manera gitana o flamenca. No quiere ello decir que entienda la escuela de bailes boleros andaluces como un mero precedente del flamenco. Todo lo contrario. Como dije, ese fue mi interés primero en este espectáculo. Pero luego, conforme fui investigando los documentos históricos que sobre la escuela bolera andaluza se conservan, me di cuenta de que éste era algo más que un precedente del

1002 Desde la fecha de redacción de este texto, se han encontrado otras soleares más antiguas, como hemos visto en su momento.

flamenco: en realidad se puede ver claramente una continuidad entre ambos géneros que no es sino la manifestación de un síntoma que será una de las principales tesis de este espectáculo, a saber, la constatación de la existencia de una tradición dancística vernácula en Andalucía desde las primeras manifestaciones culturales, desde los primeros testimonios de civilización, que se mantiene hoy viva, y con buena salud, y que es nuestra principal seña de identidad ante el mundo.

»(...), este espectáculo tratará de mostrar que en Andalucía la danza escénica nunca fue ajena a lo que pasaba en la calle, pero que también se dejó influir por otras tendencias escénicas. De hecho, la escuela bolera, como el flamenco más tarde, según Luis Lavaur y sus seguidores, nació como respuesta vernácula a la influencia de danzas y cantos italianos y franceses y por eso, aunque se trata de una reacción a lo de fuera, también se nutre de lo de fuera, tanto como de lo popular tradicional español y andaluz. Según todos los indicios fue precisamente la incorporación de los saltos de la escuela francesa lo que hizo creer al público que los bailarines de la nueva escuela volaban, y por eso al nuevo baile se le llamó volero o bolero.

»El fin último del espectáculo es mostrar una continuidad histórica dancística andaluza. Hay pueblos, como Italia, que se reconocen ante el mundo por su gusto por el canto. Otros, como Alemania, es la filosofía lo que los identifica. Este espectáculo quiere mostrar la danza, a través de la escuela bolera andaluza, como una seña de identidad que se pierde en la noche de los tiempos y que se actualiza hoy mismo sobre la escena andaluza. Por supuesto que no nos vamos a limitar a escenificar lo tradicional. Nuestra intención es adaptarlo a las aspiraciones y emociones actuales, creando nuevos pasos de escuela bolera andaluza cuando así lo demande la obra. No es este un espectáculo nostálgico ni museístico. Por el contrario, nuestra intención es mostrar que el lenguaje dancístico de la escuela bolera es capaz de expresar toda la baraja de las emociones humanas, incluidas las propias del hombre de hoy.

»Al mismo tiempo, como efecto colateral, al margen de rescatar y "poner en valor", como se dice ahora, una serie de coreografías y músicas, pretendemos recoger, actualizar y reivindicar músicas populares del oriente andaluz, Granada y Jaén principalmente. Unas músicas que en su origen estaban ligadas a la escuela bolera y que más tarde, cuando la estrella de ésta declinó, pasaron al repertorio de bailes y cantos llamados folclóricos. Nuestra intención es devolver este precioso patrimonio andaluz a sus orígenes escénicos, actualizándolo y revitalizándolo. Estas músicas se reinterpretarán e, incluso, incorporaremos nuevas melodías a los repertorios boleros tradicionales. Estos se vienen representando hoy, en las escasas ocasiones en que se hacen, como una serie de melodías fijas y poco variadas a nivel instrumental. Del análisis de los documentos históricos deducimos que la escuela bolera andaluza se hacía acompañar de todo tipo de instrumentos, no solo los habituales hoy de pulso y púa, también piano, guitarras y pequeñas orquestas. A veces eran los propios cantantes, incluso los bailarines, los que se acompañaban a nivel instrumental. Todo ello se estudiará, revisará y adaptará a los medios y posibilidades actuales.

»Finalmente, una de las dimensiones menos conocidas de la escuela bolera andaluza es su repertorio lírico. Del estudio de los documentos de la época se deriva que la escuela bolera, al margen de sus coreografías y sus danzas, incorpora también una serie de coplas que, pese a su sentido popular, o quizá por ello, tienen una gran calidad literaria. Hoy en día nos ha llegado el retrato anquilosado de una serie de músicas puramente instrumentales. Pero la escuela bolera también se cantaba. Normalmente eran los propios bailarines los que interpretaban coplas de puya o de celebración comunitaria. Rescataremos esas coplas de los viejos legajos olvidados y, con su misma métrica y sentido lúdico, ensayaremos nuevas letras de la escuela bolera andaluza[1003]».

1003 Esta documentación la incluí en un documento que distribuí a todos los miembros de la compañía con el nombre de *Documentación general de Mudanzas Boleras*.

Como se puede ver, aquí asumo ya la teoría de Lavaur de que hay una continuidad estricta entre lo bolero y lo flamenco: «Estos primeros intérpretes flamencos son bailarines de la escuela bolera que interpretan estos bailes tradicionales a la manera gitana o flamenca». Más tarde radicalizaré mi postura. En este caso, además, contaba con las reticencias de la productora del espectáculo, así como de las coreógrafas de la parte tradicional del mismo. Luego ya pude ir más lejos y establecer la diferencia entre bailes boleros y Escuela Bolera y de esa manera plantear la continuidad de ambos estilos como uno solo.

Este es el texto que elaboré para presentarlo en el Ayuntamiento de Cádiz con la intención de que *Mudanzas boleras* se incluyera en los actos de los 200 años de la Constitución de 2012. Lo presentamos en octubre de 2009.

«Mudanzas boleras
(La cachucha y otros bailes de viva la Pepa)

»Os diré lo que hacían, y esto es reservado, reservadísimo, pues si doña María supiese que ojos humanos habían visto a sus niñas en tales arreos, y que orejas de varón habían oído cantar seguidillas a una de ellas, reventara de pesadumbre, o se sepultaría para siempre, antes avergonzada que muerta, en el sarcófago de sus mayores. Pero seamos indiscretos y contemos lo que vimos, ocultos en la estancia inmediata y sin ser vistos por ellas (...). Presentación, la más pequeña de las dos hermanas, estaba en medio de la pieza. ¿Creerán ustedes que rezando, cosiendo u ocupada en algún otro grave menester? Nada de eso; pues no estaba sino bailando, sí, señores, bailando. ¡Y qué zorongo, qué zapateado tan hechicero! Quedeme absorto al ver cómo aquella criatura había aprendido a mover caderas, piernas y brazos con tanta sal y arte tan divino cual las más graciosas majas de Triana. Agitada por la danza, chasqueando los dedos para imitar el ruido de las castañuelas, su vocecita sonora y dulce decía con lánguida y soñolienta música: "Toma niña esta naranja/ que he cogido de mi huerto/ no la partas con cuchillo/ que está mi corazón dentro".

(Cádiz, *Benito Pérez Galdós)*[1004]

»Cuando algunos amigos regresaron de Cádiz, don Diego García de Tovar contaba en tertulia familiar los lances y chascarrillos del sitio y las canciones que entonaban los gaditanos durante él (...). Dionos también a oír por primera vez la famosa cachucha, nacida al calor de las bombas y al estruendo de la metralla».

(Memorias de un setentón *Ramón Mesonero Romanos)*[1005]

«Vale más un respingo y un taconeo, que todas las piruetas del minueto».

(La pescadora —tonadilla anónima—)[1006]

»Benito Pérez Galdós nos ofrece en Cádiz un testimonio en primera persona, en la voz de su héroe Gabriel Araceli, del proceso constituyente de 1810-1812. Obtenido de fuentes orales de primera línea, el novelista canario dibuja un fresco riquísimo del estallido de libertad que culminó con la redacción de la Pepa para una ciudad y una nación acosada y cercada. Cádiz, convertida en un microcosmos hispánico, en donde los españoles, los únicos españoles libres sobre el terreno patrio, se vuelven a sus señas de identidad más genuinas. Contra el francés, el español, el gaditano aragonés, madrileño y sevillano, se siente más español que nunca. Y reivindica una forma española, gaditana, de

1004 Benito Pérez Galdós, *Cádiz*, Madrid, Alianza, 1994, pp. 87-88.

1005 Ramón de Mesonero Romanos, *Memorias de un setentón*, Madrid, La Ilustración Española y Americana, 1880, pp. 107-108. María del Mar López Cabrera ha demostrado que la influencia de Mesonero Romanos fue clave en la redacción de *Cádiz*, como de otros *Episodios Nacionales*, a la vez que la propia obra de Galdós influyó a su vez en las *Memorias de un setentón*. Véase María del Mar López Cabrera, Relación Mesonero Romanos-Pérez Galdós: la huella de «El Curioso Parlante» en *Trafalgar* y *Cádiz*, en *Actas del cuarto congreso internacional de estudios Galdosianos*, Las Palmas de Gran Canaria, Cabildo Insular de Gran Canaria, 1993, vol. II, pp. 105-126.

1006 F. Núñez, *Guía comentada de música y baile preflamencos*, cit., p. 302.

ver e interpretar el mundo. En España, en Andalucía, en Cádiz, de la misma manera que hoy se sigue haciendo, se han afrontado los instantes más graves de la existencia con músicas y danzas desde tiempos inmemoriales. Recuerden las míticas bailarinas de Gades, las Puellae Gaditanae, que dejaron huellas imborrables en la corte romana. Y es que las primeras bailarinas que en la historia del mundo alcanzaron renombre, en las plumas de Estrabón, Juvenal y Marcial, eran gaditanas. Qué le vamos a hacer.

»Pues bien, uno de los momentos más graves de la historia de nuestra ciudad y nuestro país (como digo, Cádiz era un micromundo hispano), fue el acoso de las tropas napoleónicas, en el transcurso del cual se redactó y aprobó la primera Constitución democrática española. Este hecho transcendental, este momento clave de nuestra historia contemporánea, está fiel, entusiasta, magistral y amorosamente recreado en forma novelesca por Galdós en *Cádiz*. Los personajes de Asunción y Presentación, dignas herederas de Telethusa y el resto de *Puellae Gaditanae,* representan en el enorme fresco gaditano, liberal y constituyente que es la novela de Galdós, la octava entrega de ese vastísimo fresco del XIX español llamado Episodios Nacionales, esa libertad acosada por dos frentes. El frente externo, el invasor francés, ya citado. El frente interno: el absolutismo, la sinrazón religiosa, el autoritarismo, que se erige a sí mismo, fraudulentamente, como el único referente autóctono válido contra el invasor foráneo, el francés. Por el contrario, Galdós representa la libertad en su obra a través de una serie de danzas milenarias, tradicionales, profundamente españolas. Cuando la juventud y la belleza hispanas, representadas por Asunción y Presentación, consiguen librarse del yugo del autoritarismo, expresan su felicidad en forma de Seguidillas, Zapateados, Zorongos, etc. La España libre y con ansias de futuro está representada en Cádiz por las danzas de la llamada Escuela Bolera. La danza del pueblo, de la calle. Del teatro: no creemos que sea del todo baladí el hecho de que las primeras Cortes Generales se reunieran por primera vez en el Teatro Cómico de la Villa de la Isla de León, hoy San Fernando, el 24 de septiembre de 1810. Nada más autóctono que la danza, el baile, la expresión de las emociones propiciada por la libertad, a través del cuerpo.

»Pues de eso trata este espectáculo. De las danzas que bailaba el pueblo español, prisionero en Cádiz, y libre, sin embargo, frente al invasor francés. El baile y el canto como una forma de resistencia, de autoafirmación de los que querían suprimir la libertad, desde dentro o desde fuera. Frente al Minueto, el Fandango. Frente a la Courante, la Seguidilla. Frente a la Pavana, la Chacarra y la Cachucha, bailes cien por cien gaditanos. Bailes que para los gaditanos, los españoles de 1810-12, significaban el deseo de libertad y de autoafirmación frente a la cultura francesa, que les querían imponer a la fuerza.

»Cádiz, presa en su bahía, se convierte en una ciudad cosmopolita, inquieta, rebosante de ideas políticas y de actividad artística. De Cádiz al mundo, salen de la Tacita de Plata nuevos cantos y pasos de baile, como podemos comprobar en los textos de la época que nos hablan de la habilidad de los gaditanos como compositores e intérpretes de la Escuela Bolera. De Cádiz fueron, y de Cádiz salieron a conquistar la corte, tonadilleros, bailadores, compositores, cantantes y músicos de gran fama en la época como Tomás Abril, conocido también como Tomás de Cádiz, Josefa Carreras, Nicolas Estorazio, Josefa Figueras, Manuel García Parra, Petrona Morales, Tadeo Palomino, Antonia de Prado, Mariano Puchol, Mariano Querol, La Mayorita, Josefa Rubio, Vicente Sánchez y un largo etcétera, incluyendo la famosa La Caramba, inmortalizada por la zarzuela de Moreno Torroba y la copla de León y Quiroga que, aunque granadina, pasó parte de su vida en Cádiz. Pues Cádiz era el necesario bachillerato de los que querían destacar como intérpretes de los bailes y los cantos autóctonos, conocidos por entonces como Bailes Boleros, y más tarde como Escuela Bolera. Es decir, que Cádiz era una de las más importantes, sino la más, canteras del arte escénico de la época.

»Este espectáculo pretende dar vida, en el marco de las celebraciones de los doscientos primeros años de vida de la primera constitución que nos dimos los españoles, de ese primer estallido de libertad, a los cantos y bailes con que los congresistas, militares, majas, boleras, farrucos e indianos, entretenían y hacían burlas del acoso del invasor francés. Para ello rescataremos bailes creados en Cádiz, y con denominación de origen gaditana, como el olé y el Jaleo y la Chacarra, traída de la sierra a la ciudad. Y, sobre todo, la Cachucha, que, según el escritor costumbrista Mesonero Romanos, fue un baile que nació justamente en el fragor del sitio gaditano, en pleno cerco y acoso, y por eso muchas de sus letras aluden al mismo. Esta opinión del origen gaditano de la Cachucha ha sido refrendada por todos y cada uno de los estudiosos de la Escuela Bolera y de los bailes y cantos decimonónicos. Arte y política, danza y realidad, canto y entorno social, unidos en la milenaria ciudad que, como afirma Fernando Quiñones, danza y canta al ritmo de sus mareas. Y recuerden lo que la Cachucha, la gaditana Cachucha, supuso para la danza hispana en el siglo XIX, sobre todo en relación a su internacionalización en los pies de Fanny Elssler, Serral, Duvernay y otras famosas bailarinas decimonónicas, heroínas de los teatros de París, Londres, Berlín y Roma, e iniciadoras de una pulsión coreográfica "a la andaluza" que llevó a la danza hispana a la conquista de los cinco continentes, tendencia que todavía sigue hoy viva en los pies, las caderas y las manos del flamenco.

»También tomarán cuerpo en nuestras Mudanzas Boleras otras letrillas y músicas gaditanas del periodo, algunas tan populares como aquella Seguidilla de: *Con las bombas que tiran/ los fanfarrones,/ se hacen las gaditanas/ tirabuzones (popular).* Y otras más desconocidas como esta tirana: *Vengan los barrios del mundo/ Lavapiés o Maravillas/ a envidiar los salerosos/ racimos de nuestra Viña* (La anónima, tonadilla, Tomás Abril)[1007]»

1007 F. Núñez, Guía comentada de música y baile preflamencos, cit., p. 432.

Como se ve, en este texto ya introduzco, en fecha temprana, una diferenciación entre bailes boleros y Escuela Bolera, aunque en este caso hablo de una diferenciación meramente nominal-temporal.

Esta es mi sinopsis de la conferencia para el *Encuentro Europeo de Historiadores de Danza* que se iba a celebrar los días 23 y 24 de septiembre 2010 en Sevilla. La elaboré y la envié a Sharon Sapienza para que la incluyera en su propuesta para este evento con la productora Sonakay el 27 de octubre de 2009.

> «La conferencia La escuela bolera: implicaciones y evoluciones trata sobre las condiciones escénicas y musicales que dieron lugar a ésta, la más internacional de las manifestaciones teatrales hispanas. Un ímpetu dancístico que se remonta a las antiguas bailarinas de Gades y que tiene hoy su continuidad, desde finales del siglo XIX, en el flamenco. La conferencia tratará de situar las concretas manifestaciones de la "escuela bolera" dentro de un multisecular impulso por el baile en las tierras españolas y andaluzas. Estudiará la condición andalucísima de estos bailes. Y su continuidad en una veta que se mantiene viva hoy.»

Finalmente, no intervine en el encuentro. Fue uno de esos proyectos que se frustran.

De las diferentes sinopsis que elaboré para este espectáculo conservo en mi archivo, además de la que vimos más arriba, otras dos, que deben de ser de 2009 o 2010. En mi archivo vienen fechadas el 30/11/2010. La última, *Sinopsis 4*, me fue devuelta corregida mediante correo electrónico por Sharon Sapienza el 9/12/2010. Así que, lógicamente, debe ser anterior. La primera tiene por título *Sinopsis 3* y es, con alguna leve variante, la misma que redacté en 2008 y que hemos visto más arriba. La segunda, titulada *Sinopsis 4* ofrece más variantes. Es esta:

«Mudanzas boleras: pasión por la danza»

> «El espectáculo Mudanzas boleras es ante todo una celebración de la danza. De la danza española, naturalmente. Una caja de sorpresas. La escuela bolera fue en su tiempo la vanguardia musical hispana, coreográfica,

de moda en el vestir y en el piropear. Y lo volverá a ser en Mudanzas. Los bailes boleros eran el caballo de batalla de las distintas influencias escénicas de su tiempo, el sitio en que combatían el zapateado y la bolera, la seguidilla y el minué. Y lo volverán a ser. Una respuesta vernácula a la sofisticación de la corte del hijo del Rey Sol. Unas coreografías configuradas hace cien años, pero con las técnicas de puesta en escena de hoy. Este espectáculo es una obra dinámica llena de juegos escénicos, batallas figuradas de sexos, modas y mudanzas: afrancesados y manolas, castizos y agitanados, tradicionales y vanguardistas compiten, cada uno con sus propias armas, con sus músicas y sus danzas, con sus máscaras y sus requiebros, con sus olés, cachuchas y boleros. Cada uno con lo suyo: gracia, carnalidad, frescura, precisión, elegancia, irreverencia, fuerza. Un espectáculo pleno de ritmo, absolutamente respetuoso con las coreografías, las letras y las músicas originales de la escuela bolera, pero situadas en su contexto, real, actual, de lucha por un espacio escénico llamado Andalucía que siempre ofreció dones y cosechó corazones, de dentro y de fuera. De hecho, Mudanzas boleras constituye un continuo ir y venir temporal sobre tres fechas significativas en la historia de la danza y la vida pública españolas: 1812, 1912 y 2012. Las cortes de Cádiz y el nacimiento de la cachucha, la configuración del repertorio bolero a cargo de los Pericet[1008], y la crisis artística, económica, de nuestro tiempo. Entre burlas y veras, "con las bombas que tiran los fanfarrones", en España siempre se combatió el autoritarismo y la precariedad bailando. El cerco de Cádiz es la metáfora de las dificultades que sufren hoy las artes escénicas a causa de la crisis económica. Entre burlas y veras, los amores de Andalucía, que son los bailes, el arte de las mudanzas, de las Puellae Gaditanae a La Campanera, de la Gitanilla a Petra Cámara, pasando por Fanny Elssler y Gustavo Doré, hasta hoy, la Escuela Bolera de 2012. Boleros: hispanos y foráneos, toda una

1008 De la familia Pericet y su importancia para la configuración del repertorio y la denominación Escuela Bolera nos ocuparemos a lo largo de este trabajo por extenso. Véase el capítulo 3.

forma de bailar y mudar la piel conservando siempre la esencia, la pasión por la danza.»

Un fragmento de esta sinopsis, desde «un espectáculo pleno de ritmo» hasta el final, se introdujo en la solicitud de ayuda a la Junta de Andalucía que pedimos en 2010. Como se puede ver ya introduzco en estas fechas una diferenciación temporal entre 1812 y 1912, dando esta última como la fecha en la que los Pericet elaboran su repertorio. Estableciendo una distinción entre los bailes boleros tal y como eran en 1812 y la Escuela Bolera tal y como se elaboró en 1912. Evidentemente esta última fecha es aproximada y tiene un sentido estético más que científico, ya que estamos hablando de un espectáculo, no de una investigación científica. Implícitamente, ya hago aquí la diferenciación entre bailes boleros y escuela bolera.

El treinta del noviembre de 2011, Sharon Sapienza me envió un mensaje por correo electrónico en el que decía lo que sigue:

> «Hola Juan, Este mediodía Fran[1009] y yo hemos cerrado la estructura definitiva y el guion con los guiños y evolución escénica. Los detalles están cambiando constantemente ahora mismo. La sinopsis que teníamos antes no se ajusta del todo a la verdad. Te pido por favor que le des una vuelta una vez más, para que esté enlazado de una manera más real al guion. Ya no se trata de un ir y venir temporal pero más bien una propuesta escénica que acompaña la evolución del baile bolero desde el 1812 – 2012. Te adjunto el guion que estamos trabajando Fran y yo y la sinopsis, lo que subrayo es lo que ya no me encaja. Es una obra inspirada en los personajes de los bailes del repertorio clásico conservado por la familia Pericet.»

Este documento evidencia la tensión que en ese momento se vivía en el seno de la compañía entre un espectáculo más clásico, respecto de lo que se entendía en 2011 como Escuela Bolera tradicional, y otro más rompedor, fruto de las investigaciones que había llevado a cabo,

1009 Fran Velasco, que finalmente incorporó el rol de *El maestro de baile*, firmando también las coreografías del espectáculo, dos labores que en principio iba a hacer Rubén Olmo. Olmo se marchó del proyecto cuando el Instituto del Flamenco de la Junta de Andalucía, entonces Agencia del Flamenco, le ofreció la dirección del Ballet Flamenco de Andalucía. La noticia apareció el 28 de septiembre en el *Diario de Sevilla*, página 44.

y que suponen una diferenciación entre bailes boleros y Escuela Bolera. Esta es la sinopsis completa que me envió Sharon Sapienza, productora del espectáculo, con los subrayados a los que alude en su mensaje:

> «Un espectáculo pleno de ritmo, absolutamente respetuoso con las coreografías, las letras y las músicas originales de la escuela bolera, situadas en su contexto, real, actual. De hecho, *muDANZAs BOLERAs* constituye un continuo ir y venir temporal sobre tres fechas significativas en la historia de la danza y la vida pública españolas: 1812, 1912 y 2012. Las cortes de Cádiz y el nacimiento de la cachucha, la configuración del repertorio bolero a cargo de los Pericet, y la crisis artística, económica, de nuestro tiempo. Entre burlas y veras, "con las bombas que tiran los fanfarrones", en España siempre se combatió el autoritarismo y la precariedad bailando. El cerco de Cádiz es la metáfora de las penurias que sufren hoy las artes escénicas. Entre burlas y veras, los amores de Andalucía, que son los bailes, el arte de las mudanzas, de las Puellae Gaditanae a la Campanera, de la Gitanilla a Petra Cámara, pasando por Fanny Elssler y Gustavo Doré, hasta hoy, la Escuela Bolera de 2012. Boleros: hispanos y foráneos, toda una forma de bailar y mudar la piel conservando siempre la esencia, la pasión por la danza.»

Dicha sinopsis ya había circulado entre los programadores de teatro de Andalucía, España y Europa, ya que Sapienza estaba intentando vender la obra. También figuraba, como dije antes, en los proyectos de ayudas que habíamos solicitado ese año. La sinopsis con la que finalmente se estrenó en Málaga en enero de 2012 incluye algunas variaciones respecto al texto anterior, introducidas por la productora del espectáculo, con el objetivo de hacerlo menos crudo y más tradicional en el sentido arriba indicado:

> «*MuDANZAs BOLERAs* es un viaje en el tiempo. Un espectáculo pleno de ritmo que nos lleva a descubrir la esencia de la Escuela Bolera y nos invita a conocer su música y sus coreografías originales de forma respetuosa, viva y actual. El arraigo a las costumbres y la influencia académica francesa quedan reflejados en la

riqueza y la dificultad de los pasos, la belleza del braceo español y la complejidad del baile con palillos. Su estilo de danza complejo y de difícil ejecución hace que existan pocas posibilidades de ver la Escuela Bolera en escena. Disfrutes.

»El espectáculo *muDANZAs BOLERAs* refleja la evolución del baile, deteniéndose en tres fechas enormemente significativas en la historia de la danza y en la vida pública española: 1812, 1912 y 2012. Los primeros teatros de Cádiz y el nacimiento de la cachucha, la configuración del repertorio bolero a cargo de los Pericet, pasando por el desarrollo dancístico hasta nuestros tiempos.

»Entre burlas y veras, "con las bombas que tiran los fanfarrones", en España siempre se combatió el autoritarismo y la precariedad bailando. Entre burlas y veras recordaremos el asedio de Cádiz, los amores de Andalucía que son los bailes, el arte de las mudanzas y esos personajes inolvidables que han dejado huella como La Campanera. Nuestro viaje continuará con la influencia de la danza de las cortes de Francia y Gustavo Doré, hasta llegar a hoy, la Escuela Bolera del 2012. Boleros: hispanos y foráneos, toda una forma de bailar y mudar la piel conservando siempre la esencia: la pasión por la danza.»

A continuación, reproduzco algunos fragmentos más de la *Documentación general de Mudanzas Boleras*, un documento interno de la compañía redactado en 2009. En la *Introducción* les dije a mis compañeros lo que sigue:

«Introducción: un sueño que se desvanece. Ante todo, debo decir que soy consciente de que por cuestiones presupuestarias no podemos hacer el espectáculo que soñamos. Y quiero decir cómo afecta esto a mi campo: por mis investigaciones deduzco que lo que hoy se conoce como Escuela Bolera es un fósil museístico de algo que fue muy vivo. Las músicas y las coreografías y las letras (o ausencia actual de las mismas) que se conservan no tienen nada que ver con la enorme vitalidad que manifiesta esta escuela en los documentos históricos que han llegado hasta nosotros. Baste decir que algunos de estos bailes fueron prohibidos por su contenido abiertamente sexual, lo que contrasta enormemente con la monotonía, tanto en música como en coreografía, actual. Por eso yo propuse hacer un espectáculo más erótico, inspirándonos en los mosaicos de Pompeya en que se reproducen las bailarinas andaluzas bailando desnudas. También sería posible reconstruir la música real, no el monótono fósil actual, en las partituras que se conservan, principalmente en la Biblioteca Municipal de Madrid, donde el compañero Faustino Núñez ha conseguido catalogar más de cinco mil obras musicales vinculadas a la Escuela Bolera. Lo suyo sería partir de estas partituras originales, mucho más ricas que la rondalla que gentilmente nos brinda la Asociación Francisco de Goya, y las letras originales que las acompañaban. Sé que esto no es posible, pero imaginaros qué revolcón le podíamos dar a la historia de la danza española, es decir mundial, si tuviéramos dinero para hacerlo. Tal vez algún día…»

Aquí ya se ve claramente esta diferenciación de la que hablo, aunque aún no la nombre como bailes boleros por un lado y Escuela Bolera por otro. En el mismo lugar, más adelante, respecto a la justificación teórica que presentamos para la solicitud de ayudas, afirmo: «Algunas de las cosas que escribimos entonces han cambiado, como sabéis»[1010].

Este texto lo tengo fechados en mi archivo el 29/05/2009.

El espectáculo se estrenó finalmente en el Teatro Cánovas de Málaga el veintiuno de enero de 2012 y después pasó por el Festival de Jerez (cinco de marzo), el Teatro Alhambra de Granada (catorce y quince de abril) y la Bienal de Sevilla (dieciséis de septiembre de 2012). En el resumen que publiqué ese año del Festival de Jerez en el *Diario de Sevilla*, escribí: «*Mudanzas Boleras*, un espectáculo que, desde una puesta en escena minimalista, rescata y actualiza el repertorio de los Pericet y el espíritu, libre, sí, fresco, sí, extraacadémico y pícaro de las danzas boleras del siglo XVIII»[1011], donde se evidencia esta tensión entre un baile académico, de Escuela, el de los Pericet, y el baile libre, fresco, extraacadémico y pícaro de las danzas boleras

1010 Documentación general del espectáculo «Mudanzas Boleras».

1011 *Diario de Sevilla*, 18-3-2012, p. 54.

del siglo XVIII. La contraposición estaba clara. La rueda de prensa de la presentación en Sevilla del espectáculo se produjo en el Espacio Santa Clara el quince de septiembre de 2012. En un artículo firmado por Francisco Camero en el *Diario de Sevilla,* el dieciséis de septiembre de 2012 da cuenta de esta presentación y me atribuye, entrecomilladas, las siguientes palabras que pronuncié el quince de septiembre de 2012 en Sevilla:

> «Se suele hablar de la escuela bolera y de los bailes boleros como si fueran la misma cosa, pero a mí me gusta hacer una distinción porque no lo son», argumenta Vergillos. La «Escuela Bolera es el resultado de la sistematización de los bailes boleros que se hizo hace cien años, cuando estos estaban a punto de desaparecer, o sea que de alguna manera lo que se conoce como Escuela Bolera es el fósil de una cosa que estuvo viva hasta cincuenta años antes del comienzo de ese proceso»[1012].

5.3. La teoría en los medios: Diario de Sevilla y otros medios (2012-2017)

Al margen de la documentación para el espectáculo *Mudanzas Boleras*, la teoría de que los bailes boleros son el origen de los bailes y cantes flamencos y mi contribución a la misma de que los bailes boleros y la Escuela Bolera son realidades muy distintas, se fue desarrollando en diferentes textos teóricos que expuse en la prensa diaria escrita, y en algún otro medio de difusión pública, desde 2012 hasta 2017. Pese a tratarse por lo general de medios de comunicación generalistas, básicamente el *Diario de Sevilla*, afronté el trabajo con el máximo rigor, y también con un espíritu divulgativo, en forma de reseñas de libros y otros elementos de actualidad, percha necesaria para la prensa diaria escrita de carácter generalista. Voy a exponer algunos de estos textos, que ofrezco en su disposición cronológica.

1012 *Diario de Sevilla,* 16-9-2012, p. 50.

1. «La africanía de lo jondo», *Diario de Sevilla, 23-5-2012, p. 57*

Reseña de: José Luis Ortiz Nuevo, *Tremendo asombro*, Sevilla, Libros con Duende, 2012.

> «Tiranas, cañas, jaleos gitanos, zeviyanas, boleras, tonás, malagueñas, la petenera de Veracruz y la petenera gaditana, zorongos, boleras, tangos, incluso las boleras del tango, y tangos africanos, seguidillas, arañas, mollares, manchegas, caballitos, la guaracha jaleada, la cachucha, el polo gitano... y luego corraleras, panaderos, julepe, marineros, rondeños, andaluzas, jotas, zapateado, jaque, fuzlanga, lili, majas, sandungas, a los sones de guitarra, piano, orquesta y/o tambores, interpretadas por cantantes líricos y bailadores boleros, sí, pero que ejecutan su repertorio a lo gitano: como en la península La Campanera, Manuela Perea o Josefa Vargas. Por supuesto que peninsulares, emigrados temporal o parcialmente, pero también intérpretes habaneros, la mayoría prietos, como María Moreno Martínez de Loreto, negra cubana que pasó, en loor de multitud, de La Habana a París y Londres con sus tangos y canciones cubanas[1013] (...) el habanero Eugenio de Arriaza reflexiona sobre la poesía gitana en el Faro de Cuba unas décadas antes que Demófilo, y al mismo tiempo, casi, que Estébanez Calderón: 1850. Nos da el nombre de uno de los primeros cantaores gitanos célebres, Corunco López, y demuestra el vínculo del canto gitano y el canto bolero, y cómo el canto flamenco, gitano en su origen, no es otra cosa que el decir el canto popular, llano o culto, tanto da, a la forma gitana, entendida como lastimera, plañidera.»

1013 La prensa del momento da abundantes noticias de actuaciones de esta intérprete en España. Véase L. Lavaur, *Teoría romántica del cante flamenco*, cit., p. 152.

2. *«Los mitos también lloran», Diario de Sevilla, 7-11-2012, p. 47*

Reseña de: José Manuel Rodríguez Gordillo, *Carmen, biografía de un mito*, Sevilla, Fundación Lara, 2012.

> «Desde el punto de vista flamenco, lo más interesante de esta publicación es la afirmación de que el gitano y la gitana, como tipo, aunque presentes en la literatura española desde antes de Cervantes, habían pasado prácticamente desapercibidos en la misma. Algo parecido podríamos decir de la literatura y las artes escénicas. No es hasta el siglo XIX cuando el gitano se erige en prototipo de individualismo, libertad, exotismo, primitivismo, etcétera, tan del gusto de los exaltados románticos. El mismo impulso romántico que dio origen a *Carmen* (y a *El trovador*, por ejemplo) es el que da origen al flamenco: primero como tipo romántico y luego como género musical y dancístico derivado del primero. De hecho, en la obra original, la de Mérimée, Carmen baila y toca las castañuelas, de la misma manera que en el capítulo cuatro de la novela se señala que en Andalucía las jóvenes gitanas más bellas «bailan danzas por dinero»[1014]. Mérimée encontró en Andalucía lo que buscaba: su imaginación desbocada de bandoleros, gitanos, navajas, toreros, mujeres fatales... y vascos, que le parecían unos tipos muy exóticos. Pero también la luz, el agua, los paisajes, los toros, las callejuelas, la Fábrica de Tabacos, etcétera. Es un ejercicio de fantasía de un novelista, que, desde París, conformó el tipo de la *españolada*. Pero de un novelista que conocía el terreno, el paisaje y el paisanaje, aunque solo estuvo treinta días en Sevilla en este su primer viaje, por el que sentía devoción y fascinación, que está en la obra, según detalla pormenorizadamente Rodríguez Gordillo. Por supuesto que fue el éxito de la ópera de Bizet lo que elevó a cotas de universalidad el intento de esta novela que combina,

1014 La cita completa dice que estas gitanas acostumbran a «bailar por dinero unas danzas», véase Prosper Mérimée, *Las ánimas del purgatorio. La Venus de Ille. Carmen. Lokis*, ed. de María Badola Dorronsondo, Madrid, Gredos, 2003, p. 225.

con más o menos acierto, erudición con fantasía de erudito, amor a España y a lo español y mirada externa. La tesis de Rodríguez Gordillo es que la *españolada* es fruto de la ópera, no de la novela, y que esta última está más cerca de las fuentes inspiradoras que la ópera, lo cual resulta incuestionable. Mérimée llevó a la práctica el deseo de su maestro Stendhal de escribir una novela de temática española, si su proyectado viaje a España se hubiese confirmado, así como su recomendación de creer en la realidad de la ficción, aunque por supuesto, con un alma más racional y menos brillante. Rodríguez Gordillo trata en esta obra de devolver a Carmen a sus orígenes literarios creyendo que de esta manera le resta algo del tópico que al mito le ha caído con el paso de los ciento y pico de años. Para ello dedica un importante capítulo biográfico a su autor, Prosper Mérimée, y así descubrimos el vínculo personal y literario que lo unió a uno de los personajes fundamentales en el origen de la literatura de temática flamenca, el costumbrista Estébanez Calderón, gracias al cual hemos accedido a algunos de los primeros nombres de la historia del flamenco, que en el medio siglo XIX era puro presente: El Planeta, El Fillo, etcétera. Mérimée, y por tanto Carmen, son contemporáneos de las primeras noticias que en torno al arte flamenco registra la literatura, y en esta línea debemos incluir la novela del autor francés. De todas las versiones que la novela y la ópera propiciaron en ciento sesenta y siete años, hay una línea que la devuelve a sus orígenes andaluces y flamencos, que pasa por la «Carmen burlesque»[1015] en la que Chaplin baila flamenco, y que llega a la versión de Gades-Saura de 1983, film y ballet. Por supuesto que a Gades le ocurrió con Carmen exactamente lo mismo que a Mérimée con España: encontró en el mito lo que su corazón anhelaba encontrar. Si el francés se perdía por la mujer fatal, Gades lo hizo por la mujer libertaria, en lo que a lo sentimental se refiere, llevando su marxismo de for-

1015 *Charles Chaplin's burlesque on Carmen*, estrenada el 18-12-1915. Véase Charles Chaplin, *Todas sus comedias para Essanay*, Arte/Divisa, 2007.

mación intelectual hasta lo sexual: «Carmen tiene un concepto de clase, no tenía propiedad privada sobre sus sentimientos»[1016]. Es lo que tienen los estereotipos, que cada uno puede ver en ellos lo que desee. Tampoco otros ballets flamencos, incluso llevados a la escena por mujeres, como el de Sara Baras[1017], han logrado dotar de más carne humana al personaje creado por Mérimée.»

3. «Las lecciones del maestro Otero», Diario de Sevilla, 12-5-2013, p. 57

Reseña de: José Luis Ortiz Nuevo, *Coraje. Del maestro Otero y su paso por el baile*, Sevilla, Libros con Duende, 2012.

«(...) Lo bolero y lo flamenco eran a las alturas de finales del siglo XIX la misma cosa. Como lo fueron a mediados del siglo XIX. Y como lo siguieron siendo hasta bien entrado el siglo XX, como evidencia que los cronistas usen indistintamente ambos términos [...]. El cambio estético que se da a mediados del siglo XIX en España del magismo al gitanismo, y que se refleja también en las artes escénicas europeas como evidencian *El trovador* y *La Traviata* de Verdi, la *Carmen* de Bizet o el *Barón gitano* de Strauss, significa que los bailes boleros, quintaesencia del magismo, pasan a ser bailes flamencos, quintaesencia del gitanismo. Con la presencia de no pocos intérpretes y familias gitanos como el propio Luis Alonso, de hecho, hermano del mítico Planeta, considerado por algunos el primer cantaor flamenco de la historia, y tío de Lázaro Quintana[1018]. El cantaor Lázaro Quintana, que le cantó en varias ocasiones a su tío Luis Alonso, es, hoy, el primer intérprete de cante y baile al que aparece asociada la palabra flamenco, como leemos

1016 Declaraciones de Antonio Gades reproducidas por Faustino Núñez en el libreto del CD Antonio Gades *Carmen*, Universal/Fundación Antonio Gades, 2006, p. 5.

1017 Sara Baras estrenó su versión de *Carmen* en 2007 en el Liceo de Barcelona.

1018 Estas noticias se las debemos a Antonio Barberán https://cdizflamencoflamencos-decdiz.blogspot.com/2012/10/1-luis-alonso-un-bolero-muy-flamenco.html (consultado el 9-7-2017)

en una noticia de 1847 que recuperó Alberto Rodríguez Peñafuerte. Y el repertorio de Otero[1019] es un ejemplo de un arte mestizo llamado flamenco, que antes se llamó bolero: lo andaluz, lo castellano, lo manchego, lo gitano, lo negro. Un género que hace las delicias de los aficionados al teatro de toda Europa, con Dolores Serral y Mariano Camprubí primero, y que se continúa [...] con otros intérpretes como La Cuenca, La Trini, etcétera. [...] No solo vemos una obvia continuidad entre lo bolero y lo flamenco, sino la habitual promiscuidad de estilos, ya que los guitarristas comparten escena con bandurrias, orfeones, sextetos, pianistas (tocando por bulerías en ¡1912!), «orquestas de cuerdas finas»[1020] y sinfónicas, y los bailes andaluces y flamencos alternan con la jota, las manchegas, el foxtrot, la polka, el baile inglés, el tango argentino, la machicha brasileña y los sones de Albéniz, Falla y Turina. Otero comparte escena y fiesta con La Macarrona, La Serrana, La Coquinera, Juan Gandulla *Habichuela*, el Niño de las Marianas, Medina, la Niña de los Peines, Emilia Benito, la Argentina (de la que fue maestro, por cierto), Realito, Amalia Molina, Manuel Vallejo, Pericet, Manuel Centeno, Niño de Huelva, Manuel Torre, etcétera. Digamos, no obstante, que lo bolero, que a mediados del siglo XIX era sinónimo de flamenco, va a convertirse a finales del siglo XIX y principios del XX en una amable antigualla, en un cierto regusto retro de lo flamenco estrictamente contemporáneo. Otra cosa que deducimos de *Coraje* y que se sitúa en la línea de otras noticias anteriores, es que el baile flamenco de la segunda mitad del siglo XIX, y hasta después de la Guerra Civil, es en buena medida puramente instrumental y que el canto, en ocasiones, es ejecutado por los propios bailaores. Es decir, no había apenas cantaores profesionales del baile. Ortiz Nuevo afirma que Otero, como director de bailes, fue el creador de esa marca jonda llamada *Cuadro*, llegando a capitanear un grupo de hasta veintiséis bailaoras. De lo trans-

1019 El maestro de bailes José Otero (1860-1934) es el protagonista del libro de Ortiz Nuevo que comentamos.

1020 José Luis Ortiz Nuevo, *Coraje*, Libros con Duende, 2012, p. 35.

crito en esta obra de las gacetillas, noticias y crónicas de la época, deducimos también, es decir corroboramos, la intimidad del flamenco, no solo con los toros, sino con otras formas de divertimento de masas, en este caso ligadas a las nuevas tecnologías, como el fonógrafo y el cinematógrafo. Otero y su cuadro fueron filmados en varias ocasiones. (...) De la intervención de Otero en el montaje de *Carmen*, la ópera de Bizet, en el Teatro Real de Estocolmo, en 1922, nos resulta la curiosa noticia de que en dicha fecha había un tal Martínez en Berlín que se ganaba la vida como constructor de castañuelas. Curiosa también resulta, a priori, la muerte violenta de la célebre bailarina andaluza, discípula de Otero, María Montero «en su casa de Nueva York»[1021], donde tenía montada famosa academia de bailes españoles, en el 1928, que reproduce también este libro. Las dos noticias dan fe de la universalidad de lo jondo desde sus mismos orígenes y a lo largo de todo su discurrir. Otero fue bailaor, maestro de bailes, y lotero. Como bailaor conoció todos los fastos de Sevilla, incluida la Exposición del 29, y triunfó en los teatros de toda Europa. Como maestro, lo fue de discípulas famosas que recorrieron todo el mundo. Como lotero dio en varias ocasiones premios mayores a la ciudad y le atracaron al menos dos veces, la última de las cuales, en 1934, con setenta y cuatro años cumplidos, acabó en desgracia, la muerte del bailaor. José Luis Ortiz Nuevo (Archidona, 1948), elabora una completa biografía artística y personal del gran maestro sevillano, que tenía academia en la calle San Vicente, sirviéndose para ello exclusivamente de las noticias, gacetillas y entrevistas de la prensa sevillana dedicadas al bailaor. Incluso muchos años después de su muerte aparecen en la prensa sevillana noticias vinculadas a José Otero, maestro de bailes, la última de las cuales, hasta ahora, fecha José Luis Ortiz Nuevo en 1951. La obra cuenta con un coprotagonista en la figura de Manuel del Castillo Otero, sobrino del maestro Otero y heredero de su academia y su arte. El libro sigue un

1021 Ibídem, p. 110.

estricto orden cronológico y posee abundante material gráfico y de notas[1022].»

4. *«En defensa de Carmencita» Diario de Sevilla, 2-2-2014, p. 49*

Reseña de: Idoia Murga Castro, Fuensanta Ros Abellón, J. Arturo Rubio Arostegui y J. Ignacio Sanjuán Astigarraga (eds.), *Líneas actuales de investigación en danza española,* Madrid, Fundación Nebrija, 2013.

«(...) El cuadro *La Carmencita* de 1890, firmado por John Singer Sargent nos la muestra como una bailaora inequívocamente flamenca, tanto en lo que se refiere al atuendo como en el gesto de la mano y de todo el cuerpo. De hecho, no es imposible que Carmen Dauset sea la protagonista de *El jaleo*, la mítica obra de Sargent de 1882, considerada por muchos el icono más inequívocamente flamenco del siglo XIX, o de la historia. De hecho, el atuendo de la protagonista de *El jaleo* es prácticamente el mismo de *La Carmencita*. También es muy parecido el marcaje de pies y manos en ambos cuadros. Una época (finales del siglo XIX) que aún no sabía nada del ballet flamenco o de lo que más tarde se dio en llamar clásico español y en el que el repertorio

1022 Obviamente esta deducción de que lo bolero y lo flamenco representan la continuidad de una misma cosa no está en el libro de Ortiz Nuevo, sino que es una deducción que yo hago, basándome en la tesis de Lavaur, de las noticias que Ortiz Nuevo incluye en su obra. De hecho, el propio autor me desmintió entonces en una conversación esta identidad que, no obstante, yo afirmaba, y que afirmo hoy como tesis principal de este trabajo junto con la idea de la diferencia de los cantos y bailes boleros y la Escuela Bolera. En esta línea el 31 de julio de 2013 publiqué en el Diario de Sevilla que «mi hipótesis es que la escuela bolera no es la misma cosa que los bailes boleros, sino una reconstrucción historicista y académica de los mismos, realizada en el siglo XX» («Flamencos en Nueva York», *Diario de Sevilla*, 31-6-2013). Es la primera vez que formulé en un texto firmado por mí esta teoría que seguí defendiendo, a lo largo de los años. Como ya dije, la teoría se publicitó anteriormente, en 2012, en el artículo firmado por Francisco Camero «Un inmenso tesoro desconocido», *Diario de Sevilla*, 16-9-2012, en el que el autor cita declaraciones mías a propósito del espectáculo *Mudanzas boleras*, pronunciadas en rueda de prensa.

de bailes incluía la jota o el Vito junto a la petenera, los juguetillos, el tango y la soleá. La seguiriya, la caña o el taranto aún estaban por nacer como danzas jondas. El flamenco había surgido unos años antes como evolución natural y agitanada de los bailes boleros. Y si en el baile de Carmencita observamos elementos boleros, esto es así porque unas pocas décadas antes bolero y flamenco eran sinónimos, no lo olvidemos. Y todavía a finales del siglo XIX lo seguían siendo en muchos contextos. Por supuesto que su arte, en Estados Unidos, formaba parte de las variedades, pero es que el negocio del espectáculo era así a finales del siglo XIX: también en España los bailes flamencos se alternaban con todo tipo de artes escénicas populares, desde el contorsionismo al cinematógrafo. Y, por supuesto, insertos en funciones de vodevil (...)».

5. «30 años de Danza y Tronío», Diario de Sevilla 31-3-2014, p. 49

Artículo conmemorativo del 30 aniversario del estreno de *Danza y tronío*, espectáculo de Mariemma[1023] estrenado en 1984.

«*Danza y tronío* es la fantasía de Mariemma de cómo fueron los bailes boleros del siglo XVIII. En su forma de ver el asunto, lo bolero y lo flamenco conviven naturalmente. Claro que los flamencos de Mariemma poco tienen que ver con los flamencos de 1984 o de cualquier otra época histórica. Mariemma inventó una forma de bailar el flamenco que aún perdura. Un sello propio: el de una bailarina que hace flamenco. En este sentido, su labor es parecida a la que muchos años antes llevara a cabo La Argentina[1024], a la que reconoce como ídolo y fuente de inspiración. Con la diferencia de carácter entre

1023 Mariemma es el nombre artístico de la bailarina Guillermina Teodosia Martínez Cabrejas (1917-2008), que diseñó los planes de estudio de los conservatorios españoles.

1024 Seudónimo de la bailaora y bailarina Antonia Mercé (1890-1936), creadora del Ballet Flamenco.

las dos bailarinas: ambas eran perfeccionistas, frescas, sabrosas. Pero lo que en Antonia Mercé es honda sensualidad en Mariemma es forma. De ahí la denominación de *danza estilizada* que la vallisoletana aplicaba a su baile. Mariemma hace flamenco estilizado y bailes boleros estilizados. Todo ello, además, en el caso de la coreografía que nos ocupa, con una partitura firmada por Antón García Abril que, pese a trabajar con melodías de Soler y Boccherini, es más cinematográfica que histórica. *Danza y tronío* es a la realidad histórica bolera lo que *Ben-Hur* de William Wyler al Imperio Romano: una bella fantasía, una reconstrucción desde la ética y la estética del siglo XX. Por supuesto que esto no es una crítica: el creador debe estar más allá, o acá, de las realidades históricas. La verdad es que en el siglo XVIII los flamencos eran boleros y los boleros flamencos, porque eran la misma cosa. Y uno de los grandes bailarines boleros del siglo XIX, Luis Alonso, sabemos hoy gracias a las investigaciones de (…) Antonio Barberán que era gitano y hermano del Planeta[1025]. Así que lo flamenco y lo bolero eran, en un determinado momento de nuestra historia, sinónimos. Mariemma, como coreógrafa, como intérprete, es siempre una bailarina: bailarina flamenca, de las que hay tantas hoy, bailarina bolera, bailarina de danzas populares … y es su personalidad la que se impone, más allá de las supuestas enseñanzas recibidas, en el campo que nos ocupa, del Estampío[1026], Juan Martínez[1027] o Francisco Miralles[1028]. La danza española, el clásico español, el ballet flamenco (denominación esta que ha asumido la Consejería de Cultura[1029], y que comparto como la más ajustada a lo que conocemos de la realidad histórica del género) nació a princi-

1025 Véase https://cdizflamencoflamencosdecdiz.blogspot.com/2012/10/1-luis-alonso-un-bolero-muy-flamenco.html (consultado el 9-7-2017).

1026 Seudónimo del bailaor Juan Sánchez Valencia (1879-1957).

1027 Bailarín burgalés cuya peripecia en la revolución rusa narró Manuel Chaves Nogales en *El maestro Juan Martínez, que estaba allí* [1934], Madrid, Libros del Asteroide, 2015.

1028 Francisco Miralles Arnau (Valencia, 2 de agosto de 1871 - París, 9 de mayo de 1932).

1029 Al denominar de esta manera a su compañía institucional: el Ballet Flamenco de Andalucía.

pios del siglo XX con la labor de Massine y los Ballets Rusos, primero, y de Antonia Mercé más tarde. Desde luego que en este proceso debemos incluir el estallido de los bailes nacionales o de palillos y boleros que se dio en el siglo XVIII y que desembocaría, mediado el siglo siguiente, en el nacimiento del flamenco. Tampoco se debe minimizar la labor de grandes coreógrafos europeos decimonónicos como Jean Coralli o Marius Petipa, ni las contribuciones de una larga lista de bailaores bolero-flamencos que conquistaron Europa en la segunda mitad del siglo XIX, algunos de los cuales colaboraron estrechamente con estos creadores: Dolores Serral, Mariano Camprubí, Marie Guy-Stéphan, Petra Cámara, etc. Es el mismo caso de, ya en pleno siglo XX, Félix el Loco y Pastora Imperio. El primero inspiró, y tal vez coreografió, no pocos números de *El sombrero de tres picos*; la segunda estrenó la primera versión de *El amor brujo*. Es Mariemma la que proporciona el perfil actual al género, gracias también a su labor como pedagoga. En este sentido, inventó la distinción entre bailes flamencos, boleros y regionales. Una distinción insuficiente, y hasta falsa que, no obstante su validez pedagógica, hay que abandonar a efectos prácticos. En la música y la danza española, y tal vez en las demás, la distinción entre lo popular y lo estilizado es tan inoperante como moralista. Se basa más en prejuicios de clase que en la realidad histórica. El pueblo se alimentó de lo que veía sobre la escena y viceversa. Como hoy mismo. Otra cosa es los que viven en su torre de marfil. Pero, como decía arriba, es una cuestión más moral que real. La magna contribución de Mariemma en el ballet flamenco es también su talón de Aquiles, la causa del inmovilismo actual del género. Lo cual, claro está, no es achacable a la bailarina, cuyo legado, coreográfico, pedagógico, sigue asombrando a las nuevas generaciones de bailarines-bailaores y aficionados. En sus memorias, *Mis caminos a través de la danza* (1997)[1030], título que años más tarde retomaría Daniel G. Cabrero para

1030 Mariemma, *Mis caminos a través de la danza*, Madrid, Fundación Autor, 1997.

el documental sobre la bailarina[1031], Mariemma afirma que aprendió la Escuela Bolera de Francisco Miralles y Juan Martínez en París en los años veinte. Lo verdad es que Juan Martínez era un bailaor. Es decir, un flamenco. Es cierto que en los años veinte los flamencos y flamencas bailaban la jota y el bolero. El perfil de Francisco Miralles no está lejos de este Juan Martínez, recién llegado de su peripecia por la Turquía de la Gran Guerra y la Rusia de la Revolución. Miralles fue, de hecho, primer bailarín del Teatro Imperial de San Petersburgo. Está claro que al comienzo del siglo XX la danza española estaba muy solicitada en Rusia. Pero también es cierto que en esta época no existía la llamada Escuela Bolera, denominación que he encontrado por vez primera en el año 1942[1032]. Lo que existía era una reminiscencia de los bailes boleros, algunos de los cuales habían evolucionado hacia la estética flamenca, otros permanecían como un resto de una época ya ida, y otros simplemente habían desaparecido.

Con aquellos restos, los Pericet recrearon un repertorio delicioso al que llamaron Escuela Bolera que, en algunos aspectos, poco tiene que ver con los bailes boleros históricos, como por ejemplo en el contenido erótico de los mismos. Mi hipótesis es que Mariemma reconstruyó a su manera, dada su formación de bailarina clásica, este repertorio de los Pericet, conservando la denominación que la familia sevillana patentó. Es decir, la Escuela Bolera de Mariemma es, a mi entender, un invento de la bailarina vallisoletana. Un invento maravilloso. No hay más que ver lo que hizo con la soleá o la seguiriya: esta misma manera de entender el baile flamenco lo aplicó a los estilos boleros preflamencos que los Pericet, milagrosamente, lograron salvar del olvido. Claro que el porcentaje de lo que se salvó, tanto a nivel coreográfico

1031 Producido por Danseuse Films en 2010, su autor tuvo la gentileza de enviarme una copia en DVD en 2014.

1032 En el famoso cuadernillo de la familia Pericet. Véase Marta Carrasco Benítez, *La Escuela Bolera sevillana. Familia Pericet*, Sevilla, Junta de Andalucía, p. 53; y *Expediente de la Escuela bolera, para su declaración como Bien de Interés Cultural*, Junta de Andalucía, 2009, pp. 32-34.

como musical y literario, es ciertamente mínimo. *Danza y tronío* se repuso hace cinco años para conmemorar el treinta aniversario de la creación del Ballet Nacional.»

6. *«Historia del flamenco: los bailes boleros», Youtube, 26-5-2014*[1033]

«Para hablar del origen del flamenco tenemos que remontarnos al siglo XVIII con el nacimiento de los llamados bailes nacionales, bailes de palillos y bailes boleros, los futuros bailes flamencos van a ser una evolución de estos bailes boleros. Este repertorio de nuevos bailes lo crean los bailarines españoles como reacción a la influencia y a la llegada de compañías de *ballet d'action,*[1034] de compañías italofrancesas que copan los escenarios españoles. Los bailarines nacionales crean este repertorio para competir en la escena con estos bailarines del ballet de acción. De estos bailes boleros ha llegado una pequeña parte de su repertorio con el nombre de Escuela Bolera. Precisamente este nombre de bolero deriva de la asunción de las técnicas del ballet italofrancés. Hasta ese momento en el baile español los saltos son hacia abajo. Pero al incorporar los grandes saltos hacia arriba procedentes del ballet italofrancés parecía que los bailarines volaban. Y este es el origen de esta denominación de bailes boleros: boleros, de volar[1035]. Y como digo, de ellos nos han llegado una pequeña parte. En su época de mayor ebullición realmente se componían casi, casi, un baile cada día, pero una pequeña parte de ellos ha llegado hasta nosotros, como los panaderos, como el

1033 https://www.youtube.com/watch?v=JWCoHKvGrH4&t=4s (consultado el 15-11-2018). cuenta con 6354 visualizaciones hoy en día.

1034 El *ballet d´action* o ballet-pantomima es un espectáculo coreográfico narrativo, cuyo argumento se desarrolla con ayuda de la danza y de la pantomima. Empezó a representarse en el siglo XVIII.

1035 La teoría la expuso Juan Antonio de Iza Zamácola (Don Preciso) en *Colección de las mejores seguidillas, tiranas y polos*, Madrid, Repullés, 1816 [1799], p. 26. Véase también Javier Suárez-Pajares, «El bolero. Síntesis histórica», en Roger Salas (ed.), *La Escuela Bolera*, cit., p. 188.

bolero liso, como la cachucha, etc. Hay que diferenciar entre bailes boleros y Escuela Bolera. Porque el heredero de esta estética, de esta tradición de bailes boleros, realmente es el baile flamenco. Lo único que pasa es que hoy se conserva parte de este repertorio bolero en la llamada Escuela Bolera, pero esta denominación de Escuela Bolera realmente no aparece hasta el año 1942, con la sistematización que la familia Pericet[1036] hace de esos bailes que ya estaban un poco olvidados. Incluso en extinción o directamente desaparecidos. En su momento de máximo esplendor se da esta fusión de elementos nacionales con elementos italofranceses y la familia Lefebre es una compañía de baile francés que simboliza esta fusión. La familia Lefebre[1037] llega a Sevilla con las tropas francesas, cuando la ocupación de España por parte de las tropas de Napoleón, formando parte de la corte del ejército francés. Entonces se instala en Sevilla y al poco tiempo de estar aquí en Sevilla, pues incorpora algunos bailarines españoles. Y al poco tiempo incorpora a su repertorio los bailes españoles: la cachucha, el bolero, etc. Bailados por los nuevos bailarines, los bailarines españoles, pero también los bailarines franceses incorporan esos bailes a su repertorio. Cuando tres años más tarde la familia Lefebre, la compañía Lefebre vuelve a París, se lleva también estos bailes y los interpretan en los teatros parisinos. Con un éxito enorme. Y ese es el origen de ese interés que, en Francia, y en consecuencia en Europa, puesto que entonces París es la capital cultural del mundo, se da hacia los bailes españoles. Hasta el punto de que en las primeras décadas del siglo XIX todas las grandes bailarinas de la escena europea deben tener al menos un baile español en su repertorio sea el jaleo, sea la cachucha, sea el bolero: María Taglioni, Marie Guy-Stéphan y por supuesto Fanny Elssler, todas ellas incorporan al menos una danza española a su reper-

1036 Véase M. Carrasco Benítez, *La Escuela Bolera sevillana. Familia Pericet*, Sevilla, cit., p. 53; y *Expediente de la Escuela bolera, para su declaración como Bien de Interés Cultural*, cit., pp. 32-34.

1037 Véase Antonio Álvarez Cañibano, «La compañía de la familia Lefebre en Sevilla», en Roger Salas (ed.), *La Escuela Bolera*, cit., 1992, pp. 63-67.

torio. Hasta el punto de que el éxito de Fanny Elssler radica precisamente en su interpretación de la cachucha, que es un baile que se incluye en un ballet llamado *El diablo cojuelo* que se estrenó en la Ópera de París en el año 1836. Estos bailes boleros son consecuencia de un movimiento estético y cultural que se da a finales del siglo XVIII que se llama el magismo. Casticismo o magismo que es una reivindicación de lo propio frente a lo foráneo. Este magismo o casticismo, con la evolución del siglo XIX, pasará o se convertirá en flamenquismo o gitanismo y de esta manera los bailes boleros pasaran a ser bailes gitanos o flamencos, y son los mismos intérpretes los que poco a poco se irán agitanando o aflamencando, y desapareciendo la denominación de bolero y empezando a usarse una nueva nomenclatura como es la de flamenco. Esta distinción entre bailes boleros y Escuela Bolera se me ocurrió a raíz de mi participación en el espectáculo *Mudanzas Boleras*. En la investigación que yo hice para hacer el guion vi que realmente todos estos Bailes Boleros eran escandalosos y estaban prohibidos. Lo cual contrasta con la realidad actual de la Escuela Bolera que es un tipo de baile más académico, más rígido, más escolástico. Realmente en cada uno de estos periodos, en este cambio, en este proceso de lo bolero a lo flamenco hay algunos estilos que permanecen, hay algunos estilos nuevos, que nacen, y hay otros estilos que desaparecen, como por ejemplo van desapareciendo poco a poco el bolero, la cachucha o los panaderos. Tenemos los documentos que prueban que fueron los mismos artistas boleros y los mismos artistas de danzas nacionales los que «poco a poco» empezaron a bailar a la forma flamenca o a la forma gitana, haciendo de esa manera o dando lugar al nacimiento un género nuevo como es el baile flamenco. Realmente debemos de considerar al baile flamenco como el legítimo heredero de los bailes boleros. Y este paso, esta evolución lo veremos en el próximo capítulo de esta serie[1038].»

1038 El vídeo estaba concebido como el primero de una serie, aunque esta no tuvo continuidad.

7. «*Mudanzas de la familia Pericet*», *Diario de Sevilla, 3-8-2014, p. 54*

Reseña de: Marta Carrasco Benítez, *La Escuela Bolera sevillana. Familia Pericet*, Sevilla, Consejería de Cultura de la Junta de Andalucía, 2013.

> «La familia Pericet cifró su paso a la posteridad en lo que, desde la publicación de su manual en 1942[1039], se conoce como Escuela Bolera. Esta denominación no existía con anterioridad, aunque sí, por supuesto, la de bailes boleros. Boleros y boleras fueron los castizos que a finales del siglo XVIII reivindican una forma nacional, propia, no solo de bailar y cantar, sino también de vestir, peinarse, de hablar, de gesticular y hasta de alimentarse. Era, naturalmente, una respuesta a la influencia cultural francesa, respuesta que, en otro orden de cosas, dio pie al nacimiento del concepto de nacionalismo en Alemania. Un concepto que, como saben, aún hoy tiene mucho predicamento. En España, esta respuesta cultural de autoafirmación es el magismo, que tiene en los bailes nacionales, de palillos o boleros, su faceta coreográfica. El magismo, los bailes boleros, se nutre de la tradición de bailes nacionales que se remonta, al menos, hasta el siglo XVI con la seguidilla y a principios del siglo XVIII con el fandango. Claro que este último, tan nacional, inequívoca seña de identidad hispana es conocido en esta época como *fandango indiano*[1040], lo que demuestra sus orígenes diversos. Hay que volver a decir que ninguna cultura, musical, literaria, coreográfica o de otro tipo, es simple, incontaminada, pura. Toda manifestación artística es mezcla y los bailes boleros lo son de lo español, , indiano, negro, gitano, árabe, judío..., pero también francés e italiano. El bolero, al

1039 En realidad, el manual no se publicó, sino que circuló entre los miembros de la familia como manuscrito. Véase M. Carrasco Benítez, *La Escuela Bolera sevillana. Familia Pericet*, cit., p. 53; y *Expediente de la Escuela bolera, para su declaración como Bien de Interés Cultural*, cit., pp. 32-34.

1040 El Diccionario de Autoridades lo define en 1732 como «Baile introducido por los que han estado en los Reinos de las Indias, que se hace al són de un tañido mui alegre y festivo». Véase http://web.frl.es/DA.html (consultado el 9-10-2017).

cabo, es la fusión de la hispana seguidilla con las técnicas del ballet europeo del momento. Este mestizaje se refiere no solo a la procedencia geográfica sino también a su origen social. En España no hubo distancia en ningún lugar entre lo que pasaba en el escenario y lo que pasaba en la calle: el pueblo se alimentaba de lo que veía en la escena de la misma manera que los profesionales, que también eran pueblo, artesanos, se inspiraban en su público. No es hasta el siglo XIX cuando surgirá el concepto del artista como entidad socialmente separada, en su torre de marfil y, en consecuencia, surge también el de folclore que, lejos de explicar nada, complica más las cosas. Es en la posguerra española que, como demuestra el tratado de los Pericet entre otros, se decide codificar, delimitar y separar en estancias incomunicadas la danza española. Ángel Pericet, en la entrevista que incluye la serie de televisión *Rito y geografía del baile*[1041], afirma, a mediados de los años setenta, que el folclore, el flamenco y la escuela bolera eran cosas muy distintas que no había que mezclar. Eso nunca ha sido cierto. Ni siquiera hoy. Ni siquiera cuando la estricta separación de géneros, promovida por Mariemma, entró en los conservatorios de danza españoles. La propia actividad de la familia Pericet, cuyos avatares evoca este libro, lo corrobora: ahora bailan el bolero liso, más tarde unas alegrías, luego a Albéniz y finalmente coreografían un espectáculo de Juanita Reina. Amparo Álvarez *La Campanera* [1042] es un buen ejemplo de esta promiscuidad artística. La sevillana bailaba el jaleo, el olé, la malagueña, el fandango y el jaleo gitano. Es un buen ejemplo del cambio estético que se dio en el magismo sevillano, que a mediados del siglo XIX muta, poco a poco, hacia el gitanismo. El gitanismo había sido una pequeña

1041 Concretamente el capítulo de la serie titulado *Los bailes de candil*, de Televisión Española, emitido el 4 de noviembre de 1976. Se puede visionar online https://www.youtube.com/watch?v=KVW90frAKXM (consultado el 15-11-2018). Véase Kristen Bachman, *Flamenco(tanz): zur Instrumentalisierung eines Mythos in der Franco-Ära*, Berlín, Logos Verlag, 2009, pp. 192-193.

1042 Amparo Álvarez (Sevilla, 1828-1895) fue la maestra del Ángel Pericet Carmona, iniciador de la saga de bailaores.

parte del magismo dieciochesco. Pero, mediado el siglo XIX, el gitanismo sustituye al magismo. También por la influencia francesa: los viajeros, novelistas, pintores, coreógrafos y músicos franceses, el público parisino, por tanto, comienza a estar interesadísimo en la gitana Carmen y sus congéneres, sus bailes, sus costumbres, sus formas de vida. Y en España, por no ser menos que Mérimée, las exportamos y las creamos desde entonces. El baile bolero pasa a ser baile gitano o flamenco: en este momento las palabras son sinónimas. Es decir, el baile gitano o flamenco es una creación puramente escénica. Ambas estéticas, bolera y gitana, conviven durante un tiempo. Ángel Pericet Carmona, discípulo de La Campanera, conserva la memoria de esos bailes boleros que la moda gitana o flamenca había ido arrumbando. Y la conserva como un fósil, no solo en los aspectos coreográficos y musicales, también en lo que se refiere al vestuario y argumento, en el caso de las danzas que lo tienen. Creo que esto es la Escuela Bolera: la memoria de ese tiempo ido, ese fósil vivo que la familia Pericet, por temperamento artístico, por voluntad conservacionista, siempre mantuvo. Incluso otras versiones, como la de Mariemma, tienen su origen, a mi entender, en la familia Pericet. Esta obra de Marta Carrasco es un recorrido biográfico familiar. Es una larga entrevista con Ángel Pericet Blanco, el nieto del discípulo de La Campanera, en el que éste, a menudo de viva voz, da cuenta de la peripecia familiar y personal, tanto en los escenarios como en los ámbitos privados, de los Pericet. Incluyendo los múltiples cambios de domicilio: la populosa familia vivió en las ciudades de Aguilar de la Frontera (Córdoba), Sevilla, Madrid, Valencia y Buenos Aires, entre otras. Se trata de una obra redactada desde la fascinación y la admiración absoluta, donde la narradora cede todo el protagonismo a sus entrevistados. Eso sí, el pulso narrativo de la periodista se mantiene a lo largo de toda la obra, haciéndola asequible a todo tipo de públicos. Estamos, por tanto, ante una obra fundamental porque gira en torno al legado de la más importante familia de la danza española. Con esta y otras iniciativas, como la declaración de la Escuela Bolera como Bien de Interés Cultural de Andalucía o el Aula Pericet del Centro Andaluz de Danza, que también están glosados en el libro, Andalucía retoma parte del legado de los Pericet que, aunque nació artísticamente en la Sevilla de La Campanera, se repartía hasta ahora entre Madrid, Buenos Aires y Londres. Madrid y Buenos Aires conservan aún la memoria de las academias Pericet en tanto que en Londres se publicó en 2002, firmado por Marina Grut, *The bolero School*, el método más completo de Escuela Bolera, aún no traducido al español.»

8. «El mito de la fiesta», Diario de Sevilla, 31-8-2014, p. 46

Reseña de: Alberto del Campo y Rafael Cáceres, *Historia cultural del flamenco*, Córdoba, Almuzara, 2013.

«Los inicios del flamenco están fechados en torno a 1850 y se refieren a las compañías de baile que eran calificadas como boleras: ambos términos convivirían durante unos años. Este libro pone de manifiesto que el costumbrismo andalucista, gitanista, que en muchas épocas fueron sinónimos, no es un invento estrictamente francés. Ya el teatro barroco presenta a tipos y prototipos gitanos y andaluces que bailan, cantan, cuentan chistes, roban y seducen con engaños. Un costumbrismo que alimentaría, a finales del siglo XVIII, el magismo andaluz, donde lo tópico, más o menos irreal, pasa a ser seña de identidad, y que finalmente derivaría en el flamenquismo o gitanismo decimonónico del que nace el arte flamenco. Los conceptos de nación y de pueblo son un invento de los prerrománticos alemanes que se erigen como instrumentos para combatir la influencia francesa del momento. Por lo demás, todavía no sabemos exactamente lo que es pueblo y lo que es nación: ya conocen que el debate está a la orden del día … periódicamente, desde hace 150 años. Creo que la principal debilidad de este libro es dar crédito a ese concepto de pueblo. Un concepto obviamente clasista pues los prerrománticos citados no eran sino ilustrados, esto es, afrancesados que veían en la mentada pureza del pueblo alemán la tabla de salvación contra Napoleón. El cientifismo, con su jerga, también es una forma de clasismo. Al cabo el positivismo es un vástago romántico. Por eso, la mirada de esta obra busca la esencia, aunque sea típica o prototípica, de lo andaluz, lo gitano y lo flamenco. Y la busca en la escena, como no podía ser menos. En el teatro costumbrista, la miniatura musical escénica, la tonadilla.... busca la esencia de lo flamenco, o preflamenco, en la escena, pero prescindiendo de la escena. Considera que lo que vemos, lo que seguimos viendo, en la escena, es una recreación más o menos idealizada, estereotipada, de lo que pasaba en la calle. Cuando lo cierto es que lo que pasaba en la calle era una versión disminuida de lo que pasaba en la escena. Al menos, desde el punto de vista flamenco. Como bien afirman los autores, el mito de la etapa hermética tiene pocos visos de verosimilitud. Sin embargo, este mito parece pesar en su mirada cuando no desmienten con la misma contundencia otros conceptos mairenistas igual de dudosos como los bailes de candil, *la juerga del Tío Gregorio* de Cadalso o ése, según el cual, al principio del flamenco fue el cante, no el baile. Si las mojigangas, el fandango o la seguidilla se interpretan en el teatro barroco y dieciochesco como intermedios de las representaciones escénicas o, incluso, formando parte argumental de las mismas, hemos de concluir que el flamenco no surgió en las barberías[1043], ni en los patios de Triana, sino en la escena. La guajira, la petenera, los tangos, las soleares... los primeros bailes inequívocamente flamencos los protagonizaron, en los escenarios españoles y europeos, intérpretes profesionales como ha demostrado Steingress respecto a la guajira[1044], Antonio Barberán respecto a la petenera de Luis

1043 Esa es la tesis que sostienen los autores de la obra que comentamos.

1044 Gerhard Steingress, *Flamenco postmoderno*, Sevilla, Signatura, 2007, p. 147. Aunque, como hemos dicho anteriormente, aún no podemos afirmar al 100% que se trata de una noticia vinculada a la guajira actual como cante y baile..

Alonso[1045], Faustino Núñez respecto al tango de Curro Durse[1046] o de nuevo Steingress respecto a la soleá de Petra Cámara, cuya primera noticia está fechada en 1854 en el Palais Royal de París, lugar donde bailó la *Soleá granadina.*[1047] Luis Alonso, Petra Cámara, Curro Durse.... Todos ellos eran artistas profesionales que se ganaban el pan en los escenarios de España y de Europa. Algunos de ellos eran gitanos. Este libro demuestra que las teorías mairenistas[1048] siguen teniendo un peso enorme en la historiografía flamenca actual, incluso de la mano de sus aparentes detractores. Una mirada que parece instalada en nuestro ADN hasta el punto de no ver lo obvio: que el flamenco es, simple y llanamente, una mutación estética de ese lenguaje musical y coreográfico llamado bolero. Una mutación estética que se cifra, dentro del costumbrismo nacionalista escénico, en el cambio del magismo al gitanismo. Estos prejuicios hacia el flamenco como actividad escénica hacen que, siguiendo como digo la estela mairenista, Del Campo y Cáceres cifren el nacimiento del flamenco en el ámbito *íntimo* de "Un baile en Triana", la fiesta que describe Estébanez Calderón en sus *Escenas andaluzas* (1847) o la que refleja M. Jiménez en el *Semanario pintoresco español* con el título de "El carnaval del campo" (1848). Hoy sabemos que los principales cantaores que describe Estébanez Calderón en su cuadro de costumbres, El Planeta y Dolores la Gitanilla, estaban vinculados a la compañía de baile de Luis Alonso[1049]. De hecho, Manuel Bohórquez y Antonio

---

1045 https://cdizflamencoflamencosdecdiz.blogspot.com/2012/10/1-luis-alonso-un-bolero-muy-flamenco.html (consultado el 9-8-2017).

1046 José Luis Navarro García, *Historia del baile flamenco*, vol I., Sevilla, Signatura, p. 218. Hoy sabemos que otros intérpretes como Villegas o Enrique Heredia, por no hablar de la propia María Moreno Martínez de Loreto, cantaron el tango antes, como hemos comentado en su lugar.

1047 Gerhard Steingress, ...*Y Carmen se fue a París*, Córdoba, Almuzara, 2006, p. 172. Como indico, la reseña de este libro es de 2013; hoy tenemos una noticia anterior respecto a la soleá en José Guijarro y Rico, *Tomasa la Trinitaria*, Málaga, Benito Milá, 1850, p. 32, como hemos comentado en su momento.

1048 Léase la flamencología del siglo XX.

1049 Es cierto respecto al Planeta, que era hermano de Luis Alonso. Es más dudoso respecto a Dolores la Gitanilla. Pero, en todo caso, esta última era bailaora, además de cantaora, como podemos deducir del texto de Estébanez Calderón señalado y tam-

Barberán han demostrado que El Planeta y Luis Alonso eran hermanos[1050]. En todo caso, el título es inequívoco: "Un *baile* en Triana" (la cursiva es nuestra). De la misma manera, y a la forma mairenista, los autores distinguen, en estos albores del flamenco, estilos gitanos (polo, caña y seguiriya) y andaluces (malagueña, rondeñas y granaínas). La distinción, incluso en lo que se refiere a los estilos, recuerda la incluida en la *Antología del cante flamenco y cante gitano* (1965), disco colectivo promovido por Antonio Mairena, que es una respuesta a la buena aceptación comercial de la famosa *Antología del cante flamenco* (1954). La obra producida por Mairena pretendía poner el acento étnico sobre las íes, naturalmente. Por supuesto que la distinción, en ambos casos, es, no solo cuestionable, sino francamente tendenciosa.»

9. «Andaluces profesionales», Diario de Sevilla, 29-7-2014, p. 52

Reseña de: Norberto Torres y Carles Trepat, *Barcelona y la configuración de la guitarra clásico-flamenca*, Barcelona, El Dorado/Carena, 2014.

«Es la hora de ser valiente y hacer una afirmación rotunda: Trinitario Huerta y Julián Arcas fueron guitarristas flamencos. Quizá no todo el tiempo, pero lo fueron. Ciertamente, ellos mismos, y sus contemporáneos, no usaron esta denominación para calificar su arte. Pero tampoco Silverio Franconetti se hizo llamar flamenco. ¿Y qué duda cabe de que Franconetti, hijo de romano y sevillana, fue el que inventó este género llamado con el tiempo cante flamenco? Franconetti, que era un publicista fabuloso, se autodenominaba "el rey de los can-

bién de la noticia en la que por vez primera aparece la palabra flamenco vinculada al cante y al baile. Y, desde luego, era una profesional. Si a ellos añadimos el nombre de Marie Guy Stéphan, que también era profesional de los bailes de palillos, y que también estaba en la fiesta, la ecuación se completa.

1050 Esta cuestión está documenta en https://cdizflamencoflamencosdecdiz.blogspot.com/2012/10/1-luis-alonso-un-bolero-muy-flamenco.html (consultado el 9-8-2017).

tadores andaluces"[1051]. De la misma manera, Huerta (Orihuela, Alicante, 1800 - París, 1874) y Arcas (María, Almería, 1832 - Antequera, Málaga, 1882) se presentan como intérpretes de los *aires andaluces* del fandango, el bolero, la cachucha, el jaleo, la rondeña, la soleá, los panaderos, el punto habanero, la jota, la murciana y los tangos, entre otros. Por supuesto, su repertorio concertista era más amplio que el citado. Pero era, también, el citado. Estilos que a los que hoy denominamos flamencos, sea directamente o a través de otros estilos a los que dieron vida. Con menos, hoy forman parte del Olimpo de lo jondo intérpretes tan reputados como El Planeta. ¿Qué pasa con Huertas o Arcas para que no sean considerados flamencos? Su perfil no encaja con la historiografía tradicional jonda. Como afirma Torres en esta obra, ambos eran concertistas de fama nacional e internacional y tocaban en los teatros más prestigiosos de Europa y América. Pero hoy ya sabemos que la historiografía tradicional jonda no era tal sino la superestructura[1052] de un mito que la realidad de los datos desmiente una y otra vez: el flamenco no fue una actividad del pueblo, sino arte creado por profesionales para la escena. Profesionales que, además, recorrían escenarios de todo el mundo y se alimentaban, como no podía ser menos, de los lenguajes musicales, coreográficos y literarios de los lugares a los que viajaban, ya que éstos también viajaban hasta nosotros. El concepto de folclore nace casi al mismo tiempo que el flamenco. El arte jondo siempre fue popular pero jamás folclore. Siempre lo interpretaron profesionales. Demófilo trató de encerrar lo *jondo* en este concepto de lo folclórico, pero se dio cuenta de que no le salían las cuentas. La clave es que el flamenco no fue exclusivo de una geografía, por más que nazca en Andalucía, de una etnia, por más que la huella gitana sea indeleble, ni de un pueblo. El flamenco es un arte romántico, pero antes del Romanticismo no existía el concepto del artista como ser divino, al mar-

---

1051 José Blas Vega, *50 años de flamencología*, Madrid, El Flamenco Vive, 2007, p. 303.

1052 Uso aquí la nomenclatura de Steingress. Véase Gerhard Steingress,… *Y Carmen se fue a París*, cit., p. 8.

gen del resto de la sociedad. Las fronteras, cuando las había, no eran tan estrictas, y por eso nos encontramos una zarabanda en una suite de Bach: del culto de Oggun a la *partita* para violín, pasando por la escena hispana y la condena de las autoridades eclesiásticas que consideran, con buen criterio, a este *baile de negros*, lascivo. ¿Por qué hablo de la zarabanda? Porque en esta danza de orígenes americanos y negros (el culto sincrético de Oggun) está la hemiola que con el tiempo daría lugar a la bulería y la guajira[1053]. Con las mismas, podría haber hablado del fandango, la chacona, etcétera. Y no es solo cuestión de repertorio: como subraya Torres en esta obra, también la técnica jonda del rasgueado, que muestra a las claras el origen bailable de dichos estilos, era una seña de identidad de estos tocaores. A lo que hemos de añadir otra técnica jonda, los golpes en la tapa, como demostró hace unos meses Faustino Núñez con relación a Huerta, en su blog *El afinador de noticias*[1054]. ¿Y qué era lo que los públicos de París y Nueva York buscaban en las guitarras de Huerta y Arcas? Precisamente su *andalucismo*. Bien como constructo romántico, en el caso de las burguesías locales, bien como nostálgico acento del añorado hogar perdido, en el de los muchos emigrados que la década ominosa, y todas las etapas ominosas que vendrían, fueron sembrando en Europa y América a lo largo de los siglos XIX y XX. Así pues, los *andaluces profesionales*, que diría Borges, nacen como una demanda interna, de afirmación de lo propio en un país en crisis material y espiritual, y externa, según lo dicho. Hoy en día lo jondo tiene más cartera fuera que dentro, pero vemos que eso no es ninguna novedad. La única época de nuestra historia en la que el flamenco fue un arte de masas, del pueblo, esta vez sí, aunque del pueblo como consumidor, no como creador, fue durante la Segunda República, cuyo cine popular encumbró a Carmen Amaya, Angelillo y el Niño de Utrera, todos ellos exiliados en la etapa siguiente que, aparte de omi-

1053 Ricardo Molina y Miguel Espín, *Flamenco de ida y vuelta*, Sevilla, Guadalquivir/Bienal de Flamenco, pp. 8 y 47.

1054 En el blog *El Afinador de Noticias*.

nosa, se alargó cuatro décadas. No del pueblo, pero sí popular: tanto Silverio como Huerta fueron afines a los valores liberales, lo que les valió sendos exilios. Su nacimiento en Orihuela no impidió a Huerta ser un profesional de lo andaluz, como le ocurriría a su paisano El Rojo El Alpargatero unas décadas más tarde. Si el Rojo es anunciado en Nueva York en 1892 como "andalusian cantaor"[1055] no es debido a su procedencia, sino por el género que interpreta, el género andaluz, que es cómo se llamaba generalmente al flamenco en esa época. El término flamenco, que había nacido en los cuarenta[1056], no se impuso como exclusivo hasta décadas más tarde. En la época de Huerta y Arcas se usan, como sinónimos, flamenco, gitano y andaluz. Ello es así porque, desde Mérimée, todos los andaluces somos gitanos y flamencos, como saben. Esta conexión se consolida en las siguientes generaciones de guitarristas jondos y románticos y postrománticos: Miguel Borrull padre como discípulo de Tárrega y Ramón Montoya de Miguel Llobet. En su *Diccionario de guitarras, guitarristas y guitarreros* (1934), Domingo Prat define a Miguel Borrull Castellón (Castellón, Valencia, 1864? - Barcelona, 1926) como "guitarrista del género andaluz"[1057]: la entrada no incluye la palabra flamenco. Incluso a estas alturas se seguía utilizando la primitiva denominación. Las obras de Tárrega formaban parte del repertorio de este guitarrista flamenco que escribía partituras. De Borrull tenemos noticias, debidas a Montse Madridejos, que aseguran que grabó "malagueñas, soleares, guajiras y otros estilos"[1058]. También hay una tradición oral que asegura que se conservan partituras manuscritas de Borrull. Este tocaor, que acompañó a Chacón y a otros cantao-

1055 Kiko Mora, *Carmencita on the road* en http://www.elumiere.net/exclusivo_web/carmencita/carmencita_on_the_road.php (consultado el 20-10-2018).

1056 El nombre de flamenco, como hemos dicho, nace en Madrid en los años finales de los 40 y se usa en la capital de España en los años siguientes. Llega a finales de los 50 a Sevilla.

1057 Cita incluida en Norberto Torres y Carles Trepat, *Barcelona y la configuración de la guitarra clásico-flamenca*, Barcelona, Carena/El Dorado, p. 65.

1058 Montse Madridejos Mora, *El flamenco en la Barcelona de la Exposición Internacional 1929-1930*, Barcelona, Bellaterra, 2012, p. 130.

res a finales del siglo XIX, fue el iniciador de una saga flamenca que llega hasta María Juncal, ganadora del Desplante Minero en el Festival de las Minas de 2006, y que incluye a los guitarristas Lola y Miguel Borrull hijo, y a las bailaoras Julia, Concha, Trini Borrull y la Gitana Blanca. De hecho, la guitarrista Lola Borrull, hija de Miguel, fue alumna directa de Tárrega. Ramon Montoya Salazar (Madrid, 1880-1949), por su parte, es bien conocido por la afición flamenca, como el fundador del toque flamenco contemporáneo. Por cierto, que ambos guitarristas flamencos o *del género andaluz*, Borrull y Montoya, son gitanos y de fuera de Andalucía. Lo cierto es que Arcas y, sobre todo, Huerta, son hoy ampliamente ignorados por los guitarristas y estudiosos académicos. A muchos les resultaría sorprendente descubrir que muchas falsetas de malagueñas o soleares que ellos tocan como populares son de Arcas.»

10. «Goya y la prehistoria "jonda"», Diario de Sevilla, 15-2-2015, p. 56

Reseña de la exposición *Goya en Madrid* que celebró el Museo del Prado entre el 28 de noviembre de 2014 y el 3 de mayo de 2015.

«La exposición *Goya en Madrid*, comisariada por Manuela Mena y Gudrun Maurer, proporciona en el Prado abundante material de reflexión y estudio para el baile y el cante flamenco, antes de ser así llamado. La denominación de flamenco comienza a extenderse a mediados del siglo XIX, aunque no se generaliza hasta comienzos del XX. Ni Estébanez Calderón a mediados del XIX, ni Silverio Franconetti usaron la denominación de flamenco sino la de bailes y cantes nacionales, del país, de palillos o andaluces. Obras como *Baile a orillas del Manzanares* (1777) de Goya o *Una romería o El Bolero* (circa 1875) de José Camarón Bonanat, ambas incluidas en la muestra, nos dan pistas sobre cómo eran los bailes del momento. Por ejemplo, en relación con la discusión de si se hacían con zapatillas o chapines, observamos que todos calzan los mismos zapatos. Es cierto que, dado el carácter decorativo de estos cartones, los bailarines se insertan en paisajes bucólicos, al aire libre, por lo que no sabemos exactamente si en el teatro se usaba el mismo calzado para la danza. Aunque a decir verdad el uso de la zapatilla en el ballet europeo no se consolidaría hasta el siglo XIX. Por otra parte, estos cartones, y otros como el *Juego de la gallina ciega* (1789), nos proporcionan abundante información sobre el atuendo que usaban los bailarines boleros. En el último cartón referido aparecen personajes vestidos a la moda parisina, tocados con sombrero o peluca, junto con otros con el traje típico de los majos españoles, y con el pelo recogido por una redecilla. El fenómeno cultural llamado magismo, que supone una reacción contra la invasión de la moda francesa, tiene también sus manifestaciones coreográficas y musicales. Así, los bailes boleros se ejecutaban con los trajes de majos y majas que vemos en este y otros cuadros de la exposición: jubón, falda estrecha y corta con volantes, que dejaba al descubierto las medias caladas y los zapatos escotados. Y, en el caso de las bailarinas, el moño con lazo o mantilla, guarnecida de encajes y realzada por la peineta de concha. Un atuendo que, aún hoy, a pesar de la bata de lunares, recuerda en muchos aspectos al traje de flamenca. Y, por supuesto, el característico empleo de la castañuela erigida en esa fecha como icono de las danzas españolas frente al *ballet d'action*. Ello no quiere decir que en algunos casos no se dieran distintas combinaciones de elementos franceses y castizos. De hecho, el mismo bolero del título del cuadro de Camarón, el baile por excelencia de esta época, no es sino la tradicional seguidilla hispana, que remonta su origen hasta el siglo XVI, bailada con técnicas de la danza italo-francesa. El flamenco, incluso antes de llamarse así, ya es una mezcla de elementos culturales de procedencia diversa. Una seguidilla como la que bailan las dos parejas de *Baile a orillas del Manzanares*, según la documentación de la exposición. Un bolero como el que baila la pareja del cuadro de José Camarón en el que, precisamente, vemos al bailarín ejecutar el salto en el aire característico de esta danza. La teoría más extendida respecto al nombre de bolero es que, al usar el salto propio de la danza italo-francesa, a diferencia del salto tradicional hispano, que era hacia abajo, los bailarines parecía que volaban[1059]. De ahí el nombre de *seguidilla bolera*, que luego pasó a *bolera* y finalmente se quedó en *bolero*. En estos dos cuadros vemos que la danza se acompaña de guitarra, bandurria, laúd, palmas[1060] y canto. Incluso en la famosa *Pradera de San Isidro* (1788) vemos a parejas bailando, en la lejanía. El canto y el toque están también bien representados en la exposición con los cartones *El majo de la guitarra* (1778) de Ramón Bayeu Subías, cuñado del pintor de Fuendetodos, o con la obra del mismo título que Goya realizó un año después. Contrasta fuertemente el idealismo de Bayeu con el naturalismo de Goya. Son dos escenas bucólicas, casi idénticas, de ahí que tengan el mismo nombre, y destinadas ambas, como el resto de los cartones de la muestra, a decorar las paredes de los palacios de los reyes. En ambas apreciamos el traje majo típico, incluyendo la capa y los zapatos con hebillas, pero en el caso de Bayeu el intérprete es un ideal pastoril mientras que la obra de Goya nos da de bruces con una pasión cantaora muy cercana a la sensibilidad flamenca. El majo de Bayeu es un ser decorativo en tanto que el de Goya trasmite humanidad. El de Bayeu tañe soñador, con la mente en otra cosa, mientras que el de Goya toca para acompañar su canto dolorido y mira al cielo buscando inspiración. En ambas obras se aprecia con notable realismo que los intérpretes están dando un acorde de la cadencia andaluza, de lo que podemos deducir que los modelos fueron reales o que los pintores eran aficionados a la música. Similar idealismo encontramos en otra obra de Bayeu, *El ciego músico* (circa 1786), también incluido en la exposición, donde vemos al lazarillo dan-

1059 Como hemos dicho, la expuso Juan Antonio de Iza Zamácola (Don Preciso) en *Colección de las mejores seguidillas, tiranas y polos*, cit., p. 26. Véase también Javier Suárez-Pajares, «El bolero. Síntesis histórica», cit., 1992, p. 188.

1060 Uno de los bocetos realizados para componer el cuadro se conserva en el Museo del Prado con el título de *Majo llevando el compás*.

zar a ritmo de castañuelas la música de la zanfoña de su amo. La réplica de Goya, *El ciego de la guitarra* (1780), muestra de nuevo al intérprete cantando y acompañándose de un acorde de la cadencia andaluza. La muestra se acompaña con una cita de las *Memorias* de Casanova (1725-1786)[1061] en las que se vincula uno de estos bailes, el fandango, con los gitanos. Majos, manolos, manolas, negros, gitanos, petimetres, guindillas, lavanderas...: es el mundo del teatro popular de la época. Todos estos personajes, y algunas de sus danzas, se pueden ver en estos cartones para tapices goyescos que incorporan a tipos populares. No hay que olvidar que los majos son los herederos de los valientes y jaques andaluces, de ahí el vínculo con los gitanos o flamencos. En *El paseo de Andalucía* (1777) Goya da muestra de ello. El uso de hemiolia de la jácara a la petenera, la seguiriya, la bulería, etcétera, pone de manifiesto dichas conexiones. La jácara es un tipo de composición musical, literaria y teatral barroca inspirada en el jaque o valiente andaluz.»

11. «Los poderos del flamenco», Diario de Cádiz, 3 de marzo de 2015, p. 52

Reseña de: Francisco Aix Gracia, *Flamenco y poder*, Fundación SGAE, 2014.

«(...) La globalización ya existía en el Imperio Romano y lo que ahora llamamos así es un fenómeno de cierta apertura propiciado por el final de la Guerra Fría. La estética flamenca actual es deudora en este sentido de la estética posterior a la Segunda Guerra Mundial. Muchos de los *valores auténticos* que el neoclasicismo acuñó y que Aix retoma con el concepto de *flamenco comprometido* fueron inventados en Estados Unidos por el empresario judío Solomon Hurok al presentar en plena guerra mundial a Carmen Amaya como *the*

1061 Giacomo Casanova, *Historia de mi vida*, traducción de Mauro Armiño, Girona, Atalanta, 2009, p. 2849.

Queen of the Gypsies, la reina de los gitanos, en una pura estrategia comercial. Cuando Amaya había sido la glamourosa *Miss Morena 1935* en la España abierta y procelosa de la Segunda República[1062]. Tampoco creo que el flamenco sea el resultado de una emancipación del folclore, como afirma esta obra, porque no creo que el folclore haya existido jamás. El flamenco es un hecho artístico vivo en el que conviven, desde sus orígenes, lo profesional y el amateurismo, la coalición con la crítica del poder político, la marginalidad con lo institucional, la búsqueda de nuevos lenguajes con la consolidación de las formas clásicas, el populismo y el elitismo, el etnicismo con la universalidad... a veces en una misma persona. Como en cualquier otro arte e, incluso, cualquier otra manifestación social, humana.»

12. «Se sabe mucho», Diario de Sevilla, 25-5-2015, p. 56

Reseña de: Guillermo Castro Buendía, *Génesis musical del flamenco*, Sevilla, Libros con Duende, 2014.

«Este libro es una minuciosa y enciclopédica exposición sobre el estado de la cuestión a propósito de los orígenes del flamenco. Un tema que en los últimos diez años ha dado un vuelco con las investigaciones de Faustino Núñez, Antonio Barberán, Manuel Bohórquez, Steingress, Ortiz Nuevo, los hermanos Hurtado o Alberto Rodríguez, entre otros. Todas estas contribuciones, y algunas más, se resumen en esta obra que, como su nombre indica, está centrada en el cante, pese a que las investigaciones mencionadas dejan claro que en materia flamenca primero fue el baile. Respecto a los cantes sin guitarra, Castro Buendía parece mantener la tesis de la flamencología tradicional que consideraba a estos esti-

1062 Este comentario se refiere al cambio de paradigma que se da tras la guerra civil española y el giro gitanista que afecta al flamenco de posguerra, prácticamente hasta hoy, marcando la mirada que la mayoría de los aficionados, y por supuesto de los ajenos a lo jondo, tienen de este arte.

los de entre los más antiguos de lo jondo. El autor los sitúa, aunque sin dar pruebas definitivas, en el origen de las seguiriyas, de algunos rasgos musicales de algunas seguiriyas. Lo cierto es que antes de la guerra civil apenas si podemos encontrar ocho registros de martinetes, de los cuales el autor dice conocer cuatro y analiza dos. Respecto a la seguiriya, entre el material diverso que contribuye a sus orígenes, Castro Buendía privilegia, siguiendo a autores anteriores, la playera y la seguidilla de temática patética, en tono menor. Demófilo afirma en 1881 que la seguidilla gitana recibe también el nombre de playera. Sin embargo, no está claro qué música ni qué poesía están en la base directa de lo que hoy llamamos seguiriya, ni tampoco este libro propone pruebas concluyentes al respecto ya que los ejemplos de playera que ofrece están alejados rítmicamente, y también en los demás niveles musicales, del modelo de la seguiriya. Es cierto que se trata de músicas que usan la cadencia andaluza, pero el uso de esta en la música decimonónica está bastante extendido y, desde luego, no se limita a la playera. Por ahora la seguiriya sigue siendo un enigma y el ejemplo más antiguo que tenemos de la misma sigue siendo el arreglo que Ramón Sezac publicó en París en 1880 que conocimos por los hermanos Hurtado[1063] y que Castro Buendía analiza de nuevo aquí. Del contenido de *Génesis musical del cante flamenco* no podemos deducir que, en la época del Planeta, en los episodios narrados en las *Escenas andaluzas* (1847) de Estébanez Calderón, por ejemplo, se cantara por seguiriyas. Es decir que la que hoy se sigue cantando como seguiriya del Planeta es, a mi entender, un invento de los años 50[1064]. Castro

---

1063 Antonio y David Hurtado, *La llave de la música flamenca*, Sevilla, Signatura, 2009, p. 213.

1064 La primera vez que se le atribuye a El Planeta un cante por seguiriyas es en 1958: Pepe Torre grabó ese año un disco con el nombre de *Seguiriyas primitivas* cuya melodía y letra grabaría después Antonio Mairena (1965) y luego otros cantaores. En 1963 Ricardo Molina y Antonio Mairena (*Mundo y formas del flamenco*, Revista de Occidente, 1963, pp. 185 y 186) atribuyen este cante a El Planeta. En una conferencia de 1980 Mairena, responsable artístico del disco de Torre, identifica este cante como seguiriya del Planeta. Cfr. Soler Guevara, Luis y Soler Díaz, Ramón *Los cantes de Antonio Mairena*, Sevilla, Tartessos, 2004, pp. 290 y 291. Creo que el cante

Buendía no analiza esta figura ni tampoco la grabación a la que me refiero, aunque propone a Lázaro Quintana como cantaor de seguiriyas. Quintana es (...) sobrino del Planeta y de Luis Alonso, (...) en 1902 el método de Rafael Marín lo considera como seguiriyero[1065]. Pero ésta y las demás pruebas que ofrece al respecto Castro Buendía no me parecen concluyentes. Sostengo la tesis, por tanto, de que la seguiriya se empezó a cantar pocos años antes de que la transcribiera Sezac. Es decir que quizá fue Silverio Franconetti con sus seguidillas del sentimiento el primero en trasformar el material del que provenga la seguiriya, una playera y/o una seguidilla en tono menor según algunos autores, incluyendo el de este libro, en la seguiriya. Esa sigue siendo, por ahora, la tesis que me resulta más verosímil. A la espera de que encontremos, algún día, la fuente de inspiración directa de Franconetti, suponiendo que exista. Castro Buendía hace una separación estricta entre los músicos académicos y los flamencos, en referencia a una época

---

por seguiriyas es posterior a esta fecha de 1845 en que se publicó el texto de Estébanez Calderón originariamente. Pienso que es un cante creado o popularizado en los años 70 del siglo XIX. Machado Álvarez (*Colección de cantes flamencos*, Sevilla, 2004., p. 200) recoge, con algunas variaciones, la letra que cantó Torre en 1958, en la que se incluye una referencia a la luna, pero que el padre de los Machado no la atribuye a El Planeta. Quizá la proximidad léxica entre luna y El Planeta le proporcionó a Mairena, director de la grabación, la idea de componer esta seguiriya. La música es una seguiriya en tono mayor, de ahí las semejanzas de otros cantes en tono mayor, es decir, cabales, de artistas como Silverio o El Fillo. Lo cierto es que Mairena hizo bandera de este cante igual que algunos de sus discípulos como José Menese. Véase Luis Soler Guevara y Ramón Soler Díaz, *Antonio Mairena en el mundo de la seguiriya y la soleá*, Málaga, Fundación Antonio Mairena, 1992, p. 56.

1065 Respecto a que Lázaro Quintana cantara por seguiriyas, así lo afirma Rafael Marín que habla de las «seguiriyas de Lázaro Quintana» (*Método de guitarra-flamenco*, Madrid, Dionisio Álvarez, 1902, p. 72), como un tipo de las mismas junto «a las naturales y de cambio» (ibídem). Al margen de ello da como variantes las del Fillo, Silverio, etc. Esta noticia es fundamental ya que Quintana es el protagonista de la noticia en la que por vez primera se asocia la palabra flamenco con el cante y el baile. Quintana, a su vez, era sobrino de El Planeta y Luis Alonso. La noticia de que El Planeta y Luis Alonso eran hermanos abunda en la continuidad estricta entre lo bolero y lo flamenco ya que El Planeta es considerado uno de los primeros cantaores de flamenco por la flamencología oficial. La noticia la dio a conocer Antonio Barberán a partir de los datos que Manuel Bohórquez proporcionó del nombre completo, fecha de nacimiento y defunción, etc. de El Planeta. Véase https://cdizflamencoflamencosdecdiz.blogspot.com/2012/10/1-luis-alonso-un-bolero-muy-flamenco.html. (consultado el 22 -11-2018).

en la cual, por cierto, se inventó la palabra *folclore*. Y ello para afirmar que la seguiriya es una creación exclusiva de los cantaores flamencos. Pues bien, la primera noticia inequívoca de la seguiriya, hasta ahora, se refiere precisamente a un músico académico, el mencionado Sezac. Ya he sostenido aquí también antes que el folclore no existe y que, por tanto, esta separación estricta resulta poco útil además de clasista. (…) Respecto a la soleá, Castro Buendía no considera flamenca la versión fechada en París en junio de 1853 por Petra Cámara que dio a luz hace unos años Steingress. En todo caso aporta un documento de 1850 en el que se habla del baile de la soleá en el texto de una obra teatral de costumbres, *Tomasa la Trinitaria*[1066]. El autor hace otra distinción estricta (…): entre los flamencos y los boleros. Mi hipótesis, como saben, es que flamencos y boleros fueron sinónimos en buena parte del siglo XIX y que el primer género deriva directamente del segundo. Petra Cámara, además de ser una de las últimas boleras, fue una de las primeras flamencas. Y, acaso, la primera que bailó por soleá. Lo cierto es que la expresión Escuela Bolera no aparece en la literatura hasta 1942[1067], como sabemos.

Lo más interesante de esta obra son los análisis musicales de las grabaciones del XIX, por ser las más cercanas a los orígenes que aborda la obra y que tanto nos interesan a los aficionados. La información que contienen esos cilindros de cera son oro puro. Este libro pone también de manifiesto que todos los estilos del flamenco tuvieron un testimonio registrado, más allá de la tradición oral. El flamenco tiene también una tradición escrita primero y grabada más tarde. Y, por las pruebas que esta obra ofrece, la mayoría de los estilos, incluyendo la seguiriya según mi punto de vista, fueron anotados y

1066 El dato procede del investigador Gregorio Valderrama, según señala en su obra el propio Castro Buendía, (*Génesis musical del cante flamenco*, Sevilla, Libros con Duende, 2015, p. 1060). Aparece en J. Guijarro y Rico, *Tomasa la Trinitaria*, cit., p. 32.

1067 En el famoso cuadernillo de la familia Pericet al que ya hemos aludido en varias ocasiones. Véase M. Carrasco Benítez, *La Escuela Bolera sevillana. Familia Pericet*, cit., p. 53; y *Expediente de la Escuela bolera, para su declaración como Bien de Interés Cultural*, cit., pp. 32-34.

registrados, en escritura musical o en soporte sonoro, al poco de su nacimiento. Así que en 2015 podemos responder a la vieja pregunta que formuló el maestro Ortiz Nuevo respecto a los orígenes de lo jondo —"¿Se sabe algo?"— con un "se sabe mucho"»[1068].

13. «En la academia de Miguel de la Barrera», Diario de Sevilla, 18 de julio de 2015

Reseña del espectáculo de Carmen Iniesta *Flamenco desde la Barrera*, Jardines del consulado de Portugal de Sevilla el 15 de julio de 2015[1069].

> «La idea me gusta: resucitar el espíritu de las academias de baile del siglo XIX, que fueron espacios escénicos antes que los cafés cantantes, ya que éstos surgieron, por la creatividad de Silverio, a partir de las propias academias. Dichos locales se convertían en espacios escénicos (...) a través de los llamados *ensayos públicos* que, pese a su nombre, eran espectáculos profesionales con todas las de la ley. La bailaora sevillana Carmen Iniesta, que ya tiene experiencia en espectáculos didácticos, ha rescatado este espíritu de las academias. Sin embargo, le ha fallado el asesoramiento histórico. Así, distingue en su propuesta entre bailes de palillos y bailes gitanos cuando, de hecho, eran la misma cosa. Y es que en el siglo XIX aún no existía la Escuela Bolera, denominación que no aparece en la literatura (...) hasta 1942[1070]. La clave está en distinguir los bailes boleros de la Escuela Bolera. La versión del Jaleo de Jerez que ofrecieron Iniesta y compañía es la de Sckoczdopole, es decir, la de la Escuela Bolera. Se trata de una composición para una bailarina francesa, la Guy Stéphan (...). De hecho, algunos de los más destacados intérpretes boleros de la

1068 José Luis Ortiz Nuevo, *¿Se sabe algo?* [1990], Sevilla, Libros con Duende, 2013.

1069 El elenco estaba formado por el baile de Carmen Iniesta, Azahara Martins, María Osuna, Cristina Ramírez, Ana Rioja, Marta Victorio. El cante de Mayte Olivares y la guitarra de José Manuel Tudela.

1070 En el citado cuadernillo de la familia Pericet. Véase M. Carrasco Benítez, *La Escuela Bolera sevillana. Familia Pericet*, cit., p. 53; y *Expediente de la Escuela bolera, para su declaración como Bien de Interés Cultural*, cit., pp. 32-34.

época, como el famoso Luis Alonso, eran gitanos. (…). La sevillana debía haberse fijado más en sus modelos, los directores de danza del siglo XIX, que siempre invitaban a una estrella bailaora del momento para dar realce a la función. (…). Ninguno de los estilos que propusieron en los jardines de Portugal existía, con esa música, letra o coreografía, en el siglo XIX. Y las bulerías, que se ofrecieron como ejemplo de *baile gitano*, nacieron bien avanzado el siglo XX[1071].

14. «Arcadio Larrea, un pionero», Diario de Sevilla, 11-10-2015

Reseña de: Arcadio Larrea Palacín, *El flamenco en su raíz*, Sevilla, Signatura, 2004 [1ª 1974].

«(…) Lo más interesante de este libro es que adelanta en varias décadas algunas de las tesis que hoy defiende la más rigurosa investigación jonda. Lo sorprendente es que todo ello lo vislumbró Larrea Palacín sin tener acceso a los documentos de hemerotecas que, por lo general, han ratificado sus intuiciones. Su tesis general la resume el propio autor con estas palabras: "Pensamos que, como había escrito Machado, lo flamenco es fruto del maridaje entre lo andaluz y lo gitano, en unión fecundísima porque nació del entendimiento y amor recíproco. Andalucía daría las canciones, los gitanos les pondrían su sello propio a través de la manera peculiar de expresión para la canción y el baile"[1072]. Y es que el gitanismo en el flamenco era entonces una cuestión ineludible, dada la hegemonía del mairenismo expresado en el libro *Mundo y formas del flamenco* [1073]en la década anterior. Por eso Larrea dedica un capítulo

1071 La primera en grabarlas, y quizá en cantarlas, fue la Niña de los Peines. Véase Niña de los Peines «Bulería: canto gitano [Yo nací en Argel]» en *Registros sonoros*, [Zonophone, 1910], Centro andaluz de Flamenco, 2004, vol. 1. Se etiqueta como canto, no como cante.

1072 Arcadio Larrea Palacín, *El flamenco en su raíz* [1974], Sevilla, Signatura, 2004, p. 241.

1073 Antonio Mairena, y Ricardo Molina, *Mundo y formas del cante flamenco*, Revista de Occidente, Madrid 1963.

entero a la cuestión gitana donde da cuenta de sus amplios y minuciosos conocimientos de la historia, la lengua y las canciones y danzas gitanas, no solo en España sino en el resto de Europa, para concluir lo que reproducimos más arriba. Como experto que era en las músicas africanas, árabes y del Magreb, a las que dedicó varias de sus monografías, tampoco pudo eludir la cuestión de la influencia árabe en el flamenco. Y su conclusión es que las teorías que atribuyen origen árabe a la caña o al fandango, como a otros estilos jondos, resultan completamente infundadas. Por el contrario, hay que considerar a Larrea Palacín un verdadero pionero de la investigación flamenca actual cuando da noticia de la posible procedencia negroamericana del fandango hispano. También resulta muy actual su consideración del flamenco como arte de profesionales: "la simple lectura de Machado habría sido capaz de evitar la reiteración, aún hoy, de dos teorías que ya él declaró falsas, la del carácter popular del flamenco y la de su origen árabe"[1074].

»Se sitúa al lado de su contemporáneo Luis Lavaur y su obra *Teoría romántica del cante flamenco*[1075] para señalar el vínculo de lo jondo con la danza italofrancesa del momento, ámbito en el que lanza una de las afirmaciones más sorprendentes de *El flamenco en su raíz*. Larrea Palacín reconoce la personalidad real que se oculta tras el personaje literario de Virginia[1076], protagonista del famoso capítulo "Asamblea general"[1077] de las *Escenas andaluzas* (1847) de Serafín Estébanez Calderón. El mencionado capítulo es considerado por la flamencolo-

1074 A. Larrea Palacín, *El flamenco en su raíz*, cit., p. 241.

1075 L. Lavaur, Teoría *romántica del cante flamenco*, cit.

1076 Como hemos indicado, parece ser que Virginia no es nombre ficticio tras el que se oculta la personalidad de Gy-Stéphan, sino que esta era llamada así entre los amigos, como leemos en la dedicatoria de la obra *Juy, que jembra* que le dedica su amigo José Olona, Véase José Olona, *Juy, que jembra!!*, Madrid, Lalama, 1846.

1077 «Asamblea general de los caballeros y damas de Triana y toma de hábito en la Orden de cierta rubia bailadora» en *Semanario pintoresco*, noviembre de 1845. En libro se publicó como parte de las *Escenas Andaluzas* en 1847. Véase Serafín Estébanez Calderón, *Escenas andaluzas* [1847], ed. de Alberto González Troyano, Madrid, Cátedra, 1985, pp. 282-308.

gía tradicionalista como uno de los primeros testimonios escritos fidedignos del naciente arte flamenco decimonónico. En él se da noticia, entre otros, de El Planeta y El Fillo, considerados aún hoy como dos de los primeros cantaores de flamenco de la historia. Y del primer repertorio de cantes y bailes que podemos considerar flamencos, aunque esta palabra no se use en el libro: rondeñas, malagueñas, granadinas, seguidillas, zapateado, peteneras, fandanguillos, caña, polos, polo de Tobalo, tonadas sevillanas, serranas, romances y también boleros, zorongos, zarandé, cachirulos, el olé, la tana, la yerbabuena y las caleseras. La reunión que se cuenta es una de gitanos, y en el barrio de Triana, donde se pretende, y se logra, dar carta de naturaleza trianera y en la cofradía de los artistas de una cierta bailarina rubia que viene de Madrid, llamada Virginia, que para convertirse en trianera y bailaora cañí debe de asumir el nombre de Carmela. En los tratados flamencos se la considera habitualmente como una anónima gitana rubia de Madrid. No obstante, Larrea Palacín descubre la auténtica personalidad de esta Virginia en la famosa bailarina francesa Marie Guy-Stéphan[1078]. Una intérprete que se hizo popular en todo el mundo, como saben, interpretando el jaleo, el fandango, el olé y el bolero, además de sus roles en ballets románticos como *Ondine* o *Giselle*. La Guy-Stéphan, a diferencia de su compañera Fanny Elssler, que se hizo famosa bailando la cachucha, no solo viajó y bailó por España[1079] sino que, además, (---) ingresó en la cofradía de los artistas castizos hispanos. En dicha ceremonia es el propio Estébanez Calderón, con el sobrenombre de *El Solitario*, el que ejerce de mentor de

1078 A. Larrea Palacín, *El flamenco en su raíz*, Sevilla, cit., p. 157.

1079 El propio Galdós deja constancia en sus *Episodios Nacionales* del fulgurante éxito de la francesa en la escena española. Véase Benito Pérez Galdós, *Bodas reales*, Alicante, Biblioteca Virtual Miguel de Cervantes, 2001, párrafos 143 y 203. Por cierto, que la palabra flamenco, referida a bailes y cantes, y, en concreto, la expresión «baile flamenco», la encontramos en una única ocasión en los *Episodios Nacionales*. Es en *España trágica*, Madrid, Perlado, Páez y Compañía, 1909, p. 195. La acción transcurre en 1870. En *De Cartago a Sagundo*, penúltimo de los *Episodios Nacionales*, publicado en 1911, vuelve a utilizar la palabra, pero con el significado de gitano o agitanado. Véase *De Cartago a Sagunto*, Madrid, Hernando, 1944, p. 26.

Virginia-Carmela. Larrea Palacín ha atestiguado la presencia de la Guy-Stéphan en España en fechas anteriores a la edición del texto, así como sus actuaciones en los teatros madrileños. A ello debemos sumar su presencia en el Liceo barcelonés en 1851. Incluso, ha confirmado Larrea Palacín la relación de amistad de la bailarina francesa con Estébanez Calderón, hasta el punto de que, afirma, el artículo "Asamblea general" está compuesto en honor de la dama[1080]. De esta manera se aseguran, una vez más, los lazos entre el ballet europeo y la danza española y gana aliento nuestra hipótesis, expresada en numerosas ocasiones en estas páginas, de que los bailes flamencos son hijos directos de las danzas españolas llamadas también boleras, de palillos, nacionales, etcétera, y que no deben confundirse con las de la llamada Escuela Bolera, que es una reconstrucción histórica, arqueológica, hecha en el siglo XX[1081].»

15. «El flamenco de Cervantes», Diario de Sevilla, 24-4-2016, p. 56

Artículo conmemorativo del IV Centenario de la muerte de Cervantes.

«En la época de Cervantes no había baile o canto alguno que recibiera el nombre de flamenco. La verdad es que la palabra flamenco, asociada a bailes y a cantes, no aparece en la literatura española hasta los años 40 del siglo XIX. Pero en la obra cervantina podemos encontrar abundantes referencias a los bailes y cantos de su época, muchos de los cuales serían llamados, pasado el tiempo, flamencos. La obra que contiene más referencias a las danzas y los cantos, tanto de la calle como de

1080 Incluso se imprimió una edición especial del artículo, con la imagen de la bailarina en la portada, para promocionar su gira andaluza de 1846. Véase J. Blas Vega *50 años de flamencología*, cit., p. 16.

1081 Además, la Guy Stéphan será la primera en vincularse con la moda gitanista, gitanismo o gitanofilia de esa época que venía de Europa al bailar en Madrid «vestida de gitana», como atestigua un periodista de *El Siglo Pintoresco* en abril de 1846 y recoge Luis Lavaur en *Teoría romántica del cante flamenco*, cit., p. 147.

palacio, es la novela ejemplar *La Gitanilla*. Se trata de una novela en el más puro sentido de la palabra en la época de Cervantes: una novedad, un suceso curioso. Refleja de manera idealizada, aunque con elementos picarescos y costumbristas, una sociedad gitana en contraposición e interacción con las sociedades no gitanas. Son gitanos nómadas y ladrones que poco o nada tenían que ver con los gitanos de carne y hueso de la época, ya que, por entonces, 1613 si atendemos al año en el que se publicó la novela, la mayor parte de los gitanos españoles vivían asentados y bastante asimilados socialmente. Sí resulta verosímil, sin embargo, por su relación con otras noticias de la época y anteriores, la referencia al empleo profesional que muchos gitanos hacían de la danza y el canto. Esta asociación seguirá con buena salud en los dos siglos siguientes hasta el punto de que hacia 1840 se empieza a llamar flamencos, como sinónimo de gitanos, a los bailes y cantos que hasta entonces se llamaban nacionales, del país, españoles, andaluces y también de palillos y boleros[1082]. Ello fue consecuencia de los cambios sociales y estéticos que se dieron en el romanticismo español. Pero antes de todo eso, en *La Gitanilla,*[1083] Cervantes nos habla de que su protagonista, Preciosa, "salió rica de villancicos, de coplas, de seguidillas y zarabandas y de otros versos, especialmente de romances, que los cantaba con especial donaire"[1084], así como de "cantarcillos alegres"[1085]. En el texto se subraya el carácter profesional y sumamente especializado de esta dedicación al canto y a la danza. Preciosa cobra "cuatro cuartos"[1086] por cabeza por cantar un romance y otro personaje de la obra, el paje-poeta Clemente, escribe poemas para que los cante Preciosa, recom-

1082 http://elafinadordenoticias.blogspot.com.es/2012/06/lazaro-quintana-con-dolores-la-gitana.html. (consultado el 9-8-2017). La noticia fue rescatada en su momento, como saben, por Alberto Rodríguez Peñafuerte

1083 Gerhard Steingress se ha ocupado de «las referencias al género popular y su vínculo con el mundo gitano» incluidas en esta obra de Cervantes en *Sociología del cante flamenco*, cit., pp. 232-234.

1084 Miguel de Cervantes, *Novelas ejemplares*, cit., p. 62.

1085 Ibídem.

1086 Ibídem, p. 67.

pensándole ésta por su labor, pagándole por docenas: "a docena cantada, docena pagada"[1087]. Preciosa, como bailarina y cantante profesional, muestra su arte tanto en la calle como en las casas de las clases adineradas o incluso en la madrileña Iglesia de Santa María, en la que canta un romance de temática religiosa[1088]. Canta y baila acompañándose de sonajas[1089], pandero[1090], "chasqueo" y castañetas[1091], es decir, con lo que hoy llamamos castañuelas y pitos flamencos. También canta, hacia el final de la obra, acompañada de guitarra. La primera referencia a la seguidilla, como danza y canción, aparece en el *Cancionero de Palacio*,[1092], recopilación de los siglos XV y XVI. La seguidilla ha sido la danza más longeva del repertorio de bailes españoles y todavía goza de una enorme popularidad, como se puede observar cada año durante la feria de Sevilla en la que se cantan y bailan miles de *seguidillas sevillanas*. Además de las sevillanas, hay otros muchos estilos jondos donde encontramos seguidillas: los juguetillos de las alegrías no son otra cosa que unas seguidillas, como las livianas y las serranas, que probablemente fueron en sus orígenes *seguidillas livianas* y *seguidillas serranas*. Es más que probable que la actual *seguiriya*, llamada en otro tiempo *seguidilla gitana* tenga también su origen en una seguidilla desaparecida. El romance, por su parte, es una de las formas literarias y musicales más antiguas de la literatura y el canto hispanos, puesto que se remonta a los finales del siglo XIV. Hoy se mantiene como cante y como baile flamenco en la forma, a ritmo de soleá bailable, que le dio Antonio Mairena en los años cincuenta del siglo XX[1093]. La petenera también tiene sus orígenes remo-

1087 Ibídem, p. 72.

1088 Ibídem, pp. 64 y 65.

1089 Ibídem, pp. 64 y 95.

1090 Ibídem, p. 96.

1091 Ibídem, p. 54.

1092 Se trata de una composición de Alonso titulada, *Pero Gonçalez*. Véase Miguel Querol Gavalda, *La música en la obra de Cervantes*, Madrid, Centro de Estudios Cervantinos, 2005, p. 154.

1093 Antonio Mairena «Romance de Bernardo el del Carpio», en *Cantes de Antonio Mairena* [1958], Incluido en *Antonio Mairena* Productora Andaluza de Programas/

tos en la música del *Romance de la monja a la fuerza* y fragmentos de romances encontramos también en polos o soleares, entre otros estilos flamencos. La zarabanda fue una de las danzas más populares del renacimiento y el barroco hispanos. Cuando se presentó entre nosotros se la consideró un baile de negros y fue prohibida numerosas veces por las autoridades civiles o religiosas hasta que tomó carta de naturaleza como danza cortesana. Tenemos ejemplos sublimes de esta danza en la literatura musical de la época, como la que firma Gaspar Sanz en su *Instrucción de música sobre la guitarra española* (1697)[1094]. En esta zarabanda, que pudo parecerse mucho a la que bailó Preciosa en la imaginación de Cervantes unos años antes, apreciamos claramente el uso de la hemiola, es decir un compás compuesto por partes ternarias y binarias, y otro elemento característico de los estilos flamencos como es el uso del rasgueado. De hecho, estas características tan propias del flamenco, la hemiola y el rasgueado aparecen en otras danzas de la época como la jácara, o, algo más tarde, en el fandango. En ambos, jácara y fandango, apreciamos el uso de la cadencia andaluza, tan característico asimismo de los estilos flamencos. Es decir que muchas de los elementos genuinos de lo jondo, la hemiola, el uso de la cadencia andaluza o el rasgueado, que evidencia que la mayoría de los estilos flamencos nacieron como danzas, no como cantos independientes, están ya en las danzas del Renacimiento y del Barroco, incluidas las que ejecutaba Preciosa, la protagonista de la novela cervantina. De hecho, mucho tiempo después, en 1781 encontramos el famoso *Aviso: Bayles de jitanos*[1095] en el que se da cuenta de una actuación en Lebrija de cuatro parejas de hombres y mujeres que bailan, entre otros

---

Cinterco, 1992, CD 3.

1094 Gaspar Sanz, *Instrucción de música sobre la guitarra española*, Zaragoza, Herederos de Diego Dormer, 1697, p. 24.

1095 Cartel anunciador incluido cómo facsímil en pliego aparte en la edición de la obra de Jerónimo Alba y Diéguez, *Libro de la gitanería de Triana de los años 1740 a 1750 que escribió el Bachiller Revoltoso para que no se imprimiera*, Sevilla, Antonio Castro, 1995.

estilos, la zarabanda. Algunos estudiosos consideran la zarabanda el precedente inmediato de las guajiras y las bulerías»[1096].

16. «Desmitificar la historia», Diario de Sevilla, 16-10-2016, p. 56

Reseña de: José Luis Ortiz Nuevo, Ángeles Cruzado y Kiko Mora, *La Valiente. Trinidad Huertas* La Cuenca, Sevilla, Libros con Duende, 2016.

«El libro es, como acostumbran las obras de Ortiz Nuevo, una biografía trenzada con la literatura de la época, con las noticias y gacetillas de la prensa. Así asistimos al debut de la Cuenca y a sus andanzas sevillanas, almerienses, madrileñas, parisinas, berlinesas, etc. que ha rastreado Ángeles Cruzado. Kiko Mora se detiene en la actividad neoyorquina de la Cuenca, enmarcándola en un fondo que es el del gusto por lo español y las torerías entre el público estadounidense de finales del siglo XIX y en el nacimiento del vodevil norteamericano. Finalmente, el propio Ortiz Nuevo sigue los pasos de La Cuenca en México y La Habana y da cuenta de su muerte en esta última ciudad a la edad de treinta y tres años, en 1890. El libro es también un hermoso fresco de la vitalidad del género flamenco en España, Europa y América en las últimas décadas del siglo XIX. Junto a La Cuenca nos encontramos a otras celebridades del momento como Lola Gómez, Carmencita o el propio Silverio Franconetti. De estas notas de prensa podemos extraer informaciones y conclusiones de mucha miga, algunas de las cuales no vienen glosadas por los autores del libro. Por ejemplo, que el género que ya era conocido como flamenco, todavía se ve nombrado en muchas ocasiones con la denominación anterior, esto es bailes y cantes del país, andaluces o nacionales. De hecho, ambas denominaciones convivi-

1096 Antonio y David Hurtado Torres, *La llave de la música flamenca*, Sevilla, Signatura, 2009, p. 110.

rían hasta comienzos del siglo XX. En la interpretación que llevan a cabo los autores en las glosas de los textos originales de prensa, aún se mantiene la distinción entre el género bolero y el género flamenco, distinción que no se da sin embargo en los textos mismos ya que, como sabemos, a los estilos que hoy llamamos flamencos se les nombraba bailes y cantes del país, andaluces o nacionales y también boleros[1097]. Que el público que acudía a estos espectáculos, tanto en los cafés cantantes como en los teatros, está compuesto por "todas las clases de la sociedad, desde la más elevadas a las más humildes" (*El Universal*, 20-7-1878)[1098]. Que los bailaores y bailaoras solían ser también cantaores y, en algunos casos, como el de la propia Cuenca, incluso reputados guitarristas. Es decir, aún no existían los oficios de cantaor para el baile y palmero, ambos nacerían después de la guerra civil española. Que los flamencos exhiben su arte en sana competencia y promiscuidad con cantantes de ópera, zarzuela, con orquestas, pianos, bandurrias, estudiantinas, etc. y por supuesto, actores de géneros cómicos, en los mismos escenarios e, incluso, con los mismos repertorios[1099]. Así a Juan Breva se le nombra como "tenor flamenco" (*La Época*, 19-12-1879)[1100]. Es decir que por aquel entonces las fronteras artísticas, como las geográficas, eran más permeables que hoy. Que el repertorio de esta época era ya bastante extenso[1101]. Que no solo las bailaoras y bailaores, sino que también cantaores como Dolores la Parrala, El Rojo el Alpargatero o guitarristas como Paco el de Lucena, hacen las delicias de los públicos parisinos, berlineses, neoyorquinos, etc.[1102] Que el concepto de espectáculo teatral flamenco ya está y goza de amplio desarrollo en este periodo con propuestas que aúnan bailes y cantes

1097 Se puede constatar esta evidencia, el de que al arte de La Cuenca se nombra como «baile nacional» y «cantos y bailes andaluces» en José Luis Ortiz Nuevo, Ángeles Cruzado y Kiko Mora, *La Valiente, Trinidad Huertas La Cuenca,* cit. pp. 22 y 23, por ejemplo.

1098 Ibídem, p. 23.

1099 Ibídem, p. 33.

1100 Ibídem, p. 30 y 31.

1101 Ibídem, p. 31.

1102 Ibídem, p. 46.

flamencos con decorados y guiones y acompañamientos orquestales, etc. Que entonces, como hoy, los artistas flamencos recorrían el mundo entero para vender su arte, bien fuera por el insuficiente apoyo que encontraban en España o bien por la necesidad de mostrar su arte por el universo mundo. Que, y eso tiene que ver con lo anterior, ya había entonces una prensa española, andaluza y sevillana que denostaba, ridiculizaba y clamaba por la desaparición del flamenco. Que en esta época el baile de hombre y el de mujer estaban claramente diferenciados y codificados, siendo el segundo un estilo en el que "no bailan con las piernas sino solo con el tronco y las manos" (*Berliner Börsenzeitung*, 2-5-1880)[1103]. No obstante, siempre hubo individuos que se saltaban las normas establecidas. Uno de ellos fue la protagonista de este libro que, siendo mujer, bailaba con el traje masculino y haciendo de pareja de famosas bailaoras del momento. De hecho, una de las escasas noticias que teníamos de La Cuenca antes de este libro nos la proporciona el maestro Otero en su *Tratado de bailes* (1912) en donde afirma que esta bailaora fue la primera en introducir una técnica típicamente masculina, por entonces, como el zapateado, en un baile femenino como la soleá[1104].»

17. «En la gran manzana», Diario de Sevilla, 20-11-2016, p. 55

Reseña de: José Manuel Gamboa, *En er mundo*, vol. 1, Sevilla, Athenaica, 2015.

> «(...) En 1894 *The New York Times* incluye por vez primera la palabra *flamenco* en una de sus crónicas, aunque el término no se va a imponer hasta 1920. En realidad, en España la denominación aún convivía con la de cantos y danzas españolas, nacionales, andaluzas, etcétera.»

1103 Ibídem, p. 85.

1104 José Otero, *Tratado de bailes* [1919], Sevilla, Asociación Manuel Pareja Obregón, 1987. La cita en concreto dice que la bailaora puso la soleá de Arcas «como zapateado flamenco», pp. 153-154.

18. «Enrique el Cojo de viva voz», Diario de Sevilla, 13-08-2017, p. 46

Reseña de: José Luis Ortiz Nuevo, *De las danzas y andanzas de Enrique el Cojo*, Sevilla, Athenaica, 2017 [1ª 1984].

> «[De esta reseña simplemente saco a relucir el hecho de que el bailaor fuera alumno de la academia Pericet para que se vea el vínculo del flamenco con lo bolero, ya que los Pericet son, a mi entender, los creadores del género llamado Escuela Bolera: "cuenta el bailaor sus inicios en las academias de Pericet y Frasquillo"].»

19. «Flamenco escrito», Diario de Sevilla, 5-3-2017, p. 58

Reseña de: *Patrimonio flamenco,* catálogo de la exposición de la Biblioteca Nacional, del 27 de enero y el 2 de mayo de 2017, Madrid, Biblioteca Nacional, 2017.

> (...) la muestra se abre, con buen criterio, con la primera edición de las cervantinas *Novelas ejemplares* abierta por las páginas iniciales de *La Gitanilla* (1613), texto en el que Cervantes da cuenta, entre el costumbrismo y la visión idealizada, del vínculo de los gitanos con los cantes y bailes españoles: seguidillas, romances y zarabandas son estilos que están en el origen de lo jondo y que Preciosa, la gitanilla, baila al son de *castañetas* y panderos. El siguiente hito de la exposición es el original manuscrito de las *Cartas marruecas* (1778) de José Cadalso en donde aparece de nuevo Preciosilla y sus castañuelas. Sigue la muestra con el facsímil del *Libro de la gitanería* (1750) y el *Aviso: Bayles de jitanos* (1781) del coleccionista sevillano Antonio Castro[1105]. En ambos textos se subraya la conexión de los gitanos con los bailes españoles, mojigangas y zarabandas. Con Don

1105 Jerónimo Alba y Diéguez, (El Bachiller Revoltoso), *Libro de la gitanería de Triana de los años 1740 a 1750 que escribió el Bachiller Revoltoso para que no se imprimiera*, Sevilla, Antonio Castro, 1995.

Preciso y su *Colección de las mejores coplas de seguidillas, tiranas y polos* (1779)[1106] tenemos un primer cancionero flamenco y Pedrell recoge en su *Aires de la tierra de Silverio* (1893) partituras, aunque no las primeras, de soleares o seguiriyas, entre otras. Ambos documentos figuran en la muestra también en lugares destacados. David Calzado y Teo Sánchez, comisarios de la exposición, consideran las *Escenas andaluzas* (1847), el libro de Estébanez Calderón como "la primera obra literaria que se ocupa del género (flamenco)"[1107] aunque, ciertamente, la palabra flamenco jamás fue escrita por el costumbrista malagueño. De hecho, la primera mención al género, con este nombre de flamenco, se da en el mismo año de la publicación del mencionado libro. Se trata de un texto incluido en el diario progresista madrileño *El Espectador*, en concreto en su edición del 6 de junio de 1847[1108]. El texto, que también forma parte de la muestra, fue rescatado por Alberto Rodríguez Peñafuerte. Es la primera mención a esta música y danza con el nombre de flamenco, aunque la naturalidad de la alusión nos hace pensar que el término no resultaba del todo ajeno al lector en esta acepción. Probablemente en breve tendremos algún otro hallazgo que atestigüe el uso de la palabra flamenco, en relación con la música y la danza, en fechas anteriores. Bécquer, que fue uno de los primeros críticos de flamenco, nos sale al paso a continuación con *La feria de Sevilla,* un artículo de costumbres que se cierra con una de las más conmovedoras descripciones que del hecho jondo se han dado (…).»

1106 Juan Antonio de Iza Zamácola y Ocerín, (Don Preciso), *Colección de las mejores seguidillas, tiranas y polos* [1799], Madrid, Repullés, 1816.

1107 En «La oscura raíz del grito» incluido en David Calzado y Teo Sánchez, *Patrimonio flamenco*, Madrid, Biblioteca Nacional de España, 2017, p. 70.

1108 El texto se reproduce en D. Calzado y T. Sánchez, (coords.), *Patrimonio flamenco*, cit., p. 40.

EPÍLOGO

La conclusión principal tiene dos partes: por un lado, queda suficientemente establecido el hecho de que los bailes flamencos proceden, en buena medida al menos, de los llamados aires boleros. Por otra parte, en el capítulo central de este trabajo, establecemos una diferencia fundamental, novedosa cuando la formulamos por vez primera, entre aires y bailes boleros y Escuela Bolera, lo cual supone un vuelco tanto en la historia del flamenco como en la de la danza española. Además, vinculamos los bailes flamencos a una tradición dancística hispana que se remonta, al menos, hasta el Renacimiento, deshaciendo el tópico de la mayoría de las historias del flamenco, y del lugar común, de que en España los bailes llamados gitanos y los bailes no gitanos son géneros diferenciados. Hemos visto que, en las primeras filmaciones de estos bailes, realizadas entre 1894 y 1905, como hoy en día, no encontramos diferencias fundamentales que tengan que ver con la etnia de los protagonistas de dichos bailes. No son gitanos Carmencita, de Almería; Anita Reguera, que según Kiko Mora era de Mallorca; el Negro Meric, cubano, ni los miembros del cuadro del Maestro Otero. Sí lo son las protagonistas las dos películas rodadas en Granada que hemos analizado, que, como digo más arriba, son, a mi parecer, la Chata de la Jampona y María la Jardín. Las diferencias que podemos apreciar entre estos tipos de bailes no obedecen a la etnia de sus intérpretes ni tampoco dependen del lugar de nacimiento de estos, como ha pretendido la historia del flamenco durante el siglo XX y todavía hoy, en gran medida, sino que son de tipo personal, la impronta que cada intérprete da a su baile. De esta manera creemos que damos un vuelco, no solo a la historia del flamenco, sino también a la historia de la danza española que, todavía hoy, oficialmente, distingue en nuestro pasado dos tipos de danzas, la danza española y el flamenco, como géneros diferentes. Según hemos podido comprobar en este trabajo, se trata del mismo género de baile que solamente hacia finales del siglo XIX se empiezan a diferenciar en dos líneas, un proceso que no culmina hasta hoy mismo.

Otras aportaciones son la constatación de que muchas de las coreografías que hoy se interpretan como del siglo XVIII en realidad son bastante más recientes: así la cachucha que se baila actualmente en los escenarios es una coreografía de finales de los años sesenta del siglo XX, como queda demostrado. Aportamos también nuevos datos, como los que se refieren a las peripecias de la bailaora Carmencita en Brasil o respecto a los protagonistas de los filmes dirigidos por Alice Guy en 1905, tanto los de atribución segura como dudosa. Contribuimos a la documentación de la aparición del término flamenco en el teatro musical de mediados del siglo XIX.

Finalmente, en este trabajo proponemos una hipótesis coherente y articulada de una historia del baile flamenco que es al mismo tiempo una historia de la danza española, desde el siglo XV hasta principios del siglo XX. Respecto a la historia del baile flamenco ha habido en los últimos tiempos muchas contribuciones parciales, tanto de intérpretes como de periodos. Y, sobre todo, muchos hallazgos documentales. Pero faltaba la interpretación de estos hallazgos, la interpretación de los datos, que es, a mi entender, la tarea principal de la historia. Así que esta es la primera vez que se propone una historia del baile flamenco con unos presupuestos distintos de los asumidos por la flamencología del siglo XX. Respecto a la historia de la danza española, hay muchas contribuciones parciales, pero esta es la primera vez, en nuestra época, que se propone una historia de la danza española de un periodo tan extenso de, nada menos, cuatro siglos.

CRONOLOGÍAS

1. CRONOLOGÍA DE BAILAORAS Y BAILAORES MENCIONADOS, Y OTROS INTÉRPRETES DE LA ÉPOCA

El asterisco indica que tenemos registros cinematográficos del intérprete.

María Antonia Vallejo y Fernández *La Caramba* (1751-1787)
Antonia Prado (1765-1830)
Mariana Márquez
Luis Alonso (1788-1862)
Manuel de la Barrera Valladares (1808-?)
Miguel de la Barrera Quintana (1814-1864)
Mariana Camprubí
Dolores Serral
Marie Guy-Stéphan (1818-1873)
Petra Cámara (1827)
Manuela Perea *La Nena* (1820)
Lola Montes (1821-1861)
Josefa Vargas (1828)
La Campanera (1828-1895)
Lola de Valencia
Anita Montes
Pepita de Oliva (1830-1871)
Dolores la Gitanilla
La Perla
El Jerezano

María de las Nieves
Miracielos
El Raspaor
Eduardo Vázquez (1839)
Antonio el Pintor (1845)
La Chata de la Jampona* (1850-1940)
Maestro Segura* (¿-1912)
La Cuenca (1857-1890)
La Mejorana (1858-1920)
María la Chorrúa
Maestro Otero (1860-1934)
Gabriela Ortega (1862-1919)
Fernanda Antúnez (1866-1935)
Juana Valencia *La Sordita* (1866-¿)
Consuelo la Tortajada (1867-1957)
Enrique el Jorobao de Linares
Carmencita* (1868)
Pepa de Oro (1868-1932)
Lamparilla (1869-1888)
Faíco (1870-1838)
Juana la Macarrona* (1870-1947)
Concha la Carbonera (1870)
Juana Antúnez (1871-1938)
La Malena (1872 - 1956)
María la Macarrona*
La Coquinera (1874-1942)
Salud Rodríguez *La Melliza* (Sevilla 1876-?)
Antonio el de Bilbao (1879-1935)
Antonio Ramírez *Ramirito** (1879-1929)
El Estampío (1880-1957)
Amalia Molina* (1885-1956)
Lola la Flamenca (1887-1954)
Dora la Gitana
La Malagueñita
El Negro Meric*
Anita Reguera o Anita de la Feria*
La Jeroma
Virgilio Arriaza*
Presentación Muñoz*
Conchita Zaldo*

Pastora Imperio* (1885-Madrid, 1979)
Vicente Escudero* (1888-1980)
La Argentina* (1890-1936)
María la Jardín* (1893-1970)
Rafael Ortega (1894-1973)
La Tanguera (circa 1896-1940)
Juan Martínez
Baltasar Mate

2. CRONOLOGÍA DE CANTAORES Y CANTAORAS MENCIONADOS, Y OTROS INTÉRPRETES DE LA ÉPOCA, Y ALGUNOS ESTILOS CARACTERÍSTICOS DE CADA UNO

El asterisco indica que tenemos registros sonoros del intérprete.

El Planeta (1790-1856)
Lázaro Quintana. (1802-?). Petenera, seguiriyas.
Dolores la Gitanilla
Villegas. Soleá, liviana, tango.
Juraco de Alcalá
Sartorio de San Fernando
Perea del Puerto
Enrique Prado
El Cuervo Sanluqueño
José Lorente
Frasco el Colorao. Seguiriyas.
El Fillo (1806-1878)
El Granaíno
Farfán
Juan de Dios
Espeletilla
Santa María
María Moreno Martínez de Loreto (1820)
Manuel Molina (1822-1879). Seguiriyas.
Curro Durse (circa 1825-1898). Seguiriyas, tangos.
María Borrico (1830)
Enrique Ortega (1830)"

Silvero Franconetti (1831-1889). Seguiriyas.
Francisco Hidalgo (1832)
Francisco la Perla (1833-1891). Seguiriyas.
Paquirri el Guanté (1834-1862). Soleares.
Perico Piña *El Viejo de la Isla* (1836-1917). Seguiriyas.
La Serneta (1837-1912). Soleares.
El Nitri (1838-1877). Seguiriyas.
Paco la Luz (1839-1901). Seguiriyas.
Joaquín Laserna (1843). Seguiriyas.
Juan Breva* (1844-1918). Malagueñas, soleares.
Dolores la Parrala (1845-1915)
Carito de Jerez (1845-1895)
Manuel Cagancho* (1846-1913). Seguiriyas y soleares.
Diego el Marrurro (circa 1850). Seguiriyas.
El Rojo el Alpargatero (1847-1907). Tarantas, cartageneras.
Enrique el Mellizo (1848-1906). Soleares, seguiriyas, tangos, malagueñas.
Anilla la de Ronda (1850-1933)
La Peñaranda o La Cartagenera (1850-?). Malagueñas.
Ramón el Ollero (1857-1905). Soleares.
Juan Reyes Osuna *El Canario* (1857-1885). Malagueñas.
Trini la Parrala (1858)
Juaniquí de Lebrija (1862 ó 1864-1946). Soleares.
La Serrana* (1863-1940). Seguiriyas.
El Piyayo (1864-1940). Tangos, guajiras.
Fernando el de Triana (1867-1935)
La Trini (1868-circa 1930). Malagueñas.
El Mochuelo* (1868-1937)
Fosforito (1868-1940). Malagueñas.
Antonio Chacón* (1869-1929). Malagueñas, cartageneras, granaínas, cantiñas, etc.
Rafael Moreno el de Jerez* (1867-Malaga, 1923)
Manuel el Sevillano*
El Loco Mateo. Seguiriyas.
Manuel Molina. Seguiriyas.
Francisca Colomer Sierra *La Rubia de Málaga*
Encarnación Santiesteban *La Rubia**. Malagueñas, guajiras, peteneras, cartageneras.
El Tonto Linares. Tarantas.
Soledad la de Juanelo

Paca Aguilera*. Malagueñas.
Garrido de Jerez* (1870-1920)
Niño de Cabra* (1870-1947). Fandangos, malagueñas.
Dolores la Gitana. Malagueñas.
Joaquín Cagancho (1871)
Pepa de Oro (1871-1918). Milonga, tangos.
Basilio (1873-1937). Tarantas.
Joaquín el de la Paula (1875-1933). Soleares.
José Guillot*
Señora García*
Paco el de Montilla*
Juan Ríos *El Canario**
Miguel Cruz *El Macaca**
Elena Font*
Antonia la Malagueña*
El Ciego Acosta*
El Diana*
Señor Sebastián*
Señor Revuelta*
Dolores la Gitana. Malagueñas.
Joaquín Cagancho (1871)"
Manuel Reina *El Canario Chico** (circa 1875-1904)
Sebastián el Pena* (1876-1956). Seguiriyas, Malagueñas.
Fernando el Herrero* (1877-1941)
Niño de la Isla* (1877-1915)
Rafel Pareja[1109] (1877-1965)
Manuel Torre* (1878-1933). Tarantas, farruca, fandangos, seguiriyas, saetas.
José Marroyo Gago* (1879-1953)
Telesforo del Campo* (1879-1940)
Cojo de Málaga* (1880-1940) Tarantas, murcianas, levanticas.
La Pompi* (1883-1958)
Manuel Pavón* (1883-1967)
Antonio Grau* (1884-1968)
Emilia Benito (1886-1960)
Manuel Escacena* (1886-1928) Tarantas, guajiras.
Bernardo el de los Lobitos* (1887 - 1969)

1109 Grabó en cilindros, pero no se conservan. En 2015 se publicaron seis cantes inéditos en la obra *Manolo de Huelva acompaña...*, Pasarela, Sevilla, 2015, compuesta de 6 CD un DVD y un libro de 59 páginas.

Pepe de la Matrona* (1887-1980)
Aurelio Sellés* (1887-1974)
Lola la Flamenca* (1887-1954)
José Cepero* (1888-1960). Fandangos, Tarantas, peteneras, Malagueñas, Martinete.
Niño Medina* (1888-1939)
Niño de las Marianas* (18891963)
La Niña de los Peines* (1890-1969). Bulerías.

3. CRONOLOGÍA DE GUITARRISTAS MENCIONADOS

El asterisco indica que tenemos registros sonoros del intérprete.

Francisco Rodríguez *El Murciano* (1795-1848)[1110]
Trinitario Huerta (1800-1875)[1111]
El Maestro Patiño (José González Patiño, 1829-1902)
Julián Arcas (1832-1882)[1112]
Paquirri (1834-1862)
Manuel Pérez *El Pollo* (1835-192?)
Antonio Pérez (1839)
Paco el Barbero (1829 ó 1840-1910)
Maestro Bautista
Antonio Montoya Faraón (1851)
El Polinario (1858-1939)
Paco de Lucena (1859-1898)
Paco el Águila
Enrique el Negrete*
El Campanero
Luis Molina
Francisco
Cano

1110 Sus obras, escritas en partituras, han sido grabadas por guitarristas clásicos y también por un flamenco, Alfredo Mesa.
1111 Sus obras, escritas en partituras, han sido grabadas por guitarristas clásicos y también por un flamenco, Alfredo Mesa.
1112 Sus obras, escritas en partituras, han sido grabadas por guitarristas clásicos y también por un flamenco, Alfredo Mesa.

Manuel López*
Carlos Sánchez Atero (1862-1915)
Juan Antonio Pérez León (1862)
Rafael Marín (1862)
Miguel Borrull (1864-1929)[1113]
Amalio Cuenca[1114]*
Francisco Escudé (1868-1928)
Fabián de Castro (1868-1948)
Javier Molina* (1868-1956)
Juan Gandulla *Habichuela** (1871-1925)
Juan Navas (1874-1949)
Salvador Ballesteros* (1876-1956)[1115]
José Capinetti Rodríguez (1878-1952)
Ramón Montoya* (1879-1949)

4. CRONOLOGÍA DE BAILES Y CANTES MENCIONADOS Y OTROS INTÉRPRETES DE LA ÉPOCA

Anotamos entre paréntesis los estilos mencionados pero que no han pasado, al menos con ese nombre, al repertorio flamenco actual.

1. Cantos de la Edad Media (siglo XI-XIV).

1113 Hizo grabaciones como solista, según se desprende del Catálogo de Fonogramas *Hijos de Blas Cuesta*, Valencia, 1 de enero de 1899. Véaase M. Madridejos, *Flamenco en la Barcelona de la Exposición Internacional 1929-1930*, cit. p. 130.

1114 Es el primer guitarrista, cronológicamente, del que se conservan grabaciones solistas (Edison, 1909).

1115 Se conservan toques solistas, por ejemplo, acompañando a las castañuelas y los pies de La Argentinita: Alegría solera, 1928. Véase La Argentinita (Encarnación López Júlvez), *Duende y figura*, Sonifolk, 1995. También es más que probable que intervenga, acompañando las castañuelas de La Argentina en *Mme. Argentina 'Tango andalou*, Odeón, 1935, pese a que en la etiqueta del disco no aparece su nombre. Pero fue el único guitarrista que acompañó a La Argentina a lo largo de toda su carrera, desde que se conocieran en el Liceo Ríus de Madrid, cuando la bailaora contaba con "diez o doce años" según palabras del propio guitarrista, y en *La Argentina. Flameco and the spanish anvat garde* de Ninotchka Devorah Bennahum (Wesleyan University Press, 1999, p. 10) aparece Ballesteros como autor de la pieza. Véase Fernando el de Triana *Arte y artistas flamencos*, cit., pp. 241-242. El registro está disponible online en https://digital.march.es/merce/es/fedora/repository/cam%3A12 (consultado el 20-11-2018)

(Lírica española), romances.

2. Danzas del Renacimiento (siglo XV-XVI).
(Seguidilla).

3. Danzas del Barroco (siglos XVII-mitad del XVIII).
Fandango (histórico), (jácaras, zarabandas, chaconas, canarios).

4. Bailes de palillos (o nacionales o del país o boleros) (final del siglo XVIII y principios del XIX).
Zapateado, fandango (histórico), jaleos, fandango (de candil), malagueñas (de baile), sevillanas, cachucha, peteneras, (jotas, caña antigua, polo antiguo, tirana, bolero, panaderos, el Vito, zorongo, el olé, etc.).

5. Bailes y cantes Flamencos (mitad del siglo XIX).
Soleá, alegrías, guajiras y tangos.

6. Cantes flamencos I (Silverio) (segunda mitad del siglo XIX).
Seguiriyas, livianas, serranas, martinetes [tonás].

7. Cantes flamencos II (Chacón) (finales del siglo XIX).
Malagueñas modernas, granaínas, cantes de las minas, caracoles, mirabrás, romeras, caña moderna, polo moderno.

8. Bailes flamencos (finales del siglo XIX).
Milonga, garrotín, farruca, rumba. Alboreá.

9. Cantes flamencos III (principios del siglo XIX).
Saetas, bulerías, colombiana, fandangos naturales, nana, bambera, mariana, campanilleros, villancicos, tanguillos, tonás campesinas, pregones.

BIBLIOGRAFÍA

Agulló Vives, Carmen, «La seguidilla en la tradición literaria española», en *Angélica: revista de literatura*, 11 (2002-2003), pp. 277-293.

Aix Gracia, Francisco, *Flamenco y poder*, Madrid, Fundación SGAE, 2014.

Alba y Diéguez, Jerónimo (El Bachiller Revoltoso), *Libro de la gitanería de Triana de los años 1740 a 1750 que escribió el Bachiller Revoltoso para que no se imprimiera*, Sevilla, Antonio Castro, 1995.

Albaicín, Curro, *Zambras de Granada y flamencos del Sacromonte*, Córdoba, Almuzara, 2011.

Alberti, Eleonora-Noga, *El cancionero tradicional judeoespañol*, Buenos Aires, Universidad Católica Argentina, 1997, tesis doctoral.

Alcina Franch, Juan (ed.), *Teatro romántico*, Barcelona, Bruguera, 1984, 3ª edición.

Álvarez Barrientos, Joaquín, Andioc, René, Coulon, Mireille, Chaves, Teresa y Flor, Fernando R. de la, «El teatro del siglo XVIII (I)», en Guillermo Carnero (cord.), *Historia de la literatura española: siglo XVIII (I)*, Madrid, Espasa Calpe, 1995, pp. 293-412.

Álvarez Barrientos, Joaquín y Romero Ferrer, Alberto, (eds.), *Costumbrismo andaluz*, Sevilla, Universidad de Sevilla, 1998.

Álvarez Caballero, Ángel, *Historia del cante flamenco*, Madrid, Alianza, 1981.

Álvarez Caballero, Ángel, *El baile flamenco*, Madrid, Alianza, 1998.

Álvarez Cañibano, Antonio, «La compañía de la familia Lefebre en Sevilla», en Salas, Roger (ed.), *La Escuela Bolera*, Madrid, Ministerio de Cultura, 1992, pp. 63-67.

Álvarez Cañibano, Antonio, *Los papeles españoles de Glinka 1845-1847*, Madrid, Consejería de Educación y Cultura de la Comunidad de Madrid, 1996,

Anglés, Higinio, *La música en la corte de los Reyes Católicos*, II, III, Polifonía profana: Cancionero Musical de Palacio (siglos XV-XVI), 2 vols. Monumentos de la Música Española, nos. 5 y

10, Barcelona, C.S.I.C. e Instituto Español de Musicología, 1947 y 1951.

Andreu Miralles, Xavier, *El descubrimiento de España: mito romántico e identidad nacional*, Barcelona, Taurus, 2016.

Antón, Fernando, «La seguidilla y la guitarra en el estandarte de la españolidad: la conformación de una identidad sonora nacional a comienzos del siglo XIX», en Javier Marín López, Gan Quesada, German, Torres Clemete, Elena y Ramos López, Pilar (coords.), *Musicología global, musicología local*, Madrid, Sociedad Española de Musicología, 2013, pp. 1291-1304. *Arcadia de entremeses escritos por los ingenios más clásicos de España, Madrid, Imprenta de Ángel Pascual Rubio, 1723.*

Asenjo Barbieri, Francisco, *Las castañuelas. Estudio jocoso*, Madrid, Imprenta de Aribau, 1878.

Augé, Marc, *Non-lieux*, Paris, Seuil, 1992.

Bachmann, Kristen, *Flamenco(tanz): zur Instrumentalisierung eines Mythos in der Franco-Ära*, Berlín, Logos Verlag, 2009.

Bécquer, Gustavo Adolfo, «La Nena», en *Obras completas,* vol. II Madrid, Fundación José Antonio de Castro, 1994, pp. 587-593.

Bécquer, Gustavo Adolfo, *Obras completas*, Madrid, Aguilar, 1973.

Bennahum, Ninotchka Devorah, *La Argentina. Flameco and the spanish anvat garde*, (Wesleyan University Press, 1999.

Berlanga, Miguel Ángel, *El flamenco, un arte musical y de la danza*, Granada, Edición de autor, 2017.

Blas Vega, José, *50 años de Flamencología*, Madrid, El Flamenco Vive, 2007.

Blas Vega, José, *El flamenco en Madrid*, Córdoba, Almuzara, 2006.

Blas Vega, *Los cafés cantantes de Madrid*, Madrid, Guillermo Blázquez, 2006.

Blas Vega, José, *Los cafés cantantes de Sevilla*, Madrid, Cinterco, 1987.

Blas Vega, José, *Magna antología del cante flamenco*, Madrid, Hispavox, 1982.

Blas Vega, José, *Vida y cante de don Antonio Chacón* [1986], Madrid, Cinterco, 1990.

Blas Vega, José y Ríos Ruiz, Manuel, *Diccionario enciclopédico ilustrado del flamenco*, Madrid, Cinterco, 1988, 2 vols.

Bohórquez, Manuel, *El cartel maldito*, Sevilla, Pozo Nuevo, 2009.

Borrow, George, *The Zincali*, London, John Murray, 1841, 2 vols.

Borrull, Trini, «La saga de los Borrull», *Revista de Flamencología*, 12 (2000), pp. 95-98.

Botkin, Vasili Petróvich, *Cartas sobre España*, [1849] edición y traducción de Svetlana Maliavina, obra incluida como anexo de *Vaisili Petróvich Botkin y sus Cartas sobre España*, Svetlana Maliavina, Madrid, Universidad Complutense de Madrid, 2015, tesis doctoral.

Bretón de los Herreros, Manuel, *La desvergüenza, poema jocoserio*, Madrid, Mellado, 1856.

Bretón de los Herreros, *Poesías* [1883], Alicante, Biblioteca Virtual Miguel de Cervantes, Alicante, 2000.

Briceño, Luis de, *Método mui facilissimo para aprender a tañer la guitarra a lo español*, París, Pedro Ballard, 1626.

Buzek, Ivo, «La creatividad léxica documentada en los diccionarios de caló», en *Revista de Lexicografía*, 15 (2009), pp. 19-30.

Cabo Aseguinolaza, Fernando, *El lugar de la literatura española*, vol. 9 de la *Historia de la Literatura Española*, Barcelona, Crítica, 2012.

Cadalso, José, *Cartas marruecas* [1789], Sevilla, Editoriales Andaluzas Unidas, 1986.

Caecilia, Eine Zeitschrift für die musikalische Welt, Hefte 25, 26, 27, 28, Mainz, B. Schott Söhne,1828.

Cairón, Antonio, *Compendio de las principales reglas del baile*, Madrid, Repullés, 1820.

Calzado, David y Sánchez, Teo (coords.), *Patrimonio flamenco*, Madrid, Biblioteca Nacional de España, 2017.

Campo, Alberto del y Cáceres, Rafael, *Historia cultural del flamenco*, Córdoba, Almuzara, 2013.

Campuzano y González, Ramón, *Origen, usos y costumbres de los gitanos y diccionario de su dialecto*, Madrid, M. R. y Fonseca, 1848.

Cansinos Assens, Rafael, *La copla andaluza* [1933], ed. de Abelardo Linares, Granada, EAUSA, 1985.

Cantos Casenave, Marieta, «*Gitanofilia*: de algunos rasgos costumbristas del *género andaluz*», en *Romanticismo 6, Actas del VI Congreso. El Costumbrismo romántico*, Roma, Bulzoni, 1996, pp. 65-70.

Capmany, Aurelio, «El baile y la danza», en *Folklore y costumbres de España*, Barcelona, Martín, 1931, vol. II, pp. 169-418.

Caro Baroja, Julio, *De etnología andaluza*, Málaga, Diputación de Málaga, 1993.

Caro Baroja, Julio, *Ensayo sobre la literatura de cordel* [1969], Madrid, Itsmo, 1990.

Caro Baroja, Julio, «Los majos», en *Cuadernos Hispanoamericanos*, 299 (1975), pp. 281-349.

Caro Baroja, Julio, *Temas castizos*, Madrid, Itsmo, 1980

Carrasco, Marta, *La Escuela Bolera sevillana. Familia Pericet*, Sevilla, Consejería de Cultura, 2013.

Casanova, Giacomo, *Historia de mi vida*, traducción de Mauro Armiño, Girona, Atalanta, 2009,

Casares Rodicio, Emilio (coord.), *Diccionario de la música española e hispanoamericana*, Madrid, SGAE, 1999-2002, 5 vols.

Casares Rodicio, Emilio, *Francisco Asenjo Barbieri*, Madrid, Instituto Complutense de Ciencias Musicales, 1994, 2 vols.

Castellanos de Losada, Basilio Sebastián, *Biografía de la graciosa y célebre bailarina gaditana doña Josefa Vargas, primera bailarina del Teatro de la Comedia, por don Santos Bueno del Castillo*, Madrid, Establecimiento Tipográfico de Mellado,1850.

Castro Buendía, Guillermo, *Génesis musical del flamenco*, Sevilla, Libros con Duende, 2015.

Cervantes, Miguel de, *Novelas Ejemplares*, ed. de Harry Sieber, Madrid, Cátedra, 1985.

Chaves Nogales, Manuel, *El maestro Juan Martínez, que estaba allí* [1934], Madrid, Libros del Asteroide, 2015.

Clavería, Carlos, *Estudios sobre los gitanismos del español* [1951], Sevilla, Athenaica, 2017.

Concha Ruiz, Manuel, «El flamenco en las artes plásticas», en *Ateneo: Revista cultural del Ateneo de Cádiz*, 9 (2009), pp. 155-162.

Correas, Gonzalo, *Arte de la lengua española castellana*, ed. Emilio Alarcos García, Madrid, CSIC, 1954.

Cotarelo Mori, Emilio, *Colección de entremeses, loas, bailes, jácaras y mojigangas, desde fines del siglo XVI a mediados del XVIII*, Madrid, Bailly Baillière, 1911.

Criville i Bargalló, Josep, *El folklore musical*, vol. 7 de *Historia de la música española*, Madrid, Alianza, 1983.

Croce, Benedetto, *Estética como ciencia de la expresión y Lingüística general* [1902], ed. de Pedro Aullón de Haro y Jesús García Gabaldón , Málaga, Ágora, 1997.

Cruces-Roldán, Cristina, «Bailes boleros y flamencos en los primeros cortometrajes mudos. Narrativas y arquetipos sobre *lo español* en los albores del siglo XX», *Revista de Dialectología y Tradiciones Populares*, LXXI, 2, pp. 441-465.

Cruces Roldán, Cristina, *Flamenco, negro sobre blanco*, Sevilla, Universidad de Sevilla, 2018.

Cruces-Roldán, Cristina, «Presencias flamencas en los Archivos Gaumont. Pathé. Registros callejeros en la Granada de 1905», en Cenizo Jiménez, José y Gallardo Saborido, Emilio J. (eds.),

Presumes que eres la ciencia. Estudios sobre flamenco, Sevilla, Libros con Duende, 2015, pp. 15-45.

Cruz, Ramón de la, *La Petra y la Juana o El casero prudente o La casa de tócame Roque,* Alicante, Biblioteca Virtual Miguel de Cervantes, 2002.

Cruz, Ramón de la, *Sainetes*, Barcelona, Doménech, 1882, 2 vols.

Cruz, Ramón de la, *Sainetes de don Ramón de la Cruz: en su mayoría inéditos*, colección ordenada por Emilio Cotarelo y Mori, Madrid, Bailly Baillière, 1928, 2 vols.

Cruz Casado, Antonio «La leyenda de José María el Tempranillo (raíces literarias)», en Merinero Rodríguez, Rafael (ed.), *Actas de las terceras jornadas sobre el bandolerismo en Andalucía,* Lucena, Ayuntamiento de Lucena, 2000, pp. 195-240.

Davillier, Charles, *L´Espagne*, París, Hachette, 1874.

Davillier, Charles, *Viaje por España* [1874], Madrid, Giner, 1991.

Davillier, Charles, «Voyage en Espagne», en *Le Tour du Monde*, Hachette, París, 1862.

Díaz-Latorre, Xavi, *Goyesca*, libreto del CD homónimo de Laberintos Ingeniosos, Zig Zag Territories, 2008.

Díez de Revenga, Francisco Javier, *Teatro de Lope de Vega y lírica tradicional*, Universidad de Murcia, 1983.

Dos siglos de flamenco. Actas de la Conferencia Internacional Jerez 21-25 junio 88, Jerez, Fundación Andaluza de Flamenco, 1989.

Dumas, Alexandre, *Impressions de Voyage. De París a Cadix* [1847-48], París, Michel Lévy Fréres, 1861, 2 vols.

Durán, Diego, *Historia de las Indias de Nueva España*, Madrid, Biblioteca Nacional de España, Manuscrito Vitr/26/11.

Eliade, Mircea, *El chamanismo y las técnicas arcaicas del éxtasis* [1968], México, Fondo de Cultura Económica, 1996.

Estébanez Calderón, *Escenas andaluzas* [1847], ed. de Alberto González Troyano, Serafín, Madrid, Cátedra, 1985.

Fernández de Rojas, Juan (Licenciado Francisco Agustín Florencio), *Crotalogía o ciencia de las castañuelas*, Madrid, Imprenta Real, 1792.

Floresta de entremeses y rasgos del ocio, a diferentes assumtos de bayles y mojigangas, Madrid, Viuda de Ioseph Fernández y Buendía, 1680.

Ford, Richard, *A handbook for travellers in Spain*, London, Murray, 1845.

Ford, Richard, *Gatherings from Spain*, London, Murray, 1846.

Franco, Fátima, *La indumentaria en el baile flamenco*, Sevilla, Giralda, 2007.

Frenk, Margit, *Estudios sobre lírica antigua*, Madrid, Castalia, 1978.

Fuentes Guerra, Jesús y Schwegler, Armin, *Lengua y ritos del Palo Monte Mayombe*, Madrid, Vervuert, 2005.

Gamboa, José Manuel, *En er mundo*, Sevilla, Athenaica, 2015, vol. 1.

Gamboa, José Manuel, *Una historia del flamenco*, Madrid, Espasa Calpe, 2005.

García, Manuel, *La maja y el majo. La declaración. Quien porfía mucho alcanza. El poeta calculista*, ed. de Juan de Udaeta, Madrid, Instituto Complutense de Ciencias Musicales, 2008.

García Matos, Manuel, *Artículos y aportaciones breves*, Cáceres, Asociación Cultural Lux Bella 1492, 2012.

Gautier, Théophile, «Le diable boiteux», en *Les beautés de l'opera ou chefs d'ouvres lyriques*, París, Soulié, 1845.

Gautier, Théophile, *Oeubres de Théophile Gautier. Poèsies*, París, Lamerre, 1890.

Gelardo Navarro, José, *El flamenco: otra cultura, otra estética*, Sevilla, Portada, 2003.

Gelardo Navarro, José y Fernández Darós, María Amparo, *¡Viva la ópera flamenca!: flamenco y Andalucía en la prensa murciana, 1900-1939*, Murcia, Universidad de Murcia, 2014

Gelardo Navarro, José y Ortiz Nuevo, José Luis, (coords.). *El eco de la memoria. El flamenco en la prensa malagueña en los siglos XIX y principios del siglo XX*, Málaga, Diputación de Málaga, 2009.

Gelsomino, Marcela, «Las zapatillas de ballet», en *Creación y producción en diseño y comunicación*, 66 (2014), pp. 53-54.

Gómez García, Manuel, *Diccionario Akal de teatro*, Tres Cantos, Akal, 1997.

González del Castillo, Juan Ignacio, *Obras completas*, Madrid, Librería de los sucesores de Hernando-Real Academia Española, 1914, 2 vols.

González del Castillo, Juan Ignacio, *Sainetes*, Cádiz, Revista Médica, 1845-1846, 2 vols.

Guijarro y Rico, José, *Tomasa la Trinitaria*, Málaga, Benito Milá, 1850.

Grut, Marina, *The Bolero School*, London, Dance Books, 2002.

Grande, Félix, *Memoria del Flamenco* [1979], Madrid, Alianza, 1999.

Hernández Jaramillo, José Miguel, *La música preflamenca*, Sevilla, Junta de Andalucía, 2002.

Hernández Jaramillo, José Miguel y Reyes Zúñiga, Lénica, «El baile de la petenera española del siglo XX desde una perspectiva etnomusicológica», en Murga Castro, Idoia, Ros Abellón, Fuensanta, Rubio Arostegui, J. Arturo, y Sanjuán Astigarraga,

J. Ignacio, (eds.), *Líneas actuales de investigación en danza española*, Madrid, Fundación Nebrija, 2012, pp. 225-240.

Hormigón, Laura, *Marius Petipa en España*, Danzarte, 2010.

Hurtado, Antonio y Hurtado, David, *La llave de la música flamenca*, Sevilla, Signatura, 2009.

Hutchinson Guest, Ann, «Notación de la danza española», en Roger Salas (ed.), *La Escuela Bolera*, Madrid, Ministerio de Cultura, 1992, pp. 129-131.

Infante, Blas, *Orígenes del flamenco y secreto del cante jondo* [1929-1933], ed. de Manuel Barrios, Sevilla, Junta de Andalucía, 2010.

Jaubert de Passa, François, «Essai historique sur les Gitanos», en *Nouvelles Annales des Voyages*, 3 (1827), pp. 289-362.

Laborde, Alexandre de, *Itinéraire descriptif de L'Espagne* [1808], París, Librerie Historique, 1834.

Larrea Palacín, Arcadio, *El flamenco en su raíz* [1974], Sevilla, Signatura, 2004.

Lavaur, Luis, *Teoría romántica del cante flamenco* [1976], Sevilla, Signatura, 1999.

Ley Orgánica 2/2007, de 19 de marzo, de reforma del Estatuto de Autonomía para Andalucía", BOE, 68, 20-3-2007.

Libro de diferentes cifras de gitarra escojidas de los mejores autores, Manuscrito 171, Biblioteca Nacional, 1705.

López, Félix Máximo y Dumochau, Charles François, *Variaciones al minué afandangado*, Santo Domingo de la Calzada, Fundación Gustavo Bueno, 2013.

López Cabrera, María del Mar, «Relación Mesonero Romanos-Pérez Galdós: la huella de "El Curioso Parlante", en *Trafalgar* y *Cádiz*», en *Actas del cuarto congreso internacional de estudios Galdosianos*, Las Palmas de Gran Canaria, Cabildo Insular de Gran Canaria, 1990, vol. II, pp. 105-126.

Los españoles pintados por sí mismos, Madrid, Ignacio Boix, 1843.

López Cano, Rubén, *De la retórica a la cognitiva. Un estudio intersemiótico de los tonos humanos* de José Marín, Universidad de Valladolid, tesis doctoral, 2004.

Lowe, David A., «Pushkin and *Carmen*», en *19th-Century Music*, 20 (1996), pp. 72-76.

Machado y Álvarez, Antonio (Demófilo), *Colección de cantes flamencos* [1881], Sevilla, Signatura, 2004.

Madridejos Mora, Montse, *El flamenco en la Barcelona de la Exposición Internacional 1929-1930*, Barcelona, Bellaterra, 2012.

Mairena, Antonio, *Las confesiones de Antonio Mairena*, ed. de Alberto García Ulecia, Universidad de Sevilla, 1976.

Mairena, Antonio y Molina, Ricardo, *Mundo y formas del cante flamenco*, Revista de Occidente, Madrid 1963.

Malinowski, Bronislaw, «Introducción», en Ortiz, Fernando, *Contrapunteo cubano del tacabo y el azúcar*, Caracas, Biblioteca Ayacucho, 1987, 2ª edición, pp. 3-10.

Maravall, José Antonio, *Estudios de la historia del pensamiento español (siglo XVIII)*, Madrid, Mondadori, 1991.

Mariemma, *Mis caminos a través de la danza*, Madrid, Fundación Autor, 1997.

Marín, Rafael, *Método de guitarra-flamenco*, Madrid, Dionisio Álvarez, 1902.

Marinero, Cristina «La cámara como coreógrafo o no: apuntes para un análisis sobre la danza española en el cine», en Murga Castro, Idoia, Ros Abellón, Fuensanta, Rubio Arostegui, J. Arturo, y Sanjuán Astigarraga, J. Ignacio, (eds.), *Líneas actuales de investigación en danza española*, Madrid, Fundación Nebrija, 2012, pp. 279-300.

Marinero, Cristina y Ruiz, María José, «La Escuela Bolera. Coreología», en Roger Salas (ed.), *La Escuela Bolera*, Madrid, Ministerio de Cultura, 1992, pp. 41-58.

Martín Gaite, Carmen, *Usos amoros del dieciocho en España*, Barcelona, Anagrama, 1987.

Martínez de la Peña, Teresa, «Castañuelas», en Blas Vega, José y Ríos Ruiz, Manuel, *Diccionario Enciclopédico Ilustrado del Flamenco*, Madrid, Cinterco, 1988, p. 168.

Martín Ballester, Carlos, *Manuel Torres*, Madrid, Carlos Martín Ballester, 2018.

Martínez de la Peña, Teresa, «Escuela bolera», en Blas Vega, José y Ríos Ruiz, Manuel, *Diccionario Enciclopédico Ilustrado del Flamenco*, Madrid, Cinterco, 1988, p. 272.

Martínez de la Peña, Teresa, «La escuela bolera y el baile flamenco», en Blas Vega, José y Ríos Ruiz, Manuel, *Diccionario Enciclopédico Ilustrado del Flamenco*, Madrid, Cinterco, 1988, p. 273-274.

Martínez de la Peña, Teresa, *Teoría y práctica del baile flamenco*, Madrid, Aguilar, 1969.

Más y Prat, Benito, «Bailes de palillos y flamencos», en *Revista de flamencología*, 3 (1996), pp. 63-77.

Mérimée, Prosper, *Las ánimas del purgatorio. La Venus de Ille. Carmen. Lokis*, ed. de María Badola Dorronsondo, Madrid, Gredos, 2003.

Mérimée, Prosper, *Nouvelles*, París, Michel Levy Freres, 1852.

Mesonero Romanos, Ramón de, *Memorias de un setentón*, La Ilustración Española y Americana, Madrid, 1880.

Molina, Romualdo y Espín, Miguel, *Flamenco de ida y vuelta*, Guadalquivir-Bienal de Sevilla, 1992. Sevilla.

Montoto, Santiago, *Andalucismos*, Sevilla, El Correo de Andalucía, Sevilla, 1915.

Moya Camarena, Ana María, *Bases del baile flamenco (la Escuela Bolera)*, tesis doctoral, Universidad de Sevilla, 2015.

Moreno Mengíbar, Andrés, *La ópera en Sevilla en el siglo XIX*, Sevilla, Universidad de Sevilla, 1998.

Moreno Mengíbar, Andrés, *Los García*, Sevilla, Junta de Andalucía, 2018.

Murga Castro, Idoia, Ros Abellón, Fuensanta, Rubio Arostegui, J, Arturo, y Sanjuán Astigarraga, J. Ignacio, (eds.), *Líneas actuales de investigación en danza española*, Madrid, Fundación Nebrija, 2012.

Navarro García, Jesús Raúl, (coord.), *Cuba y Andalucía entre las dos orillas*, Madrid, Consejo Superior de Investigaciones Científicas, 2002.

Navarro García, José Luis, *Cantes y bailes de Granada*, Málaga, Arguval, 1993

Navarro García, José Luis, *De Telethusa a la Macarrona*, Sevilla, Portada, 2002.

Navarro García, José Luis, *El ballet flamenco*, Sevilla, Portada, 2003.

Navarro García, José Luis, *Flamenco en los cafés cantantes y teatros. Noticias de prensa 1849-1936*, Sevilla, Signatura, 2008.

Navarro García, José Luis, *Historia del Baile Flamenco*, Sevilla, Signatura, 2008, vol. I.

Navarro García, José Luis, *Semillas de ébano. El elemento negro y afroamericano en el baile flamenco*, Sevilla, Portada, 1998.

Navarro García, José Luis y Gelardo Navarro, José, *Carmencita Dauset*, Sevilla, La Hidra de Lerma, 2011.

Navarro, José Luis y Ropero Núñez, Miguel (eds.), *Historia del flamenco*, Tartessos, Sevilla, 1995-1996, 5 vols.

Navarro García, Rosa, «Nuevos datos sobre el poeta Fernando de Guzmán», en *Homenatge a Antoni Comas*, Barcelona, Universidad de Barcelona, 1985, pp.331-345.

Núñez, Faustino, «Breve historia musical de la cultura jonda», en Calzado, David y Sánchez, Teo (coords.), *Patrimonio flamenco*, Madrid, Biblioteca Nacional de España, 2017, pp. 27-53.

Núñez, Faustino, *Cádiz y lo flamenco en torno a 1812*, Cádiz, El Boletín, 2012.

Núñez, Faustino, «Cuba en la música española y andaluza», en Navarro García, Jesús Raúl, (coord.), *Cuba y Andalucía entre las dos orillas,* Madrid, Consejo Superior de Investigaciones Científicas, 2002, pp. 261- 302.

Núñez, Faustino, *Guía comentada de la música y baile preflamencos*, Barcelona, Carena, 2008.

Núñez de Prado, Guillermo, *Cantaores andaluces*, Maucci, Barcelona, 1904.

Olona, José, *Jui, que jembra!!*, Madrid, Lalama, 1846.

Orovio, Helio, *Diccionario de la música cubana*, La Habana, Letras Cubanas, 1981.

Otero, José, *Tratado de bailes* [1912], Madrid, Asociación Manuel Pareja-Obregón, 1987.

Ortiz, Fernando, *Contrapunteo cubano del tacabo y el azúcar*, Caracas, Biblioteca Ayacucho, 1987, 2ª edición.

Ortiz, Fernando, *La africanía de la música folklórica de Cuba*, La Habana, Editora Universitaria, 1965, 2ª edición.

Ortiz Nuevo, José Luis, *¿Se sabe algo? Viaje al conocimiento del Arte Flamenco en la prensa sevillana del XIX* [1990], Sevilla, Libros con Duende, 2013.

Ortiz Nuevo, José Luis, *Coraje*, Sevilla, Libros con Duende, 2012.

Ortiz Nuevo, José Luis, *De las danzas y andanzas de Enrique el Cojo* [1984], Sevilla, Athenaica, 2017.

Ortiz Nuevo, José Luis, *Tremendo asombro*, Sevilla, Libros con Duende, 2012.

Ortiz Nuevo, José Luis, *Tremendo asombro al peso*, Sevilla, Libros con Duende, 2012, 2 vols.

Ortiz Nuevo, José Luis, Cruzado, Ángeles y Mora, Kiko, *La Valiente. Trinidad Huertas* La Cuenca, Sevilla, Libros con Duende, 2016.

Ortiz Nuevo, José Luis y Núñez, Faustino, *La rabia del placer*, Sevilla, Diputación de Sevilla, 1999.

Ossorio y Bernal, Manuel, *Ensayo de un catálogo de periodistas españoles del siglo XIX*, Madrid, J. Palacios, 1903.

Pablo, Eulalia y Navarro, José Luis, *Figuras pasos y mudanzas. Claves para conocer el baile flamenco*, Córdoba, Almuzara, 2007.

Pareja, Rafael, *Recuerdos y confesiones del cantaor Rafael Pareja de Triana*, ed. de Juan Rondón Rodríguez, Córdoba, La Posada/ Ayuntamiento de Córdoba, 2001.

Pascual, Cristóval de, *Elina o Sevilla por dentro*, Sevilla, Gómez, 1846.

Pastor Cerezo, María Josefa, «El abanico hasta el siglo XIX» en Tuda Rodríguez, Isabel y Pastor Cerezo, María Teresa, *Abanicos. La colección del Museo Municipal de Madrid*, Madrid, Ayuntamiento de Madrid, 2002, pp. 51-65.

Pastor Pérez, María de Lourdes, «La seguidilla: trayectoria histórica de una forma poética popular», en Piñero Ramírez, Pedro (coord.), *Lírica popular, lítica tradicional: lecciones en homenaje a Don Emilio García Gómez*, Sevilla, Universidad de Sevilla, 1998, pp. 257-274.

Pedrell, Felipe, *Diccionario técnico de la música*, Barcelona, Torres Oriol, s/f (1894?), 2ª edición.

Pérez Fernández, Julián Jesús, «*La Gitanilla* y *The bohemian girl*: trayectoria musical de un tema cervantino», en *Revista Internacional Digital de Lenguas y Culturas*, 1 (2014).

Pérez Galdós, Benito, *Bodas reales*, Alicante, Biblioteca Virtual Miguel de Cervantes, 2001.

Pérez Galdós, Benito, *Cádiz*, Madrid, Alianza, 1994.

Pérez Galdós, Benito, *De Cartago a Sagunto*, Madrid, Hernando, 1944.

Pérez Galdós, Benito, *España trágica*, Madrid, Perlado, Páez y Compañía, 1909.

Pérez Galdós, Benito, *Guerra de la Independencia I: La corte de Carlos IV, El 19 de marzo y el 2 de mayo, Bailén, Napoleón en Chamartín, Zaragoza*, Madrid, Algaba, 2008.

Pérez Galdós, Benito, *La de los tristes destinos*, Alicante, Biblioteca Virtual Miguel de Cervantes, 2001.

Pérez Galdós, Benito, *La revolución de julio*, Alicante, Biblioteca Virtual Miguel de Cervantes, 2001.

Pérez Galdós, Benito, *Los Ayacuchos*, Alicante, Biblioteca Virtual Miguel de Cervantes, 2001.

Pérez Galdós, Benito, *Los Apostólicos*, Alicante, Biblioteca Virtual Miguel de Cervantes, 2001.

Pérez Galdós, Benito, *Los duendes de la camarilla*, Alicante, Biblioteca Virtual Miguel de Cervantes, 2001.

Pérez Galdós, Benito, *Narváez*, Alicante, Biblioteca Virtual Miguel de Cervantes, 2001.

Pérez Galdós, Benito, *O´Donnell*, Madrid, Alianza, 2008.

Piñero Ramírez, Pedro M., *Romancero*, Madrid, Biblioteca Nueva, 1999.

Plaza Orellana, Rocío, *El flamenco y los románticos*, Sevilla, Bienal de Flamenco, 1999.

Plaza Orellana, Rocío, *Los bailes españoles en Europa*, Córdoba, Almuzara, 2013.

Puig Claramunt, Alfonso, *Ballet y baile español* [1944], Barcelona, Montaner y Simón, 1951.

Prat, Domingo, *Diccionario de guitarras, guitarristas y guitarreros*, Orphée, Columbus, 1986, p. 62.

Querol Gavalda, Miguel, *La música en la obra de Cervantes*, Madrid, Centro de Estudios Cervantinos, 2005.

Quezada Machiavello, José, *El legado musical del Cusco barroco: estudio y catálogo de los manuscritos de música del seminario San Antonio Abad Del Cusco*, Congreso del Perú, 2004.

Quiñones, Fernando, *De Cádiz y sus cantes* [1964], Sevilla, Fundación José Manuel Lara, 2005.

Río, Ángel del, *Historia de la literatura española* [1948], Barcelona, Ediciones B, 1996, vol. 2.

Rodríguez Calderón, Juan Jacinto, *Bolerología o Cuadro de las Escuelas de baile bolero, tales cuales eran en 1794 y 1795 en la Corte de España*, Philadelphia, Zacharías Poulfon, 1807.

Rodríguez Collado, Mercedes, *La pieza del mes ... Mantón de Manila, 1850-1860*, Madrid, Museo del Romanticismo, 2012.

Rodríguez Gordillo, José Manuel, *Carmen, biografía de un mito*, Sevilla, Fundación Lara, 2012.

Rodríguez Gutiérrez, Borja, «La primera edición de las *Escenas andaluzas* (1847) de Serafín Estébanez Calderón, ilustradas por Francisco Lameyer», en Rodríguez Gutiérrez, Borja y Gutiérrez Sebastián, Raquel (eds.), *Literatura ilustrada decimonónica. 57 perspectivas*, Santander, Universidad de Cantabria, 2011, pp. 741-751.

Romero Ferrer, Alberto, «En torno al costumbrismo del género andaluz (1839-1861): cuadros de costumbres, tipos, escenas», en Álvarez Barrientos, Joaquín y Romero Ferrer, Alberto (eds.), *Costumbrismo andaluz*, Sevilla, Universidad de Sevilla, 1998, pp. 125-148.

Romero Tobar, Leonardo, «Teatralidad y andalucismo en el Madrid de mediados del siglo XIX: el género andaluz», en Álvarez Barrientos, Joaquín y Romero Ferrer, Alberto (eds.), *Costumbrismo andaluz*, Sevilla, Universidad de Sevilla, 1998, pp. 149-168.

Rubio Jiménez, Jesús, *José María Domínguez Bécquer*, Sevilla, Diputación de Sevilla, 2007.

Ruiz Alcón, María Teresa, «Abanicos», en Bonet Correa, Antonio (coord.), *Historia de las artes aplicadas e industriales en España*, Madrid, Cátedra, 1994 (3ª edición), pp. 621-629.

Russell, Craig H., *Santiago de Murcia's Códice Saldivar nº 4*, Chicago, University of Illinois, 1995.

Sablonara, Claudio de la, *Colleccion de Canciones, Romances, Seguidillas castellanas, puestas en musica á dos, á tres y á cua-*

tro por los maestres Miguel de Arizo, Juan Blas, Capitan, Gabriel Diaz, Diego Gomez, Manuel Machado, Palomares, Pujol, Alvaro de los Rios, Juan de Torres, dedicada á Don Wolfango Guillelmo Conde Palatino y Duque de Neuburg, 1600 - 1653, Cod.hisp. 2, Textus cum notis musicis, Madrid, entre 1624 y 1633.

Sadie, Stanley (ed.), *New Grove Dictionary of Music and Musicians*, London, MacMillan Publishers Limited, 2001.

Sala Valldaura, Josep María, «El majismo andaluz en los sainetes de González del Castillo», en Huerta Calvo, Javier y Emilio Palacios Fernández, Emilio (eds.), *Al margen de la Ilustración. Cultura popular, arte y literatura en la España del siglo XVIII*, Ámsterdam, Rodopi, 1998, pp. 145-168.

Salas, Roger (ed.), *La Escuela Bolera*, Madrid, Ministerio de Cultura, 1992.

Salvatierra, Enrique, *El Tío Pinini*, Madrid, Vicente de Lalama, 1854.

Sanz, Gaspar, *Instrucción de música sobre la guitarra española*, Zaragoza, Herederos de Diego Dormer, 1697.

Sanz Pérez, José, *El Tío Caniyitas o El mundo nuevo de Cádiz*, Cádiz, Revista Médica, 1850.

Schuchardt, Hugo, *Los cantes flamencos* [1881], ed. de Gerhard Steingress, Eva Feenstra y Michaela Wolf, Sevilla, Fundación Machado, 1990.

Shaw, Donald L., *Historia de la literatura española. El siglo XIX*, Barcelona, Ariel, 1992.

Soler Guevara, Luis y Soler Díaz, Ramón, *Antonio Mairena en el mundo de la seguiriya y la soleá*, Málaga, Fundación Antonio Mairena, 1992.

Soler Guevara, Luis y Soler Díaz, Ramón, *Los cantes de Antonio Mairena*, Sevilla, Tartessos, 2004.

Sor, Fernando, «El bolero» en Ledhuy, Adolphe, y Bertini, Henri, (eds.), *Encyclopédie Pittoresque de la Musique*, París, Delloye, 1835, I, pp. 83-97.

Steingress, Gerhard, *Flamenco postmoderno*, Sevilla, Signatura, 2007.

Steingress, Gerhard, *Sociología del cante flamenco*, Jerez, Centro Andaluz de Flamenco, 1993.

Steingress, Gerhard, *...Y Carmen se fue a París*, Córdoba, Almuzara, 2006.

Suárez Ávila, Luis, «El romancero de los gitanos bajoandaluces. Del romancero a las tonás», en *Dos siglos de flamenco. Actas de la Conferencia Internacional Jerez 21-25 junio 88*, Jerez, Fundación Andaluza de Flamenco, 1989, pp. 29-129.

Suárez-Pajares, Javier, «El bolero. Síntesis histórica», en Roger Salas (ed.), *La Escuela Bolera*, Madrid, Ministerio de Cultura, 1992, pp. 187-193.

Subirá, José, *La tonadilla escénica*, Madrid, Tipografía de Archivos, 1928-1932, IV vols.

Swinburne, Henry, *Travels through Spain in the years 1775 y 1776*, London, J. Davis, 1787, (2nd edition).

Sue, Eugène, *Los misterios de París*, Madrid, Mellado, 1845.

Talavera, Diego, *Canarias, Folklore y canción*, Madrid, J. B., Biblioteca Popular Canaria, 1978.

Torrente, Álvaro, «¿Cómo se cantaba el tono de jácara?», en Lobato, Luisa, y Bègue, Alain, (coords.), *Literatura y música del hampa en los Siglos de Oro*, Madrid, Visor, 2014, pp. 157-177.

Torres, Norberto, *Antonio de Torres y Julián Arcas*, Almería, Diputación de Almería, 2018.

Norberto Torres, «Consideraciones generales en torno a la guitarra» en Carlos Martín Ballester, *Manuel Torres*, Madrid, Carlos Martín Ballester, 2018, pp. 197-221.

Torres, Norberto, *Historia de la guitarra flamenca*, Córdoba, Almuzara, 2005.

Torres, Norberto y Trepat, Carles *Barcelona y la configuración de la guitarra clásico-flamenca*, Barcelona, El Dorado/Carena, 2014.

Triana, Fernando el de, *Arte y artistas flamencos* [1935], Sevilla, Editoriales Andaluzas Unidas, 1986.

Trujillo, Enrique, *Vocabulario del dialecto gitano*, Madrid, Trujillo, 1844.

Vangehuchten, Lieve, *¿Qué canta y baila, corta y vuela, y viene del norte a la vez? El flamenco: un complejo problema de homonimia/ polisemia*, Disparidades, Revista De Antropología, 59 (2), pp. 127-143.

Vela, Manuel (Filigrana), *Historia y poemas de la castañuela: método*, Sevilla, Gráfica Salesiana, 1970.

Vergillos Gómez, Juan, *Conocer el flamenco*, Sevilla, Signatura, 2002.

Vergillos Gómez, Juan, *Las rutas del flamenco en Andalucía*, Sevilla, Fundación Lara, 2006.

Vergillos Gómez, Juan, *Libertad o tradición, una especulación en torno a la estética del flamenco*, Cornellá de Llobregat, Aquí, 1999.

Vianna, Hermano, *O misterio do samba*, Río de Janeiro, Jorge Zahar, 2012.

Vocabulario del dialecto jitano, con otra porción de curiosidades, Valencia, Jimeno, 1847.

Zamácola y Ocerín, Juan Antonio de Iza, (Don Preciso), *Colección de las mejores seguidillas, tiranas y polos* [1799], Madrid, Repullés, 1816.

Zamácola y Ocerín, Juan Antonio de Iza, (Don Preciso), *Elementos de la ciencia contradanzaria: para que los currutacos, pirracas, y madamitas del nuevo cuño puedan aprender por principios á baylar las contradanzas por sí solos, ó con las sillas de su casa*, Madrid, Fermín Villalpando, 1796 (2ª edición), 2 vols.

Zamácola y Ocerín, Juan Antonio de Iza, (Don Preciso), *Libro de moda o Ensayo de la historia de los currutacos, pirracas y madamitas de nuevo cuño / escrito por un Filósofo Currutaco, y corregido nuevamente por un señorito Pirracas*, Madrid, Blas Román, 1796.

Zoido, Antonio, *La ilustración contra los gitanos*, Sevilla, Signatgura, 2009.

HEMEROGRAFÍA

ABC de Sevilla. Sevilla.
17-9-2012

Diario de Cádiz. Cádiz.
3 -3-2015

Diario de Jerez. Jerez de la Frontera (Cádiz).
5-3-2012
6-3-2012

Diario de Sevilla. Sevilla.
18-3-2012
23-5-2012
16-9-2012
17-9-2012
7-11-2012
12-5- 2013
31-7- 2013
2-2-2014
31-3-2014
14-6-2014
3-8-2014
31-8-2014
29-7-2014
15-2-2015
25-5-2015
18-7-2015.
11-10-2015
24-4-2016
16-10-2016
20-11-2016
5-3-2017

13-8-2017
16-7-2018

El Correo de Andalucía. Sevilla.
8-7-2016
8-10-2016

El Mundo (Edición Comunidad Valenciana). Valencia.
9-11-2010

El País. Madrid.
23-8-2003
6-3-2012
25-8-2015
8-12-2018

Fray Tinieblas. Madrid.
20-8-1855

Gazeta de Notícias. Río de Janeiro.
13-1-1901
19-8-1902

Granada Hoy. Granada.
14-4-2012
19-4-2012

Jornal do Brasil. Río de Janeiro.
3-10-1889
11-1-1901
14-1-1901
19-1-1901
27-3-1901
15-8-1902

La Voz de Cádiz. Cádiz.
6-3-2012

The New York Times. New York.
10-11-1928

DISCOGRAFÍA EN FORMATO CD

I Concurso de Cante Jondo. Colección Manuel de Falla, Sonifolk, 1997.

Antología del Cante Flamenco [1954], Hispavox, 1988.

Andaraje, *Al grano*, Sonifolk, 1982

Antología del Cante flamenco y cante gitano [1965], BMG, 2001.

Antonio Gades, *Carmen*, Universal/Fundación Antonio Gades, 2006.

Cilindros de cera, Fonotrón/Centro Andaluz de Flamenco, 2003.

Asociación de Coros y Danzas Lola Torres, *Bodas de Oro*, Fonoruz, 1993.

Asociación de Coros y Danzas Lola Torres, *Cantos y bailes del Santo Reino*, Fonoruz, 1992.

Antonio Mairena, Productora Andaluza de Programas/Cinterco, 1992, 16 volúmenes.

Armoniosi Concerti, *Zarambeques*, Harmonía Mundi, 2003.

Charlie Haden, *Liberation Music Orchestra* [1970], Impulse, 1996.

Esteban de Sanlúcar, *Gloria y memoria a Esteban de Sanlúcar*, Flamenco y Universidad, Vol. XII, Marita Ediciones, 2013.

Grupo Musical Francisco de Goya, *La Escuela Bolera*, Several Records, 1994, 1998, 2003, 3 vols.

Huelgas Ensemble y Paul Van Nevel, *La oreja de Zurbarán*, Cypres Records, 201

John Coltrane, *Olé Coltrane* [1961], Atlantis, 1989.

Jordi Savall y Hespèrion XXI, *Villancicos y danzas criollas*, Alia Vox, 2003.

Jordi Savall y Hespèrion XXI, *El Nuevo Mundo-Folías criollas*, Alia Vox, 2010.

Jordi Savall y Hespèrion XXI, *Ludi Musici- The spirit of dance*, Alia Vox, 2007

Laberintos Ingeniosos, *Goyesca. Seguidillas boleras*, Zigzag Territoires, 2008.

L'Arpeggiata, *Los impossibles*, Naïve, 2005.

La Argentinita (Encarnación López Júlvez), *Duende y figura*, Sonifolk, 1995.

La Sonorosa y Edwin García, *Luis de Briceño, sus sones y sus canciones*, La mà de guido, 2019.

Magna Antología del cante flamenco [1982], Hispavox, 1992, 10 vols.

Manuel García, *El poeta calculista. Tonadillas*. Orquesta Ciudad de Granada, Mark Tucker, Empresa Pública de Gestión de Programas Culturales, 2006.

Música Antigua de Aranjuez, *La dulce tiranía. Seguidillas y boleras*, MAA, 2005.

Niña de los Peines, *Registros sonoros*, Fonotrón/Centro Andaluz de Flamenco, 2004, 13 vols.

Niño de Marchena, *Obra Completa en 78 rpm*, Fonotrón, 2014, 16 vols.

Orphénica Lyra y José Miguel Moreno, *Instrucción de música para la guitarra española*, Glossa, 2008.

Pedro Iturralde Quintet-Paco de Lucía, *Flamenco-jazz* [1968], MPS, 2014.

Pepe Romero y Academy of St. Martin in the Fields Chamber Ensemble, *Boccherini: The Guitar Quintets*, Philips, 1993.

Raúl Rodríguez, *Razón de son*, Fol Música, 2014.

Sebastián el Pena Padre, *Antología de cantaores malagueños*, Antequera Records, 2016, vol. 3.

Sophie Yats, *Fandango. Scarlatti in iberia*, Chandos, 1998

VIDEOGRAFÍA EN FORMATO DVD

Cabrero, Daniel G., *Mariemma. Mis caminos a través de la danza*, Danseuse Films, 2010.

Chaplin, Charles, *Todas sus comedias para Essanay*, Arte/Divisa, 2007.

Gómez, Mario, *Rito y geografía del baile. Bailes de Candil. Milagros. Tomás de Madrid*. Alga, s/f.

Gómez, Mario, *Rito y geografía del baile. Culturas y razas. El Farruco. Dinastías gitanas*, Alga, s/f.

Guy, Alice, *Gaumont Treasures (1897-1913)*, Kino Internacional, 2009, vol. 1.

Keet de Grut, *The Bolero School*, The Spanish Dance Society, 2005.

Neville, Edgar, *Duende y misterio del flamenco*, Mercury/Sur, 2004.

REGISTROS DIGITALES

Anatomía de la Historia
http://anatomiadelahistoria.com/2016/06/los-gitanos-espanoles-en-los-tercios-de-flandes/

Be Natural!
http://benaturalmovie.blogspot.com/
Biblioteca Nacional de España
http://bdh.bne.es/bnesearch/biblioteca/T%C3%A9llez%20Villar,%20Marcos;jsessionid=BECD0DD9C5B3D593FC47B1E15F87E65F
http://bdh-rd.bne.es/viewer.vm?id=0000031414
http://catalogo.bne.es/uhtbin/cgisirsi/?ps=jBmmQJ6r7g/BNMADRID/278430535/9

Biblioteca estatal de Babiera
https://daten.digitale-sammlungen.de/0004/bsb00041096/images/index.html

Biblioteca Virtual Miguel de Cervantes
http://www.cervantesvirtual.com/portales/literatura_ilustrada/imagenes_costumbrismo_3/imagen/imagenes_738537_escenas_andaluzas_96_738537_lit_ilustrada_escenas_asamblea/
http://www.cervantesvirtual.com/portales/literatura_ilustrada/imagenes_costumbrismo_3/imagen/imagenes_738537_escenas_andaluzas_92_738537_lit_ilustrada_escenas_asamblea_guitarrista/
http://www.cervantesvirtual.com/portales/literatura_ilustrada/imagenes_costumbrismo_3/imagen/imagenes_738537_escenas_andaluzas_98_738537_lit_ilustrada_escenas_asamblea_bailarina/

Cadáver Paraíso

https://cadaverparaiso.wordpress.com/2016/06/03/y-dale-con-otero-flamencos-en-la-exposicion-universal -de-paris-de-1900/
https://cadaverparaiso.wordpress.com/2017/01/24/the-carmencita-leaks-sobre-deontologia-profesional-y-mala-praxis-en-un-caso-de-investigacion-sobre-el-flamenco/
https://cadaverparaiso.wordpress.com/2017/07/06/el-otro-que-baila-en-las-peliculas-de-lumiere-sevilla-1898/

Callejón del Duende
https://cdizflamencoflamencosdecdiz.blogspot.com/2012/10/1-luis-alonso-un-bolero-muy-flamenco.html
https://cdizflamencoflamencosdecdiz.blogspot.com/2012/10/3-luis-alonso-un-bolero-muy-flamenco.html

Centro de Documentación de Música y Danza/INAEM
http://musicadiz1812.es/imagenes.html

Cueva de los Amayas
https://www.gluseum.com/ES/Granada/284202305533486/Cueva-de-Los-Amayas

Dance Notation Bureau
http://dancenotation.org/catalog/EditDanceDetails.aspx?DanceID=158

Danza y ballet
http://www. danzaballet.com/modules.php?name=News&file=article&sid=5183
Deflamenco.com
https://www.deflamenco.com/revista/resenas-actuaciones/xvi-festival-de-jerez-mudanzas-boleras-pedro-el-granaino-1.html

DRAE
https://dle.rae.es/?id=I2kiw28
https://dle.rae.es/guajiro?m=form
https://dle.rae.es/marsell%C3%A9s?m=30_2

El Afinador de Noticias
http://elafinadordenoticias.blogspot.com.es/2010/02/lazaro-quintana-en-cadiz-en-1846.html

http://elafinadordenoticias.blogspot.com.es/2012/06/lazaro-quintana-con-dolores-la-gitana.html.

Español sin fronteras
http://www.espanolsinfronteras.com/CulturaEspanola02ElAbanico.htm#Historia_del_Abanico

Filipinas: Entre el Galeón de Manila y el Sol Naciente
https://filipinassite.wordpress.com/tag/manton-de-manila/

Flamencas por derecho
https://www.flamencasporderecho.com/josefa-vargas-iii/

Flamenco de papel
https://flamencodepapel.blogspot.com/2009/10/concierto-andaluz-1858.html.
https://flamencodepapel.blogspot.com.es/2010/07/la-cordoba-flamenca.html
http://flamencodepapel.blogspot.com.es/2010/08/jose-navarro-casa-fonografica.html
https://flamencodepapel.blogspot.com/2016/04/sevilla-por-dentro-el-planeta-y-lazaro.html
https://1.bp.blogspot.com/_VCGs_11mQM8/TFAr2ezFjQI/AAAAAAAAA6E/G3h9IjYN50g/s1600-h/18460823_anuncio-1.jpg

Flamencópolis
http://www.flamencopolis.com/archives/8

Flamenco y Universidad
http://flun.cica.es/index.php/grabaciones/base-datos-grabaciones

Fondo de Música Tradicional del CSIC
Emilio Ros-Fábregas, Ascensión Mazuela-Anguita, Antonio Pardo-Cayuela, «Z1956-1976 NO-DO: CANCIONES Y DANZAS», *Fondo de Música Tradicional IMF-CSIC*, ed. E. Ros-Fábregas (accession date: 22 Mar 2018), https://musicatradicional.eu/source/22040

Forum des Images
http://collections.forumdesimages.fr/CogniTellUI/faces/details.xhtml?id=VDP13353

Fuera de Imprenta
https://fueradeimprenta.wordpress.com/2012/08/03/cuatro-piezas-ineditas-julian-arcas/

Facebook
https://www.facebook.com/photo.php?fbid=2956975217860845&set=a.174927354863102&type=3&theater (consultado el 11-9-2019

Fundación Juan March
https://digital.march.es/merce/es/fedora/repository/cam%3A12"

Google
https://artsandculture.google.com/asset/el-jaleo/PQHv7QgAVVL6w?hl=es&ms=%7B%22x%22%3A0.5%2C%22y%22%3A0.5%2C%22z%22%3A9.364785169299827%2C%22size%22%3A%7B%22width%22%3A1.6347103873239435%2C%22height%22%3A1.2375%7D%7D
https://www.google.es/maps/place/Camino+del+Sacromonte,+21,+18010+Granada/@37.1810722,-3.5874233,3a,75y,90t/data=!3m7!1e1!3m5!1s9rF2z6oeQRrSR5KbD3mtJQ!2e0!6s%2F%2Fgeo2.ggpht.com%2Fcbk%3Fpanoid%3D9rF2z6oeQRrSR5KbD3mtJQ%26output%3Dthumbnail%26cb_client%3Dsearch.TACTILE.gps%26thumb%3D2%26w%3D360%26h%3D120%26yaw%3D27.337309%26pitch%3D0%26thumbfov%3D100!7i13312!8i6656!4m5!3m4!1s0xd71fcc998df3027:0x8f3ce1cd95c1770d!8m2!3d37.1811069!4d-3.5874109

Jerez Jondo
http://www.jerezjondo.com/afondoficha.php?op=304

Junta de Andalucía
https://www.juntadeandalucia.es/cultura/flamenco/content/expediente-t%C3%A9cnico-sobre-la-escuela-bolera.

La Cómoda Encantada
http://lacomodaencantada.blogspot.com.es/2013/10/el-manton-de-manila-y-la-ruta-de-la-seda.html

La Flamenca
http://www.revistalaflamenca.com/inicio/link-horizontales/festivales-de-flamenco/Festival-de-Jerez-2012

La Gazapera
http://manuelbohorquez.com/la-gazapera-flamenca/en-busca-de-el-planeta-perdido-2/ http://blogs.elcorreoweb.es/lagazapera/2012/03/15/antonio-el-planeta-en-la-boda-de-luis-alonso-su-hermano-el-bolero-gaditano/

La Voz Digital
http://www.lavozdigital.es/cadiz/v/20120305/sociedad/paseo-historia-danza-empieza-20120305.html

Library of Congress
https://www.loc.gov/item/00694116/
Lumière
http://www.elumiere.net/exclusivo_web/carmencita/carmencita_on_the_road.php

Museo del Prado
https://www.museodelprado.es/coleccion/obra-de-arte/baile-a-orillas-del-manzanares/9a7fd0ca-37d4-40d5-8b1c-8d86394dd729
https://www.museodelprado.es/aprende/enciclopedia/voz/camaron-bonanat-jose/5b539bdc-b733-4100-9665-d0813f51f34a

Museo Histórico Nacional
http://www.mhn.gob.cl/618/articles-9734_archivo_01.pdf

Nuevo diccionario Histórico del Español
http://web.frl.es/DA.html

Papeles Flamencos
http://www.papelesflamencos.com/2011/12/murio-carmencita-dauset-en-1902.html
Picryl
https://picryl.com/media/mr-camprubi-et-melle-serral-dans-la-danse-le-bolero-258659
https://picryl.com/media/costumes-de-signor-camprubi-et-de-la-signora-dolores-pas-de-la-cachucha-th-e7e3e4

Proceso
https://www.proceso.com.mx/426708/la-zarandeada-zarabanda

Rtve

https://www.rtve.es/noticias/20160730/muere-jose-menese-uno-mas-grandes-cantaores-no-gitanos/1378800.shtml

Scribd

https://es.scribd.com/doc/211276500/Sabana-Una-Palabra-Para-El-Centro-de-Cuba

The Cult

http://www.thecult.es/flamencult/el-flamenco-en-los-sainetes-de-gonzalez-del-castillo.html

Universidad de Murcia

https://www.um.es/campusdigital/Cultural/origen%20flamenco.htm

https://digitum.um.es/xmlui/bitstream/10201/36595/1/155261-577951-1-PB.pdf

Universidad de Sevilla

http://fama2.us.es/fco/tmaster/tmaster94.pdf

Youtube

https://www.youtube.com/watch?v=JWCoHKvGrH4&t=4s

https://www.youtube.com/watch?v=KVW90frAKXM

https://www.youtube.com/watch?v=DsW3jsloRqE&t=1177s

https://www.youtube.com/watch?v=-15jwb1ZTMA

https://www.youtube.com/watch?v=FW7ssBCO_dQ

https://www.youtube.com/watch?v=7xfudtM8a4o

https://www.youtube.com/watch?v=bg

https://www.youtube.com/watch?v=0VO31C0d0Fw

Este libro se terminó de imprimir en su primera edición, por encargo de la editorial Almuzara, el 5 de marzo de 2021. Tal día del 1948, nacía en Sevilla Jesús de la Rosa, teclista, vocalista y compositor principal del grupo de rock andaluz Triana.